数字经济与中国——东盟供应链韧性管理

汪德荣 陶章 黄武 李冠军◎著

西南财经大学出版社
Southwestern University of Finance & Economics Press
中国·成都

图书在版编目(CIP)数据

数字经济与中国—东盟供应链韧性管理/汪德荣等著.—成都:西南财经
大学出版社,2023.12
ISBN 978-7-5504-6028-7

Ⅰ.①数… Ⅱ.①汪… Ⅲ.①信息经济—应用—物流管理—研究—中
国、东南亚国家联盟 Ⅳ.①F49②F252.1

中国国家版本馆 CIP 数据核字(2024)第 014098 号

数字经济与中国—东盟供应链韧性管理
SHUZI JINGJI YU ZHONGGUO—DONGMENG GONGYINGLIAN RENXING GUANLI

汪德荣 陶 章 黄 武 李冠军 著

责任编辑:刘佳庆
策划编辑:王 琴
责任校对:植 苗
封面设计:墨创文化
责任印制:朱曼丽

出版发行	西南财经大学出版社(四川省成都市光华村街 55 号)
网 址	http://cbs.swufe.edu.cn
电子邮件	bookcj@swufe.edu.cn
邮政编码	610074
电 话	028-87353785
照 排	四川胜翔数码印务设计有限公司
印 刷	四川五洲彩印有限责任公司
成品尺寸	185mm×260mm
印 张	19.25
字 数	518 千字
版 次	2023 年 12 月第 1 版
印 次	2023 年 12 月第 1 次印刷
书 号	ISBN 978-7-5504-6028-7
定 价	89.00 元

前言

　　党的二十大对全面建设社会主义现代化国家做出了战略部署，明确提出要"加快发展数字经济，促进数字经济和实体经济深度融合，打造具有国际竞争力的数字产业集群"。在以中国式现代化推进中华民族伟大复兴的新征程上，加快建设数字中国是推进中国式现代化的重要创新，是更高质量实现全体人民共同富裕的重要保障。

　　人类社会跨越了数千年的农业文明、工业文明，迈入当今数字文明时代。数字经济是继农业经济、工业经济之后的主要经济形态，是以数据资源为关键要素，以现代信息网络为主要载体，以信息通信技术融合应用、全要素数字化转型为重要推动力，促进公平与效率更加统一的新经济形态。数字经济已经成为带动中国经济增长的核心动力，要充分发挥数据的基础资源和创新引擎作用，不断做强做优做大数字经济，促进数字经济和实体经济深度融合，为构建新发展格局、建设现代化经济体系、构筑国家竞争新优势提供有力支撑。

　　发展数字经济已成为全球广泛共识。数字经济时代，数据已成为重要的基础性战略资源。大数据被广泛地运用于人类社会生产、生活和社会治理，成为并列于资本、技术、劳动力和土地资源的新生产要素。如何充分激发数据要素活力，提升数据资源配置效率，形成政府引导、社会协同、企业主体的数据系统性治理格局，促进良性数据生态环境的形成，是一个亟待解决的现实命题。数据作为一种新的且尤为重要的生产要素，对世界政治、经济、文化的影响很大，值得社会各界认真研究。

　　习近平总书记在党的二十大报告中提出要"着力提高全要素生产率，着力提升产业链供应链韧性和安全水平""确保粮食、能源资源、重要产业链供应链安全"，强调着力提升产业链供应链韧性和安全水平是构建新发展格局和推动高质量发展的主要内容，维护重要产业链供应链安全是健全国家安全体系和增强维护国家安全能力的重要组成。

世界正经历百年未有之大变局，政治、经济、社会等各个领域都发生着从未有过的深刻变化。新一轮科技革命和产业变革深入发展，新冠病毒感染疫情影响深远，逆全球化思潮抬头，单边主义、保护主义明显上升，世界经济复苏乏力，这些都使得原有国际经贸格局和规则面临调整，全球产业链供应链因非经济因素受到剧烈冲击，引发了全球供应链布局的新一轮调整和重构，呈现出"分散化""区域化"和"扁平化"趋势。产业链供应链安全已不仅仅关乎企业安全和产业安全，更关系到国家安全，供应链安全问题已从经济问题转变为政治问题。打造具有韧性、安全、稳定和畅通的供应链体系已成为诸多国家的重要战略目标。如何在大变局格局下保证供应链的韧性，受到了政策制定者、学术界和跨国企业的普遍关注。

在实现供应链韧性过程中，数字技术发挥着至关重要的作用，这不仅是因为数字技术增强了供应链可视化，而且描述型和预见型的数字分析能够更好地预测供应链运营状况，及时有效地采取各种措施，以应对可能产生的风险。物联网、大数据、人工智能、云计算、区块链、机器人、仿真模拟、机器学习、5G技术等前沿科技，以其独特的功能和优势，正在改变着供应链的运作模式，赋予供应链新的可能性，并通过对供应链的数字服务赋能，获取信息、分析信息、分析数据，从而做出智能决策。数字化供应链是基于物联网、大数据以及人工智能等关键技术，构建的以客户为中心，以需求为驱动的，动态、协同、智能、可视、可预测、可持续发展的网状供应链体系。

供应链是一个动态的、全球化的功能网链，具有很强的复杂性。随着地缘政治局势紧张、公共卫生事件频发、国际经贸摩擦等外部扰动不断加剧，全球供应链遭受外部冲击越来越频繁，供应链危机可能威胁整个国家的经济安全，这必然促使国家制定适当的供应链政策和战略。产业链供应链的短链化、断链化、破碎化不仅对全球经济一体化构成了巨大威胁，也对中国加快建设现代化经济体系和推动高质量发展，以及构建以国内大循环为主体、国内国际双循环相互促进的新发展格局构成了巨大挑战。习近平总书记强调，"共同构筑安全稳定、畅通高效、开放包容、互利共赢的全球产业链供应链体系"。面对当前全球科技革命和产业变革的新趋势、新特点，有效提升产业链供应链发展韧性，亟须通过开放合作实现延链增链。

中国与东盟国家多年以来紧密合作，特别是在产业链供应链方面开展的合作，逐渐构建了全球价值链中重要的链接。中国与东盟贸易额20年间增长了16.8倍，2022年中国与东盟地区的贸易总额达到6.52万亿元，双方已连续3年互为彼此第一大贸易伙伴，累计双向投资总额超过了3800亿美元。中国—东盟关系已经成为亚太区域合作中最为成功和最具活力的典范。

2020年习近平主席在第十七届中国—东盟博览会和中国—东盟商务与投资峰会上提出，"中方愿同东盟一道建设中国—东盟信息港，推动数字互联互通，打造'数字丝绸之路'"。数字经济的快速发展为中国与东盟贸易增添了新的增长动力。中国东盟信息港由中国和东盟国家共同建设，以深化网络互联、信息互通、合作互利为基本内容，重点打造基础设施平台、信息共享平台、技术合作平台、经贸服务平台、人文交流平台五大平台，形成以广西为支点的中国和东盟信息枢纽，推动互联网经贸服务、人文交流和技术合作，发展更广范围、更宽领域、更深层次的数字经济，共筑"数字丝绸之路"，共同服务于推进中国和东盟国家之间的合作。

中国和东盟国家，在深化经贸关系的同时，必须面对众多跨境合作中存在的挑战与困境。其中，跨境数据信息共享一直是中国与东盟国家在合作过程中的核心议题。当前，虽然中国和东盟国家已经在一系列重要领域，如贸易、投资、教育、科技等领域建立了丰富的跨境合作关系，但在实践过程中却多次因信息不对称、流通不畅等问题导致合作效率低下，甚至产生冲突和纠纷。数字供应链作为一个全球性的网络，涉及的范围广泛，跨越了多个国家和地区，尤其是在中国—东盟之间，由于地理、经济、政策和文化等多方面的差异，数字供应链面临诸多风险，如政策风险、经济风险、自然灾害风险等。因此，如何识别和评估这些风险，并制定出适应地方特性的应对策略，是提高供应链韧性的关键。

在《区域全面经济伙伴关系协定》（简称RCEP）实施过程中，中国和东盟分享超大规模市场，充分发挥产业互补优势，合理配置生产要素，稳定产业链供应链，展现出广阔的合作前景。中国与东盟及其成员国产业互补性强，相互贸易投资关系密切，双方的经济已经形成了"你中有我、我中有你"的产业合作格局，对于构建稳定高效的中国—东盟产业链供应链体系，双方都有着坚实的基础和迫切的现实需求。加强双方产业链供应链合作，有益于打造优势互补的新产业链，提升区域生产力、抗风险能力和国际竞争力。关键产业供应链韧性须纳入战略高度，供应链韧性的第一要素是战略上的安全可控，保障供应链韧性需多部门联动协同。要特别注重政府的角色和作用，加强产业、财税等非市场化政策工具的运用。建立和完善相关的法律法规，为数字化技术赋能的供应链管理提供有利的政策环境，无疑是提升供应链韧性的重要手段，也是未来供应链管理面临的一大挑战。中国—东盟各国政府都应当在此过程中发挥引导和推动作用，与企业和研究机构等社会各方共同合作，一起共建数字化赋能的供应链韧性管理的政策环境。

供应链韧性不仅是一种新理念和新概念，更重要的是可以在管理学领域构建一种新的管理范式即供应链韧性管理。由于供应链作为社会型复杂系统，供应链韧性管理中必然蕴含着对供应链广泛和深刻的社会复杂性的管理。供应链韧性之本质就是供应链整体适应性与社会环境复杂性之间保持契合或均衡的能力，这正是一个方兴未艾且具有挑战性的研究新领域。由于作者能力有限，书中难免有研究不深入、研究不全面、研究不足甚至研究错误的地方，欢迎广大专家和读者批评指正。

作者团队

2023 年 6 月

目录

第一章　数字经济与供应链韧性管理的发展逻辑

第一节　数字经济的发展逻辑

一、数字化、数字经济与数字供应链

（一）数字化

在人类发展历程中，每一次技术革命都将人类文明推向一个崭新的时代。从以蒸汽机为主的工业 1.0 时代到以电力为主的工业 2.0 时代，又到以计算机为主的工业 3.0 时代，再到当今以智能制造为主的新时代——工业 4.0 时代。四次工业革命是人类历史上四次改变生产方式和生产关系的重大技术性变革。

工业 4.0 这一概念是由德国工业和学术界在德国政府的支持下创立和发展起来的，代表工业企业采用数字化、云计算、物联网和大数据等技术获得市场竞争优势。工业 4.0 以物理技术、数字技术和生物技术相融合为主要特征，是数字化贯穿始终的工业改革，是数字世界与物理世界实现完全融合，广泛应用可植入技术、数字化身份、万物互联、大数据、人工智能、机器人服务等先进技术进行的智能化制造。

数字化是指将物理事物、信息、过程等转化为数字形式的过程。数字化首先是个技术概念，是现实世界与虚拟世界并存且融合的新世界。数字化是通过"连接"实现各种技术创新和方式组合的，是利用人工智能、移动技术、通信技术、社交、物联网、大数据、云计算等，将现实世界在虚拟世界中重建。所以数字化的本质特征就是连接、共生，在数字化时代，通过"连接"与"共生"，企业资源和能力不再受限于企业自己，而有了很多的企业外部可能性，寻求更大范围的资源与能力聚合与"共生"。"连接"成为实现战略的关键要素。2011 年，迈克尔·格里夫斯（Michael Grieves）教授在《智能制造之虚拟完美模型：驱动创新与精益产品》中引

用了其合作者约翰·维克斯描述该概念模型的名词，也就是"数字孪生"，并一直沿用至今。"数字孪生是指充分利用物理模型、传感器更新、运行历史等数据，集成多学科、多物理量、多尺度、多概率的仿真过程，在虚拟空间中完成映射，从而反映相对应的实体装备的全生命周期过程。"就如"数字孪生"般，数字化正是将现实世界重构为数字世界，同时，重构不是单纯地复制，更包含数字世界对现实世界的再创造，还意味着数字世界通过数字技术与现实世界相连接、深度互动与学习、融合为一体，共同创造出全新的价值。

数字化是当代社会最重要的持续变革之一，它使用无处不在的数字技术来连接更大的社会空间。它将越来越多的社会和经济互动提交给实时数字数据的同时，将其收集、分析和处理，利用数字技术获取信息并解析，从而能够以以前从未想过的方式操作信息、文本、图形、软件代码、音频和视频，最终实现信息传输与转换功能，并以此影响个人或集体行为。数字化的本质是将现实世界中的事物、信息等，通过数字技术的手段，转化为计算机可以处理的数字形式，从而实现信息的存储、传输和处理。数字化的目的是更好地管理和利用信息，提高信息的效率和价值。数字化的范围非常广泛，它涵盖了许多领域，如数字化生产、数字化服务、数字化文化等。数字化通过数字信息通信技术的广泛部署来改变社会和经济的大趋势。

中国的数字化发展主要经历了以 ICT 信息与通信技术驱动的信息化改革、以互联网驱动的网络化转型，以及以云计算、大数据、人工智能、移动互联网等技术驱动的数字化发展三个阶段。数字化与"互联网化""信息化""数字经济"等热门词汇之间有交叉的部分，也有着相辅相成的递进逻辑。相较于"互联网化"概念，数字化转型所蕴含的技术含量更多，且并不局限于互联网的创新成果。与"信息化"类似的是，两者虽都提出信息技术驱动产业变革，但前者强调的是传统的 IT 技术，比如，微电子技术和集成电路水平等，而数字化转型对应的是新一代信息通信技术，尤其是物联网、大数据、5G、人工智能、云计算等新兴技术的融合。数字化转型是数字经济的核心要义。数字化转型强调系统性创新过程，而数字经济则是整体形态的变革，两者含义存在递进关系。数字经济主要包含数字产业化和产业数字化两大模块，其中，产业数字化主要是指数字化转型。数字化的发展与日益跃进的信息技术紧密相连，数字化是一种创造和获取价值的新方式，数字化是当代社会最重要的持续转型，已经涵盖了日常生活的众多领域。

当今时代，以信息技术为代表的新一轮科技革命和产业变革加速推进，形成了以数字理念、数字发展、数字治理、数字安全、数字合作等为主要内容的数字生态，对经济社会发展、人民生产生活和国际格局产生了广泛影响，给社会生产方式、生活方式和治理方式带来深刻变革。习近平主席向2021年世界互联网大会乌镇峰会的致贺信指出："数字技术正以新理念、新业态、新模式全面融入人类经济、政治、文化、社会、生态文明建设各领域和全过程，给人类生产生活带来广泛而深刻的影响。"《中华人民共和国国民经济和社会发展第十四个五年规划和2035年远景目标纲要》提出迎接数字时代，激活数据要素潜能，推进网络强国建设，加快建设数字经济、数字社会、数字政府，以数字化转型整体驱动生产方式、生活方式和治理方式变革。加快数字化发展是一个全新概括，涵盖了经济社会数字化发展全过程，既包括数字化在经济社会领域广泛渗透，也包括经济社会领域的规模数字化过程。

推动数字产业化，深入推进服务业数字化转型，拓展人工智能、云计算、大数据等新技术在服务领域深度应用，推动智慧物流、智慧交通、数字金融等新业态加快发展。构建基于5G的应用场景和产业生态，在智能交通、智慧物流、智慧能源、智慧医疗等重点领域开展试点示范。鼓励企业开放搜索、电商、社交等数据，发展第三方大数据服务产业。促进共享经济、平台经济健康发展。深入推进服务业数字化转型，培育众包设计、智慧物流、新零售等新增长点。构筑数字化生活新场景，推进购物消费、居家生活、旅游休闲、交通出行等各类场景数字化，打造智慧共享、和睦共治的新型数字生活；推进智慧社区建设，依托社区数字化平台和线下社区服务机构，建设便民惠民智慧服务圈，提供线上线下融合的社区生活服务、社区治理及公共服务。完善城乡网格化治理，积极探索未来社区建设新模式，建设智能小区，发展数字家庭，丰富数字生活体验。在交通调控管理、环境保护、市容整治、食品安全、治安维稳等诸多方面，深化数字化、智能化技术应用。加快发展智慧农业，推进农业生产经营和管理服务数字化改造，面向未来，加快推进农业农村大数据中心和重要农产品全产业链大数据建设，依托国家数字经济合作和数字供应链发展交换平台体系推进各部门涉农政务信息资源共享开放、有效整合，统筹整合乡村信息服务站点资源，推广一站多用等，将进一步提升农民生产生活数字化服务水平。

推进产业数字化转型，利用数字技术对传统产业进行全方位、全角度、全链条的改造，促进传统产业转型升级。培育壮大人工智能、大数据、区块链、云计算、网络安全等新兴数字产业，提升通信设备、核心电子元器件、关键软件等产业水平。全面推动制造业数字化转型，引导制造业"数字化+网络化+智能化"发展，建设智能工厂、智能车间、智能企业，加快产业园区数字化改造。实施"上云用数赋智"行动，推动数据赋能全产业链协同转型。深化研发设计、生产制造、经营管理、市场服务等环节的数字化应用，培育发展个性定制、柔性制造等新模式。聚焦高端芯片、操作系统、人工智能关键算法、传感器等关键领域，加快推进基础理论、基础算法、装备材料等研发突破与迭代应用。加强通用处理器、云计算系统和软件核心技术一体化研发，加快布局量子计算、量子通信、神经芯片、DNA 存储等前沿技术，加强信息科学与生命科学、材料等基础学科的交叉创新，支持数字技术开源社区等创新联合体发展，完善开源知识产权和法律体系，鼓励企业开放软件源代码、硬件设计和应用服务。

聚焦教育、医疗、养老、抚幼、就业、文体、助残等重点领域，推动数字化服务普惠应用，持续提升群众获得感。推动数字技术在民生服务领域的普惠应用，加快发展数字教育、数字医疗、数字社保、数字就业、数字住房等，推进信息惠民。推进学校、医院、养老院等公共服务机构资源数字化，加大开放共享和应用力度。推进线上线下公共服务共同发展、深度融合，积极发展在线课堂、互联网医院、智慧图书馆等，支持高水平公共服务机构对接基层、边远和欠发达地区，扩大优质公共服务资源辐射覆盖范围。加强智慧法院建设。鼓励社会力量参与"互联网+公共服务"，创新提供服务模式和产品，提供智慧便捷的公共服务。在数字技术快速发展对人类社会的影响日趋广泛深入的时代背景下，数字化要以适应和引领数字时代的生产方式、生活方式、治理方式为导向，激发数字经济活力，增强数字政府效能，优化数字社会环境，构建数字合作格局，筑牢数字安全屏障，让数字文明造福人民，推动构建人类命运共同体。

（二）数字经济

近年来，世界数字经济飞速发展。数字技术以比先前的技术创新浪潮更快的速度在全球范围内传播，并重塑着商业模式和各个行业。数字经济在世界经济中具有非常良好的前景，影响着能源、银行、零售、出版、运输、教育、卫生和媒体等不同部门，被视为经济增长最重要的催化剂之一。数字经济作为一种新的经济形态，是以云计算、大数据、人工智能、物联网、区块链、移动互联网等信息通信技术为载体，基于信息通信技术的创新与融合来驱动社会生产方式的改变和生产效率的提升。

数字经济在 20 世纪 90 年代就已经出现，美国的经济学家唐·泰普斯科特（Don Tapscott）被誉为"数字经济"之父，他在 1995 年出版的《数字经济：智力互联时代的希望与风险》的著作中描述了人类历史上从未有的重大变革，数字经济的新媒介互联网在经济和社会生活等方面的重要意义超越历史上任何沟通手段，在数字经济中个人和企业生存和发展的规则与以往大不相同。他认为，数字经济诞生于"网络智能时代""将智能、知识和创造力结合起来以实现突破，创造财富和社会发展"。数字经济的概念由此进入大众视野并在全世界流行开来。2016 年 G20 峰会发布的《二十国集团数字经济发展与合作倡议》中提出数字经济是以使用数字化的知识和信息作为关键生产要素、以现代信息网络作为重要载体、以信息通信技术的有效使用作为效率提升和经济结构优化的重要推动力的一系列经济活动。

一个事物的定义总是反映其出现的时代和趋势，"数字经济"早期的定义专门针对互联网，与信息经济、知识经济、新经济密不可分，反映了它在 20 世纪 90 年代作为主流技术而出现的现象。后来的定义中增加了新技术的内容，例如，移动和传感器网络、云计算和大数据等。中国信息通信研究院在《中国数字经济发展白皮书》中认为数字经济是以数字化的知识和信息作为关键生产要素，以数字技术为核心驱动力量，以现代信息网络为重要载体，通过数字技术与实体经济深度融合，不断提高经济社会的数字化、网络化、智能化水平，加速重构经济发展与治理模式的新型经济形态，具体包括数字产业化、产业数字化、数字化治理和数据价值化。数字经济，作为一个内涵比较宽泛的概念，凡是直接或间接利用数据来引导资源发挥作用，推动生产力发展的经济形态都可以纳入其范畴。在技术层面，包括大数据、云计算、物联网、区块链、人工智能、5G 通信等新兴技术。在应用层面，"新零售""新制造"等都是其典型代表。国家统计局在《数字经济及其核心产业统计分类（2021）》中将"数字经济"定义为：指以数据资源作为关键生产要素、以现代信息网络作为重要载体、以信息通信技术的有效使用作为效率提升和经济结构优化的重要推动力的一系列经济活动。一些机构和组织也对"数字经济"进行了界定，例如，欧盟委员会认为数字经济是基于数字技术的经济，有时称为"互联网经济"。美国经济分析局主要根据互联网和相关信息通信技术（ICT）来定义数字经济。中国很多研究机构一般采用 2016 年 G20 峰会对"数字经济"的定义：数字经济是指以使用数字化的知识和信息作为关键生产要素、以现代信息网络作为重要载体、以信息通信技术的有效使用作为效率提升和经济结构优化的重要推动力的一系列经济活动。

数字经济的内涵可以按照"四化一基础"来大体概括，即数字产业化、产业数字化、数字的价值化和数字化治理，加上数字基础设施。其中，数字产业化与产业数字化是数字经济的核心，数据价值化是数字经济的驱动力，数字化治理与数字基础设施是数字经济的保障。数字产业化是数字经济基础部分，即围绕数据归集、传输、存储、处理、应用等全流程，形成的有关硬件、软件、终端、内容和服务产业。产业数字化是数字经济的融合部分，即新一代信息技术与传统产业广泛渗透融合，促进产出增加和效率提升，催生新产业、新业态、新模式。数字经济是一场新的产业革命。从技术创新的角度来看，继互联网之后，出现了一批新的数字技术集群，主要是人工智能、大数据、云计算、5G、物联网、区块链、虚拟现实/增强现实、量子信息以及 CPS（虚拟物理系统）等。从组织创新的角度来看，出现了许多新的组织，像平台经济、共享经济、虚拟工厂，以及各种形式的新模式、新业态等。这些组织模式突破了传统的工厂组织，以及制造业、服务业、农业的边界，形成一种新的"超级工厂""超级市场""超级农场"。数字经济是信息经济、信息化发展的高级阶段。信息经济包括数字化的知识和信息驱动的经济，以及非数字化的知识和信息驱动的经济两大类，未来非实物生产要素的数字化是不可逆转的历史趋势，数字经济既是信息经济的子集，又是未来发展的方向。

以信息技术为基础的数字经济，正在打破传统的供需模式和已有的经济学定论，催生出更加普惠性、共享性和开源性的经济生态，并推动高质量的发展，数据成为新的关键生产要素。数字经济更加强调的是融合与共赢，在融合中实现价值增量。数字经济对传统产业融合主要体现在生产方式融合、产品融合、服务融合、竞争规则融合以及产业融合。数字经济与土地、石油等传统的生产要素差别非常大，数字经济具有高成长性、强扩散性、降成本性的特征。在数字经济中，信息是它的关键生产要素，它随着信息规模的增加而呈现出的趋势是边际收益递增，信息规模越大，则经济收益也就越大。数字经济是一种新型的经济形态，它的基础要素是信息，它能够运用信息技术把在传统经济中所产生的信息加以处理，从而达到数字经济与传统经济之间相互融合的目的。数字经济能够打破原来的经济边界，跨越时空的障碍，实现自由流动和交互，并且也能够促使产业的扩张和发展。数字经济具有的降成本性这一主要特征取决于信息的边际收益递增，主要的原因是信息技术和互联网的发展能够促使产品与服务的信息到达用户的平均成本降到极低值。此外，数字经济促使经济发展运行中的交易成本明显降低，信息不对称是产生交易成本的关键因素。在错综复杂的全产业链互联网平台中应用数字化多媒体系统和移动互联网等当代信息技术，可以大大地降低信息成本、谈判成本、时间成本等有关的交易成本。管理成本和物流成本都能够降低，进而实现资源配置效率的提高。

党的二十大报告指出，要加快建设制造强国、质量强国、网络强国、数字中国。建设数字中国是数字时代推进中国式现代化的重要引擎，是构筑国家竞争新优势的有力支撑。数字经济是构建现代化经济体系的重要引擎。数据作为新型生产要素，将进一步推动产业发展模式向创新驱动转变。数字经济具有高创新性、强渗透性、广覆盖性，不仅是新的经济增长点，还是改造提升传统产业的支点。构建新发展格局的重要任务是增强经济发展动能，数字技术可以推动各类资源要素快捷流动、各类市场主体加速融合，帮助市场主体重构组织模式，实现跨界发展，打破时空限制，延伸产业链条，畅通国内外经济循环。发展数字经济，能够推动 5G 网络、工业互联网、人工智能、大数据、基础软件等数字产业发展。数字技术发展又能进一步推动数实融合，通过运用数字技术对传统产业进行全方位、全链条改造，可以有效提高全要素生产率，促进传统产业数字化、网络化、智能化发展。发展数字经济，促进数字经济和实体经济深度融合，打造具有国际竞争力的数字产业集群，将是未来数字经济发展的着力点。数字经济是以数据资源为关键要素，以现代信息网络为主要载体，以信息通信技术融合应用、全要素数字化转型为重要推动力，促进公平与效率更加统一的新经济形态。在数字技术的驱动下，经过离散化解构和全息化重构，产业结构和产业组织都发生了变革和重组。当前，数字产业化与产业数字化不仅是产业体系的内在构成，而且是现代化产业体系的重要标志。无论是新生产要素还是新基础设施以及新经济结构，都是现代化产业体系的内在特征。现阶段，中国产业体系特别是工业体系较为完整，但现代化的广度和深度总体上仍需要拓展和提升，新产业、新业态、新模式有待成长，各行各业的数字技术装备程度还远远不够，产业数字化特别是制造业数字化转型、智能化升级仍然任重道远。因此，必须坚持把发展经济的着力点放在实体经济上，促进数字经济与实体经济深度融合，打造具有国际竞争力的数字产业集群，加快建设制造强国、网络强国、数字中国。其中，加快发展工业互联网基础上的智能制造，推动中国从制造大国走向制造强国，既是建设现代化产业体系的重要方向，更是构筑国家竞争新优势的重点内容。当前数字经济发展方兴未艾，数字技术正在持续打破空间限制、引导各类要素充分流动，这为形成强大数字经济新动能、推动区域协调发展提供了难得的契机。特别是在区域协调发展方面，数字经济为后发地区、企业提供了"变道超车"的新机遇。例如，数字金融的普惠性、可及性有助于解决欠发达地区中小企业和农户的融资难问题，各类数字金融产品满足了小微企业、脱贫农户、返乡农民工的多元化金融需求。再比如，建设工业互联网，可以通过产业模块化、智能设备应用等路径促进制造业重点向欠发达地区布局，有利于不断缩小区域发展差距。构建数字经济赋能中国式现代化发展新机遇的同时，需要理解数字经济发展面临的挑战。一是市场竞争与实业投资的适度平衡，数字经济的发展带来市场竞争效应，企业在追求生存和利润时需要平衡市场竞争和实体投资之间的关系，避免忽视创新研发和实体经济的发展。二是合理配置资源与金融资产，数字经济的高效融资可能导致企业将资金过多投入到金融市场，必须合理配置金融资产和实体投资，确保资源的有效利用，推动实体经济的可持续发展。三是金融准入改革与企业投资行为，数字经济发展的金融准入改革可能吸引更多企业资本涌入金融市场，应重视股东和代理人之间的委托代理问题，鼓励企业加强实体投资，并同时关注短期和长期利益的平衡，确保企业的研发能力和实体经济的健康发展。

习近平总书记深刻指出，"当今时代，数字技术、数字经济是世界科技革命和产业变革的先机，是新一轮国际竞争重点领域，我们要抓住先机、抢占未来发展制高点"。要站在构筑国家竞争新优势的战略高度，加快推进新型工业化，促进数字经济和实体经济深度融合。一是加强数字经济顶层制度建设。加快构建数据要素市场规则，逐步完善数据资源产权、流通交易、收益分配等基础制度。二是大力推进关键核心技术攻关。深入实施创新驱动发展战略，加快锻造形成具有比较优势和关键竞争力的长板领域，体系化提升数字技术自主创新能力。三是加快制造业数字化转型步伐。深入开展制造业数字化转型行动，聚焦工业互联网等重点领域，加快"上云用数赋智"。四是营造开放健康安全数字生态。加快发展数据资产评估、登记结算、交易撮合等市场运营体系，培育数据交易市场。

（三）数字供应链

供应链（supply chain）一词诞生于 20 世纪 80 年代初，最早由彼得·德鲁克（Peter Drucker）提出的"经济链"与"价值链"概念衍生而来。20 世纪 90 年代后期，社会各界开始广泛关注供应链研究。供应链最初运用于制造企业内部流程管理，随后扩展至与企业生产经营相关的各个环节，但数据化的库存管理仍是其核心内容。在 2017 年 10 月由中国国务院发布的《关于积极推进供应链创新与应用的指导意见》中，将供应链定义为："供应链是以客户需求为导向，以提高质量和效率为目标，以整合资源为手段，实现产品设计、采购、生产、销售、服务等全过程高效协同的组织形态。"供应链其实是立体多维、网状连接形态的，以产品为核心，产品从无到有至交付消费者前都属于供应链。其实，供应链涉及面极广，与产品密不可分，在数字设计研发与产品数字运用领域，以商品计划为起控点、数字化研发为节控点、生产协同为监控点的关键数据，围绕"料、款、产"的关系协同面料、辅料、款式的开发、商品、下单、生产进度的协同数据管理等。供应链管理（supply chain management）作为一种集成的管理思想和方法，主要通过计算机和物联网等数字技术手段来实现。数据搜集分析、动态感知、精准计算、可视化与智能化管理是供应链管理的主要技术实现方式，而这一切都与数据管理和数字技术密切相关。从供应链定义来看，其具有系统性、整体性的特征；从供应链演进来看，大致分为现代、绿色与数字供应链三个阶段。现代供应链研究侧重围绕企业核心业务组成网链关系。现代供应链作为一个完整业务链条，主要通过复杂网络系统运行来构建产品链、信息链以及创新链。绿色供应链凸显战略意识。绿色供应链强调从环保意识以及循环经济发展层面进行创新，这有利于推动形成绿色低碳的生产方式、生活方式。按照欧盟的定义，绿色供应链主要指供应商管理机制和制造流程中的环保理念，其目的是使产品市场竞争力加强，对环境更友好。数字供应链较为重视数字赋能。数字供应链主张通过数字化技术适应经济发展的新业态与新模式，提升在线经济与全球数字供应链管理能力。

数字供应链，是新环境下的新供应链形态。新兴数字技术（物联网，大数据，人工智能）与数字经济的发展，为供应链转型提供土壤与养分，带来数字化供应链新形态。数字供应链，是以客户为中心的平台模型，通过多渠道实时获取，并最大化利用数据，实现需求刺激、匹配、感知与管理，有效地将数据指标与顾客需求进行匹配，帮助企业实现利润最大化，以提升企业业绩，并最大程度降低风险。

数字供应链的定义强调使用数字化工具能够改造供应链业务流程，是将供应链传统业务转变为智能业务后能够创造新的价值。例如，Kinnet. C. 于 2015 年提出，数字供应链利用先进的技术和创新的分析方法提升整个供应链的业务价值，将供应链塑造成为一个智能的、价值驱动的网络。"链"的定义强调了使用数字化工具能够提升合作水平。《数字供应链：正面观察》白皮书将数字供应链定义为一个以客户为中心的平台，在这个平台中，供应链合作伙伴可最大限度地获得并利用不同来源的实时信息，从而更好地进行需求预测，供需匹配，进而对供应链进行性能优化、降低供应链风险等。数字供应链的定义强调使用数字化工具能够改进运营管理水平。数字供应链利用了先进的数字化工具，将供应链建设成为一个智能的、数字化的网络，能够创造收入和业务价值。美国供应链管理协会在 2017 年全球供应链年会上指出，数字供应链的本质是对传统供应链的转型与变革，其中，物联网、移动云计算、大数据、人工智能、认识计算和区块链被认为是实现数字供应链的六大支柱。相比传统供应链，数字化工具的使用打破了供应链各个环节中的壁垒，使供应链成为一个完整的集成的系统。数字供应链提供的不是数字化的产品或服务，它是有关如何利用数字化工具进行供应链管理的过程。

进行供应链管理，实现供应链管理的目标面临着不确定性、协同问题、可见性和复杂性等问题。供应链具有全球性，环节很多、很复杂，包括物流、信息流、资金流、商流等。它是一个动态的、全球化的功能网链，具有很强的复杂性。现在的市场变化特别快，消费者需求的个性化特征也非常明显。传统的供应链是以生产为驱动的，现在的供应链应该转变为以需求为驱动，所以供应链管理要求对消费者需求做出快速反应。在技术方面，物联网、区块链、5G 云计算、机器人、仿真模拟、大数据分析、机器学习等这些技术发展非常迅速，并且逐渐走向成熟，用于各领域，这就使得技术赋能、智慧赋能供应链成为可能。可以通过对供应链服务赋能，获取信息、分析信息、分析数据，从而做出智能决策。因为供应链是为实体经济提供服务的，要了解市场，感知市场的脉搏，并且能够快速对市场进行反应。所以不管是从企业的数字化转型的角度来看，还是从整个供应链的角度来看，数字化智慧供应链的建设势在必行。数字化供应链是基于物联网、大数据与人工智能等关键技术，构建的以客户为中心，以需求为驱动的，动态、协同、智能、可视、可预测、可持续发展的网状供应链体系。其中新一代的信息技术起到重要的支撑作用，运用新一代信息技术为供应链管理赋能，实现供应链转型升级发展。数字化供应链要以客户需求为驱动，并能随时根据市场变化做出柔性化应对，实现上下游数据资源线上共享，并确保信息的真实和时效性，支持决策，协同供应链。现在很多企业都在进行数字化转型并已经取得了成功。企业进行数字化转型不仅仅是企业自身的事情，还是企业所在的供应链的事情，比如采购制造、生产服务、研发预测等这些相应的环节。供应链数字化的整体架构可以理解为依托数字化商业模式，在数字商业模式基础上，考虑数字化供应链的一些要素，包括数字化的计划、采购、生产、运营、服务、营销等这些方面。其中会嵌入两类技术，一类是流程创新，包括管理模块化和流程组装化；另一类是技术创新，主要进行数据的分析、自动化，整个依托于数字化的供应链网络，最后整合在一起，建立供应链所有参与方之间的数字连接，实现共同的目标。数字供应链可以视为数字经济时代的重要组成部分，也是重要要求。做好企业的数字化转型与供应链数字化，有助于形成具有更强的创新力、更高的附加值、更安全可靠的产业链与供应链，提升产业链与供应链现代化水平。

二、数字经济为全球经济复苏提供重要支撑

（一）数字经济成推动经济复苏重要力量

国际金融危机之后，全球经济进入了深度调整的新阶段。新旧经济交替的图景波澜壮阔，一方面传统经济持续低迷，而另一方面数字经济则异军突起。数字经济的跨地域、平台化、多元化、共享化及个性化特征，构筑了"人类社会、物理世界、信息空间"的三重结构新框架，人们生产生活方式产生了深刻变革。发展数字经济是把握新一轮科技革命和产业变革的关键机遇，将成为推动经济复苏的重要力量。随着新一代信息技术加速迭代，并向各产业、各领域深度融合，数字经济正在成为重组全球要素资源、重塑全球经济结构、改变全球竞争格局的关键因素。

中国通信研究院发布的《全球数字经济白皮书（2022年）》指出数字经济为全球经济复苏提供重要支撑，表现在全球数字经济整体保持稳定发展态势，发达国

家和高收入国家数字经济领先优势明显，中美欧形成全球数字经济发展的三极格局。2021 年，全球 47 个主要经济体数字经济规模为 38.1 万亿美元，同比增长 15.6%，占 GDP 比重为 45.0%。数字经济发展活力持续释放，数字经济成为全球经济发展的重要支撑，全球范围内传统生产经营方式正在发生深刻变革，数字化基础设施、智能化生产线、智能机器人、数据要素等逐渐成为经济发展的主要动力来源，有效支撑经济持续稳定发展。根据白皮书，在增速方面，数字经济成为全球经济增长的活力所在。数字经济以其持续涌现的新模式新业态以及较高的创新性等，持续为全球经济平稳回升注入动力。在产业渗透方面，全球在第三、二、一产业数字经济持续渗透。受行业属性等因素影响，从全球看，数字技术在传统产业的应用率先在第三产业爆发，数字化效果最显著，在第二产业的应用效果有待持续释放，在第一产业的应用仍受到自然条件、土地资源等因素限制。在结构方面，产业数字化依然是全球数字经济发展的主导力量。数字技术加速向传统产业渗透。白皮书指出，发达国家数字经济领先优势明显。中美欧形成全球数字经济发展的三极格局。其中，中国数字经济实现跨越式发展，数字经济规模仅次于美国，拥有全球最大的数字市场，数据资源领先全球，数字产业创新活跃，积极建设数字中国。美国数字经济规模稳居全球第一，在数字企业全球竞争力、数字技术研发实力上遥遥领先。欧盟凭借其在数字治理上的领先，成为全球数字经济"第三极"。《全球数字经济白皮书（2022年）》总结了全球数字经济政策布局新动向主要是全球数字经济战略布局与落地实施同步推进，具体体现在：一是战略层级提升，数字经济成为各国顶层设计；二是战略焦点集中，强化对重点领域的政策指导；三是战略落地强化，多项举措保障战略实施见效；四是战略主体多元，新兴经济体成重要参与力量。数字技术作为世界科技革命和产业变革的先导力量，日益融入经济社会发展各领域全过程，深刻改变生产方式、生活方式和社会治理方式。白皮书指出，国际社会迫切需要携起手来，顺应信息化、数字化、网络化、智能化发展趋势，携手构建更加公平合理、开放包容、安全稳定、富有生机活力的网络空间。数字技术成为推动全球发展的变革性力量，要大力推动数字技术创新突破，搭建适于数字技术发展的生态体系，更好地利用数字技术推动数字经济创新发展，加强技术研究和突破，加强各国研究和创新协作，聚集资源推动技术创新。新型基础设施是数字经济发展的基石。各国应继续顺应地区和全球合作潮流，通过新型基础设施共建共享加快全球互联网渗透，提高国家间沟通往来效率，促进各国信息互联互通，缩小全球数字鸿沟，加快发展 5G、人工智能、工业互联网、物联网等数字基础设施，强化共建共享，繁荣信息基础设施新生态。探索高质高效的数据价值释放路径。数据已经成为与资本、劳动、技术相协同的新型生产要素，培育数据要素市场、激发数据要素潜能将成为全球的探索方向。可以坚持技术应用、市场流通、制度创新三路并举和协同创新，共同推动数据要素价值释放。此外，还要探索互利有序的数字经济规则体系。推动构建数据跨境安全有序流动的国际规则，加强网络安全国际合作，探索反映发展中国家利益和诉求的规则体系。打造开放包容的网络空间命运共同体。

数字经济已经成为大国竞争力的核心。如果一个国家实现了数字化，那表明该国的产业链和供应链的建设已经非常完善了，更表明在全生产要素中，大数据已经超过了土地、资本、技术、人力和信息，成为全生产要素的核心要素。

（二）中国数字经济快速发展是全球经济复苏的最大支撑

在创新、协调、绿色、开放、共享的新发展理念指引下，中国正积极推进数字产业化、产业数字化，引导数字经济和实体经济深度融合，推动经济高质量发展。发展数字经济成为中国推动高质量发展的核心动力，是更好满足人民日益增长的美好生活需要的重要抓手。当前，数字经济不止局限于制造业，还涉及数字投资、数字农业、数字健康、数字城市、数字旅游，特别是未来随着"一带一路"的高质量发展和国内国际双循环相互促进的发展新格局的形成，数字经济还会有更大的发展潜力和空间。

数字经济已经成为中国经济发展的新引擎。据中国信通院发布的《全球数字经济白皮书（2022 年）》显示，2021 年，测算的 47 个国家数字经济增加值规模为 38.1 万亿美元。从规模看，美国数字经济蝉联世界第一，规模达 15.3 万亿美元，中国位居第二，规模为 7.1 万亿美元。中国的数字经济发展驶入了快车道，中国数字经济生产总值从 2012 年的 12 万亿元，增长到 2022 年的 50 万亿元，预计 2025 年中国数字经济总量会突破 60 万亿元，占国内生产总值 45%。中国的数字经济转型已经从传统产业扩大到金融、物流、医疗、健康、文化、旅游、交通等行业，中国拥有全球门类最全、链条最长、上下游制造紧密衔接最先进的产业链、供应链。

发展数字经济是把握新一轮科技革命和产业变革新机遇的战略选择。一是数字经济健康发展有利于推动构建新发展格局，数字技术、数字经济可以推动各类资源要素快捷流动、各类市场主体加速融合，帮助市场主体重构组织模式，实现跨界发展，打破时空限制，延伸产业链条，畅通国内外经济循环。二是数字经济健康发展有利于推动建设现代化经济体系，数字经济具有高创新性、强渗透性、广覆盖性，不仅是新的经济增长点，而且是改造提升传统产业的支点，可以成为构建现代化经济体系的重要引擎。三是数字经济健康发展有利于推动构筑国家竞争新优势，当今时代，数字技术、数字经济是世界科技革命和产业变革的先机，是新一轮国际竞争重点领域，要抓住先机，抢占未来发展制高点。科学利用中国在技术、消费与应用领域所具备的数字经济创新领先优势，以及"前端消费—后端产业"互联网发展新业态、全社会线上服务需求与数字化转型需求相互迸发的良好发展趋势，推进数字经济与实体经济的深度融合，提升多元集聚力。大力推进数字产业化和产业数字化的"双轮联动"。要以大数据应用为战略引领，重点发展"云、网、端"在全价值链和全产业链的应用，通过搭建多元化多功能产业技术创新集聚平台培育富有竞争力的数字产业集群，有效提升数字经济发展能级。充分发挥数字经济龙头企业等的辐射带动效应，高水平推进产业跨界融合发展，重点聚焦农业、工业和服务业的数字化、网络化和智能化转型升级，持续释放其融合发展的放大、叠加、倍增效能。特别是打造中国的工业和服务业互联网技术体系，把握其标准制定的主导权，提升国际话语权和影响力。强化创新引领力。以需求为导向，广泛聚集和打造以企业为主体、产学研金用协同发展的高质量创新生态圈，重点加快新一代关键核心技术创新突破，强势推进优质资源进行联合攻关融合领域基础理论的前瞻性研究，快速打通创新链、产业链、资金链，持续推动数据、技术、人才、资本等生产要素发挥叠加效应。在高标准、高起点、严要求的基础上深入推动传统信息基础设施升级改造，努力建构以互联网、云计算、人工智能等为代表的高速、移动、安全的新一代信息基础设施建设，科学统筹和高水平衔接其与市政、机场、公路、铁路、乡村等规划建设，不断提高数字资源的交互效果，实现基础设施共建共享。构筑高集成的数字公共服务体系，增强民众获得感。加快完善数字准入监管变革、强化数字安全立法，构建完善大数据监管中心，逐渐形成开放协同高效管控机制，用好"数据权力"，合理高效利用数据资源，保障信息安全，不断提升数字治理综合能力。

未来较长时期，数字经济将迎来巨大的机遇窗口，并为中国加速完成工业化任务、构筑国际竞争新优势提供强大的物质保障，同时为全球经济转型发展做出更大贡献。一是陆海天空立体覆盖的国家信息基础设施体系将更加完善。超前布局国家信息基础设施体系建设是夯实中国数字经济发展基础、引领全球数字经济发展潮流的先手棋。到 2025 年，新一代信息通信技术得到及时应用，固定宽带家庭普及率接近国际先进水平，建成国际领先的移动通信网络，实现宽带网络无缝覆盖。到 21 世纪中叶，信息化全面支撑富强民主文明和谐美丽的社会主义现代化国家建设，网络强国地位日益巩固，在引领全球信息化发展方面有更大作为。二是经济发展的数字化转型成为重点。以信息技术为代表的技术群体性突破是构建现代技术产业体系、引领经济数字化转型的动力源泉，先进的信息生产力将推动中国经济向形态更高级、分工更优化、结构更合理的数字经济阶段演进。三是分享经济将成为数字经济的最大亮点。随着中老年人群互联网应用的普及，尤其是面向老年人群体开发的应用软件以及亲情关怀、紧急求助等服务业务的丰富多样，越来越多的中老年人将享受到分享经济发展带来的实惠。随着农村互联网普及程度的提高和分享实践的发展，农村居民将成为分享经济的重要参与者。分享经济将深入渗透各个领域行业，不仅活跃在交通、住房、教育、医疗、家政、金融等与人们生活息息相关的服务业领域，还将迅速渗透基础设施、能源、农业、制造业等生产性领域。未来，越来越多的传统制造企业将积极拥抱分享经济。四是更活跃的创新。未来中国分享经济将进入本土化创新的集中迸发期，分享经济企业将加速从模仿到原创、从跟随到引领、从本土到全球的质的飞跃。

第二节　供应链韧性的演变逻辑

一、供应链、供应链安全与供应链韧性

（一）供应链

1. 供应链的定义

供应链是指产品生产和流通过程中所涉及的原材料供应商、生产商、分销商、零售商以及最终消费者等成员通过与上游、下游成员的连接组成的网络结构。也即是由物料获取→物料加工→将成品送到用户手中这一过程所涉及的企业和企业部门组成的一个网络。形象一点，可以把供应链描绘成一棵枝叶茂盛的大树：生产企业构成树根；独家代理商则是主杆；分销商是树枝和树梢；满树的绿叶红花是最终用户；在根与主杆、枝与杆的一个个结点，蕴藏着一次次的流通，遍体相通的脉络便是信息管理系统。这个概念强调了供应链的战略伙伴关系，从形式上看，客户是在购买商品，但实质上客户是在购买能带来效益的价值。各种物料在供应链上移动，是一个不断采用新技术投入劳动，增加其技术含量或附加价值的过程；因此，供应链不仅是一条连接供应商到用户的物料链、信息链、资金链，而且是一条价值增值链。

供应链的概念经历了一个发展过程。早期的观点认为供应链是制造企业的一个内部过程，它是指将采购的原材料和收到的零部件，通过生产的转换和销售等过程传递到企业用户的一个过程。传统的供应链概念局限于企业的内部操作，注重企业的自身利益目标。供应链管理的概念最初是由 Michael E. Porter 于 1985 年提出的。他认为供应链是围绕核心企业，从配套零部件开始，完成中间产品和最终产品的制

造，并由销售网络将产品送到消费者手中，将供应商、制造商、分销商直到最终用户连为一个整体的功能网链结构。英国著名物流专家马丁·克里斯多夫（Martin. Christopher）教授在《物流与供应链管理》一书中定义供应链是指涉及将产品或服务提供给最终消费者的过程和活动的上游及下游企业组织所构成的网络。比如，衬衣制造商是供应链的一部分，它的上游是化纤厂和织布厂，下游是分销商和零售商，最后到最终消费者。供应链是社会化大生产的产物，是重要的流通组织形式和市场营销方式。它以市场组织化程度高、规模化经营的优势，有机地联结生产和消费，对生产和流通有着直接的导向作用。供应链是由所有加盟的节点企业所组成的网链结构，每个企业就是一个节点，节点企业与节点企业之间是一种供需关系，其总目的是满足最终用户的需求。随着企业经营的进一步发展，供应链的概念范围扩大到了与其他企业的联系，扩大到供应链的外部环境，偏向于定义它为一个通过链中不同企业的制造、组装、分销、零售等过程将原材料转换成产品到最终用户的转换过程，它是更大范围、更为系统的概念。通过价值增值过程和分销渠道控制从供应商的供应商到用户的用户的流动就是供应链，它开始于供应的源点，结束于消费的终点。现代供应链的概念更加注重围绕核心企业的网链关系。如核心企业与供应商、供应商的供应商乃至与一切前向的关系，与用户、用户的用户及一切后向的关系。此时的供应链的概念形成一个网链的概念，像丰田、耐克、尼桑和麦当劳等公司的供应链管理都是从网链的角度来实施的。Karimi 等（2017）认为产品设计、生产、销售各环节的物流、信息流能满足终端消费者的需求，是供应链管理的初衷，因而供应链的上下游企业需要组成战略的联盟。林勇和马士华（1998）在国外研究成果的基础上，分析了供应链的特征，提出了集成化供应链管理的理念，强调企业和贸易合作伙伴的紧密联系会在很大程度提升经营效率和效益。陈功玉、阳明明（2003）和刘丽文（2003）也认同供应链管理应具有集成化的思想，将整条供应链作为一个组织进行管理，通过供应链上的各个企业的分工合作，疏通供应链上的物流、商流、资金流、信息流的通道，从而提高整个供应链的竞争力。

供应链由所有加盟的节点企业组成，其中一般有一个核心企业（可以是产品制造企业，也可以是大型零售企业，如美国的沃尔玛）。节点企业在需求信息的驱动下和信息共享的基础上，通过供应链的职能分工与合作（生产、分销、零售等），以资金流、物流或/和服务流为媒介实现整个供应链的不断增值。供应链的产生和发展的历史虽然短暂，但由于它在企业经营中的重要地位，以及它对提升企业竞争力的明显优势，其发展速度很快，已经形成了具有明显特点的供应链模式和结构。供应链的网链结构模型如下（见图 1-1）：

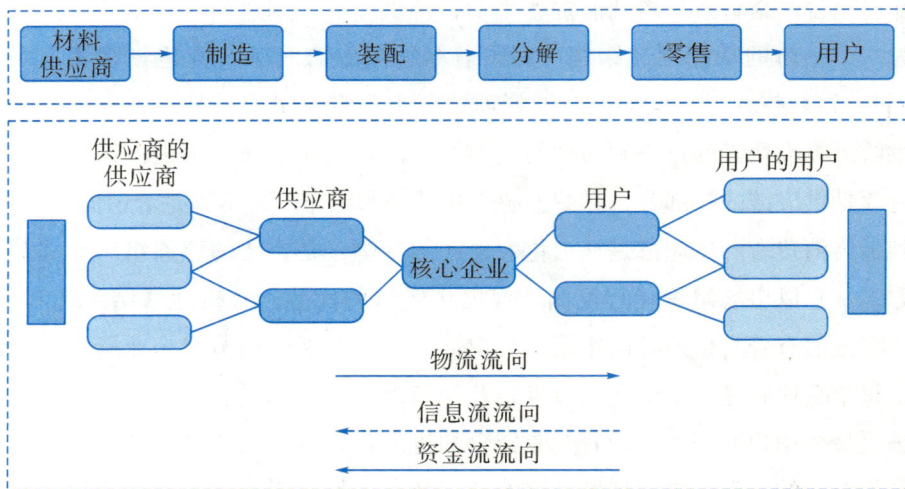

图 1-1　供应链的网链结构模型

2. 供应链的类型

供应链可以分为内部供应链和外部供应链两类。内部供应链是指企业内部产品生产和流通过程中所涉及的采购部门、生产部门、仓储部门、销售部门等组成的供需网络。而外部供应链则是指企业外部的，与企业相关的产品生产和流通过程中涉及的原材料供应商、生产厂商、储运商、零售商以及最终消费者组成的供需网络。内部供应链和外部供应链共同组成了企业产品从原材料到成品到消费者的供应链。从不同的角度出发，按不同的标准，可以将供应链划分为不同的类型。

按照供应链管理对象去划分供应链可以分为三种类型：一是企业供应链。它以某个企业为核心，以该企业的产品为主导，形成包括该企业的供应商、供应商的供应商以及一切向前的关系，和用户、用户的用户及一切向后的关系。这个核心企业在整个供应链中具有明显的主导地位和作用，对整个供应链的建立和组织起关键作用。二是产品供应链。它以某一特定产品或项目为中心、由特定产品或项目需求所拉动的、包括与此相关的所有经济活动的供应链。产品供应链上的企业管理紧密，它们相互依存。供应链的效率取决于相关企业的密切合作，因此，基于信息技术的系统化管理是提高供应链运作效率的关键。三是基于供应链合作伙伴关系的供应链。供应链合作伙伴关系主要是针对这些职能成员间的合作进行管理。基于供应链合作伙伴关系的供应链一般通过契约协调双方或多方间的利益，实现物流、信息流、资金流的流动与交换。按照供应链网络结构来划分，则可分为 V 型供应链、A 型供应链和 T 型供应链。V 型供应链是供应链网状结构中最基础的结构。这种供应链以大批量物料存在方式为基础，经过企业加工转换为中间产品，提供给其他企业作为它们的原材料。生产中间产品的企业往往客户要多于供应商，呈发散状。例如，原料经过中间产品的生产和转换，成为工业原材料，如石油、化工、造纸和纺织等企业，这些企业产生种类繁多的产品，满足众多下游客户的需求，从而形成了 V 型供应链。当核心企业为供应网络上的最终用户服务时，它的业务本质上是由订单和客户驱动的。在制造、组装和总装时，会遇到一个与 V 型供应链相反的问题，即为了满足相对少数的客户需求和客户订单，需要从大量的供应商手中采购大量的物料。这是一种典型的会聚性的供应链网，即 A 型供应链。这种供应链要加强供应商和制造商之间的密切合作，共同控制库存量。介于上述两种模式之间，许多企业通常结成的是 T 型供应链。它们通常根据订单确定通用件，从与自己相似的供应商公司采购大量的物料，通过制造标准化来降低订单的复杂程度，为大量终端客户和合作伙伴提供构件和套件。如医药保健品、电子产品和食品、饮料等行业，以及为总装配提供零部件的公司也同样存在，如为汽车、电子器械和飞机主机厂商提供零配件的企业等。

按照供应链驱动力的来源，供应链可以分为推动式供应链和拉动式供应链。推动式供应链的运作是以产品为中心，以生产制造商为驱动原点，这种传统的推动式供应链管理是以生产为中心，力图尽量提高生产率，降低单件产品成本来获得利润。通常，生产企业根据自己的 MRP-II/ERP 计划来安排从供应商处购买原材料，生产出产品，并将产品经过各种渠道，如分销商、批发商、零售商一直推至客户端。在这种供应链上生产商对整个供应链起主导作用，是供应链上的核心或关键成员，而其他环节如流通领域的企业则处于被动的地位，这种供应链方式的运作和实施相对较为容易。然而，由于生产商在供应链上远离客户，对客户的需求远不如流通领域的零售商和分销商了解得清楚，这种供应链上企业之间的集成度较低，反应速度慢，在缺乏对客户需求了解的情况下生产出的产品和驱动供应链运作的方向往往是无法匹配和满足客户需求的。同时，由于无法掌握供应链下游，特别是最末端的客户需求，一旦下游有微小的需求变化，反映到上游时这种变化将被逐级放大，这种效应被称为牛鞭效应。为了应对这种牛鞭效应，相应下游，特别是最终段客户，在供应链的每个节点上，都必须采取提高安全库存量的办法，需要储备较多的库存来应对需求变动。因此，整个供应链上的库存较高，响应客户需求变化较慢。传统的供应链管理几乎都属于推动式的供应链管理。拉动式供应链管理的理念是以顾客为中心，通过对市场和客户的实际需求以及对其需求的预测来拉动产品的生产和服务。因此，这种供应链的运作方式和管理被称为拉动式的供应链管理。这种运作和管理需要整个供应链能够更快地跟踪、甚至超前于客户和市场的需求，来提高整个供应链上的产品和资金流通的效率，减少流通过程中不必要的浪费，降低成本，提高市场的适应力，特别是对下游的流通和零售行业，更是要求供应链上的成员间有更强的信息共享、协同、响应和适应能力。例如，目前发达国家采用协同计划、预测和补货（CPFR）策略和系统，来实现对供应链下游成员需求拉动的快速响应，使信息获取更及时，信息集成和共享度更高，数据交换更迅速，缓冲库存量及整个供应链上的库存总量更低，获利能力更强，等等。拉动式供应链虽然整体绩效表现出色，但对供应链上企业的管理和信息化程度要求较高，对整个供应链的集成和协同运作的技术和基础设施要求也较高。（见图1-2）

"推式"的供应链管理模式：

"拉式"的供应链管理模式：

图1-2 "推拉式"供应链管理模式

　　按照供应链的复杂程度和企业对供应链的定位可将供应链分为16种类型（见图1-3）。①无供应链，即企业的每个业务、部门都有零星的运输、存储需求，没有统一管理。②完全交由第三方，物流交由第三方全权处理，但没有竞争和财务优势。③完全自建并主导业务，供应链完全自建，业务围绕供应链来进行，效率低、成本高。④"生产效率型"供应链，聚焦于生产效率提升。⑤"平衡型"供应链，整合"产品/服务提供"的物流和信息流，为常用的供应链类型。⑥"项目型"供应链，针对石油、管道等大型项目的供应链，整合有能力的供应商提供全方位服务。⑦"资金效率型"供应链，聚焦于现金流效率，甚至能在采购上出现负的现金流。⑧"集采型"供应链，集中各区域需求进行采购，降低成本。⑨"客户需求响应型"供应链，聚焦于客户响应，需要灵活和多样化的服务满足客户定制化需求。⑩"供应商-客户效率型"供应链，从"供应商-客户"全面考虑效率提升和客户满意，经常需要做自产还是外包的决策。⑪"阻止进入市场"供应链，在供应链上建立某种门槛阻止竞争者进入市场。⑫整合供应链，从业务整体角度来考虑降低成本、提升效率。⑬"以快打慢型"供应链，支撑产品快速开发和市场布局，需要灵活、柔性的生产系统和高度适应环境的物流系统。⑭"产品创新型"供应链，从供应商管理开始建立支撑公司"产品创新"的系统（例如，战略合作伙伴的建立等）。⑮"价值链增值"供应链，分析整个价值链，聚焦创新和速度实现增值。⑯"信息中枢"供应链，供应链能够收集、分析和处理所有业务运转信息，从中发现提升效率的机会，创新可以在公司的任何部分展开。

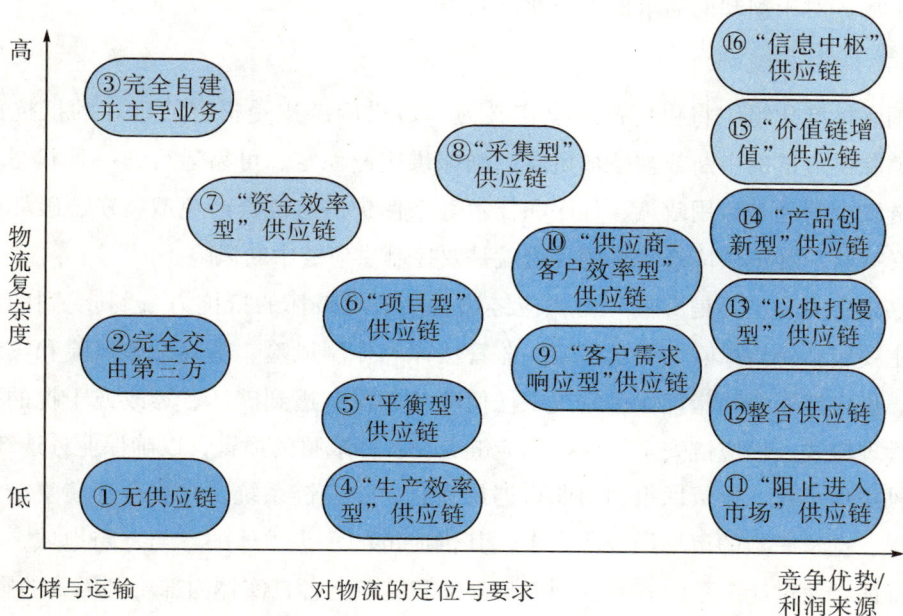

图 1-3　按供应链的复杂程度分类

供应链还可以根据不同的标准划分为以下几种类型：一是稳定的供应链和动态的供应链。根据供应链存在的稳定性划分，可以将供应链分为稳定的和动态的供应链。基于相对稳定、单一的市场需求而组成的供应链稳定性较强，而基于相对频繁变化、复杂的需求而组成的供应链动态性较高。在实际管理运作中，需要根据不断变化的需求，相应地改变供应链的组成。二是平衡的供应链和倾斜的供应链。根据供应链容量与用户需求的关系可以划分为平衡的供应链和倾斜的供应链。一个供应链具有一定的、相对稳定的设备容量和生产能力（所有节点企业能力的综合，包括供应商、制造商、运输商、分销商、零售商等），但用户需求处于不断变化的过程中，当供应链的容量能满足用户需求时，供应链处于平衡状态；而当市场变化加剧，造成供应链成本增加、库存增加、浪费增加等现象时，企业不是在最优状态下运作，供应链则处于倾斜状态。平衡的供应链可以实现各主要职能（采购/低采购成本、生产/规模效益、分销/低运输成本、市场/产品多样化和财务/资金运转快）之间的均衡。三是有效性供应链和反应性供应链。根据供应链的功能模式（物理功能和市场中介功能）可以把供应链划分为两种：有效性供应链（efficient supply chain）和反应性供应链（responsive supply chain）。有效性供应链主要体现供应链的物理功能（即以最低的成本将原材料转化成零部件、半成品、产品）以及在供应链中的运输等；反应性供应链主要体现供应链的市场中介的功能，即把产品分配到满足用户需求的市场，对未预知的需求做出快速反应等。

（二）供应链安全

国际标准化组织将供应链安全定义为"对供应链遭受损害或破坏的抵抗力"，是指消除供应链的中断或被破坏风险，确保供应链稳定、可靠运行的一种状态，而供应链安全管理是运用政策、程序和技术等来保护供应链资产免遭盗窃、破坏或恐怖主义威胁。维护供应链安全的关键就是要控制供应链中断风险。

供应链安全主要是反映"对供应链遭受损害或破坏的抵抗力"，其受到的外部风险主要包括供给风险、需求风险、监管法律和体制风险、基础设施风险和灾难性风险。供应链安全是指确保供应链中任何环节都没有遭到破坏、篡改或干扰的一种安全管理模式。供应链安全是保护供应链免受各种威胁的损害，以确保业务连续性，业务风险最小化，投资回报和商业机遇最大化。供应链系统，在当今环境复杂、需求多样、竞争激烈的市场经济背景下，其供应链的多头主体的参与、跨地域、多环节的特征，使供应链系统容易受到来自外部和链条上各自实体内部不利因素的影响，就会客观地形成供应链风险。供应链安全就是管理威胁供应链各部分及其参与者的风险。对于企业而言，这意味着识别、分析和弄清楚如何降低与不同供应商、供应商和其他服务提供商合作的风险。供应链安全管理是通过实施一组合适的控制措施而达到的，包括策略、过程、规程、组织结构以及软件和硬件功能。在必要时需建立、实施、监视、评审和改进这些控制措施，以确保满足该组织的特定安全和业务目标。这个过程宜与其他业务管理过程联合进行。

虽然现在企业对供应链安全的意识越来越高，但是其在供应链安全保障过程中仍然存在很多问题，譬如在传统的供应链模式下，某些生产环节或者物流配送过程可能由于一些原因而被集中化到某些供应商手中，存在较大的安全风险。集中化和垂直化的供应链模式使得供应链安全难以保障，缺乏创新的供应链保障技术和工具。现有的供应链保障工具和技术大多是对于传统安全威胁的反应机制，但是近年来出现的一些信息安全、网络安全等新形式的安全威胁缺乏有效的保障手段。企业内部安全管理意识不强，对于供应链安全的重要性没有正确认识。企业内部往往存在信息共享、管理不当等问题，容易造成供应链安全的泄漏和干扰。供应链安全管理是一个复杂的过程，需要企业从供应商选择、供应商管理、采购管理、生产管理、物流管理等多个方面入手，建立完善的供应链安全管理机制和体系，确保供应链的安全性和可靠性。供应商选择是供应链安全管理的第一步。企业应该对供应商进行全面的评估和筛选，包括对供应商的资质、信用、质量、环保、安全等方面进行评估和监督。同时，企业还应该了解供应商的生产能力、交货能力、售后服务等情况，以确保供应商能够满足企业的需求和要求。供应商管理是供应链安全管理的关键环节。企业应该建立完善的供应商管理机制和流程，包括合同管理、质量管理、环保管理、安全管理等。同时，企业还应该对供应商进行定期的评估和审核，及时发现和解决供应商的问题和风险。采购管理是供应链安全管理的重要组成部分。企业应该建立完善的采购管理机制和流程，包括采购计划、采购合同、采购审批、采购跟踪等。同时，企业还应该对采购过程进行监督和管理，确保采购商品和服务的质量和安全。生产管理是供应链安全管理的核心环节。企业应该建立完善的生产管理机制和流程，包括生产计划、生产控制、生产质量控制、生产安全控制等。同时，企业还应该对生产过程进行监督和管理，确保生产的产品符合质量和安全要求。物流管理是供应链安全管理的重要环节。企业应该建立完善的物流管理机制和流程，包括物流计划、物流运输、物流仓储、物流配送等。同时，企业还应该对物流过程进行监督和管理，确保物流环节的安全和可靠性。信息管理是供应链安全保障的重要环节，需要建立科学的信息安全管理流程和制度，采用信息安全技术来保障信息的保密性、完整性和可用性。通过有效的供应链安全管理，企业可以降低各种风险和安全问题对企业造成的损失和影响，提高企业的竞争力和可持续发展能力。

供应链安全是一个全球性问题，随着地缘政治局势紧张、公共卫生事件频发、国际经贸摩擦等外部扰动不断加剧，全球供应链遭受外部冲击越来越频繁。传统的供应链体系中，企业为了提高效率通常会优先考虑精益生产和零库存，企业内部缺乏缓冲机制，容易放大外部冲击。与此同时，复杂供应链体系中的上下游关联、区域互联互通、分工高度细化等特点为外部冲击的渗透与破坏的传播提供了更大的"表面区域"，使得全球产业链和供应链在受到外部冲击后大面积受阻甚至断裂。其中，逆全球化浪潮叠加突发性公共卫生事件对全球供应链的可持续安全发展造成了严重冲击。一方面破坏了供应链中商品贸易分工环节的协调机制；另一方面破坏了全球供应链体系中的及时交货系统，从而加剧了全球供应链"脱钩"。当全球化进程受挫时，供应链危机随之产生，可能威胁整个国家的经济安全，这必然促使国家制定适当的供应链政策和战略。供应链安全，从经济问题转变为政治问题。

（三）供应链韧性

"韧性"这一术语起源于材料科学领域，在材料科学中，韧性是指材料在变形后恢复到原始形状且不超过其极限能力的特性。"韧性"一词，在汉语中是指物体受外力作用时产生变形而不易折断的性质，体现物体所具有的柔软结实特性，也指坚忍不拔、顽强持久的精神。供应链韧性是个新兴的研究领域，最早的供应链韧性研究始于 2000 年英国民众抗议燃油涨价及 2001 年美国"9·11"恐怖袭击导致的供应链中断事件。供应链韧性（supply chain resilience）是供应链管理中的新兴领域，关于供应链韧性的定义，目前尚未有统一的定义。"供应链韧性"的概念最早是在 2003 由 Rice 教授和 Caniato 教授提出，但其定义是由 Christopher 教授和 Peck 教授在 2004 年首次提出，将供应链韧性定义为"供应链受到干扰后能够恢复到原状态或者更加理想状态的能力"。尽管学者们对供应链韧性的定义各不相同，但对供应链韧性的内涵和本质有较强的共识，即认为供应链韧性是指从干扰中恢复到原状或新的更加理想状态的能力。通常使用"供应链拥有在干扰发生后尽快恢复原状态或者提升到一个更为理想状态的能力"来阐述供应链韧性。所谓供应链韧性，是指供应网络中组织保持动态平衡、对破坏性事件做出反应并从中恢复的一种复杂的适应性能力。它能够帮助企业在供应链受冲击后做出更迅捷、更有利的反应，从而降低供应链运营风险、减少供应链损失，打造竞争优势。由此可以看出，供应链韧性具备如下特点：第一，韧性是企业的一种应对中断风险时的动态能力，强调企业的响应能力。第二，韧性除了对中断风险发生时的响应，还具有抵御风险的能力。供应链韧性是供应链稳健性和可恢复性的综合体现，即面对中断时的抵御能力和快速恢复能力。这其中包含了两个因素：一是抵御能力。在发生重大灾害和中断时，供应链系统能够完全规避风险或者以最小的损失平稳度过，将中断造成的破坏最小化。二是恢复能力。当供应链发生中断时，能够快速反应并找到有效恢复路径，恢复稳定状态的能力。从上述供应链韧性的定义可以看出，供应链韧性是要在控制力和脆弱性之间寻求匹配，也就是需要根据供应链的状况通过相应手段实现风险可控。过于强调可控而不顾供应链实际运行的状况，会增加保障实施的成本，侵蚀企业利润。

在供应链韧性的研究中，最常用的理论是资源基础观、动态能力理论、关系理论和系统理论/复杂自适应系统理论等。其中，资源基础观是最基础和核心的理论。企业资源基础观将企业视为一系列资源的集合。企业的能力与竞争优势源自企业所拥有的有价值、稀缺、不可模仿和不可替代的资源。在复杂多变的环境扰动下，企业需要不断整合、构建和重新配置内外部资源，以此增强供应链韧性。然而，由于资源基础观本质上是静态的，忽视了市场动态性的影响，因此研究既要采用动态能力理论、关系理论来对资源基础观在动态环境条件下进行拓展，也要利用系统理论/复杂自适应系统理论来对供应链韧性进行研究。关于供应链韧性的研究，其研究方法可分为定性的研究方法和定量的研究方法。其中，定性的研究方法主要是以案例研究为主，定量的研究方法主要包括优化、决策分析、网络建模和模拟四大类。优化是采用最多的定量研究方法，包括多目标线性规划、随机规划、目标规划等。决策分析主要采用的方法为多目标决策分析、层次分析法、网络分析法等。网络建模的方法包括贝叶斯网络、图形建模、聚类供应链网络模型等。模拟所采用的方法包括基于主体的仿真模拟和离散事件模拟等。对于供应链韧性测度与评价的研究主要可分为四类。一是用核心要素测度韧性。将供应链韧性分解成几个核心要素，并用调查表的方式对这些核心要素进行打分。最常见的核心要素包括灵活性、冗余性、敏捷性等。二是用直接的定量指标测度韧性。这类方法所用的定量指标包括供应链受到扰动后恢复到原有状态或更加理想状态所需要的时间、恢复的程度以及恢复期内供应链绩效的损失程度等。三是用具体的供应链绩效评价的定量指标测度韧性。学者们用一个或者多个供应链绩效评价指标，如客户服务水平、订单满足率等，并通过模拟等方法对韧性进行评价。四是用拓扑指标测度韧性。这类指标主要是从复杂网络的视角来对韧性进行测度，常用的指标包括密度、复杂度、节点关键性、平均路径长度等。研究供应链韧性最主要的目的就是提升供应链的韧性，建立有韧性的供应链。供应链提升策略可以划分为两大类：一类是中断发生前的主动策略，另一类是中断发生后的被动策略。中断发生前的主动策略是指能够抵抗中断的措施，如通过提高产品灵活性、合同灵活性、采购灵活性等提高中断发生前供应链韧性；通过供应链整合，促进供应链各参与方的信息共享与合作，从而抵御中断发生的可能性；在资金实力较强的情况下，通过业务多元化以及保险等金融服务增强供应链韧性。中断发生后的被动策略是指中断发生后仍能维持一定的基本功能且能迅速恢复正常功能的措施，主要的提升策略是回应策略，如组建应急响应团队、市场需求的快速响应等以及恢复策略，如制订中断发生后的应急计划、构建吸收损失能力、考虑优化恢复成本的供应链韧性提升等。作为供应链风险管理的一个重要工具，供应链韧性已经被学者们进行了比较广泛的研究，但仍然存在一些亟待解决的问题。第一，供应链韧性的内生性决策研究。增强供应链韧性对于供应链突发风险的应对具有重要作用，但供应链韧性的增强通常是以牺牲供应链的整体效率为代价，即较强韧性的供应链通常意味着较低的供应链效率。尽管学者们对供应链韧性已经进行了大量的研究，但是这些研究基本都隐含假设供应链韧性具有外生性，因此如何对供应链韧性的强度进行决策是未来研究首先需要解决的问题。第二，供应链韧性提升策略的选择研究。学者们对如何提升供应链韧性已经提出了很多策略，如通过增加供应链冗余以及增强供应链成员间的信息分享等，不同的策略或策略组合对于增强供应链韧性具有不同的作用强度，如何对供应链韧性提升策略进行选择也是未来研究需要解决的问题。第三，特定情境下的供应链韧性研究。当前关于供应链韧性的研究通常针对的是一般供应链，所得到的结论很难直接应用于特定情境中，如何通过考虑某一特定情境的独特性特征进行供应链韧性的研究也是未来的研究方向之一，如海外基础设施建设及运营供应链的韧性管理研究等。

供应链韧性是指自身的风险抵御能力和恢复能力。换句话说，韧性供应链能够规避大多数供应链中断问题，大幅降低供应链中断的影响。打造极具韧性和敏捷性的供应链不只是为了抵御风险和恢复供应，还在于通过利用卓越的流程和现代供应链技术，帮助企业准确预测并快速响应未来可能面临的风险或机遇。现代供应链技术主要包括：①供应链 4.0 技术。数字化转型和现代供应链技术能够为企业提供所需的韧性和竞争优势，帮助企业快速响应供应中断并把握机遇。②人工智能（AI）。基于人工智能的供应链解决方案能够采集并分析不同数据源的数据，提供深入的流程和运营洞察。预测分析和大数据分析可以帮助预测风险和需求，为企业推荐行动方案和应对举措。③机器学习。作为人工智能技术的应用领域，机器学习能够发现供应链数据中的模式，并识别这些影响因素，同时在这一过程中持续学习。因此，供应链经理能够利用卓越的工作流和运营战略快速做出响应。④工业物联网（IIoT）。供应链中的工业物联网由一系列互联的设备和对象组成。这些设备和对象配备有传感器和唯一标识符，能够发送和接收数字数据。工业物联网设备将采集数据，并与中央系统通信。人工智能则可以分析和解读这些数据，帮助企业快速制定决策，实现整个供应链工作流和流程的智能自动化。⑤增材制造（3D 打印）。智能工厂可以快速对 3D 打印机进行重新编程，临时按需生产某些产品，而且不会造成正常业务流程长时间中断。通过实现虚拟库存，企业可以更好地预防供应链中断。⑥机器人和自主化设备。机器人和无人机实现智能自动化后，速度、效率和准确性均有所提升，能够按需调整流程，满足快速变化的需求。此外，它们还能消除过度重复或危险的任务，降低人员伤亡风险。⑦现代数据库。供应链解决方案的韧性越强，对大数据、高级分析和实时洞察的依赖度就越高。借助现代 ERP 系统和内存数据库，企业可以优化供应链技术，尽可能地提高供应链的速度和韧性。

良好的供应链管理是指企业能够快速响应运营中断，并制订灵活的应急计划。但是，要想真正提高韧性，供应链必须能够预测供应中断，甚至在许多情况下完全避免供应中断。2019 年，普华永道（PwC）在评论供应链韧性的重要性时表示："打造韧性供应链不仅仅是被动防御，更要主动出击。企业需要制定着力避免供应中断的供应链韧性战略，获得竞争优势。"如何打造韧性供应链？一是要制订供应链计划，优化生产。制订战略性的供应链计划有助于企业同步供应链的各个环节，提高可视性和敏捷性，是打造韧性供应链的重要步骤。通过制定供应链计划，企业可以更清晰地了解供需要求，协调生产。这种方法具有互联性和前瞻性，能够帮助企业更好地预测问题，尽可能地降低供应链中断的影响，改善整体运营。二是要充分了解和利用数据。企业如果能利用数字化系统分析和了解大数据，就可以显著提高供应链的韧性。借助人工智能加持的系统，企业能够管理来自企业内部和全球的不同数据集；对新闻、竞争对手活动、销售报表甚至客户反馈进行统一分析，从中发现趋势和机遇；持续监控系统内的互联设备，获取实时洞察，了解需要自动化和优化的工作流，以及具体的处理方式。人工智能、机器学习和现代数据库等数字化供应链技术不仅能够获取和管理大数据，还能以近乎无限的组合方式对大数据进行分析和学习。这有助于整个供应链网络实现智能自动化，并为供应链管理人员提供所需的实时洞察，帮助他们快速响应供应中断和意外事件。三是要实现供应商和制造合作伙伴多元化。过去，为了降低运营和物流的复杂性，供应链管理人员会尽可能地减少供应网络中的合作伙伴和供应商数量。但这种策略的成功有赖于社会、环境和政治的稳定。如果某个地区出现意外的供应中断，整个供应链网络的运营都会受阻甚至中断。Gartner 在 2020 年 6 月的供应链韧性策略评估中指出："过去几年，供应链中断频发。这意味着，保留多个供应点并非低效之举，而是企业运营所必需。"借助区块链、传感器和高级分析等韧性供应链技术，供应链管理人员能够监管复杂的合作伙伴关系和供应商合同，甚至供应商网络中最偏远的地区也能顾及。四是要建立产能和库存缓冲。长期以来，供应链的盈利都依赖于尽可能精简库存和避免库存过剩。建立产能和库存缓冲成本高昂。为了降低成本，供应链管理人员经常要冒着供应链中断的风险。新冠疫情暴发后，许多企业都认识到了冒险的真正代价。《金融时报》（*Financial Times*）发表的一篇文章谈到了这项趋势。文章指出，企业在重构供应链和制造运营时，应从"准时制"（Just-in-Time）转为"预先生产制"（Just-in-Case），并重点投资有助于打造韧性供应链的解决方案。利用数字化供应链技术，供应链可以实现按需制造、虚拟库存和需求预测，即使出现意外中断，也能保持韧性。

在竞争日益激烈的市场中，达到供需之间的盈利平衡是每位供应链经理面临的主要挑战。企业投资供应多元化、供应链技术和其他韧性措施会带来许多潜在的业务优势。一是提高运营效率。通常情况下，提高供应链韧性能够帮助企业尽可能降低风险，提升创新和业务增长方面的投资能力。贝恩公司（Bain & Company）2020年发布的全球业务分析报告称，优先投资韧性供应链的企业的产品开发周期缩短了

60%，产能提高了 25%。二是提高生产力。韧性供应链技术能够整体提高系统的生产力。麦肯锡（McKinsey）在 2020 年开展的一项调查中，全球各地的供应链领导者表示，韧性的供应链系统能够提高生产力，93% 的受访企业计划将韧性供应链战略作为未来一年的首要投资对象。三是降低风险。许多企业经常在供应链运营领域面临最大风险、遭受最大损失。供应链本质上是全球分散且功能复杂的，因此特别容易遭遇风险。韧性供应链技术能够帮助企业掌握整个供应网络内的所有运营情况，实时优化和调整流程和物流，从而降低风险。

二、供应链韧性成为各国顶层设计

（一）供应链韧性成为大国竞争的战略设计

世界正经历百年未有之大变局，在政治、经济、社会等各个领域都产生着从未有过的深刻变化。新冠疫情、乌克兰危机、能源价格暴涨、通胀高企、供应链紊乱……未来几年，全球经济复苏之路，挑战重重，全球产业链供应链因非经济因素受到剧烈冲击，引发了全球供应链布局的新一轮调整和重构，全球供应链呈现"分散化""区域化"和"扁平化"趋势。打造具有韧性、安全、稳定和畅通的供应链体系已成为诸多国家的重要战略目标。产业链供应链安全已不仅仅关乎企业安全和产业安全，更关系到国家安全。如何在大变局格局下保证供应链的"韧性"，受到了政策制定者、学术界和跨国企业的普遍关注。

随着地缘政治局势紧张、公共卫生事件频发、国际经贸摩擦等外部扰动不断加剧，全球供应链遭受外部冲击越来越频繁。其中，逆全球化浪潮叠加突发性公共卫生事件对全球供应链的可持续安全发展造成了严重冲击。一方面，它破坏了供应链中间品贸易分工环节的协调机制；另一方面，它破坏了全球供应链体系中的及时交货系统，从而加剧了全球供应链的"脱钩"。当全球化进程受挫时，供应链危机随之产生，可能威胁整个国家的经济安全，这必然促使国家制定适当的供应链政策和战略。供应链安全，从经济问题转变为政治问题。

从奥巴马政府开始，美国逐渐提升对供应链问题的重视。2012 年，供应链安全被提升为一项单独的重要国家议程，奥巴马政府发布《全球供应链安全国家战略》，这是美国首次专为供应链安全制定的国家战略，该战略的目标之一便是建立有韧性的供应链，即建立一个全球供应链系统，以应对供应链危机并能从供应链中断中迅速恢复。美国拜登政府以应对"供应链中断"为施政重点，将供应链的韧性与国家安全联系在一起，确保供应链安全也成为美欧多国政府后疫情时代的执政重点。2021 年 2 月，美国总统拜登在白宫签署行政令，下令对美国半导体制造、新能源电池、稀土矿物和药品四大领域的供应链韧性（弹性）进行评估，并在 100 天内提交报告。行政令旨在解决美国关键领域中的供应链漏洞问题，使美国做好应对任何危机和依靠自己的准备。2021 年 6 月，美国正式发布供应链百日报告——《建设韧性（弹性）供应链，振兴美国制造业，促进广泛增长》。美国供应链百日报告中主要包含半导体、新能源电池、稀土矿物和药品供应链，重点分析了供应链风险、全球分布、机遇和挑战。2022 年 2 月，拜登签署的"美国供应链行政令"指出，此前供应链被认为是私营部门需要关心的问题，但随着供应链变得越来越脆弱，美国政府必须采取措施以应对事关国家安全和经济安全的供应链威胁。在大国战略竞争与新冠疫情蔓延双重因素的影响下，供应链危机成为拜登政府面临的主要问题之一。拜登政府全面推进实施"供应链韧性"战略，其核心目标在于通过政策手段加速全球产业重构，减少对中国供应链的依赖，重建美国在关键产业中的竞争优势。在国内层面，以公私合作、议题导向、危机应对与常态治理相结合的方式，积极解决存在的问题。在国际层面，拜登政府从全球、区域与双边三个层次构建供应链联盟，使其服务于大国战略竞争与美国产业复兴的双重目标。"供应链韧性"战略也是其对华"战略竞争"的重要一环，旨在削弱中国在全球供应链中的地位，将对中国的产业升级和产业安全构成挑战，甚至可能会造成中国与世界主要国家在部分关键产业"脱钩"。在新冠疫情导致供应链危机后，欧盟将产业政策的重点放在了加大产业链、供应链韧性上。欧盟产业链供应链政策的主要特点：一是通过技术优势和产业范式全面转变，特别是产业链供应链游戏规则的改变，重塑全球产业链供应链，使工业继续成为欧盟经济增长的加速器。二是重点发展改变产业链供应链规则的技术，最大限度地发挥其在气候变化和数字技术方面的优势。三是鼓励欧盟制造，强化欧盟产业链供应链的自主权，建立稳定的欧盟核心矿产供应链，打造欧盟战略产业生态系统。从本质上分析，欧盟制定产业链供应链韧性政策的目的是通过打压竞争对手，以强化其产业链供应链韧性。"供应链韧性"战略成形是大国战略竞争和新冠疫情蔓延的产物。

美国实施的供应链霸凌行为导致了近年来全球产业链供应链的不确定性、不稳定性，这是造成全球产业链供应链治理赤字的首要因素。全球产业链作为一种复杂的经济网络，其稳定性主要受三种因素的影响，即关键节点的稳定性、网络本身结构韧性和网络处理发展与安全关系的能力。美国供应链霸凌行为对这三者都有负面影响，通过对产业链运行和发展的关键技术与核心环节、对所谓的友好国家网络、对创新要素的控制，以达到主导、塑造全球产业分工的目的。目前，全球各国虽然都在出台政策，竞相增强产业链供应链竞争力和提高安全水平，但由于促进全球产业链供应链合作的机制受到损坏，传统的以比较优势为基础的产业链供应链合作基础受到冲击，导致更多的发达国家竞相利用结构性势力，扭曲全球产业分工。产业链供应链卡链、断链、堵链风险增加，对全球经济繁荣造成冲击，造成需求收缩、价格上涨。美国供应链霸凌行为会产生贸易转移效应、创新转移效应、竞争优势重塑效应，短期内会导致卡链、断链、堵链风险增加，成为全球经济复苏和繁荣的重要障碍。而且这个因素还将在较长时间内对全球产业链的稳定性造成重大影响。美国政府近年来实施了一系列有关供应链安全和韧性审查，其背后的实质是以国家安全、供应链韧性为借口的供应链霸凌，将全球产业链的相互依赖政治化、武器化。当前，世界百年未有之大变局加速演进，新一轮科技革命和产业变革深入发展，新冠疫情影响深远，逆全球化思潮抬头，单边主义、保护主义明显上升，世界经济复苏乏力，这些都使得原有国际经贸格局和规则面临调整，在全球产业链分工方面表现得尤为明显。世界各国布局产业链供应链的关注重点发生变化，有的西方发达国家奉行本国优先政策，大力推动关键产业链"回流"，旨在重新布局或弥补完善本国或相邻区域的产业链，全球产业链供应链呈现区域化、本土化趋势。

（二）中国提升产业链供应链韧性和安全水平

产业链供应链的短链化、断链化、破碎化不仅对全球经济一体化构成了巨大威胁，也对中国加快建设现代化经济体系和推动高质量发展，以及构建以国内大循环为主体、国内国际双循环相互促进的新发展格局构成了巨大挑战。尤其在西方部分政客鼓吹与中国"脱钩断链"，美国企图通过重塑全球供应链，将越南、马来西亚与印度打造为低端制造业中心以替代"中国制造"的背景下，中国经济如何破局突围？习近平总书记在党的二十大报告中提出要"着力提升产业链供应链韧性和安全水平""维护重要产业链供应链安全"。强调着力提升产业链供应链韧性和安全水平是贯彻新发展理念，构建新发展格局和推动高质量发展的主要内容，维护重要产业链供应链安全是健全国家安全体系和增强维护国家安全能力的重要组成。

保持产业链供应链安全稳定是畅通国民经济循环的关键，对于推动生产要素在生产、分配、流通、消费各环节有机衔接，提高要素配置效率、实现要素组合结构优化，具有重要作用。安全是发展的前提，发展是安全的保障，产业链供应链安全稳定是促进产业更有效率、更高质量发展的必要前提。党的二十大报告提出，"着力提高全要素生产率，着力提升产业链供应链韧性和安全水平"。产业链供应链稳定畅通既关系到中国能否更好适应经济全球化发生的新变化新趋势，又关系到中国能否保持并发挥自身优势，增强产业竞争力，在激烈的国际竞争中谋求更大发展空间。

习近平总书记强调，"产业链、供应链在关键时刻不能掉链子，这是大国经济必须具备的重要特征"。长期以来，出口导向型的发展模式使中国产业链供应链的海外市场依存度偏高，受新冠疫情反复、地缘政治波动影响，一旦国外市场出现剧烈变动很有可能导致不可估量的风险。综合来看，当前的堵链、断链主要表现为：市场萎缩引发的企业生存风险，巨头入局引发的市场竞争风险，物流不畅引发的库存短缺风险，供需失衡引发的成本波动风险等。有效降低产业链供应链断链风险，亟须综合施策、协同发力实现保链通链。一是健全常态化助企纾困机制，出海竞争和发挥内需市场潜力并举，双管齐下化解企业面临的市场风险。二是加强集群化产业发展机制，大力培育独角兽企业和打造产业群并重，精准施策应对市场竞争风险。三是加强要素供给体系建设，扩大基础设施和加强数据要素建设齐头并进，特别是要构建数据基础制度，促进数据这一新型生产要素更加科学有序高效地"活起来、动起来、用起来"，同时多措并举解决重点紧缺要素库存短缺风险。四是推进全国统一大市场建设，既要着力降成本也要努力扩需求，以更优市场机制化解成本波动风险。清理废除妨碍市场公平竞争的制度性规定，破除各类地方保护和市场分割，实现全国统一的商品要素资源自由流通，最大程度降低交易成本。无论是补链、延链，还是升链、建链，都需要依托超大规模市场来分摊研发成本、加速技术迭代、形成规模化优势。稳定的经济增长态势和超大规模市场优势，将有力提升中国对先进技术和高科技产品的吸引力。需稳步扩大规则、规制、管理、标准等制度型开放，实行高水平的贸易和投资自由化便利化政策，有序放宽市场准入，降低制度性交易成本。

强化数字赋能，加快实现数字与实体深度融合。数字经济是继农业经济、工业经济之后的主要经济形态，具有高创新性、强渗透性、广覆盖性，能够有力引领建设现代化经济体系，推动经济高质量发展。要以数据为关键要素，推动数字经济与实体经济深度融合。一方面，推动重点产业全方位、全链条数字化转型升级。加快推动工业互联网创新发展，提升产业集群化、生态化发展水平，支持智慧订单农业、供应链金融、服务型制造、商贸物流等新模式推广应用。引导产业园区加快数字基础设施建设，探索建设数字化转型促进中心，打造各类产业集群创新协同、错位互补、供需联动的区域数字化创新综合体，提升产业链供应链协同配套能力。另一方面，推动数字产业创新发展。实施产业链强链补链行动，加强面向多元化应用场景的技术融合和产品创新，完善5G、集成电路、新能源汽车、人工智能等重点产业供应链体系。着力提升基础软硬件、核心电子元器件、关键基础材料和生产装备的供给水平，强化关键产品自给保障能力。发展基于数字技术的智能经济，培育智慧销售、无人配送、智能制造、反向定制等新增长点。

切实加强产业链供应链国际合作。以国际循环提升国内大循环效率和水平，促进关键技术和产品的国际供应更为多元化，改善中国生产要素质量和配置水平，增强中国在全球产业链供应链创新链中的影响力。建立与高水平开放相适配的产业链供应链安全数据库、安全评价体系及预警机制，并进一步深化区域合作。加强区域经济合作和伙伴关系。这是中国防范化解产业链风险的有效路径，也是世界主要经济体确保产业链安全稳定的普遍选择。当前，中国的超大规模市场优势和超大纵深空间优势，以及世界上规模最大、门类最全、配套最完备的制造业体系，依然具有显著吸引力。未来，需继续推动高质量共建"一带一路"倡议，加强与沿线国家在发展战略方面的对接。高水平实施《区域全面经济伙伴关系协定》，积极推动加入《全面与进步跨太平洋伙伴关系协定》和《数字经济伙伴关系协定》等高标准经贸协议，并主动对照相关规则、规制、管理、标准，深化国内相关领域改革。

习近平总书记强调，"共同构筑安全稳定、畅通高效、开放包容、互利共赢的全球产业链供应链体系"。面对当前全球科技革命和产业变革的新趋势、新特点，有效提升产业链供应链发展韧性，亟须通过开放合作实现延链增链。中国将长期坚定不移地维护和践行产业链供应链的公共产品属性，切实深化国际合作，在促进全球经济发展和增进世界人民福祉中贡献力量。下一步，要更加积极推进高水平制度型开放，疏通国际要素市场循环堵点，加强国际产业链供应链多边治理机制建设，重塑产业链供应链分工协作体系；统筹全球产业链供应链网络布局，构建多层次全方位多领域的共建共商共享机制，不断推进政策、规则、标准等层面的投资贸易合作事项；促进区域产业转移并不断完善各类示范区建设，聚焦特色产业增强产业承接能力，落实企业转型升级扶持政策，推动全链条数字化赋能升级以及绿色转型；规划及构建专项能力竞争与综合实力竞争协同发展机制，促进企业和相关产业夯实基础竞争优势，锚定所处的链位价值精准提升核心竞争能力。

第三节　数字化的供应链韧性管理

一、供应链数字化转型的战略思维

（一）数字化转型的基本内涵

数字化转型（digital transformation）是建立在数字化转换、数字化升级的基础上，进一步触及公司核心业务，以新建一种数字化商业运作模式为目标的高层次转型。数字化转型的本质和内涵是拥抱技术驱动变革，以客户为中心，培育创新和敏捷性，利用数据构建协作生态系统来驱动业务增长，在数字时代创造可持续的竞争优势。

数字化转型涉及人工智能、机器学习、大数据分析、云计算、物联网、机器人和自动化等新兴技术。这些技术使企业能够收集和分析大量数据、简化操作、自动化任务并获得可行的见解。数字化转型强调将客户置于业务战略的中心，它利用技术更好地了解客户需求和偏好，提供个性化体验，并跨各种接触点（包括网站、移动应用程序、社交媒体和客户支持渠道）提供无缝交互。数字化转型鼓励企业采用敏捷思维并培育创新文化，它采用实验、快速原型设计和迭代开发方法来快速创建和推出新产品和服务。数字化转型强调数据作为战略资产的重要性，鼓励企业收集、分析和解释数据，以深入了解客户行为、市场趋势和运营绩效。数据驱动的决策使企业能够做出明智的选择，优化流程并推动业务增长。数字化转型认识到协作和伙伴关系的力量，鼓励企业建立生态系统，促进与客户、供应商、技术提供商、初创公司和其他利益相关者的合作，协作使企业能够进入新市场，利用互补的专业知识并共同创建创新解决方案。

一般来说衡量企业数字化转型和创新程度要素有五个方面：一是技术应用。衡量企业数字化转型和创新程度的首要要素是技术应用。当前智能化产业发展迅速，例如，大数据、人工智能、物联网等技术应用在企业数字化转型中尤为重要，用来优化生产流程、提高产品质量、实现个性化服务、优化企业管理等。同时，企业需要不断地跟进新技术的发展和应用，以保持竞争优势。二是数据驱动。在当前互联网蓬勃发展下，企业需要收集、分析和利用大量的数据，识别潜在机会，发现问题，提高决策的准确性和效率。另外企业能否建立一套完整的数据体系，将数据整合、存储、管理和分析，以便更好地应用于业务决策，也是评判企业数字化转型成功与否的重要因素之一。三是业务创新。产品始终是企业的基石。企业需要不断地开发新产品、新服务、新业务模式，以应对市场和消费者的需求变化。实施业务创新，企业可以提高市场占有率、增加收益、提高效率和质量，从而实现可持续发展。四是组织变革。通过调整组织结构、完善人才激励机制、提高员工培训等方式，企业能够营造创新文化和创造创新环境。同时，企业需要建立一个完善的创新生态系统，包括与供应商、客户、合作伙伴等的紧密合作，以实现共享和互动。五是用户体验。无论何时用户体验都需要企业重点关注。企业在数字化转型和创新过程中，需要始终保持用户需求至上的原则，以提供更好的产品和服务体验。同时，企业需要不断地优化用户体验，通过用户反馈、用户调查等方式，不断地改进和完善产品和服务，不断提高企业数字化转型程度。

（二）数字化转型的战略思维

面对复杂多变的国内外经济形势，企业在数字化转型过程中首先要思考的是如何面对世界的变化，给企业定下一个面向未来、面向竞争力提升的战略目标，从而转变企业的业务定位、价值实现方式、客户连接方式以及人员的组织结构。

开展数字化转型，首要任务就是要制定数字化转型战略，并将其作为企业发展战略的重要组成部分，把数据驱动的理念、方法和机制根植于发展战略全局，围绕企业总体发展战略提出的愿景、目标、业务生态蓝图等大的战略方向，系统设计数字化转型战略，提出数字化转型的目标、方向、举措、资源需求等。以新型能力的建设、运行和优化为主线，有效串接起业务、技术、管理等相关内容，与职能战略、业务战略及产品战略等有机融合，有效支撑企业总体发展战略实现。

数字化转型战略可以从四个基本维度来了解：技术使用、价值创造变化、结构变化和财务资源。首先，技术使用涉及公司对新技术的态度以及开发这些技术的能力。一个公司是否需要它取决于其是否想要成为市场的领导者。虽然成为技术市场的领导者可以带来竞争优势，并可以创造机会使其他公司依赖于自己的技术标准，但也可能带来更大的风险，并对公司的技术能力要求更大。其次，从商业的角度来看，新技术的使用通常意味着价值创造的变化，这涉及数字化转型战略对公司价值链的影响，即新的数字化活动与传统的核心业务的偏离程度。偏离在一定程度上提供了丰富现有产品和服务组合的机会，但也往往伴随着对不同技术和与产品有关的能力的更高要求。再者，由于使用的技术和创造价值的形式不同，通常需要进行公司组织架构的改革，特别是新的数字化活动在公司组织架构中的位置，以便为新的业务提供充分的支撑。最后，前三个维度只有在考虑了财务资源后才能实现转变，包括公司由于核心业务的减少带来的财务压力而必须采取行动的紧迫性，以及为数字化转型提供必备的资金。财务资源既是数字化转型的驱动力，也是制约力量。为了确保数字化转型战略的成功，必须协调好这四个不同的维度。

数字化转型中，企业的数字战略发挥了至关重要的作用，是引领企业走在正确方向和道路的关键。数字技术是数字化转型的支点，但数字化转型不等于简单地应用和部署数字技术，而是数字技术驱动的业务变革，即需要在组织、流程、人员、文化、业务模式等方面做整体的变革。人与技术一样重要。数字时代，数字人才的培养至关重要。在数字化转型的道路上，培养数字人才不仅是要向员工传达一致的数字化愿景和战略方向，还要引领员工升级和重塑数字化能力，以适应数字化转型中的工作。图1-4可以帮助我们加深理解以上内容。

```
                    ┌─────────────┐
                    │  数字化转型  │
                    └──────┬──────┘
          ┌────────────────┼────────────────┐
   ┌──────┴──────┐  ┌──────┴──────┐  ┌──────┴──────┐
   │ 技术与数字化 │  │ 战略与数字化 │  │ 人才与数字化 │
   │   运营体系   │  │   商业模式   │  │   组织能力   │
   └──────┬──────┘  └──────┬──────┘  └──────┬──────┘
   ┌──────┴──────┐  ┌──────┴──────┐  ┌──────┴──────┐
   │  外部驱动:   │  │ 企业竞争力:  │  │  转型基石:   │
   │  技术是起点  │  │  战略是核心  │  │  人才是根本  │
   └─────────────┘  └─────────────┘  └─────────────┘
```

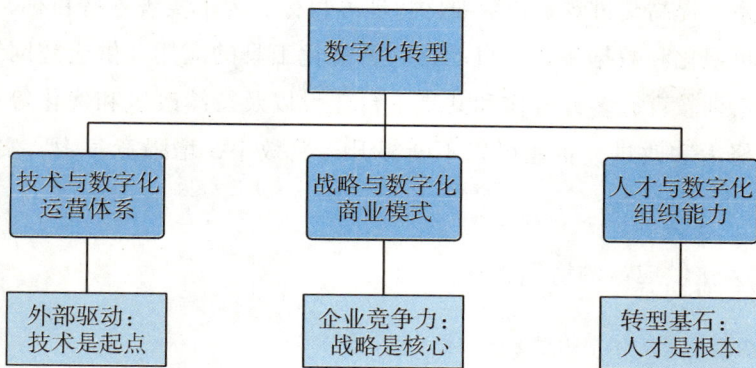

图 1-4　数字化转型的战略思维

（三）供应链数字化的转型和创新

传统的供应链是线性的，逐步向数字网络转变，DSN（数字供应网络）通过使用实时数据更好地为决策提供信息，提供更大的透明度，从而提供端到端的可见性和透明性，增强整个供应网络之间的协同，克服了线性供应链反应过程的延迟行动。传统的供应链管理是"一刀切"的策略，为保持竞争力，企业逐步分割供应链，根据不同的场景和案例设定不同的细分策略，以提供差异化的解决方案，满足不同的客户需求。新的数字化供应链是以客户为中心，基于网络相互连接、协同、智能、数据驱动、动态、自适应、可预测、弹性、可持续发展的供应链。基于数字化平台，构建数字化供应链网络，通过数字化技术记录、分析商品从采购到交付端到端数据信息，持续性优化联合设计、新品测试、库存优化、物流透明、质量追溯，改进内部和外部仓储和物流网络，优化和创新供应结构和生态关系，保持快速高效供应。

供应链数字化转型是指通过运用信息技术和数字化工具来优化企业的供应链管理。它不仅可以帮助企业实现业务流程的自动化和标准化，还可以提供数据实时可视化和分析功能，从而帮助企业做出更准确的决策。供应链数字化转型可以帮助企业更准确地把握市场需求，并实时调整生产计划和供应链安排，从而实现供需的有效匹配，减少库存积压和滞销风险。数字化供应链管理可以实现订单和物流数据的实时跟踪和监控，减少订单延误和仓储问题，提高交付效率，满足客户的需求。数字化供应链管理可以帮助企业更好地与供应商进行合作，实现供应商数据的共享和协同，提高供应商的服务水平和响应速度，降低采购成本。数字化供应链管理可以提供实时数据和智能分析功能，帮助企业实现对供应链各环节的精细化管理和预测能力，从而及时发现问题、解决问题，并优化供应链的运作效率。

总而言之，供应链数字化转型可以帮助企业提升运营效率，实现供需匹配、优化供应商关系、提高交付效率和精细化管理等目标。为了实现这些目标，企业可以采取供应链可视化和数据集成、自动化和智能化工具的应用、供应链网络的优化、全员参与和培训教育、多方合作和共享平台建设以及持续改进和优化等关键措施。通过持续的努力和改进，企业可以不断提升运营效率，增强竞争力，实现可持续发展。

二、数字化供应链的协同策略

（一）数字化供应链的协同管理

供应链协同是指在供应链上的各成员企业在树立"共赢"意识的前提下，以信息的自由交流，知识创新成果的共享，相互信任及协同决策，无缝连接的生产流程和共同的战略目标为基础，各节点企业通过公司协议或联合组织等方式结成一种网络式联合体，围绕提高供应链的整体竞争力而进行的彼此协调与合作。

数字化供应链是通过信息技术提高供应链协同作业效率的一种管理方法。它的核心是数字化管理和信息共享。数字化管理允许我们实时管理、追踪、协调、监测、优化和控制整个供应链，从而减少时间延迟，提高物流服务质量，并使供应链的整个流程变得更加透明和高效。同时，信息共享也是数字化供应链管理的重要组成部分。在信息共享环境下，供应链内所有成员都可以获取实时信息和状态，从而做出更明智的决策。供应链协同数字化是利用数字技术手段提高供应链各参与方的数字经济合作和数字供应链发展与业务协作，实现供应链数字化、供应链协同管理的整体运营效率的优化方法。在数字化时代的今天，供应链协同管理已成为企业管理的重要环节之一。数字化时代所带来的生产力提升和管理效率的提高，为企业的供应链管理带来了新的机会和挑战。在数字化时代下的供应链协同管理是企业必须面对的问题，同时数字化技术的广泛应用也为供应链协同管理提供了各种新的机遇和挑战。为了实现供应链协同管理的优化，企业可以从技术人才的引进培养、信息安全的保证和社会责任的履行等方面着手。同时企业需要从自身管理和数字化技术的应用入手，积极采用数字化技术，推动供应链协同管理的发展和优化。

传统的供应链管理存在很多缺点，如市场反应能力迟钝，成员企业间缺乏信赖，供应链失调等。供应链的协同管理具有很多优势。一是供应链协同管理中广泛利用信息技术，采用科学的管理方法，可以有效地消除重复、不必要的浪费与不确定性，从而降低库存量，创造竞争的成本优势。二是供应链协同管理不再孤立地看待链上成员，而是把整个供应链看成一个有机的整体，对其进行优化，保持对客户的快速反应，实现供需的良好互配。三是各成员企业在信息共享的基础上，以提高整体供应链最优为目标，进行相互沟通后协同决策。通过建立成员企业之间的战略合作关系，创造竞争的整体优势。四是供应链协同管理不仅可以使企业借助其他企业的核心竞争力来强化自己的核心竞争力，同时也将帮助自己的供应商和客户最大限度地提升他们的客户满意度，使整个供应链创造的价值最大化。尽管数字化供应链管理的优势显而易见，然而它同样也充满了许多挑战。在数字化供应链管理中，大量机密和敏感的数据被共享，数据的泄露、滥用及误用等问题都容易发生，因此安全性成为数字化供应链管理面临的首要问题。数字化供应链的成功与否取决于合作伙伴之间信任水平的高低。然而，由于信息不对称和利益冲突等问题，各方之间信任度并不高。这意味着数字化供应链的成功将需要建立一个稳定的信任机制，这可以通过数字化合同的签署和融合等措施来实现。在数字化供应链中，标准的不统一也是重要的挑战之一，并且不同公司使用不同的标准来描述同一个事物。建立一个共同的标准是数字化供应链管理成功的关键。

随着数字化时代的不断发展，数字化技术不断升级和应用，数字化时代下的供应链协同管理前景越来越广阔。数字化技术的发展将帮助企业更好地掌握供应链的核心技术，从而实现供应链的精益化和高效化。同时，在数字化时代下，供应链协同管理的环节越来越多，从而拥有了更多的机遇和挑战。那些能够利用数字化技术实现供应链协同管理的企业，将在未来市场中占据更有利的地位。

（二）数字化供应链协同管理目标

数字化供应链协同的目标主要是在业务上，使得供应链在满足客户即时变动的需求过程中，更准确、更快、更优质地响应；在管理上，使得供应链的运作更具可见性，自我调整性；在信息传递上，更准确、更实时、更具深度，最大程度地便利管理者进行跨企业的运作；协同整个模型的目标就是要从信息的事后反映到事中可见到及时响应一直到最后的自我更正，最后上升至前驱的响应行为。客户的信息需求决定软件架构的思考模式，我们可以归纳为三个层次的信息需求：一是信息准确性需求，二是信息及时性需求，三是信息深度性需求。

供应链软件构架模型的目标就是要从信息的事后反映到事中可视到实时可视响应一直到最后的自我更正的层阶结构。所以供应链协同业务的目标从其三个方面看具有三层目标，如图1-5所示。

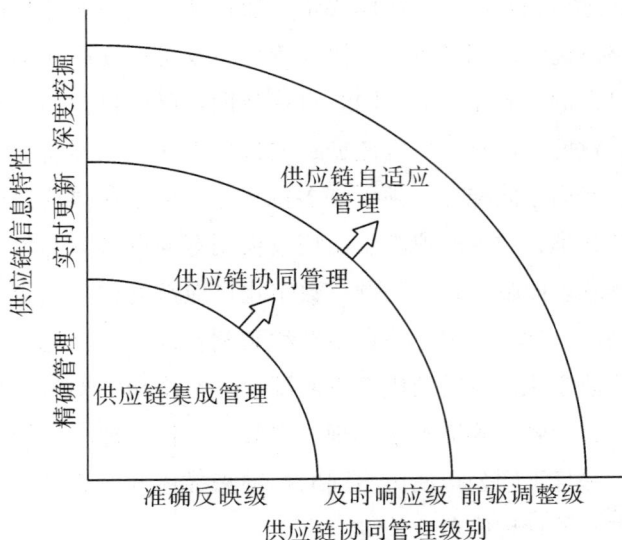

图 1-5　数字化供应链协同层次参考图

第一层目标准确反映级，就是实现部门业务流程的准确反映、部门业务流程的可见反映以及准确反馈、总结和统计分析。此级别建立在使用者对信息准确性的需求基础上的。商业实体关系变得彼此交错的时候，信息质量、可视的反映是进行下面两个层次运作的必需条件。只有集成准确的信息反映才有可能进行及时的响应以及自适应级的处理甚至预先处理。订单、计划、采购、库存以及发运的可视性信息是整个供应链网络协同以及监测的关键，通过关系型数据库和标准的 TCP/IP 协议以及 B/S 结构的管理软件包括无线技术，都能够很大程度地推动信息的准确反映。

第二层目标及时响应级，就是实现协同过程的可见性和事件的规则化实时响应。此级别建立在使用者对信息及时性的需求基础上。克服了组织信息壁垒，信息能够准确地传达，供应链上的信息快速的响应就是必要的进步。对过程中的信息不断反映的事件状况是业务绩效的关键指标。以订单（包含销售订单、采购订单以及运输订单等总称）为引导线索，跨不同业务职能部门的可视化管理，包括订单的预测、生成、订单计划和协调、订单的执行（采购指令、运输指令、出入库和收付款指令的激发、执行）一直到订单完成后的归集。同时包括在各个阶段的异常事件规则化响应和处理。订单的中止，计划期间和执行过程中的中止，前者进行强行下达中止或者拒绝指令即可；后者进行冻结并记录相关处理；拖期，由于内部制造、采购、或者委外拖期以及运输指令的延期执行造成或需求方的需求推后原因；异常指令，包含处理退货、换货、赔款等异常情况；非正常完成，执行过程中出现的缺货、品次不够，等等。

第三层目标前驱调整级，就是实现协作关系的自动响应，同时提出前驱性风险信息和自我调整及更正响应。该级别建立在使用者对信息深度的需求基础上。外部市场对业务的变动性影响之大，以至于基于长时间跨期、推式的生产规则变得难以生成必要的准确信息。管理变动性要求必要的深度信息进行快速有效的传递，并要求跨越组织的界限，基于 Internet 的供应链管理、业务范围的扩展、跨越企业的边界，进入供应链网络伙伴的经营。它包含对业务流程的处理方式和规则，协调的、并行的、一致的执行；实现业务环节间的连锁响应。提供智能的处理响应办法，对于客户的需求进行实时响应，自动分析跨部门的资源约束，做出各部门协同指令。协同机制建立在网络集市或者移动商务的层次上，自适应是其主要特点。

（三）数字化供应链协同管理平台

数字化供应链协同管理平台主要有基础设施平台、企业系统集成平台、供应链数据交换平台等。在企业的日常经营活动中，需要收集的相关数据非常多，数据采集是从企业内部和外部获取数据的入口，采用物联网设备、RFID、传感器、数据采集装置、扫码枪等技术手段来收集供应链数据，如生产计划、库存、销售订单、物流监控等，这就需要建设数字化供应链协同管理的基础设施平台。企业系统集平台不仅可以实现 ERP、MES、WMS、TMS 等企业系统的接口对接与数据交互，还可以通过建立良好的数据传输通道，将数据进行共享，实现与合作伙伴的数字经济合作和数字供应链发展。构建统一的供应链数据交换平台，实现信息共享与业务协作。负责对数据进行处理和管理，具体包括生产计划、采购、配送、库存管理、质量管理、客户关系管理等供应链业务，提供多个采购渠道、在线销售和移动应用程序，方便供应链参与者查询订单状态、库存水平、生产进展等信息，并提供分析和决策支持的工具和资源。企业可以根据该层提供的数据呈现、数据挖掘、数据分析功能，进行综合性分析，从而提高企业的决策能力和决策效率。

数字化供应链协同管理平台可以降低信息不对称程度，提高数据透明度，增强供应链灵活性，实现多方业务协同，减少资源浪费，提高工作效率，降低成本。利用大数据与 AI 技术进行预测分析，优化供应链计划与运营，提高整体服务水平。缩短产品上市周期，提高产品质量，更好满足客户需求。加强供应链全局管控，提高风险防范能力，确保供应链运营稳定性。数字化供应链协同需要实现数据标准化，制定统一的数据交换标准，实现不同企业系统间的数据可互操作性。需要系统对接，通过接口等技术手段实现不同企业系统间的连接对接，实现数据互传与业务调用。需要信息共享，在保障信息安全的前提下，实现供应链各参与方的信息共享，提高数据透明度。需要业务协作，在数字化平台上实现多方共同参与供应链业务流程的协同与优化，如采购管理、订单履行等。需要过程重构，利用数字化手段重构传统的供应链业务流程，实现更加自动化、协同化与智能化的供应链运营。

三、数字化的供应链韧性管理体系

（一）数字化赋能高韧性供应链

在实现供应链韧性过程中，数字技术发挥着至关重要的作用，这不仅是因为数字技术增强了供应链可视化，而且描述型和预见型的数字分析，能够更好地预测供应链运营状况，及时有效地采取各种措施，以应对可能产生的风险。诸如，佩蒂特等学者认为云计算和区块链等数字技术提高了供应链的可见性、预期性和适应性，从而促进供应链韧性。

具体而言，数字技术与供应链韧性的关系主要表现在两个方面：一是数字技术对供应链运营的影响以及对风险控制的作用；二是在供应链韧性建设过程中数字技术能发挥的作用。

一方面，数字技术显著地提高了供应链运营效率，降低了各类因素可能产生的潜在风险，增强供应链韧性。这些技术对供应链韧性建设的影响是多方面的，主要包括由大数据驱动的先进分析能够提升促销质量，更好地实施需求预测，增强供应链透明度，从而降低需求变动，针对性采用一些权变计划，应对各种可能的风险，确保供应链高质量稳定运行。由 IOT、智能设备、机器人、增强与虚拟现实等构成的工业 4.0 能够实现低成本的定制化生产、个性化的产品和更高的市场灵活性、缩短交货时间、更高效率的产能利用，从而能够有效组织供应链生产和流程、削减供应链层级、缩短供应链运营时间、降低需求风险。由增材制造驱动的 3D 打印能够增强供应柔性，有效控制零部件和原材料库存，降低传统采购中潜在的需求或供应风险。由射频识别、传感器、区块链等技术驱动的现代追踪与追溯技术能够实现实时识别、实时追踪流程状况，增强供应链运营中数据的及时性和真实性，从而降低信息中断导致的风险，更好地协调供应链各参与主体和环节，提升供应链运营效率和及时应对变异的能力。显然，各类数字技术对供应链运营的影响，都将是供应链韧性建设中重要的特征和要素。

另一方面，供应链韧性建设中面临的挑战和障碍也可以通过数字技术来缓解。第一，单源供应使得供应风险增加，而建设多源供应或增加备选供应商会提升管理的代价、复杂性和成本。在此状况下，增材技术能够减少供应链层级和供应链数量。此外，先进的追踪与追溯系统能够实现实时的供应链协调，大数据分析则能增强采购流程的质量管理。第二，库存不足导致供应链中断风险，为了应对这种情况就需要增加库存、转移风险，而这一举措又会增加企业管理的代价和成本。面对这种挑战，增材技术能够减少供应链中的库存。同时，先进的追踪与追溯系统又能够适时地控制和管理库存。第三，资源与能力刚性往往导致供应链及时响应外部风险、调整的能力不足，而延迟生产并非在任何条件下都能实现。在这种挑战下，工业4.0以及增材制造能够提升企业供需计划和生产的柔性。第四，供应链的复杂性导致供应链协调管理成本上升，采用权变性的计划虽然能在一定程度上降低复杂性带来的挑战；但是这类计划本身就面临着难以设计和制定的问题。而先进的追踪与追溯系统能够实现实时的协调，有利于权变计划的制定、实施，工业4.0技术更能够解决供应链复杂沟通协调问题。

当然，应当看到的是虽然数字技术有利于供应链韧性建设，或者说供应链韧性建设中数字技术是重要的手段和途径。但是，任何一种特定的数字技术在带来上述益处的同时，也会产生相应的新风险。在数字化的时代，利用数字化的工具能帮助我们打造高韧性供应链，面对未知的风险，谁能更早地识别风险，更快地采取行动，谁就掌握了更多的竞争优势。

很多时候供应链的风险不只是来自一级供应商，还有二级、三级或者是更加上游的供应商。在风险事件发生之后，必须要快速明晰影响面有多大，这时数字化风险地图就可以帮助我们大大提升供应链的能见度。学者刘婷婷说过："在2011年的时候，可能在座很多朋友都了解过日本的3·11大地震，当时对于我们行业其实还是有很大的冲击。当时我们只有靠人工做统计分析，整整花了128个人力，7天的时间，我们才识别出一个二级物料的风险，等到发现的时候已经为时已晚，对生产造成了一些终端的影响。后来我们开发了供应风险地图系统，不管是天灾还是人祸，系统会第一时间识别受影响面有多大。"风险的管理需要成本，企业必须要搞清楚面临的风险是可以接受的，还是不可以接受的，所以中兴开发了大数据风险分析地图系统，用大数据分析预测风险。例如，汇总各种各样的风险管理相关数据和指标，使用模型动态分析，快速地形成物料画像，提示物料的风险类型是高风险、中风险，还是低风险，从源头上管控住一些设计的风险。新冠疫情对一些劳动密集型的企业也造成了很大的冲击，经常有停工停产的现象，中兴通讯牢牢抓住5G带动行业数字化、智能化转型的战略机遇，打造了5G全连接的智能工厂。比如说5G远程AGV，5G数字孪生的技术，用在产品设计的环节，这个就大大降低了中兴通讯产品一些试错的成本。通过打造5G全连接的智能工厂，不仅提升了中兴通讯的效率，同时也保证了中兴通讯整个生产的连续性。做供应链不光要看到风险，感知风险，并且要能自动处理，具有动态可调能力。中兴打造了智慧大脑，实现了业务的监测、预警、联动和调度等,将"人找事"变为了"事找人",通过大数据对运营管理的分析,可以迅速地识别风险因子,同时指派给相应责任人提前去处理。

(二) 数字化供应链韧性管理体系建设的关键要素

数字供应链韧性体系的建设不是简单地应用数字技术来降低供应链风险,而是将数字技术融入供应链韧性体系的全过程,确立数字供应链韧性管理整体框架。数字化供应链韧性建设的关键要素主要有数字化供应链韧性战略规划管理、协同的数字供应链风险识别与管理、综合数字供应链韧性能力建设、建立以事件为基础的风险预警体系等(如图1-6所示)。

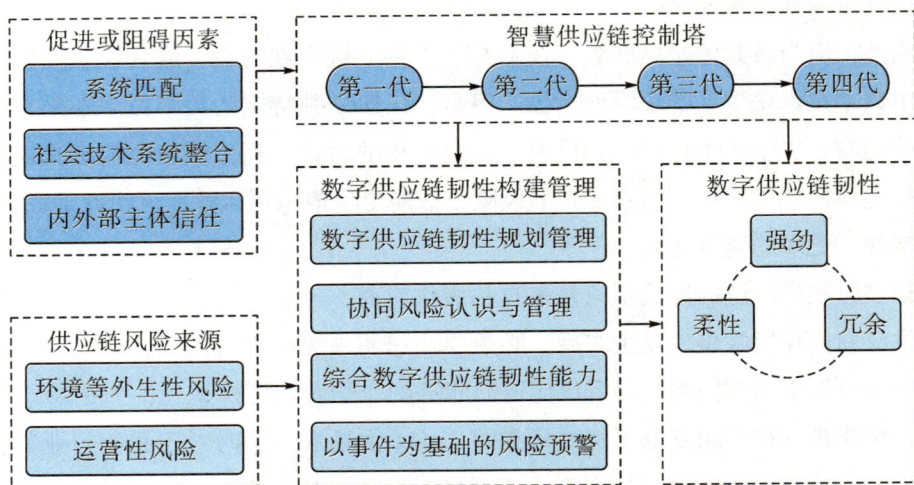

图1-6 数字供应链建设整体框架

供应链规划指的是企业根据内外部环境要素重新调整和安排供应链运营模式,在数字供应链韧性建设的过程中,如何将韧性管理纳入供应链运营模式中至关重要,这不仅涉及确立供应链韧性的管理的领域和要素,同时也涉及采用什么样的战略姿态来建立、管理韧性。数字化供应链韧性战略规划管理是建立数字化的供应链韧性体系的重要一环。它包括对供应链韧性的整体规划和管理,以及利用数字化技术来提高供应链韧性的能力。一是供应链韧性评估与目标设定,通过评估供应链的韧性水平,确定目标韧性水平,并制定相应的韧性改进策略。评估的指标可以包括供应链的弹性、适应性、反应性和复原力等方面。二是数字化供应链规划,利用现代信息通信技术,建立数字化的供应链规划系统,对供应链的各个环节进行优化和规划。这包括对供应商、生产、物流和销售等方面的规划和优化,以提高供应链的效率和灵活性。三是数字化供应链可视化,通过采集、分析和展示供应链数据,实现对供应链各环节的实时可视化监控。这样可以及时发现供应链中的问题和风险,并采取相应的应对措施，提高供应链的韧性。

在合理规划供应链韧性管理后，数字化供应链韧性建设还需要进行协同的数字供应链风险识别与管理，如何建立协同化的数字供应链风险识别和管理体系是建设供应链韧性的必由之路。这是通过利用数字化技术，对供应链中的各种风险进行识别、评估和管理，以提高供应链的韧性。一是数字化供应链风险识别，利用现代信息通信技术，收集、分析和处理与供应链相关的各种风险信息，包括供应商风险、物流风险、市场风险等。通过建立风险识别模型和算法，实现对风险的准确识别。二是数字化供应链风险评估与应对：通过对供应链中各种风险的评估，确定风险的影响程度和优先级，并制定相应的风险应对策略。这包括建立风险评估模型、制定风险应对方案等。三是数字化供应链风险协同管理：建立供应链各方之间的信息共享和协同机制，实现对风险的联合管理。这包括建立数字化的供应链风险管理平台，实现供应链各方之间的实时信息共享和协同决策。

能够有效应对供应链风险，建立综合性的数字供应链韧性能力至关重要，这种能力既能够迅速有效地针对各种可能风险做出调整，又能预见性地采取措施，抵御风险产生的负面影响，使得整个产业供应链运行既柔性又强劲。综合数字供应链韧性能力建设是数字化供应链韧性建设的核心要素之一。它包括提高供应链的弹性、适应性、反应性和复原力等能力，以应对各种外部风险和变化。一是弹性能力的提升：通过数字化技术，提高供应链的弹性，使其能够迅速适应市场需求的变化。包括建立弹性供应网络、实现供应链的快速重组等。二是适应性能力的提升：通过数字化技术，提高供应链的适应性，使其能够适应环境的变化。包括建立适应性供应链策略、实现供应链的动态优化等。三是反应性能力的提升：通过数字化技术，提高供应链的反应性，使其能够迅速响应市场需求的变化。包括建立反应性供应链管理系统、实现供应链的实时监控等。四是复原力的提升：通过数字化技术，提高供应链的复原力，使其能够迅速恢复正常运营。包括建立供应链的设备和恢复机制、实现供应链的快速恢复等。

供应链韧性框架体系建设需要确立供应链风险管理文化，良好的风险管理文化能够推动供应链韧性建设。这种文化不仅要求在企业以及供应链整体建设起到对风险防范和管理的意识，而且需要有正式的机制、流程和体系，以随时随地观测、监控、防范任何潜在的风险，将风险管理意识渗透在日常的供应链运营活动中。建立以事件为基础的风险预警体系是数字化供应链韧性建设的重要一环。它通过收集、分析和处理与供应链相关的各种事件信息，实现对供应链风险的预警和应对。一是事件监测与收集，利用数字化技术，实现对供应链相关事件的实时监测和收集。包括建立事件监测系统、利用大数据分析等。二是事件分析与评估，对收集到的事件信息进行分析和评估，确定事件的影响程度和优先级。包括建立事件分析模型、制定事件评估方法等。三是事件响应与管理，根据事件的评估结果，制定相应的应对措施，并实施事件管理。包括建立事件响应机制、制定事件管理流程等。通过以上关键要素的实施，可以建立数字化的供应链韧性体系，提高供应链的韧性，降低供应链风险。同时，数字化供应链韧性建设也能够为产业发展提供更好的支持和保障。

在建立数字化的供应链韧性管理体系中，智能供应链控制塔成为关键要素之一。智能供应链控制塔是指基于先进的信息通信技术和数据分析能力，集成整个供应链各环节数据，实现全链路的实时监测、协同决策和风险管理的管理平台。智能供应链控制塔能够实时获取和整合供应链各环节的数据，包括供应商、生产、物流、销售等环节的信息，并通过可视化界面展示数据，帮助管理者全面了解供应链运行情况。智能供应链控制塔利用实时数据监测供应链各环节的运行状态，通过设定预警指标和阈值，及时发现潜在的问题和风险，并提供实时预警信息，帮助管理者及时采取应对措施，降低风险。智能供应链控制塔提供数字经济合作和数字供应链发展和协同决策平台，实现供应链各参与方之间的信息共享和决策协同，加强供应链各环节的协同和协作，提高供应链的灵活性和韧性。智能供应链控制塔通过风险评估和预测模型，识别和评估供应链中的风险，并提供应急响应方案，帮助管理者在供应链受到外部冲击时进行快速反应和灵活调整，保障供应链的稳定运行。

智能供应链控制塔的形态可以根据不同的应用场景和需求进行灵活配置和定制。常见的智能供应链控制塔的形态主要有：一是基于云平台的智能供应链控制塔。通过云计算和大数据技术，将供应链各环节的数据集中在云平台上存储和处理，实现供应链的实时监测和数据分析，提供决策支持和风险管理功能。二是物联网智能供应链控制塔。通过物联网技术，实现对供应链中各个节点的设备和物流的实时监测和数据采集，提供对供应链运行状态的全面掌握和风险预警。三是区块链智能供应链控制塔。利用区块链技术确保供应链数据的安全和可信性，实现供应链各参与方之间的数字经济合作和数字供应链发展和交流，提高供应链的透明度和可追溯性。四是人工智能智能供应链控制塔。通过人工智能技术，对供应链各环节的数据进行分析和挖掘，发现潜在的问题和风险，并提供智能化的决策支持和优化方案。五是边缘计算智能供应链控制塔。通过边缘计算技术，将数据处理和决策支持功能下沉到供应链各个节点，实现实时监测和决策反馈，提高供应链的灵活性和响应速度。智能供应链控制塔作为数字化供应链韧性管理体系的重要组成部分，具有数据集成和可视化、实时监测和预警、协同决策和执行、风险管理和应急响应等功能。其形态可以根据实际需求和应用场景的不同进行灵活配置和定制。通过建立智能供应链控制塔，可以提高供应链的韧性和应对风险的能力，实现供应链的可持续发展。

随着供应链风险的上升，特别是新冠疫情暴发以及逆全球化的发生，产业链和供应链韧性成为产业发展的关键。数字化技术与供应链韧性之间的关系是密不可分的，数字化技术为供应链韧性的建设提供了强大的支持和保障。通过数字化的手段，企业可以更加高效地管理和控制供应链中的各个环节，提升供应链的灵活性和韧性。数字化的供应链韧性管理体系能够帮助企业实现供应链的可持续发展。通过数字化的手段，企业可以实时监控和分析供应链中的各种风险，及时做出应对措施，降低风险对供应链的影响。同时，数字化技术还可以提高供应链的响应速度和灵活性，使企业能够更加快速地适应市场的变化，增强供应链的抗风险能力。

未来，数字化的供应链韧性管理体系将面临如下的发展趋势和挑战。首先，随着物联网、大数据和人工智能等技术的不断发展，数字化技术将更加普及和成熟，为供应链韧性的建设提供更多的支持和保障。其次，供应链的数字化程度将不断提高，企业将更加依赖数字化技术来管理和控制供应链。此外，随着全球化和供应链的复杂性的增加，供应链风险将更加多样化和复杂化，数字化的供应链韧性管理体系需要不断提升自身的能力，以应对不断变化的风险挑战。然而，数字化的供应链韧性管理体系的建设也面临一些挑战。首先，数字化技术的应用需要企业具备一定的技术能力和资源投入，一些中小型企业可能会面临一定的困难。其次，数字化技术的安全性和隐私保护问题也需要引起足够的重视。此外，数字化的供应链韧性管理体系的建设需要企业进行全面的组织变革和流程优化，这对企业来说也是一项挑战。建立数字化的供应链韧性管理体系对于企业来说具有重要的意义。通过数字化的手段，企业可以提高供应链的灵活性和韧性，降低风险对供应链的影响，实现供应链的可持续发展。然而，在数字化的供应链韧性管理体系的建设过程中，企业需要充分考虑技术能力、安全性和组织变革等方面的问题，以应对未来的发展趋势和挑战。只有这样，企业才能够在不断变化的市场环境中保持竞争优势，实现可持续发展。

第二章　供应链管理形态的再辨析

第一节　全球关键行业供应链加速重构

一、突发事件导致"断点"危机外溢

（一）突发事件的内涵

《中华人民共和国突发事件应对法》对突发事件作出了定义，认为突发事件通常发生突然，可能造成严重的社会损害，有关部门应积极采取方案予以应对，主要包括自然灾害、事故灾难、公共卫生事件和社会安全事件。

本书梳理了 2001—2023 年国内外主要突发事件，包括自然灾害、事故灾难、公共卫生事件和社会安全事件四个类别，展现其对供应链的危害。如表 2-1 所示。

表 2-1　主要突发事件梳理及其对供应链的危害

类别	概念	事例	危害
自然灾害	主要包括水旱灾害、气象灾害、地震灾害、地质灾害、海洋灾害、生物灾害和森林草原火灾等	2008 年汶川地震① 2019 年澳大利亚山火② 2021 年河南洪涝灾害③	运输堵塞甚至中断、进出口物流受到限制、农产品生产供应受到影响

---

① 新京报. 十五年了，这些画面依旧让人泪流满面丨汶川 2008. ［EB/OL］. https://baijiahao.baidu.com/s? id=1765598063588852489&wfr=spider&for=pc.

② 央视网. 澳大利亚发生森林火灾 ［EB/OL］. https://photo.cctv.com/2019/11/08/PHOAWlfIQc1NwkCvJ4 qE5k3O191108.shtml#9TSkPKUJvzW6191108_1.

③ 央视网. 河南此次洪涝灾害造成 1481.4 万人受灾 直接经济损失约 1337.15 亿元 ［EB/OL］. https://news.cctv.com/2021/08/09/ARTIqKxJk0It28uejUjmp9K6210809.shtml.

表2-1(续)

类别	概念	事例	危害
事故灾难	主要包括工矿商贸等企业的各类安全事故、交通事故、公共设施和设备事故、环境污染和生态破坏事件等	2021年苏伊士运河堵塞事件① 2023年日本核污水排海事件②	波及供应链上下游企业甚至整个行业
公共卫生事件	主要包括传染病疫情，群体性不明原因疾病、食品安全和职业危害、动物疫情以及其他严重影响公众健康和生命安全的事件	2003年SARS事件③ 2009年甲型H1N1流感④ 2018年埃博拉疫情⑤ 2019年新冠疫情⑥	某类商品需求急剧增加或减少、地区封闭导致生产和物流中断
社会安全事件	主要包括恐怖袭击事件、经济安全事件和涉外突发事件等	2001年"9·11"事件⑦ 2008年金融危机⑧	价格波动、物流费用上升、产品生产周期和交付率受到影响

一般地，突发事件具有以下特征：

一是全球性。突发事件的危害不仅局限于某个地区或国家，往往会波及数个地区和国家，甚至对全球人民的生产生活造成影响。例如，2019年年末暴发的新冠疫情，蔓延至全球各个国家，截止到2023年1月1日，全球累计确诊病例超6亿，累计病亡人数669万。

二是突发性。突发事件的爆发、持续时间、地点以及影响程度往往难以预测、不易察觉。有的危机爆发前具有一定的征兆，但往往由于相关的个人、企业、政府

---

① 航运e家. 官方报告出炉! 长赐轮苏伊士运河搁浅事故原因曝光 [EB/OL]. https://www.sohu.com/a/704865371_120803441.

② 人民论坛网. 7800吨! 日本开始第三轮核污染水排海 [EB/OL]. https://baijiahao.baidu.com/s? id=1781504139200820415&wfr=spider&for=pc.

③ HACCP. 那一年: 2003年抗击非典疫情全程回顾 [EB/OL]. [2023-05-20]. https://www.sohu.com/a/368331721_614718.

④ 北京大学医学部. 科普抗疫丨全球化趋势下的新型甲型H1N1流感: 通力合作, 科学抗疫 [EB/OL]. [2023-05-20]. http://www.kepu.gov.cn/www/page/kepu/famousContent? famousId=8083829a16e8494399c597385056b07d&id=cd5fcfdb1a0c45f0b15a4217aed68b74.

⑤ 封面新闻. 战疫史志 全球战疫志丨埃博拉病毒: "死神"为何不定期降临非洲 [EB/OL]. [2023-05-20]. https://baijiahao.baidu.com/s? id=1660468830721696444&wfr=spider&for=pc.

⑥ 湖南日报. 2019年全国法定传染病疫情数据发布: 死亡25285人 [EB/OL]. [2023-05-20]. https://baijiahao.baidu.com/s? id=1664461294772434383&wfr=spider&for=pc.

⑦ 新华网. 环球深壹度丨回望"9·11": 斗转星移二十年 [EB/OL]. [2023-05-20]. https://baijiahao.baidu.com/s? id=1710749798898667268&wfr=spider&for=pc.

⑧ 中央政府门户网站. 全球携手应对国际金融危机纪实: 震撼世界的60天 [EB/OL]. [2023-05-20]. https://www.gov.cn/jrzg/2008-11/17/content_1151420.htm.

的疏忽，不能对其采取适时的监测和及时的预警，导致突发事件常常不易被人察觉。例如，2015 年 8 月 12 日，天津港瑞海公司危险品仓库发生特别重大火灾爆炸事故，造成 165 人遇难，798 人受伤，304 幢建筑物、12 428 辆商品汽车、7 533 个集装箱受损，造成直接经济损失超 68 亿元。

三是破坏性。突发事件会给个人、组织及国家带来不可挽回的后果，若应对不当则会造成更大的灾害。例如，马来西亚航空公司（以下简称"马航"）成立于 1947 年，航空网络覆盖欧洲、澳大利亚、亚洲、南北美洲等 100 多个国家，是东南亚拥有机队数量最多的航空公司之一。2014 年 3 月，马航 MH370 失事，飞机上全部人员遇难。同年 8 月，马航计划退市，并进行资产重组。12 月马航股票正式停牌。

四是连锁性。重大突发事件不仅本身会给经济社会带来危害，其引发的一系列相关事件同样也会产生危害。例如，20 世纪 70 年代，受自然灾害和第一次石油危机的影响，美国等主要粮食出口国粮食歉收、出口减少，进而导致了 1973—1974 年全球粮食危机，食品价格大幅上涨，全球通货膨胀严重，引发了全球的经济停滞和衰退。

五是深远性。突发事件会在相当长的一段时间内对经济、政治、社会产生深远影响，甚至重塑地缘政治格局等。例如，2022 年俄乌冲突爆发，引发了俄罗斯与西方国家之间的紧张关系，加剧了地缘政治博弈和贸易摩擦，随之而来的是能源危机、粮食危机、通胀危机以及经济危机在各地区的蔓延。

（二）突发事件下供应链"断点"危机

近年来，随着内外部环境不确定性的日益增加，全球供应链愈加纵深融合、供应链系统的复杂程度越来越高。在精益供应链管理模式（图 2-1）广泛推广的背景下，JIT、零库存等策略的实施中，使得供应链系统的脆弱性更加凸显。2020 年突如其来的新冠疫情暴发，给世界经济社会发展带来巨大灾难，各国不得不颁布疫情防控政策，国际与国内的物流、商流、信息流的自由流动受到限制，从而引发了中小企业供应链节点的中断，进而导致整条供应链上的效率和利润受损。牵一发而动全身，供应链上每一个节点都是一个"脆弱点"，一个节点的崩溃将连带供应链上下游和其他环节受影响。在此背景下，越来越多的国家开始重新关注突发事件下供应链的安全与韧性。

顾客需求拉动

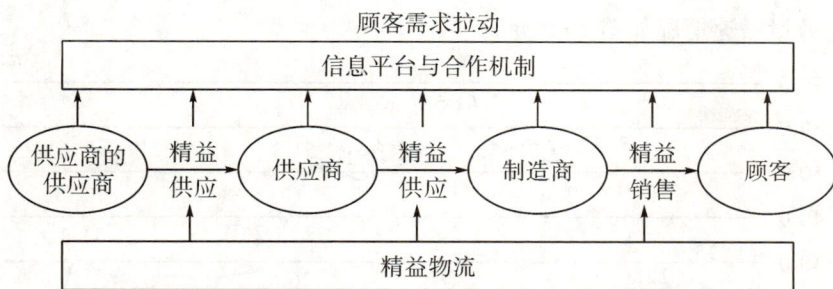

图 2-1　精益供应链系统运行体系架构

1. 生产环节——供应短缺

在新冠疫情的初期阶段，受各国不同的防疫政策影响，众多国家的工厂关闭、工人停工、生产停摆、入厂原材料和出厂产成品物流中断，致使许多关键物资如半导体、医疗、能源等出现大范围断供。早在疫情之初，《财富》杂志 1 000 强企业中，就已有94%的企业出现了供应链中断。超市货架一抢而空，医护用品价格飙升，口罩、手套、呼吸机等物资匮乏，让很多国家陷入危机之中。在欧洲，2020 年 3 月 20 日，总部位于德国的全球最大的两家汽车零部件供应商博世、大陆，宣布停止在欧洲的生产。随后，舍弗勒、马瑞利、伟巴斯特、采埃孚等跨国零部件制造商也表示将停止或放缓在欧洲的生产工作。供应商的停摆，导致欧洲汽车行业陷入困境，引发了断链危机。同样，2022 年，受上海疫情封控、停工停产的影响，全球医疗器械供应链供应短缺。

2. 流通环节——运输瘫痪

在供应节点崩溃的情况下，物流运输瘫痪进一步促使供应链的"断点"危机外溢。一方面，在中国国内，由于小区封控和人们防疫意识的增强，电商末端配送的需求增加。与此同时，受到交通管制和配送人员短缺的影响，现有的配送运力难以满足客户对"最后一公里"配送的需求，导致出现货品积压、配送时效难以保证等问题。如图 2-2 所示，2019—2021 年，中国的快递业务量增速较往年明显放缓，分别为 26.6%、25.3%、31.2%。尤其是 2022 年，受到北京和上海两轮疫情的打击，全年增速仅为 2.1%。另一方面，在国际运输海运、空运出现运输缺口，疫情引发一些国家对粮食等产品的限制性出口措施以及检疫壁垒，使国际运输时限难以保证、运输成本高涨，众多国际港口、多式联运承运商面临货物积压、订单延迟、人力短缺等。许多厂商不得不寻找新的替代品或者更昂贵的渠道获取原材料，从而推动交易成本迅速升高，供应链韧性受到挑战。有数据显示，从 2020 年年初到 2021 年年初，中国—南美的航线运费上涨了 443%，亚洲—北美东海岸运费上涨了 63%。国际机场协会也指出，2022 年全球航空货运量较 2021 年下降 6.7%。2007—2022 年中国快递业务量增速情况如图 2-2 所示。

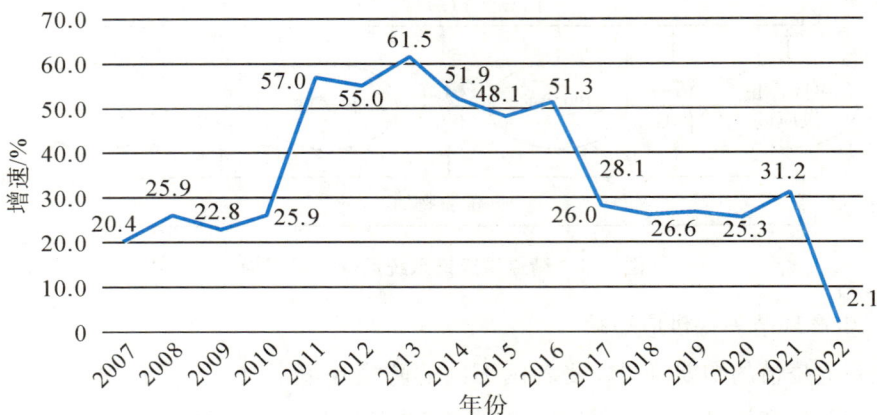

图 2-2　2007—2022 年中国快递业务量增速情况

3. 消费环节——供需失衡

供应短缺和运输瘫痪带来的结果就是供给与消费需求的失衡，随之而来的则是交易成本的上升，从而进一步冲击供应链韧性。一方面，受疫情影响，电子商务发展迅速，线上的消费需求激增；另一方面，供给端却因为长时间的停工停产导致产能不足，库存持续走低，难以满足市场需求。最终在供给端和需求端两方压力下极易使供应链陷入瘫痪。

（三）重大突发事件加快供应链近岸化趋势

新冠疫情加速了全球供应链的重组进程，供应链的重点由效率转向效率与安全兼顾。同时，在"逆全球化"趋势影响下，各国间的不信任程度进一步加深，出现"信任赤字"，更多的国家开始逐步将基础设施、通信、高新科技等关系到国家安全的产业链供应链回流，趋向于建立安全、自主、独立的供应链体系。为缓解成本压力，以及作为新冠疫情后的供应链重塑，欧美国家通过订立法案、颁布产业政策等手段促使部分跨国公司将生产设施迁回本国或靠近本土的地区，其众多车企就采取"近岸外包"的供应链策略，将工厂转移至墨西哥。而美国也试图通过"制造业回流"等手段，掌握核心产业供应链的主导权。

二、大国博弈加速关键行业供应链重构

（一）大国博弈的内涵

"博弈"一词本意为下棋的策略，后引申为在一定条件下，遵守一定的规则，一个或几个拥有绝对理性思维的人或团队，从各自允许选择的行为或策略进行选择

并加以实施，并从中各自取得相应结果或收益的过程。博弈是国际关系的典型特征，也是主权国家间的典型常态。

大国是指在国际体系中在权力资源、地缘等方面具有显著优势的国家。目前学界区分大国与小国的标准主要从人口规模、国土面积、经济状况、军事实力、政治影响等方面进行考量。美国、俄罗斯、中国、英国、德国、法国、日本、澳大利亚、加拿大等被普遍认为是大国。

大国博弈本是包含内修、妥协、合作、竞争等多种内涵的关系状态和行为模式，理应被看作一个中性词汇。但随着世界市场的拓展和资本主义的突飞猛进，大国博弈中的负面含义占据上风。在过去的几百年间，几大资本主义强国为争夺原材料、劳动力和市场而在全球范围内抢夺殖民地与势力范围，千方百计地为"过剩资本"和"过剩劳动力"寻找出路，并展开长期激烈博弈。15 世纪中后期，以欧洲特别是西欧为主的国家拉开了新航路开辟的帷幕。欧洲与亚洲、美洲等世界各地的联系加强，西欧逐渐成为整个世界商品交易的中心，西班牙、葡萄牙通过殖民掠夺、地理优势等成为当时世界上的强国。18 世纪 60 年代，从英国发端，纺织业肇始，以工作机诞生为标志的工业革命，推动了生产力的进步，西方资本主义得以不断发展。以英国为首的欧洲国家与印度开启了"棉花之战"，通过采取一系列贸易壁垒的措施，逐步摧毁了印度以粮食种植为本的小农经济，大国博弈的影子初显。第二次世界大战结束后，苏联和美国两个超级大国开始在全世界范围内寻求势力扩张，两大立场迥异的国家将世界分为两个阵营，同时也开启了两国在经济、政治、军事等各个领域的对抗和竞争，大国博弈中竞争的色彩越来越明显。冷战后，苏联解体，非西方大国开始崛起，世界地缘格局被重塑。进入 21 世纪，世界正在经历"百年未有之大变局"，大国博弈也从"硬政治"（指政治和安全）领域扩展到"软政治"（主要是非传统安全）领域，处理国际问题的权威正在从集中向分散转变，博弈的手段也在不断走向多元化。百年间，在纵横捭阖的大国博弈史下，伴随的是各国间供应链的一次次重构。

（二）大国博弈下关键行业供应链重构

大国博弈通过解构和重塑供应链格局、实施跨境流动限制和影响规则制定威胁着供应链安全。美国依靠其在全球金融、技术、海运、航空等领域的大国地位，将供应链这一经济要素武器化，发起重构全球供应链之战，推动重点产业链供应链"去中国化"，企图通过"脱钩"遏制中国包括数字贸易、半导体制造、清洁能源、矿产资源等在内的关键产业供应链的发展。在此背景下，中国加快了自主创新和自给自足的步伐，避免"卡脖子"问题，提高其在全球供应链中的话语权。中国与美国之间的博弈，在一定程度上给全球供应链的稳定性和安全性带来挑战。贸易摩擦所带来的成本必然会分摊至供应链的各个环节进而持续引发全球性的通货膨胀，企业倒闭、员工失业等，对全球供应链的安全造成巨大影响。

1. 半导体供应链

半导体供应链作为当今科学技术的前沿，是医疗设备、电信设备以及众多基础设施运行的关键支撑，已经成为世界各国国家战略发展的核心。然而，在中美博弈日益加剧的情况下，全球半导体供应链开始由全球性协调发展变为区域性对抗。由于国际局势变化，自2020年伊始"芯片荒"已经影响汽车、消费电子、家电行业等近200个行业。美国白宫国家经济委员会主任布莱恩·迪斯（Brian Deese）指出，半导体缺货严重影响了美国经济，可能已导致2021年美国GDP减少了1%。美国行业机构AFS也表示，由于汽车芯片供应短缺，2022年全球已累计减产约125万辆汽车。

2. 能源供应链

俄乌冲突导致了全球能源供应链的重组。俄罗斯出口欧盟的天然气80%需要过境乌克兰，由于俄乌关系紧张，受到乌克兰进出口限制以及港口设施、道路运输等基础设施被破坏，加之西方对俄经济制裁的影响，导致欧洲国家的能源原材料供应短缺、运输受阻、进出口限制、价格上涨，欧洲开始寻求能源供给多样化（见表2-2），据欧盟统计局统计数据，2022年欧盟进口俄罗斯能源大幅下降，其中天然气下降24.3%，石油下降10.5%，而美国则成为欧洲最大的能源供应商（占欧盟进口天然气的25.72%），加速了全球能源供应链的重组。

表2-2　欧盟和俄罗斯重塑能源供应链的举措

	欧盟	俄罗斯
需求端	（1）进口多元化。加大对美国能源的进口量，加强与中东油气国的合作，同阿塞拜疆建立"能源战略伙伴关系"。 （2）投资开发清洁能源。提出"欧盟能源重振计划"，加快氢能产业链的布局与开发	（1）建立新的销售渠道，摆脱对欧美贸易公司的依赖。开拓亚非油气市场，以折扣价格向亚非国家大量出口各类石油产品。 （2）开辟管道天然气出口渠道。推进同土耳其、哈萨克斯坦、乌兹别克斯坦、中国等国管道天然气项目
供给端	提高能效，控制能源需求。通过"自愿削减措施"减少天然气消费	—

3. 清洁能源供应链

清洁能源供应链是指清洁能源的开发、输送、存储、终端消费各环节所需装备的制造链条。常见的清洁能源供应链包括光伏供应链、氢能供应链、锂电池供应链、生物质能供应链等。每条供应链通常包括上游原材料开采及加工、中游关键零部件制造以及下游整装设备生产。全球具有代表性的清洁能源供应链的构成情况如表2-3所示。在大国博弈加剧的背景下，各国对清洁能源供应链的塑造具有显著的地缘政治意涵。在全球光伏、锂电池供应链中，中国是硅、钴、稀土、石墨等关键矿产资源的供应国，其生产加工占比分别达81%、76%、90%、100%。此外，中国在晶体硅、电池片、陆上以及海上风电机舱等关键零部件制造环节的产量分别占全球的78%、79%、62%、73%，基本呈现中国主导供应的格局。因此，美国为了改变其在光伏、锂电池等清洁能源供应链中的弱势地位，采取了一系列措施以加强其竞争力。美国通过扶持本国产业技术创新，提升本土供应链的完整性，打压中国产业，拉拢加拿大、澳大利亚等西方盟友，试图加强清洁能源供应链的全球治理、开拓关键矿产资源供应渠道等方法，重塑全球清洁能源供应链。

表 2-3　全球代表性清洁能源供应链

分类	上游	中游	下游
光伏供应链	硅料	晶体硅、电池片、背板、玻璃等	光伏组件、光伏电站
锂电池供应链	钴、锂、镍、锰、磷酸铁、石墨等	正极材料、负极材料、隔膜、电解液	电池组和终端产品
风能供应链	镍、稀土、铜、锌等	陆上风电机舱、海上风电机舱、叶片	陆上风力涡轮机、海上风力涡轮机

（三）大国博弈加快供应链区域化、多样化趋势

1. 区域化

在大国博弈的背景下，某些国家间的国家贸易往来陷入低谷，对部分贸易伙伴的依赖程度降低，而与其他国家建立了更为密切的供应链战略伙伴关系，全球供应链趋于区域化和同盟化。未来全球供应链的组织模式可能出现"三足鼎立"的格局，即由美国、墨西哥、加拿大组成的北美供应链网络体系，由德国、法国等国家主导的欧盟供应链网络体系，以及由中国、日本、韩国等为核心的亚洲供应链网络体系，三大体系内部自成体系，形成相对闭环，每个体系与外部也存在部分供应链关联。

2. 多样化

"不要把鸡蛋放在一个篮子里"成为各国提升供应链韧性的重要手段之一。常见的手段有生产布局分散化、寻求更多的供应商和合作伙伴、不依赖于单一的物流服务商等等，以此来分散供应链风险。中国凭借相对较低廉的劳动力和较高效的生产力在全球供应链中扮演着重要角色，然而近年来世界各国出于对供应链多元化的

追求以及对中美间紧张局势的担忧，部分公司将其供应链移出中国。2023年，据中国欧盟商会的一条调查，被调查的570家在中国大陆的欧企中，约12%的企业已将部分供应链移出中国大陆。

案例2-1　中美ICT供应链领域竞争[①]

1. ICT供应链

信息通信技术（ICT）的加速迭代，给各行各业赋予了新的生命力。一方面，ICT包括计算机、网络、通信卫星、无线电等技术，在信息传递、数据共享、网络安全、移动通信等领域发挥重要作用。尤其是在新冠疫情期间，ICT在远程医疗、跟踪筛查、在线教育等方面显示出了巨大能量。另一方面，在ICT发展过程中，涉及个人隐私安全、企业数据机密、数据跨境流动等危害国家安全的种种行为。ICT供应链上下游涉及在全球范围内布局的千千万万的供应商和生产商，而以ICT为重要基础的数字经济和高新科技产业，逐渐成为国家间实力对比的新赛道。因此，一国实现对ICT供应链的完全掌握，成为当前大国竞争的重要手段。

2. 美国对华为供应链的打压

ICT供应链逐渐成为中美大国博弈的重要武器。美国通过各种限制措施将上游的高端制造技术和核心关键环节牢牢抓在手中，以维持自己对全球ICT供应链的控制能力，给中国的ICT供应链的安全带来极大的不确定性。但同时，中国也涌现了诸如大疆、字节跳动、华为、小米、联想等全球化的互联网或高科技企业，其不断增强核心技术的研发能力，在全球范围内布局供应链，扩大市场范围，在一定程度上挑战着美国的核心地位。在这其中，华为作为中国乃至全球市场上重要的通信设备制造商之一，在中美ICT供应链的博弈中作为重要的筹码，首当其冲地受到影响。

2019年5月16日，美国商务部宣布将华为及其附属公司列入管制"实体名单"，要求美国企业必须要经过美国政府批准才可以和华为交易。此后，谷歌、ARM、英特尔等企业纷纷表示将遵守禁令，限制华为购买芯片、元器件和技术服务。与此同时，台积电作为全球最大的芯片制造商之一，由于受美国封锁政策的影响，不得不停止向华为代工，众多芯片制造商退出华为供应链，使得华为的芯片业务受到前所未有的打压。美国对华为及其子公司的断供一方面损害了华为供应链下游客户的利益，缺少了核心零部件的供应，其产品生产质量难以保证。另一方面，根据2018年华为公布的核心供应商名单中，美国企业所占比例最大为34.88%（见图2-3）。"实体清单"的发布当日就波及华为在美国的供应商，科沃、高通、思佳讯等股价大跌，市值蒸发近百亿美元。

[①] 中信建投证券股份有限公司. 华为这一年：制裁与禁令下的绝地求生［EB/OL］.［2023-05-10］. https://stock.finance.sina.com.cn/stock/go.php/vReport_Show/kind/search/rptid/640883912739/index.phtml.

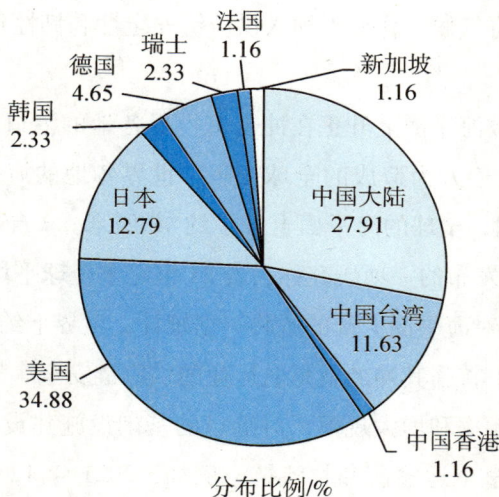

图 2-3 2018 年华为核心供应商区域分布情况

资料来源：中信建投证券研究报告《华为这一年，制裁与禁令下的绝地求生》

因此，由于受美国规则的束缚，华为开始加速国产化替代，重构国内供应链。华为通过旗下哈勃投资了国内数十家半导体企业，例如，瑞浦、灿勤科技、东芯半导体、长光华芯等，以促进中国本土半导体产业的发展，并加强自身在半导体供应链方面的韧性。同时，华为还通过自主研发、合作伙伴关系和供应链多元化等方式，实现了大多数元器件和电路板的国产化，并将 5G 设备中的美国元器件比例降至1%，很大程度上减少了对外企的依赖。

三、气候变化长期威胁供应链基础设施

（一）气候变化的内涵

《联合国气候变化框架公约》中提到，"气候变化"是指除在类似时期内所观测的气候的自然变异之外，由于直接或间接的人类活动改变了地球大气的组成而造成的气候变化。在这个定义中，"气候变化"特指人为因素造成的变化。其主要是由于工业革命以来人类经济活动引起的变化。化石燃料燃烧和毁林、土地利用变化等人类活动所排放温室气体导致大气温室气体浓度大幅增加，温室效应增强，从而引起全球气候变暖。

（二）气候变化下供应链基础设施

气候变化成为 21 世纪人类面临的一场巨大挑战，气候变化是一场缓慢发展中的危机，将对全球供应链安全产生长期威胁。目前，气候变化的应对措施集中在国家政府层面，仅有部分具有高度敏感性的企业开始重视气候变化所带来的影响，但大

部分行业和企业并未将气候变化要素纳入供应链安全性和韧性建设的考量因素中。

1. 港口基础设施

全球气候变暖导致海平面上升正在冲击着世界各地的港口。美国国家航空航天局（NASA）指出，由于人为造成的全球变暖，世界各地的海平面在上升，其中在1993 年到 2022 年期间，全球的海平面上升了约 10 厘米。《自然气候变化》（*Nature Climate Change*）杂志发布的一项研究称，若 21 世纪末全球平均气温上升 3 摄氏度，则约有 50 个城市将面对海平面上升的威胁。据统计，世界上约 80% 的货物是靠海运运输的，海平面上涨，首当其冲的就是航运业的供应链安全。气候变化会加剧台风、飓风、海啸等的发生频率和增大规模，对港口的基础设施建设和服务的可靠性产生重大影响，进而影响整个运输链和物流链。例如，2021 年 12 月，受台风影响，马来西亚遭受了历史上最严重的洪水灾害，严重破坏了东南亚第二大港口巴生港各项基础设施的正常运营，致使半导体供应链中断。因为中国台湾是全球半导体的重要供应地，通常将产品先运到巴生港，由马来西亚的工厂包装，再运往美国公司和消费者手中。供应链的中断导致全球半导体短缺，并导致一些美国汽车制造商暂停生产。此外，为了应对极端天气对港口基础设施的破坏，同样需要耗费巨大的维护成本。有研究显示，建设一个国际港口的成本约为 40 亿欧元。而海堤和舷堤的建设成本在每公里 75 万~200 万欧元。根据海洋保护协会的测算，到 21 世纪末，仅提高现有港口码头高度一项就可能耗资 630 多亿美元。

2. 交通运输和电力基础设施

台风、干旱、洪涝、高温、极寒等极端天气对一国的交通运输和电力基础设施同样造成了危害。如暴雨引发的洪涝灾害冲垮桥梁和公路、地下水位下降导致路基沉降、极寒天气导致电力基础设施故障等。据相关统计，全球公路、铁路等基础设施每年因自然灾害遭受的直接损失高达 15 亿美元。2021 年 2 月，美国得克萨斯州的极寒天气造成了美国历史上最严重的非计划停电，停电还导致铁路停运，使得克萨斯州到太平洋西北地区的供应链通道被切断了整整三天。同年 11 月，加拿大不列颠哥伦比亚省遭遇"百年一遇"的强降雨，引发严重洪涝灾害。洪水切断了通往加拿大最大港口温哥华港的铁路和公路要道，一条石油运输管道也被迫关闭。铁路停运使加拿大的木材公司缩减产量，导致美国木材、纸浆和其他木制品短缺及价格上涨。反观国内，2022 年西南部遭遇连续高温导致出现严重旱灾，四川省政府和重庆市政府为了解决缺水问题，宣布进行"拉闸限电"，受其影响，丰田全球最大的电池制造商宁德时代停产导致四川与重庆地区生产的企业暂停运营，上海汽车和特斯拉超级工厂也因为在四川的供应商停产导致重要零部件短缺而不得不调整了生产计划。

（三）气候变化加速供应链脱碳趋势

在全球变暖的气候背景下，低碳供应链成为了各国保护环境、减缓气候变化、实现经济社会持续健康发展的重要措施。低碳供应链是指以保护环境为出发点，对供应链的各个环节进行节能环保设计，减少产品生命周期中各个环节的能耗和污染，包括低碳设计、低碳采购、低碳制造、低碳物流、低碳销售。

国际能源署（IEA）在《2050年净零排放：全球能源行业路线图》报告中指出，清洁能源变革将改变全球供应链结构，全球主要经济体纷纷将经济和能源的绿色转型作为寻求经济增长、应对气候变化和实现能源安全的重点内容。中国在2021年印发了《关于加快建立健全绿色低碳循环发展经济体系的指导意见》，为建设融供应端、物流端、消费端为一体的绿色供应链提供了指导。2023年德国出台《德国供应链法案》对企业在供应链中的人权问题施加了广泛的义务，要求"企业必须对其供应链内的活动和业务关系进行风险分析，以遵守人权和环境尽职调查义务"。美国政府也提出要"建设现代化、可持续的基础设施，实现公平、清洁的绿色供应链未来"。

第二节　传统供应链与数字供应链的再辨析

一、管理工具的数字化变迁

（一）基于数字化的供应链集成思想

供应链管理（supply chain management，SCM）：是一种集成的管理思想和方法，它执行供应链中从供应商到最终用户的物流计划和控制等职能。供应链管理在满足一定客户服务水平的前提下，将供应链中的计划、采购、制造、配送和退货五个环节有效整合，简化生产、物流和分销，达到降本增效目的的管理工具，是企业管理供应链的一种有效工具，它能够将企业的制造过程、库存系统和供应商产生的数据合并在一起，从统一的视角展示产品建造过程的各种影响因素。供应链的目标是在满足客户需要的前提下，通过对整个供应链进行优化，降低企业的成本，提高效率。

1. 供应链管理的主要组成部分

（1）采购管理：负责管理供应商，包括价格、质量、服务、交付等方面的管理以及采购计划的制定和执行。

（2）销售管理：负责管理客户，包括销售计划的制订和执行、销售渠道的管理、销售预测等方面的管理。

（3）库存管理：负责管理库存，包括库存的进、销、存管理，以及库存水平的控制和调整。

（4）物流管理：负责管理货物从供应商到客户的整个运输过程，包括运输方式的选择、运输计划的制定和执行、运输成本的管控等。

2. 供应链管理的内容

供应链管理主要涉及四个主要领域：供应管理领域（supply）、生产计划领域（schedule）、物流管理领域（logistics）、需求管理领域（demand）。

（1）供应管理领域：主要涉及供应商的选择、采购、合同管理、质量控制、采购风险管理等。

（2）生产计划领域：主要涉及生产计划的制订、生产排程、物料需求计划等。

（3）物流管理领域：主要涉及物料实体在供应链中的流动管理，包括运输、仓储、库存、包装、搬运等。

（4）需求管理领域：主要涉及销售预测、订单管理、需求响应等。

由图2-4可见，供应链管理是以同步化、集成化生产计划为指导，以各种技术为支持，尤其以Internet/Intranet为依托，围绕供应管理、生产计划、物流管理（主要指制造过程）、需求管理来实施的。供应链管理主要包括计划、合作、控制从供应商到用户的物料（零部件和成品等）和信息。供应链管理的目的在于提高用户服务水平和降低总的交易成本，并且寻求两个目标之间的平衡（这两个目标往往有冲突）。

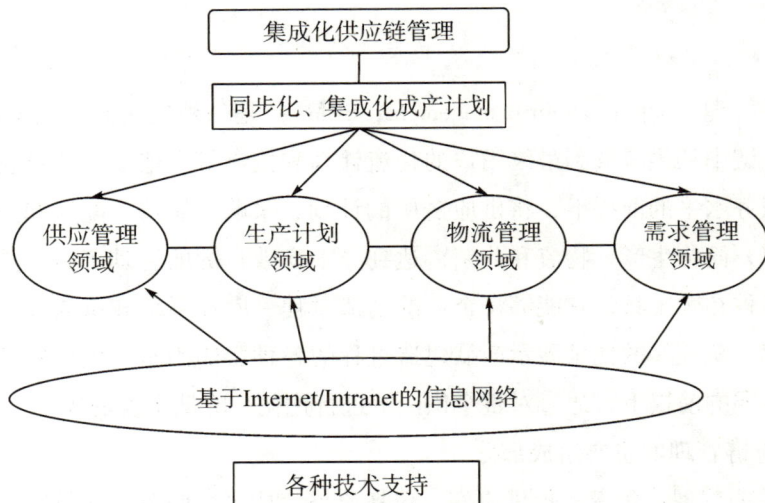

图2-4 供应链管理涉及的领域

（二）ERP 系统

ERP（Enterprise Resource Planning）系统：ERP 即企业资源计划，是基于信息系统技术，整合企业各职能部门子系统，以系统化的管理理念为企业管理和员工提供决策支持的管理平台。ERP 系统是传统供应链管理的主要工具之一，能够综合管理企业的各项资源，包括采购管理、销售管理等。

ERP 系统通过信息系统对信息进行充分整合、快速传递，使企业的各项资源包括人力、财力、物力等能够充分进行合理分配，从而提高经营效率的管理理论。它历经了 MRP（物料需求计划）、MRPII（制造资源计划）、ERP（企业资源计划）三大发展阶段。

ERP 供应链管理通过共同计划、信息共享，来提升整体物流效率，ERP 的供应链管理理念，能让企业管理者充分、及时地掌握供应链的整体信息，由生产的原材料变为产品再变为消费品，最终将产成品送至客户。企业管理者通过掌握这些信息，便能够做出更加全面有效的决策。提升企业效率同时，还能充分了解供应商、客户与外协企业的协调管理等内容。通过 ERP 供应链管理，企业可将客户、销售代理商、供应商、协作单位完全纳入生产体系，形成企业供应链。

在传统供应链中，ERP 系统被广泛使用，它能够帮助企业协调各部门之间的运作，提高管理效率。然而，随着数字化转型的推进，ERP 系统的局限性逐渐显现，比如无法满足企业对于灵活性和可扩展性的需求，无法与外部系统进行有效的集成，也缺乏对大数据和人工智能等新技术的支持。

例如，Mission Produce 是一家水果连锁商，它在 2021 年 11 月启用了一个新的 ERP 系统，旨在通过提高运营可视性和财务报告能力来支持其国际业务的增长。然而，这个新的 ERP 系统导致 Mission Produce 公司不清楚现在有多少牛油果，也不知道牛油果成熟程度，结果导致积压大量牛油果过期变质而无法出售。为了解决这个问题，Mission Produce 公司不得不开发新的流程来保持业务中的信息流动，并在随后的 9 个月里花费 380 万美元聘请第三方顾问对 ERP 系统进行重构和整理。

这个案例表明，ERP 系统的局限性可能会对企业的运营产生重大影响，在选择和实施 ERP 系统时，需要充分了解系统的功能和性能，实施 ERP 系统时，需要制订合适的实施计划和流程，并进行充分的测试和验证，满足企业对于灵活性和可扩展性的需求。

（三）敏捷供应链

敏捷供应链是指以核心企业为中心，通过对资金流、物流信息流的控制，将供应商、制造商、分销商、零售商及最终消费者用户整合到一个统一的、无缝化程度较高的功能网络链条，以形成一个极具竞争力的动态战略联盟。敏捷供应链适应性强、反应迅速，能够根据客户需求和市场变化快速调整和优化供应链的运作，它强调与供应商、生产商、物流商等合作伙伴之间的协同合作，共同制订计划、执行任务和解决问题。通过敏捷共与供应链的管理模式，企业可以更好地掌握供应链的运作情况，是一种全新理念，它突破了传统供应链管理的思想，使企业能够快速、准确地满足客户的需求，为企业带来全新竞争优势。

敏捷供应链的核心要素分为三点，协同合作、拉通全流程、创新技术。

（1）供应链上的各个参与者之间紧密合作与信息共享，通过在企业生产流程中协同供应链流程，共享信息和察觉其他企业的供需信息，以应对市场变动情况，建立良好的沟通渠道和协调机制，加强合作伙伴之间的信任和合作，以实现更好的协同效果。

（2）拉通供应链全流程，要从客户的需求端开始，将整个供应链拉动起来，使整个供应链步调一致，形成一个完整的闭环，整个供应链流程更加顺畅、高效。可以消除供应链中的瓶颈和冗余环节，提高全流程的协同性。

（3）创新技术可以提高供应链的信息化水平，实现数字供应链的实时监控和数据分析，是敏捷供应链战略的创新技术支撑。有了信息化的支撑，供应链中所有参与者可以同一时间获得当前市场需求的信息。

敏捷供应链是一种综合能力较强的供应链系统，它能够对企业需求和供应的不确定性做出及时反应，使自己始终能够跟随着环境的变化而变化。

（四）物联网技术

物联网（internet of things）技术：是数字供应链中的一种重要管理工具。物联网的定义有很多，普遍认可的一种说法是通过射频识别（RFID）、红外感应器、全球定位系统、激光扫描器等信息传感设备，按约定的协议，将任何物品通过有线或无线的方式与互联网相连接，进行信息交换和通信，以实现智能化识别、定位、跟踪、监控和管理的一种网络。

数字供应链管理工具通过互联网技术的连通，实现各主体之间的信息共享和实时更新，提高信息的准确性和及时性，降低信息传递的成本和风险。在以物联网为基础的供应链管理工作中，对 RFID 技术进行合理应用，供应链数据信息完成信息交换及沟通，在企业内部针对供应链环节所有数据信息的交互、沟通等工作都起到了较好的促进作用。以自动化技术、计算机科学技术为基础，最大限度地提升了物流的工作效率、供应链各个环节的管理效率。

在物流环节针对货物实行盘点工作期间，应用物联网技术可以对传统的货物信息扫描方式做出更改，以往传统方式，都是以手持条形扫描仪器的方式，对货物完成扫描。而物联网背景下的 RFID 技术主要是以互联网为基础，让物流信息在系统平台上完成数据交换。由此，可以针对物流的整体运转状况实现实时监控，让物流供应链管理工作更加系统、科学。同时，对 RFD 技术、ERP 技术予以合理应用，可以通过物品完成代码信息的批次获取，信息集中获取完成之后，统一上传到 ERP 数据管理平台中，通过物联网技术，企业可以实时监测货物的位置和状态，提高供应链的透明度。比如，在物流管理中，物联网技术可以通过追踪货物的运输和仓储状态，提高物流管理的精度和效率。

全面感知、可靠传输、智能处理与自动控制是物联网的四个显著特点。物联网是按照特定的协议建立连接的应用网络，但物联网的应用范围、网络传输以及实现功能等都比现有的网络明显增强，其中比较显著的特点是能够感知范围的扩大以及其应用的智能化。

1. 全面实时感知

物联网能够实时采集、传输和处理数据，实现对物的全面感知和监控。全面实时感知为上层的数据处理和应用层的服务提供原始数据输入，是实现物联网智能化管理和控制的重要前提。

实现对物的各种感知技术，就要通过感知层的传感器节点实时获取对象的信息。感知层是物联网的基础，它利用无线射频识别（RFID）、传感器、定位器和二维码等技术，对物品的识别和信息进行采集。

2. 可靠传输

物联网具有严格的安全保护机制，保障数据的安全性和隐私性，防止信息泄露和滥用。通过无线或有线网络将感知到的信息以安全、可靠的方式实时地传输到数据中心或应用终端，可靠传输是物联网实现全面感知和智能处理的重要保障。

物联网前端传递过来的信息，需要通过网络将感知的信息进行实时传递，可靠传输具有以下特点：

一是物联网能够将感知到的信息进行高效传输，通过各种网络技术和通信协议，将物体信息实时准确地传递出去。

二是安全可靠的传输机制，采用加密技术、安全协议等手段确保信息不被泄露、篡改或滥用，保障数据的安全性和隐私性。

三是将感知到的信息进行整合和统一管理，实现数据共享和集成，为上层的数据处理和应用提供统一的接口和数据源。

（五）供应链云平台

供应链云平台：云平台是一种基于云计算的综合管理系统，它能够将多个系统整合到一个平台上，实现数据的互通和流程的衔接，具有高度的灵活性和可扩展性，能够适应快速变化的市场需求。在数字供应链中，供应链云平台是数据存储的一种方式，由于存储数据信息量巨大，同时在云平台上可以突破各个模块的单元限制，打通数据间的壁垒。云平台在数字供应链上的应用：一是可以最大限度地存储与数字供应链相关的各类数据信息，为数字供应链决策增加科学性；二是打通了企业及其他供应链主体之间的数据通道，企业可以充分利用云平台了解供应链上各个节点企业的实时情况，让数据在供应链系统快速流动起来；三是为供应链策提供科学的依据，云平台系统具有自我学习的功能，根据企业管理要求，提供实时的数据信息及企业管理需要的信息。

供应链云平台以客户化、个性化为特点，通过统一的网络服务平台，对物流服务需求方和提供方的数据信息进行录入、分析及处理后，形成各种云服务并实时更新。在云计算技术的支持下，对产品物流服务供应链的运行过程进行全面的云建模，实现高质量的现代物流服务，通过业务运营支持和技术支持，实现低成本、高弹性。

供应链云平台主要包括云基础设施支持层以及云用户层、云应用层、云事务管理层。云基础设施技术层是产品物流服务供应链的底层，主要是由物流服务提供商提供的物流服务资源、云计算技术支持提供的 PC 服务器、云存储设备和数据库等构成；云事务管理层和云应用层构成平台中间层，能够为系统开发提供软件与接口运行环境和在线软件服务；云应用层通过虚拟化技术为客户提供在线云服务，云事务管理层是整个云物流服务平台的核心部分，主要功能是利用云计算技术将资源整合到一起，在管理层的调用下，满足云用户层的需求。

供应链云平台的功能有订单管理、采购管理、物流管理、库存管理和数据分析和预测，能够帮助企业实现整个供应链的高效运作和优化。

（1）订单管理。订单管理功能是供应链云平台的核心功能之一，可以自动接收和管理销售订单，从下单、发货、到货、入库全流程管理，提高订单处理的效率和准确性，通过订单管理功能管理客户的在线订单，自动跟踪订单状态并通知物流和配送部门，确保订单的及时准确交付。

（2）采购管理。采购管理统一管理供应商和采购订单，从需求计划、采购下单、到货接收、入库检验、发票校验等全流程管理。提高采购过程的效率和准确性，供应链云平台通过采购管理功能与多个供应商进行协同，确保原材料的及时供应和采购成本的合理控制。

（3）物流管理。物流管理功能实时跟踪物流信息，管理运输计划、车辆、路线等。该功能可以提高物流效率和准确性，降低物流成本，物流管理功能优化配送路线和车辆调度，提高配送效率。

（4）库存管理。库存管理功能可以管理多仓库的库存，包括入库、出库、盘点等，根据实际需求进行库存调拨和转运，合理规划库存结构，提高库存的透明度和利用率，降低库存成本，通过库存管理功能实时监控库存水平，避免库存积压和缺货现象。

（5）数据分析和预测。数据分析和预测功能利用大数据技术分析市场动态和趋势，帮助企业更好地掌握市场需求和预测未来趋势，提高决策的准确性和效率。帮助企业制定合理的供应链策略，分析销售数据和市场趋势，预测未来的销售情况，从而制订合理的销售策略和库存规划。

传统供应链和数字供应链的管理工具变迁主要体现在供应链管理到 ERP 系统、供应链云平台、物联网技术、敏捷供应链等新的管理工具的转变。这些供应链管理工具的应用不仅提高了供应链的透明度和决策效率，也推动了数字供应链的不断升级和创新。

传统供应链到数字供应链管理工具的变迁主要体现在以下几个方面：

（1）信息传递方式的变化。传统供应链的信息传递主要依赖电话、邮件、会议等线下方式，而数字供应链则借助互联网、物联网、大数据等技术实现信息的实时传递和共享。

（2）上下游协作方式的转变。传统供应链上下游企业之间相对独立，协作方式有限。数字供应链通过供应链协同平台，实现上下游企业之间的紧密协作，共同应对市场变化。

（3）数据分析能力的提升。供应链通过大数据分析工具，对大量数据进行挖掘和分析，为企业决策提供数据支持。相比之下，传统供应链管理工具缺乏这样的数据分析能力。

（4）智能化程度的差异。数字供应链管理工具通过人工智能、机器学习等技术实现智能化决策和自动化操作，提升供应链的响应速度和准确性。而传统供应链管理主要依赖人工决策和操作。

二、供应链度量的创新

度量是指用以计量物品的一些物理属性，供应链度量顾名思义就是指供应量的衡量指标，是一种相对于预先制定的定量或定性的参考值对比测量的方法。供应链管理的三个重要衡量指标是供应链可靠性、供应链灵活性和供应链成本。

随着互联网的快速发展以及 5G 时代的到来，全球供应链网络也步入数字化时代，全球供应链格局也将发生深刻变化，这也将进一步要求传统供应链向数字化、智慧化供应链变革。数字化供应链较传统供应链而言，不仅能够提高决策的准确性和需求的预测能力，还能提高供应链可视化程度，这些都降低了供应链的总成本。因此，在信息化时代，供应链度量也会有新的变化。

（一）供应链可靠性

供应链可靠性是指在供应链中各个环节的稳定性和可靠性，包括供应商的可靠性、生产环节的可靠性、物流运输环节的可靠性以及需求端的可靠性。在供应链管理中，企业需要确保供应链上的各个环节都能够稳定运作，以确保产品的质量和交货期的准确性。在信息化时代，数字供应链是通过信息技术手段实现供应链内外信息的数字化、智能化和自动化，从而提高供应链的效率、透明度和灵活性。因此，为了提高供应链的可靠性，企业在建立稳定的供应商关系中作出了创新，也加强了对供应商的监督和管理，同时也加强了生产线的监督和管理，确保供应链中的各个环节都能够稳定运作。

1. 供应端

传统供应链是简单地将产品从供应端转移到需求端，在生产制造的过程中通常是针对单一商品品种进行大批量生产，并且大多采用以产定销的模式。在供应链运作过程中若采用该模式，在信息的层层传递过程中极有可能出现信息传递的偏颇导致出现信息差，而这种信息差最终也会导致产品供给与需求的不匹配。并且，在传统供应链中，只针对某一种固定产品进行大规模采购，导致成本过高，直接制约了商品的个性化生产与消费。此外，以产定销的模式会导致高库存且人力成本投资大，无法满足当前飞速变化的市场需求和顾客多样化的购物选择，从而出现销售和生产脱节的问题。

数字供应链依托大数据技术、人工智能以及信息共享平台，企业可以及时获取市场的最新消息，及时与合作企业也就是需求端共享信息，达到供应链各环节的互联互通与信息可视化的目标。将信息共享应用到各个环节的运作过程中，及时把握供应链中的物流、资金流、信息流并做到优化整合。与传统供应链相比，数字供应链最大的特点就是按需生产，逐渐向小批量、零库存、个性化的方向发展，缩短了生产周期与商品交付的时间。同时，按需求生产，顾客的订单直接对接商品制造商，能更大程度地满足顾客个性化的需求。此外，依托信息共享，需求端能够及时对接制造商，提高了供应链的响应速度和市场适应能力，避免出现传统供应链中信息传递滞后、偏差等问题，从而提高了供应链的效率。数字供应链的出现，在供应端实现按需采购、智能生产，提高供应链上游信息化程度的同时降低了总成本。

2. 需求端

传统供应链中物流运输环节产生的成本在总成本的占比中是较高的，通过单纯的运输很难实现库存的协调调动并满足客户的需求。并且商品从原材料到产成品的过程中容易出现物流、商流、信息流的整合不完全，会导致供应链环节上各成员难以实现协调发展；运输过程中也可能出现运输线路规划和安排不合理导致车辆空载、资源浪费、配送效率低等问题。数字供应链是基于大数据、人工智能的背景发展起来的，突破了传统供应链的限制，能够最大程度实现信息共享、协同供应链各环节成员。数字供应链在协同供应链各成员的同时还能为供应链下游提供延伸服务，收集顾客反馈信息并加以分析，灵活响应市场变化，促进了供应链上中下游的物流、资金流、信息流的整合和优化，实现供应链的协同和一体化。此外，在信息化程度和反映市场需求方面，数字供应链利用互联网、大数据、人工智能采集到的数据质量高、数量大、信息化传输速度快，很大程度上保证了数据的准确性和有效性，也能够预测顾客的消费走向以及反映市场的需求。以客户购物为例，随着互联网信息技术的发展，顾客购物的方式也变得多样化，网购也成为一种新趋势，每年"6·18""双11""双12"等大型网络购物节都经常出现提前半个月甚至一个月就进行预售的情况。商家可从后台数据监测到预售的交易订单，大概了解该商品的市场需求从而在生产的过程中实现按需生产、销售主导生产，进而实现零库存，大大降低了供应链总成本，这也反映了信息化时代的优势。

（二）供应链灵活性

供应链灵活性是指供应链各个环节的适应性和灵活性，包括供应商的适应性、生产线的适应性、物流的适应性以及需求方的适应性。在供应链管理中，企业需要确保供应链的各个环节始终能够适应市场瞬息万千变化以及客户越来越多元化的选择，进而提高企业在全行业的竞争力和市场占有率。相较于传统供应链而言，数字供应链可以根据市场需求和供应链变化进行灵活调整，从而提高供应链的灵活性和适应性。

在传统供应链中，大多数企业都采取批量生产的模式，销售与生产脱节，但面临竞争激烈的商品市场，资本会不断投入各项成本，大批量研发各种产品，与市场脱节最终出现供需极不平衡的现象。虽然顾客在面临选择时有了更多样的选择，但商品供给与需求不匹配的问题始终会影响各产业的供应链，出现供应链极不稳定的风险。如，市场需求的不确定性增加，企业在进行生产决策时容易出现决策偏差，供应链上游企业也无法始终确保供应链能否稳定运作；其次对市场供给与需求情况预测不准确，供应链企业间的信息化程度不足，信息在传递过程中极易出现越来越大的偏差，加之很多部门由于沟通不及时、业务不透明，供应链管理会越来越碎片化；此外，供应链上、中、下游各企业、各环节都是紧密联系在一起的，一旦某一企业或某一环节失灵，供应链的整体运作也会随之崩盘。

因此，相较于传统供应链，在信息化程度和反映市场需求层面，数字供应链能依托大数据、互联网、人工智能等手段，对供应链各环节以及市场需求数据进行实时监测，信息传输速度加快。对供应链各环节的精确把握和评估后，可以依据数据的规律性合理进行市场预测，数据也会越精准、越细致、越及时，预测的偏差也就越小。市场环境的不确定性与市场需求的多样性在数字化的分析下也变得更具条理，数字供应链也比传统供应链更具灵活性。从动态的视角去观察市场需求的变化，从而准确预测市场需求，进而开发和生产更个性、更符合市场风向的产品并转变供应链管理方法，最终提升供应链的灵活性和响应能力。而信息共享、资源利用、数据监测、技术整合和供应链调整等供应链动态能力也是数字供应链相较于传统供应链的创新成果。

（三）供应链成本

供应链成本是指供应链在全运作流程和周期内的成本，主要包括采购成本、生产成本、仓储成本、运输成本、库存成本、设备成本、其他变动成本等。在供应链管理中，企业需要控制供应链中的每个环节的成本，以确保企业的盈利能力和竞争力。为了降低供应链成本，企业需要优化采购、生产、物流流程及库存等，加强对供应商的管理和监督，确保供应链中的每个环节都能顺利运作，最后降低总成本。

在传统供应链的观念下，其最终目的是降本增效，也就是以降低成本作为供应链运作的目标，但企业最需要关注也是不容忽视的一点是在降低成本的同时确保生产出来的产品是符合质量要求的，也就是我们常说的"一分钱，一分货"，如果不能确保质量达标，总成本再低企业的最终发展也会得不偿失。如果生产出来的商品无法达标，将关乎企业长期的发展也会给企业带来许多负面影响。就比如我们都熟悉的"三鹿奶粉"事件，其奶粉被质检单位查出因为化工原料三聚氰胺过量，导致食用该品牌奶粉的婴儿患有肾结石甚至威胁生命安全。也是该安全事故的发生，致使该品牌几十年来打下的好名声功亏一篑。从各种各样的案例，不难发现"降本增效"已经不再是主流追求，"增质高效"也就是"质量、成本、效率"三方面协同考虑才是新的追求目标。而在数字供应链的视角下，数字供应链的运作模式能够以消费者的需求作为考量标准，能针对消费者的个性化需求灵活做出响应，使供应商与消费者直接钩挂，也更能贴近消费者的消费喜好，实现零库存，降低资源浪费。这样的运作模式是符合国家当前提倡的供给侧结构性改革初衷的，在可控的成本范围内实现高质、高效的发展。数字供应链体系要求供应链运作过程中的各个环节都要顺应信息化时代发展的潮流，这也是较传统供应链做出的创新。通过将数字化、智慧化运用到供应链运作的各个环节，真正做到成本、质量、效率的协同发展。

1. 智慧采购

进入信息化大数据时代后，人们日常生活的衣、食、住、行都能构成为数据测量的现实依据，信息化时代也给我们的日常生活带来了诸多便利。在前文提到过传统供应链运作模式是批量生产的，对产品原材料的采购也是大批量进行，无法很好地预测市场，容易导致出现高库存的问题。数字供应链中的智慧采购最重要、最核心的一点就是通过大数据的分析，预测市场未来的消费走势，真正做到按需生产、用销售主导生产，减小库存压力，实现资金在运作过程中的合理流通。智慧采购的出现在供应端实现了按需采购、按需生产、智能生产，也更好地满足了消费者个性化、多样化的购物需求。智慧采购依托信息技术，一切用数据说话，使供应商更多地了解顾客的需求，最终决定如何采购，如何生产，这也是降低总成本的一种方法。例如，现在我们在网上消费时经常会出现许多弹窗，是对顾客消费喜好的调查问卷，真正实现了销售主导生产。

2. 智慧制造

在大数据信息化时代，智慧制造顾名思义就是将物联网、信息技术、大数据等工具运用到生产制造的过程中，优化生产方式，提高生产效率，进而达到低成本高质量的最终目的。在人工智能如此发达的时代，人工劳动力渐渐被高效率、高效能的机械化设备代替，在生产的过程中实现智能化控制、智能化计算、智能化包装等。同时机械化设备也能够代替人工劳动力完成一些人类难以胜任的工作，为生产制造带来更多的便利。智慧生产、智慧制造通过结合大数据、互联网、人工智能等新兴技术升级原有的生产线，建造一条智能化、智慧化的生产流水线，大大提升生产效率；并且对生产流水线上所需要的原材料、零部件或生产的成品、半成品进行筛选，将质量不达标或者不符合生产要求的剔除出来，这也可以大大提升产品的质量，减少后期不必要的再生产，将更多的人力、财力、物力投入更需要花费的环节。

3. 智慧运输

所谓智慧运输，就是利用云计算、互联网等计算技术对已生产好的产品进行精确计算，将它们按不同品类、不同体积、不同重量、不同特性分类，并结合五种交通运输方式的适用情况，在订单完成时快速做出反应，并选择最恰当的运输方式，这不仅能减少不必要的运输资金浪费还能确保商品的完好。在做好运输方式、运输工具选择的同时，还要提前规划好运输路线，避免出现大范围、长时间的交通堵塞。就像我们在日常生活出行中，都要提前对运输路线进行规划，对不同时间段、不同路线的路况进行一定的了解，并选择最合适的路线出行。因此，智慧运输就是利用信息技术，在运输前快速生成最合理的路线，并预测运输环节的用时，更有利于后续配送、售后工作的进展。在运输环节，经常会出现长途运输，长途运输对于驾驶员的要求是极高的，智慧运输要求建立对驾驶员的监控系统，实时监测驾驶情况，大大降低交通安全事故的发生概率。智慧运输就是将运输环节做到最大的风险保护，因为一旦酿成交通事故，后果将不可计量，这也能够大大提高运输效率。

4. 智慧仓储

随着网络购物的兴起，在当今时代不论是省、市、县城还是乡镇、农村，人们对网络购物的接受程度和需求程度都大大提升。但是许多乡镇及农村地区，由于地形、地势、人口密度、交通运输等条件的限制，如要配备仓库还是比较困难的，也无法精准配备到每一个配送地点。智慧仓储在大数据信息技术的支持下，可以预测销售情况，这样既可以快速响应，将相应的库存提前存储在离目标客户群最近的仓库，为仓储与配送之间的交流提供充足的时间。也可以更好地做到按需生产，以销售为主导，减少库存的堆积，减少不必要的库存成本。在大型购物节到来时，人们的购物需求是很旺盛的，很多顾客都经历过零点下单次日就拿到商品的极速网购，这就刚好体现了智慧仓储的优点。商家根据预售时的订单情况，早已在离目标客户群最近的仓库配备好商品，顾客下单就能立刻运输配送，最后完成商品交易，实现零库存，也相应减少了库存堆积。此外，因为大数据的出现，智能仓储不单单只是一个库房进行商品储存这么简单，它是一个相对完整的仓储体系，一旦发生缺货或者货物破损的意外情况，最近的仓库就能及时调货，减少因此带来的资金损失。

5. 智慧配送

在如今网购普及度极高的时代，"最后一公里"的配送问题受到越来越多的关注，尤其是在经济和交通都欠发达的地区。依托现有信息技术的支撑，智慧配送有利于优化"最后一公里"的配送服务。现在的网购虽然给人们的生活带来了极大的便利，但是有关配送的一些服务还是有所欠缺的，会出现对商品预计送达的时间预测不够准确或配送时间过长而不发取件信息等情况。相信很多人都经历过商品配送一天、两天甚至更久都没有收到取件信息的情况，这不仅影响消费者的购物体验，更会拖延取件后售后的时间以及因配送问题导致双方时间的浪费。智慧配送和上文提到的智慧仓储是相连的，利用信息技术在顾客群附近的仓库配货进行最后的配送并实时更新配送通知，以便减少商品在途时间。商品到达驿站或收货点时通知消费者自取或者送货上门，若是选择送货上门可提前选择配送时间点，而消费者也能在手机上观看配送的实时进程和位置动态变化，直至商品到顾客手中。这样的服务既有利于提高消费者购物的体验感和忠实度，也能提高配送效率。而且在大数据和信息技术的支持下能够整合出最有效的配送系统和配送方式，做到精准配送，不浪费配送以外的时间和资金，进而达到控制成本的目的。

6. 智慧平台

在潜意识里，人们都认为只要商品交付到顾客手中，供应链的运作就算是完成了，但这是错误的看法。供应链上的采购、生产制造、仓储、运输、配送是否能做到顺利完成，最重要的还是要进行最后的数据能否反馈以及信息协同流通。利用大数据、云计算等信息技术，能将供应链的上下游以及线上、线下联系在一起，将所得到的信息进行分析、整合最终信息共享到供应链上下游的各个环节，真正地将信息反馈到各环节、各部门，最终实现利益的最大化。因为利益的驱动，可能供应链上的每个企业都会选择对自己最有利的决策，但对于供应链的整体发展而言，各企业、各环节的协同合作才是最重要的，因此智慧平台最重要的作用就是协调各方并有效做出最正确、最完整的决策，最后实现利益最大化，也能更好地降低供应链的总成本。

在信息化时代高速发展的今天，技术革命和时代脚步是不会停滞的，数字供应链的发展也是必然趋势。如何衡量供应链的整体发展是数字供应链变革的要求，也是数字供应链相较于传统供应链的创新之处。综上所述，供应链的度量也就是供应链的衡量标准，在数字化的变革中也做出了创新，也相应体现在了供应链的可靠性、供应链的灵活性和供应链的成本。

第三节　供应链的不同管理形态和管理单元

一、虚拟供应链的结构和特征

（一）虚拟供应链的结构

虚拟供应链的概念源于 1998 年，由英国 Sunderland 大学的专家们在进行一项名为 "Supply Point" 的研究项目时提出的。该项目开发了一个使客户能够直接从中小企业组成的供应链虚拟联盟中订货的电子订货系统。他们将这个系统命名为虚拟供应链。虚拟供应链是指合作企业通过互联网，由专门、中立的技术支持中心提供技术支持和服务而组建的动态供应链。

从虚拟供应链的概念出发，建立了虚拟供应链的一种体系结构，如图 2-5 所示。虚拟供应链以 VSC 信息服务中心的服务系统作为支撑，包括客户、供应商、制造商、承运商、分销商、零售商和其他合作伙伴等参与者。虚拟供应链可以从目标、任务、信息和技术等几个方面来描述。

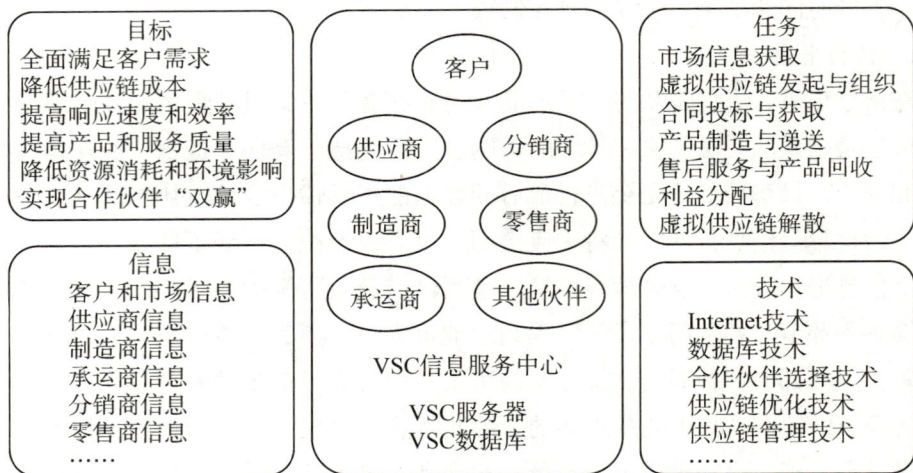

图 2-5　虚拟供应链的一种体系结构

　　在虚拟供应链中，虚拟供应链信息中心取代了传统供应链中核心企业组建和管理供应链的角色。由虚拟供应链平台完成市场信息的获取、虚拟供应链发起与组织、产品制造与传递、售后服务、利益分配、虚拟供应链解散等任务。虚拟供应链大量搜集客户信息、市场信息及合作伙伴信息，通过 Internet 技术、数据库技术、合作伙伴选择技术、供应链优化和管理技术等进行整合和处理，使虚拟供应链不仅拥有快速的物流和信息流速度，能够快速响应市场，还降低了供应链总成本，提高了产品和服务质量，从整体上提高了供应链绩效。虚拟供应链的运作模式如图 2-6 所示。

　　虚拟供应链按照市场需求或者客户要求，将不同行业、不同类别和分处不同地域的众多合作企业联系起来，实现产品的采购、生产和销售，响应市场客户需求，抓住市场机会。它是一种动态的交叉平行网络，集成了产品生产制造和流通过程中所涉及的不同运行单元。这些单元包括了产品配件供应商、产品生产商、产品分销商、产品零售商以及最终市场客户。具体的运作过程就是按照市场客户需求，采购相应的产品原材料，通过其他节点企业将原材料加工成半成品或最终商品，然后再将最终生产产品送达到市场客户手中。在整条虚拟供应链系统中，每个合作伙伴企业都具有多重功能：既是产品配件提供商，又是客户；既是产品供应商的供应商，又是客户的客户；既是虚拟供应链核心企业，又是虚拟供应链节点企业。它们既向其他的节点企业订购产品原材料或者是半成品以及成品，又向其他节点企业提供产品原材料或者是半成品以及成品，它们之间的关系是紧密协作、互为补充、相互合作，实现经济利益，抓住市场机会，满足市场客户需求，提高企业自身市场竞争力和产品竞争力以及整条企业所在供应链的市场竞争力。

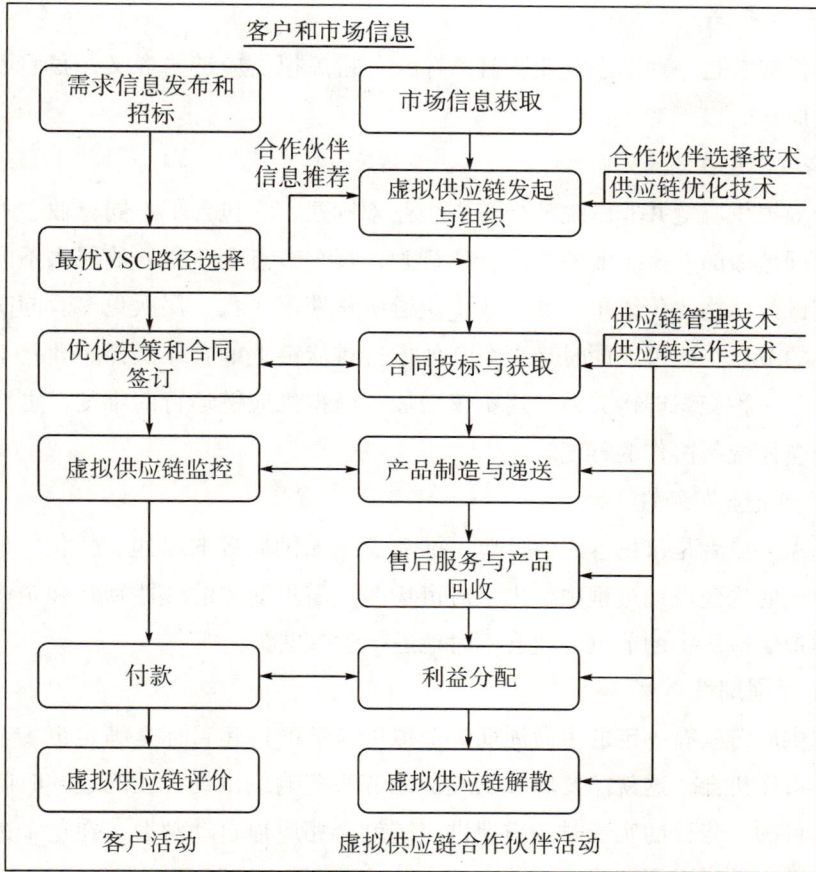

图 2-6　虚拟供应链的运作模式

当市场需求出现时，客户发布需求信息并招标，这时候产品的制造商或供应商或零售商和经销商都可以作为组建虚拟供应链的发起者，并约定合作伙伴之间的利益分配，当然，也可以借助第三方信息技术平台，主动寻找合适的供应链。

当合作协议签署完成后，虚拟供应链的组建工作就完成了。虚拟供应链上的合作伙伴根据协议约定的与产品或服务有关的内容进行产品的生产或服务的提供，客户可以通过虚拟供应链的第三方信息技术中心完成对产品制造过程的监督。当产品生命周期结束后，合作伙伴应该按照协议约定的内容，完成产品的回收。利益分配是虚拟供应链的一个重要问题，产品或服务完成后，合作伙伴之间应该按照事先约定的利益分配机制进行利益分配。当产品的市场需求已经满足时，组建的虚拟供应链就会解散。随后客户会对供应链的运作情况进行客观的评价。服务系统收到评价后，来对供应链进行修改，指出下一步选择合作伙伴需要注意的问题，总结该条供应链的优点，保持竞争优势，改进不足。

（二）虚拟供应链的特征

虚拟供应链是一种动态企业联盟。综合分析虚拟供应链的含义，我们可以了解到虚拟供应链有以下特点：

1. 跨度多层次性

由于虚拟供应链并非围绕某个核心企业来构建，它包含了不同行业、不同类别和分处不同地域的众多企业的共同合作行为，每个节点企业所处的层次不同，因此虚拟供应链的结构比传统单一的企业供应链结构跨度更大、层次更多。同时，虚拟供应链上的节点企业可以同时是多个其他虚拟供应链上的合作伙伴企业，不同的供应链形成了一种交织链接关系，这不仅增加了虚拟供应链运行的难度，也增加了虚拟供应链整体统一协作的难度。

2. 节点企业革新性

市场需求或者是市场客户的订单，推动了虚拟供应链的组建、变化、革新。在虚拟供应链的构建设计过程中，出于对市场客户需求变化的理性判断和企业发展的需要，虚拟供应链中的节点企业会不时地进行改革更新。

3. 生命周期性

虚拟供应链具有一定的生命周期。虚拟供应链的构建目标是满足市场客户的需求，抓住市场机会，这就需要虚拟供应链能够快速响应市场，在既定的时间内达到所设定的目的。当目的实现时，虚拟供应链就会相应地自动解散，在这个过程结束时，虚拟供应链经历了发起、组建、运行、解散的生命过程，因此它具有生命周期性。

4. 独特的技术支持运行机构及管理方式

虚拟供应链在专业、独立的第三方网络信息技术支持中心的支持下，由不同行业、不同类型和分布在不同地域的具有不同市场竞争特点的节点企业组合而成，为实现虚拟供应链的预定目标而构建。为了能够成功构建虚拟供应链，需要依靠于第三方的网络信息技术支持中心，网络信息技术中心可以将处于不同地理位置的，拥有主体行为的，具有不同的竞争特色的企业联系在一起，进行统一的协调管理。为了满足市场客户需求，集中调配节点企业的优势资源，通过统一管理、协调运行，将优势资源不断投入于创新市场产品，提高企业生产效率，研发新产品，加快产品更新换代的速度。这些过程都需要建立一套科学合理的管理方式方法，确保虚拟供应链的顺利运行。

虚拟供应链作为现代企业选择合作的模式之一，当市场出现需求时，合作伙伴依托公共的或第三方独立的信息服务技术平台组建动态供应链。随着虚拟供应链应用的发展，一些企业也开始建立了自己的信息服务平台，或将企业内部的信息化管理系统与公共互联网整合来选择合作伙伴，组建虚拟供应链。在整个虚拟供应链上，企业间能够共享信息资源，使高质量的产品能够快速高效地运送到客户手中。

（三）虚拟供应链与传统供应链的区别

虚拟供应链与传统供应链有很大区别，传统供应链意在建立一种长期的企业战略联盟。虚拟供应链意在建立一种动态联盟，它随着市场需求的出现而组建，当市场需求得到满足后，虚拟供应链就解散。虚拟供应链与传统供应链的区别主要表现在以下几点：

1. 面对的市场特征

传统供应链面对相对稳定的市场，供应链企业间的合作关系较为稳固，甚至结成长期的供应链联盟的合作关系。而虚拟供应链的目的在于快速满足稍纵即逝的市场机会，所面对的市场环境不稳定，往往针对生命周期较短的产品或市场。

2. 敏捷性

传统供应链由于面对的市场相对稳定，因此较为注重于产品的质量和价格，但对市场需求变化的反应速度相对较为迟缓。而虚拟供应链需要快速满足稍纵即逝的市场机会，因而对市场需求有更敏捷的反应。虚拟供应链是在专门的信息技术平台的基础上建立的动态供应链。在信息平台的协调管理下，更加注重个性化需求的响应速度，在提高产品质量和服务效率的同时，促使供应链的运作成本大大降低，同时信息共享水平提高，有利于信息的实时共享。

3. 构成的动态性

传统的供应链大多属于生产推动型供应链，容易产生牛鞭效应，造成库存积压。虚拟供应链是根据市场需求而迅速组建，根据市场需求的变化而做出快速响应，虚拟供应链中的合作伙伴，可以看成一个小的团队，随着市场需求的变化组建和解散，根据市场变化，做出敏捷反应与快速重构，属于订单驱动型的供应链。

4. 对信息技术的依赖性

传统供应链的构建不完全依赖于信息技术，合作企业之间的协同性较弱，知识共享水平较低。虚拟供应链是以第三方网络信息技术平台为中心，合作伙伴间有良好的协同性，能够实现信息及时共享。

二、敏捷供应链管理及其运作

（一）敏捷供应链的内涵及内容

敏捷供应链是指以核心企业为中心，通过对资金流、物流、信息流的控制，将供应商、制造商、分销商、零售商及最终消费者用户整合到一个统一的、无缝化程度较高的功能网络链条上，以形成一个极具竞争力的动态战略联盟。"动态"表现为适应市场变化而进行的供需关系的重构过程；"敏捷"用于表示供应链对市场变化和用户需求的快速适应能力。在敏捷供应链中，计划和协调各实体之间的物流、资金流、信息流和增值流，增加动态联盟对外环境的敏捷性是敏捷供应链管理的主要任务。为了达到以最低成本、最短时间、最高质量满足客户个性化的需求，敏捷供应链管理系统必须以单个订单为单位快速制订出订单的执行计划，并保证计划的可行性。在竞争日趋激烈、市场需求更为复杂多变的网络时代，有必要将敏捷化思想运用于整条供应链管理，其实质是在优化整合企业内外资源的思想上，更多地强调供应链在响应多样化客户需求方面的速度目标。

敏捷供应链是在不确定性、持续变化的环境下，为了在特定的某一市场机会中获得价值最大化而形成的基于一体化的动态联盟和协同商务的供应链。它包括以下内容：

1. 供应链产品需求预测和计划需求订单管理

基于供应链管理的产品规划、产品设计工程、产品技术保证；基于供应链管理的制造管理、生产集成计划、跟踪和控制；企业内部与企业之间物料采购供应计划。

2. 物流管理

此项包括运输控制、库存控制、仓储管理等。

3. 企业之间资金管理

此项包括汇率、成本等问题，战略性合作伙伴关系。

4. 供应链的设计

此项包括全球节点企业资源的评价、选择和定位，基于供应链的客户服务、分销管理、市场营销，供应链的业绩评价，供应链交互信息管理和技术。

(二) 敏捷供应链的特征

以动态联盟为基础的敏捷制造给供应链提出了新的要求，赋予了供应链管理新的使命，将动态联盟的思想与供应链结合，产生了敏捷供应链思想。敏捷供应链区别于传统供应链的特点在于，敏捷供应链可以根据动态联盟的形成和解体进行快速的重构与调整。而传统的供应链则将各节点企业连成一体去分析问题，强调供应链构成关系的稳定性。然而由于技术进步和外界竞争环境的变化特别是最终用户需求的变化，企业的经营活动及业务流程不得不发生转变。因此，供应链的静态性、稳定性是相对的，而敏捷性、动态性是绝对的。敏捷供应链强调通过上下游企业之间的共同协作，使供应链上的信息流、物流、资金流更为通畅。快速地动态重构是敏捷供应链的主要特征。具体而言，敏捷供应链有以下特征。

1. 以客户需求为驱动

敏捷供应链以顾客满意度为性能衡量指标，而顾客满意度是市场敏感的，这就要求敏捷供应链能对市场需求做出快速响应。目前许多企业通过历史数据进行预测分析，结合订单来驱动生产，而不是以顾客真正需求来驱动生产。由于缺乏来自顾客的最新需求数据，因此对市场的反应也较为迟钝。敏捷供应链通过客户关系管理系统（CRM）和需求管理系统（DBM）等管理思想，结合信息技术，使得通过多种渠道快速、准确地收集顾客对产品或服务的个性化需求成为可能，真正做到以市场需求为驱动来安排生产计划。当市场机遇消失后，敏捷供应链随即解体，以保证组织的敏捷性。市场敏感性是敏捷供应链的最本质特征。

2. 以动态联盟为组织形式

在大批量生产占据主要地位的今天，决定产品成本的主要因素是制造过程中的各种消耗，决定产品利润和竞争能力的主要因素是开发、生产该产品所需的知识的价值。换言之，同样的材料、设备和劳动力，投入不同技术含量的产品中，其产品的利润和竞争能力可能有很大的不同。正是基于这一出发点，动态联盟成为一种越来越受到重视的新的组织结构，它使企业能够在不增加厂房、设备和人员投资的情况下，与动态联盟的其他合作伙伴实行强强联合，集成核心竞争力，共享各种知识、技能、信息和资源，迅速整合所需资源，有效地扩充生产能力，从而扩大竞争优势。

3. 以高素质员工为核心

敏捷供应链的一个显著特征就是以其对机会的迅速反应能力来参与激烈的市场竞争，它需要具有"创造性思维"的全面发展的敏捷型员工作为支撑。敏捷型员工与普通员工相比，具有以下特点：一是敏捷型员工能够充分发挥主动性和创造性，积极有效地掌握新信息和新技术；二是敏捷型员工得到授权后，能自己组织和管理项目，在各个层次上、自己的权限内做出适当的决策；三是敏捷型员工具有很好的沟通协调能力，在动态联盟中能够与其他人员保持良好的团队合作关系。

4. 以先进制造技术为关键

作为敏捷供应链的关键，先进制造技术（Advance Manufacturing Technology，AMT）是传统制造技术在吸收了机械、电子、信息、材料、能源及现代管理成果后发展而成的。依靠 CAD/CAM（计算机辅助制造）、NC（数控）、FMS（柔性制造系统）、虚拟制造、并行工程、CIMS 等先进制造技术，使敏捷供应链能快速设计、低成本高质量地制造出顾客需要的个性化产品，迅速响应客户的需求。

5. 以信息技术、网络技术为依托

由于敏捷供应链成员地域上的分布性，敏捷供应链必须依靠信息技术、网络技术实现各成员企业之间的沟通、协调，通过 Internet/Intranet/Extranet 网络和数据库技术把已形成的信息孤岛和异种设备互连起来，实现系统中异构数据交换、异构系统的相互操作。

6. 以竞争-合作为机制

敏捷供应链以协同基础上的竞争与合作为运作机制。敏捷供应链强调多个企业或部门围绕某个市场机遇，为了完成某种任务，临时组建，采用灵活多变的动态组织结构，其合作伙伴可能是横向中的竞争对手，也可能是能力互补的纵向伙伴。通过信息技术、网络技术协调各合作伙伴，完成产品的设计、开发、制造、分销、配送，快速响应客户需求，低成本、高质量地提供顾客满意的个性化产品。敏捷供应链实质是通过整合多个核心竞争力互补的企业，构建一个比竞争对手更强大的动态联盟，利益共享、风险共担，最终实现双赢。

（三）敏捷供应链的竞争优势

竞争优势的获得源于企业能够向客户提供超过竞争对手的价值，或者是以低于对手的价格向客户提供同等的效用，或者是以同等价格提供更多的效用。传统上在制造业领域，企业都在通过诸如"零库存""适时供应"等精益生产管理理念来降低成本获取超过对手的竞争优势，而在当今快速变换的市场环境下，低价格不再是公司获得竞争优势的主要手段，至少已不是最重要的手段。如何迅速响应客户的需求使之转化为商机，为公司的销售收入和利润做出贡献，将会变得越发重要。供应链管理不再仅仅是生产运营人员用来提高制造效率、削减成本的工具，同时也成为市场营销人员在产品同质化、价格竞争越来越激烈的环境里用来区别于其他竞争对手，取得差异性竞争优势的有力武器。敏捷供应链为此提供了实现的手段。敏捷供应链是一种全新理念，它突破了传统供应链管理的思想，使企业能够快速、准确地满足客户的需求，为企业带来全新竞争优势。

1. 速度优势

最快地满足消费者的个性化需求已成为网络经济时代企业制胜的有力武器。在网络经济时代，企业实行敏捷供应链战略的一个重要优势就在于速度。敏捷供应链以其独特的订单驱动生产组织方式，在敏捷制造技术和信息技术的支持下，可以最快速度响应客户需求。戴尔公司是成功利用信息技术实行敏捷供应链战略的楷模，企业收到订单后，以电子化方式将订单分解，并通过互联网将子任务分派给供应链上的各节点企业，各企业按电子订单生产并按核心企业的时间表供货。无论是需要一台计算机的个人还是需要数百台计算机的大公司，戴尔公司在接到订单后都可以在几个工作日内完成。

2. 客户资源优势

敏捷供应链把客户看成企业能够创造价值、使产品增值的重要资源，要求企业在整个供应链管理过程中及时地与客户沟通，在整个供应链上下游充分及时地传递需求信息，以便快速准确地满足客户个性化的需求，使企业的供应链运作与客户需求同步。而企业在实行敏捷供应链战略的过程中，会通过对客户的电子商务环节开展个性化订购服务，使客户可在网页上根据公司对产品组件和功能的介绍，自己选择零部件，自己设计产品的款式、颜色、尺寸，客户的需求信息直接反映到产品设计、规划阶段，成为企业最直接也最有价值的信息资源。

3. 个性化产品优势

依靠敏捷制造技术、动态组织结构和柔性管理技术三个方面的支持，敏捷供应链解决了流水线生产方式难以解决的品种单一问题，实现了小批量的个性化生产。

第一是敏捷制造技术的突破。敏捷制造技术由 CAD 快速成型和快速制模组成，在信息互联网支持下形成的一套快速制造系统的技术，是敏捷供应链的主体核心技术。没有敏捷制造技术，敏捷供应链思想便成为没有具体内容的空壳。

第二是动态变化的组织结构。敏捷供应链突破了传统组织的实体有界性，在信息技术的支持下，由核心企业根据每一张订单将若干相互关联的厂商结成虚拟组织，并根据企业战略调整和产品方向转移重新组合、动态演变，以随时适应市场环境的变化。

第三是柔性管理技术。敏捷供应链观念应摒弃单纯的"胡萝卜加大棒"式刚性管理，强调打破传统的严格部门分工界限，实行职能的重新组合，让每个员工或每个团队获得独立处理问题的能力，通过整合各类专业人员的智慧获得团队最优决策。技术、组织、管理三方面的结合，使个性化产品生产成为现实。

4. 成本优势

敏捷供应链成功地解决了产品的个性化生产和产品成本的背反性问题，使企业在获得多样化产品的同时，可以获得低廉的成本优势。成本优势的取得源于两种成本的降低：库存成本和交易成本。

首先是库存成本。整条供应链的库存可以分为企业内部库存与企业之间库存两种。传统组织方式是按照从供应到生产再到销售的推动生产方式进行的，企业内部缺乏后工序拉动的按单即时生产能力，很容易造成企业内部大量库存堆积。在企业与企业之间，由于供应链上游企业缺少相邻下游企业的即时信息，结果难以逃脱需求被逐级放大的"牛鞭效应"，企业间库存不断翻升。敏捷供应链依赖信息技术的支持，成功地实现了"客户需要什么就生产什么"的订单驱动生产组织方式，极大地降低了整条供应链的库存量。

其次是交易成本。任何一个企业都会有很多供应商，随着竞争的日渐激烈，许多企业都会将一些非核心技术外包，因此，每一个企业都将面临与供应商之间的交易问题。传统的供应商与生产企业是价格博弈对手，双方讨价还价的过程是一个利益博弈过程，为了各自的利益，双方会尽量保留私有信息，因而形成交易谈判成本。而在敏捷供应链管理思维下，核心企业及构成供应链的上下游节点企业在战略一致的前提条件下结盟，所有的同盟利益一致、信息共享，由核心企业按照需求动态地组合供应链，使整个供应链网络交易成本降到最低。

（四）敏捷供应链对企业物流运作的影响

不同特性的供应链会对企业的物流运作活动产生不同的影响。一般来说，在时间、速度、可靠性方面要求越高的供应链，对企业物流管理水平的要求也就越高。敏捷供应链作为一种全新的理念，在多个维度上突破了传统的管理思想，也从以下三个方面给企业的物流运作活动带来了深刻影响。

1. 更加强调物流的速度

在网络经济时代，企业实行敏捷供应链战略的一个重要竞争优势就在于速度。在传统企业的物流运作方式中，从接受订单到成品交付是一个漫长的过程，而且还不可避免地产生诸多等待和误差。企业如果按敏捷供应链的观念来组织生产，其独特的订单驱动生产组织方式，在敏捷制造技术支持下可以最快速度响应客户需求。

2. 物流活动更加贴近顾客资源

在敏捷供应链中，企业的所有物流活动都必须要紧密围绕着客户的需求而展开，"在何时、何地以何种方式为哪一个客户提供什么样的物流服务"就成为企业物流运作活动中需要时刻思考的问题。

3. 物流成本得到进一步降低

传统企业的企业管理，由于预测市场的信息不客观，很容易造成企业内部大量库存堆积，物流成本居高不下。而企业与企业之间，供应链管理信息不透明，结果难以逃脱需求被逐级放大的"牛鞭效应"，导致企业间库存不断增加，整条供应链节点企业间的总物流成本会攀升到令人诧异的程度。而敏捷供应链则在信息技术的支持下，成功地实现了"客户需要什么就生产什么的"订单驱动型生产组织方式，企业与自己的上下游企业之间的商务关系做到公平和透明，减少企业对市场预测的错误，同时也减少了供应链上相关企业的失误，供应链上的相关企业追求共享利益，实现"人人为我，我为人人"的敏捷供应链管理，可以极大地降低每一个节点企业的库存量，从而降低整条供应链中的物流成本。所以，敏捷、快速的供应链是降低成本的最好方法。

4. 对现代物流技术手段的应用要求更高

敏捷供应链的关键是在网络环境下，实现各节点企业之间的信息集成和共享。而近些年来，基于互联网的诸多信息技术，如 VRMI（Virtual Reality Modeling Language，虚拟现实建模语言）、XML（Extensible Markup Language，可扩展标记语言）、CORBA（Common Object Request Broker Architecture，公共对象请求代理体系结构）、分布计算技术及 Java 支持跨平台、面向对象的编程语言等，都逐渐成为敏捷供应链的支撑技术，也开始在企业的物流活动中得到越来越广泛的应用。此外，EDI 技术、RFID 技术、电子资金转账（Electronic Funds Transfer；EFT）技术的普及应用也为实现敏捷供应链提供了技术基础，基于这些技术来开展企业物流活动日益成为时代的趋势。

正是在敏捷供应链思想的指引下，企业的物流活动才开始越来越重视提高速度、贴近客户、降低成本和应用先进的物流技术手段，衍生出敏捷物流运作模式，进而将整个物流行业的竞争推向了一个更高的层面。反过来，也正是这种敏捷物流运作模式使供应链的敏捷化目标不再遥不可及。企业通过敏捷物流管理，不仅可以针对客户需求的变动及时做出快速反应，如对存货数量的调整、对客户订单的修改、对配送车辆的重新调度等，还可以尽量缩短货物的交货时间，从而大大提高企业的客户满意度。

三、供应链冗余管理和网络关系管理

（一）供应链冗余管理

1. 供应链冗余管理概念

Cyert 和 March 在企业行为理论的基础上提出，冗余资源是指企业可用资源与维持合作关系所需资源之间的差额。他们认为，在不完全竞争的市场中，企业中经常存在冗余资源以吸收环境变异性，起到稳定和适应的作用。Fadol 认为，企业资源往往不是最优化的，企业总是闲置了一定的资源和未利用的机会作为应对环境变化的缓冲剂。Bourgeois 进一步明确了冗余资源的概念，指实际或潜在的资源缓冲，它使一个企业能够成功地适应内部调整或外部政策变化的压力，从而针对外部环境启动战略变化。

供应链冗余管理，是应对供应链风险的一种策略，旨在提高供应链的可靠性，减少潜在的故障和延误，保障供应链在面对风险时能够持续运营。2019 年 5 月 16

日，美国商务部宣布将华为列入"实体清单"①，随即华为于 17 日宣布启用"备胎计划"②。华为公司面临美国的打压，转而投入大量资金研发软硬件方面的核心技术，在国内建立自己的供应链网络。

2020 年突如其来的新冠疫情，令全球供应链面临巨大的挑战。在后疫情时代，传统的强调精益化生产和物流的准时化、低库存甚至零库存，从对效率、成本的追求，转向更中长期、更全局的考量，适当的供应链冗余管理，将是企业应对供应链中断、提升供应链韧性的一剂"强效药"。

2. 供应链冗余管理策略

一是冗余供应商。企业往往基于战略联盟或价格折扣等原因，将关键原材料的供应交予单一供应商手中，但当供应商受到内外部环境威胁时，极易造成供应中断，影响下游生产和需求。因此企业拥有多个供应商，甚至设置冗余的供应商，有利于降低任何一个供应源中断的风险，同时减少对单一供应商的依赖，防止被套牢。

在宏观层面，中国多年来凭借着低成本的劳动力、优质的营商环境、低税率和低关税等优势，成为"世界工厂"。然而近年来，由于芯片短缺、原材料价格上涨、国际海运运力紧张等问题叠加，供应链韧性受到巨大挑战，众多拥有国际供应链的公司开始推进多元采购，将采购地从中国向亚洲其他低成本国家搬迁，以增加供应的稳定性，应对供应链中断的风险。

在微观层面，依赖单一的供应商会增加断供的风险，建立多渠道的供应商网络，与多个供应商或备用供应商建立合作关系，有利于企业分散风险。2000 年 3 月，皇家飞利浦电子公司位于美国新墨西哥州阿尔伯克基市的一家工厂发生火灾，但诺基亚和爱立信受到的影响大不相同。诺基亚通过利用其网络中的其他几个供应工厂很快就解决了这一突发状况。而爱立信的网络中没有备选供应源，导致无法及时做出应对。结果，爱立信损失了近 4 亿美元的收入。

二是冗余库存。建立一定的冗余库存，是对以往精益供应链、零库存思维的一种调整。在仓库布局上使用分布式仓储，在库存数量上储备一定数量的关键原材料

---

① "实体清单"是美国为维护其国家安全利益而设立的出口管制条例。在未得到许可证前，美国各出口商不得帮助这些名单上的企业获取受本条例管辖的任何物项。简单地说，"实体清单"就是一份"黑名单"，一旦进入此榜单实际上是剥夺了相关企业在美国的贸易机会。美国将中国企业或者机构列入"美国实体清单"，这意味着进入名单的企业无法与美国有着任何商业交易，这是赤裸裸地实施打压。美方泛化国家安全，在缺乏事实依据的情况下，滥用出口管制措施，动用国家力量打击他国企业和机构，是典型的经济胁迫和单边霸凌行径，严重损害企业合法权益，影响全球产业链供应链安全稳定。

② "备胎计划"是企业为了预防因特殊原因导致原定计划无法实施而设计的备选方案，用以避免潜在风险、补齐企业竞争劣势，维持企业正常运转的一种策略。在华为致海思的一封信中写道，"多年前公司做出了极限生存的假设，预计有一天，所有美国的先进芯片和技术将不可获得，海思走上了科技史上最为悲壮的长征，为公司的生存打造'备胎'。"

和成品冗余库存，能够有效降低供应链风险。

在国务院办公厅印发的《关于进一步释放消费潜力促进消费持续恢复的意见》中就提出，"在各大中城市科学规划建设一批集仓储、分拣、加工、包装等功能于一体的城郊大仓基地，确保应急状况下及时就近调运生活物资，切实保障消费品流通不断不乱"。库存在关键时刻可能保住供应链的正常运营。2022年，作为汽车重镇的上海饱受疫情影响，汽车供应链受到重创。位于上海本土以及上海周边昆山、太仓的汽车零部件厂商受到影响，致使关键零部件库存的短缺，蔚来、特斯拉上海超级工厂、上汽大众等一众车企因此纷纷被迫停止整车生产，车辆交付期限延长。相反，好时（Hershey's）是北美地区最大的巧克力及糖果制造商，在美国宾夕法尼亚州的好时小镇上有两家工厂，如果当地发生意外情况，就可能对好时两家工厂的生产造成影响。因此，为了减轻在不确定性环境下的运营风险，好时在冷藏仓库里存储着可使用半年的牛奶巧克力库存。当然长时间不被使用的高库存降低了库存周转的效率，也导致了企业的高成本。因此，公司也需要在冗余库存与成本间进行思考与取舍。

三是冗余产能。产能适度闲置或者冗余有利于降低供应链整体运营成本。对于可预测的需求，使用低成本、分散的产能，对于不可预测的需求，建造集中的产能。对于某些生产具有季节性产品的企业，保持额外的生产能力，有利于平衡淡季与旺季的市场需求，在一定程度上满足波动的市场需求。当一个企业在多个地方建有工厂时，某一个工厂的生产中断不至于使整个企业停产。

3. 供应链冗余管理的优势和弊端

供应链冗余管理的优势主要体现在：一是降低风险。供应链冗余管理的一个重要功能就是降低风险。通过在供应链采购、生产、库存、运输等多个环节中设置恰当的冗余，能够减少突发事件对供应链上各环节的冲击，即使某一环节出现中断，其余环节仍然能够正常运转，从而增加供应链韧性。二是提高可靠性。供应链冗余管理可以提高供应链的可靠性。当供应链某一个环节出现故障时，该环节的冗余或备用部分可以顶替它的职责，确保供应链上各环节的顺利运行。这将提高企业的业务连续性，减少生产线停滞时间，从而增加收益。三是提高企业形象。供应链冗余管理增加了企业的可靠性，从而有利于提升客户满意度。当客户感知企业的供应链系统非常可靠时，其对企业的信任度就会增加。这可能会使客户对企业更加忠诚，并持续购买企业的产品。

恰当的供应链冗余管理策略可以大大缓解供应链风险，然而每一种策略都需要付出代价，而且有可能增加其他的风险。例如，拥有多个供应商可以降低供应链中断的风险，但可能会因为每个供应商难以实现规模经济而增加成本。同样，增加库存能够减少不确定性，提高供应链响应性，但也会因此增加库存积压、商品报废的风险。因此，需要有精准的评估和计划，将资源用在刀刃上，进行"适度备份"，避免"过渡冗余"。

供应链冗余管理作为防止供应链断裂的重要方式在供应链管理中发挥着重要作用，保持一定的冗余产能与冗余库存能提高供应链的风险应对能力，是供应链风险管理的重要组成部分。

（二）网络关系管理

网络关系管理，即供应链关系管理，是供应链管理的重要环节。合作关系的发展是基于企业在特殊关系脉络的网络模式之下所形成的互助形态。因此，供应链其本身就涵盖了企业中的关键性主体及其所内嵌的新型协同创新构筑模式。而企业之中的最重要的针对性任务安排，可以由供应链的体系传达之下来实现业务分发，从而能够在企业内部与体系结构之外形成特殊的供应体系。继而让竞争领域之下的不同企业，能够在业务传达的范畴之下，实现自我价值的能动性抒发。并通过契合性脉络，将上下游之间的企业通过产品输出和服务理念凝结为具体的价值实现。

供应链的基本合作模式以及内嵌的管理理念已经在新时代的发展过程中被大部分企业所接纳。与此同时，它颠覆了传统商业模式之中的单一对立模式，加入了更多的合作理念，以及协同发展的拓展路径。大部分企业需要认真思考其供应链整体体系之中的上下游企业在互动关系之中应该如何与之共存。同时思考其后期维护的根本运作方式应该实现何种探寻路径。通过长期的维护形态，继而组成了共同利益的框架模式。企业之间所秉持的互助模式的根本理念由"传统领结"型贸易形式向"钻石"型结构形态转变。这两种贸易关系形态的根本特征，代表了时代的发展烙印，同时也为未来企业关系寻求了更多可探寻的视角。"领结"型关系代表了在传统交易模式之下的二元固化方式，买卖双方的关系仅仅停留在销售商品和采买商品，简单的方向实现了特定意义上的基本目的。但"钻石"型的贸易形态将不同组织之间的固化方式上升为一种动态的发展途径，而在这种途径之中，相互之间的联系就更为紧密，并且实现了贸易重组之中的伙伴联盟战线。因此，在传统的交易方式之下，单纯的点对点买卖关系逐渐上升为联盟形态的互助模式，对企业发展产生了积极的影响，同时也给企业的高级经营形态带来了根本性构思方向。

"领结"型交易关系是一种传统的交易关系。这种关系更加趋向于激烈的竞争对立关系，并且无法通过特定的现有资源来组合成为一个紧密的长期合作图式，有着松散而不成规则的根本特性。一般来说，相互之间竞争的主导线是价格的增长或者是降低。因此，在"领结"型关系之中，双方都希望为自己争取更多的利益筹码，继而不会对这段关系展开深入的预判。因此往往因为一方的损失而立刻斩断关系联结。在这一交易的协同作用方式之下，传统交易关系将视角仅仅放在眼前的短期利益之中。

"钻石"型伙伴关系明显的表现特征是以伙伴关系为主导的全过程体系框架之中的长期运营模式，它发展于20世纪70年代的日本汽车行业之中，同时在20世纪80年代，经过多次运营和融合，形成了供应商伙伴关系的固定操作形态。这种模式伴随着管理量化关系的稳定以及协商共筑、诚信合作、即时产出等优势特性，而不断被买卖双方所采纳。通过既定的"钻石"型模式中的关系图示来实现协调互助的长远发展方向，并制定与之相匹配的常态化沟通模式，在追求最大收益的前提之下，如何确保生产价值高度提升的方式。同时，在供应链的结构功能要求之中，侧重于规划其生产的形态以及市场的发展方向，甚至涉及专业技术工种分类等层面。

良好的供应链合作伙伴关系不仅可以帮助企业降低供应链成本，减少库存，还能共享资源信息，与合伙人的操作保持高度一致，建立良好的沟通交流机制，最终实现双赢目标，创造更大的竞争优势，这也是建立供应链合作伙伴关系的最大优点之一。具体来说，建立供应链合作伙伴关系的优势有如下几个方面。

首先，建立供应链合作伙伴关系可以减少供应链上的不确定因素，降低库存。各个企业之间缺少交流沟通合作，导致这些企业之间的需求不确定性逐渐放大，也就是所谓的"牛鞭效应"。该效应最终会导致预判能力和主要生产计划的精确度降低，原料供应大于实际需求量。长时间的供需不平衡，进而就让原料库存、产成品转化成多余库存，或者生产厂家因为超越生产能力的限制而导致不能准确供货。要想解决超越生产的现象，企业之间其实可以相互沟通、共享信息。利用合作方之间的共享信息和共享需求，就能减少它们之间的不确定因素，实现资源共享。

其次，建立供应链合作伙伴关系能够实现对市场的快速响应。现如今，消费者的消费需求千变万化，在消费市场中制造、供应、销售、零售等行业也必须要跟着消费需求的变化而变化，这样才能立足市场，提高竞争优势。且在供应链中的每个环节，各个企业紧密联系，才能将各个企业中所含有的资源信息串通在一起，进而实现供应链有序运转，让其不仅能独立运作，还能留取各个企业的核心优点，进而不断创新产品的设计和制造，让新产品在上市之前能够响应市场，缩短产品推广时间。这也是与传统的供应链合作最大的区别。传统的供应链合作企业之间信息资源不共享，合作沟通交流少，信息波动扭曲大，甚至部分企业为了自身企业利益，甘愿牺牲整个供应链的速度，最终导致供应链无法适应市场的需求变化。

再次，建立供应链合作伙伴关系可以加强企业的核心竞争力。企业要想在市场中有立足之地，其最重要的就是有竞争独特性，且竞争对手无法将其模仿复制出来，在市场中有较大的领先性和超前性，能够给企业带来长久持续的竞争优势。企业也应该加强对本企业的核心竞争力的重视度，不断突出强调本企业的自身特点。将本企业中非核心竞争力的业务与其他企业中具有该项核心竞争力的业务进行合作，将各自企业的优势进行合作联合，在共同发展中通过企业之间的信息共享进而降低企业成本、降低企业风险以及共同分享利益。企业一旦没有核心竞争力，那么在进行供应链管理时，就等同于天方夜谭一般。或者企业过分关注本企业核心竞争力，忽视了合作伙伴的供应链管理，也无法将本企业的核心优势发挥到利益最大化，获得竞争地位。因此要想创造利益最大化，不仅要有属于本企业自身的核心竞争力，还要有良好的战略合作关系。

最后，建立供应链合作伙伴关系可以提高用户的满意度。要想提高客户的满意度，企业就要从产品的设计、制造质量以及产品售后三方面入手，在完整的供应链中，零售商与用户是最接近的，更容易了解用户需求以及喜好，进而在进行新产品需求定义时，其提出的建议是最恰当也是最有根据的。

制造商与零售商建立长期的合作关系，更能让该产品得到客户的支持和喜爱，利用制造商更了解用户这一优势，制造商在制造产品时能够融入用户的需求并生产符合用户习惯的产品，在制造产品的过程中，若制造商与供应商建立长期合作的关系，那么制造商可以选择对供应商进行投资，为供应商提供配送设备、技术投入等，提高配送质量，进而保障产品的质量，减少产品生产周期。此外，若遇到用户对产品不满意时，供应商和制造商能够共同出谋划策将解决问题的能力和产品质量进一步提高。

成功的合作关系取决于核心企业与合作伙伴依据共同协议的执行能力。尽管不同企业的合作关系不尽相同，但若要建立成功的合作关系，企业需要遵循以下六项基本原则：一是在试图与外部伙伴合作之前，先精于内部合作；二是依据合作伙伴定制细分合作模式；三是确保合作伙伴之间互惠、共享收益、共担风险；四是共享信息和相互信任是成功合作的必要条件；五是利用技术支持合作关系；六是明确合作伙伴的期望和妥协。

除了遵守基本原则之外，建立良好的合作伙伴关系是需要按部就班地进行的。首先，企业要提高建立合作关系的意识，要对其潜在的利益和风险进行评估分析；其次，在对评估后所需要的标准选择合作伙伴；再次，在选择好的供应商或合作伙伴之后，还要提高与伙伴的合作意识，认识到合作的重要性，实现共赢的目标；最后，再对合作伙伴选择加强合作或者解除关系。具体如下：一是从企业的发展角度来测定企业是否需要建立合作关系，以及对合作对象的关系层次进行评定；二是根据企业标准进行选择合作伙伴，并对潜在的候选企业进行评定；三是正式建立合作伙伴关系；四是维持和强化合作伙伴关系，增强彼此的合作关系或解除合作伙伴关系。

对于上述的四个环节，简要地概括为：合作伙伴的粗选、合作伙伴的细选、合作伙伴的精炼和确认，以及合作伙伴的跟踪评价。

第三章 中国—东盟双边数字服务贸易发展历程和趋势

第一节 中国与东盟的双边经贸合作

一、中国与东盟双边贸易的发展历程

中国与东盟国家的经贸关系自 1975 年中国正式承认东盟组织后，双边贸易真正开始发展。1975 年开始，中国与东盟各国相继签订贸易、航空、海运、投资保护、避免双重征税等一系列双边或多边协定，相互给予最惠国待遇，并与东盟国家建立经常性的双边经贸合作协商机制，从而使双边贸易自 20 世纪 70 年代中期以来，呈现健康、快速的发展。

（一）1975—1990 年阶段

新中国成立后，中国与越南、印度尼西亚、缅甸、柬埔寨在 20 世纪 50 年代建交，与老挝于 1961 年建交。1967 年中国与印度尼西亚中断外交关系。

1967 年 8 月，印度尼西亚、泰国、菲律宾、新加坡和马来西亚五国发表《曼谷宣言》（《东南亚国家联盟成立宣言》），正式宣告东盟成立。

20 世纪 70 年代以来中国和东盟国家的关系开始缓和，双边接触有所增进。1974 年 5 月，中国与马来西亚正式建交；1975 年 6 月与菲律宾建交；1975 年 7 月与泰国正式建交。1976 年 5 月，时任新加坡总理李光耀访华。

1978 年，邓小平首次访问泰国、马来西亚、新加坡，访问期间邓小平强调中国政府和人民愿意加强和发展同东盟国家的友好关系，建立经贸和科技交往关系。在 20 世纪 80 年代，中国与东盟关系平稳发展，经贸合作不断扩大，但南沙群岛领土主权纠纷成为双边关系的难题。中国政府提出"搁置争议，共同开发"的和平解决倡议，为稳定双边关系创造了条件。1985 年 7 月，中国同印度尼西亚签署了"谅解

备忘录"，恢复了长期中断的直接贸易。1988 年 11 月，中国总理李鹏在访问泰国期间发表了中国政府建立、恢复和发展同东盟国家关系的四项原则。1990 年 7 月，中国与印度尼西亚在中断外交关系近 23 年后恢复建交。1990 年 10 月，中国与新加坡正式建交。1991 年 9 月，中国与文莱建交，至此中国与东盟所有国家建立外交关系。

从双边贸易来看，1975 年的贸易额为 5.24 亿美元，1979 年双边贸易额达到 12.4 亿美元，1980 年超过 20 亿美元（20.64 亿美元），到 1990 年时双边贸易额突破 60 亿美元。从双边贸易的商品结构来看，在此阶段，中国对东盟出口的商品主要是农副产品和轻纺产品，从东盟的进口主要是原材料等初级产品。

（二）1991—2009 年阶段

1991—2009 年，中国与东盟从正式开启对话进程，到构建中国—东盟自由贸易区，中国赢得东盟国家信任，双边经贸关系逐渐进入良好互动时期，为未来更深入合作奠定良好基础。

1991 年，中国与所有东盟国家建立外交关系。1992 年 7 月，中国成为东盟的磋商伙伴。在双方政治关系不断发展的基础之上，1993 年双方决定建立经贸、科技两个联合合作委员会，并于 1994 年正式签署协议。1996 年 7 月，中国和东盟的磋商伙伴关系升格为全面对话伙伴关系，双方关系进入一个新的阶段。1997 年 12 月，中国—东盟首次首脑非正式会晤在马来西亚吉隆坡举行，双方签署《中华人民共和国与东盟国家首脑会晤声明》。从此，双方领导人每年在"10+3"领导人会议期间定期以"10+1"形式举行会议。1999—2000 年，中国与所有东盟成员国分别签署或发表了面向 21 世纪的双边关系框架文件。中国与东盟良好的政治关系势头为双方发展更深层次的经贸合作提供必要条件。2001 年，促进中国—东盟经贸合作的双边对话机制：中国—东盟商务理事会成立。2002 年 11 月，中国与东盟正式签署了《中国与东盟全面经济合作框架协议》，启动了中国与东盟建立自由贸易区的进程。2003 年 10 月中国与东盟签署《全面经济合作框架协议》的补充议定书以及签署信息通信谅解备忘录，签署了"面向和平与繁荣的战略伙伴关系"联合宣言，中国同东盟关系进入了经济、政治、安全全面合作的新阶段。2004 年双方签署《中国—东盟全面经济合作框架协议货物贸易协议》《中国—东盟全面经济合作框架协议争端解决机制协议》，标志着中国—东盟自由贸易区建设进入了实质性全面启动的阶段。2005 年 7 月，货物贸易协议开始实施，7 000 多种商品开始削减关税，中国—东盟自贸区进入实质性运作阶段。2007 年，签署了中国—东盟自由贸易区《服务贸易协议》。2009 年签署中国—东盟自由贸易区投资协议。至此，中国与东盟间全面的双边经贸合作基础：中国—东盟自由贸易区呼之欲出。

从双边经贸来看，1991 年双边贸易额仅 63 亿美元。随着中国与东盟国家经济往来日益密切，双边贸易额也不断增长。1993 年双边贸易额首次突破 100 亿美元。1996 年中国成为东盟全面对话伙伴国家，双边贸易额突破 200 亿美元。2004 年双边贸易额实现历史性突破，达到 1 059 亿美元。2007 年，双边贸易额突破两千亿美元，达到 2 026 亿美元。至中国—东盟自由贸易区全面建成前夜，虽然受到美国次贷危机的影响，2009 年双边贸易额较 2008 年有明显下滑，也仍然达到了 2 130 亿美元。2009 年东盟成为中国内地第四大贸易伙伴（仅次于欧盟、美国、日本）、第四大出口市场（仅次于欧盟、美国、中国香港）、第三大进口来源地（仅次于日本和欧盟），中国内地则首次成为东盟最大贸易伙伴。

20 世纪 90 年代以后，我国对东盟出口以纺织服装为代表的劳动密集型产品占比逐渐提高，同期自东盟进口原油、橡胶和原木等原材料大幅增长。进入 21 世纪后，中国与东盟双边进口和出口机电产品占比上升很快，中国自东盟进口农产品、橡胶、石油、天然气、煤等初级产品和资源型产品保持较快增长。

（三）2010 年及以后阶段

中国和东盟区域经济合作一体化不断深入。2010 年 1 月 1 日，中国—东盟自贸区如期全面建成，成为发展中国家间最大的自由贸易区，也是东盟与其他国家地区建立的第一个自由贸易区。双方对超过 90% 的产品实行零关税，中国对东盟平均关税从 9.8% 降到 0.1%，东盟六个老成员国对中国的平均关税从 12.8% 降到 0.6%。2013 年中国国家领导人在印度尼西亚提出共建"21 世纪海上丝绸之路"。2014 年双方启动中国东盟自贸区升级谈判，2015 年 11 月正式签署升级协议，双边贸易关系得到进一步稳固和提高。2019 年 10 月，中国—东盟自贸区升级"议定书"全面生效。11 月，区域全面经济伙伴关系协议（RCEP）15 个成员国（含中国和东盟十国）结束全部文本谈判。2020 年 11 月，《区域全面经济伙伴关系协议》（RCEP）正式签署。2021 年 11 月，中国与东盟国家由"战略伙伴关系"升级为"全面战略伙伴关系"。12 月，中老铁路通车，中国东盟互联互通全面提速。2022 年 1 月，RECP 生效实施，全球最大自由贸易区启航。2022 年 11 月中国与东盟共同宣布正式启动中国—东盟自贸区 3.0 版升级谈判。中国与东盟的经贸关系已由快速成长期步入成熟期。

从双边贸易额来看，双边经贸合作活力旺盛，自 2020 年以来已连续 3 年互为最大贸易伙伴，2022 年中国与东盟双边货物贸易额已达 9 753.4 亿美元，距一万亿美元仅一步之遥，双边经贸关系已密不可分。2022 年双边贸易额是 2010 年的 3.3 倍，是 1991 年的 154.8 倍。

二、中国与东盟双边贸易发展变化

2010 年 1 月中国—东盟自贸区正式启动，双方不断减免关税与非关税的壁垒，提高贸易便利性，货物贸易与服务贸易发展迅猛，互惠互利使得双方贸易伙伴关系越来越紧密，从 2020 年开始双方已彼此成为第一大贸易伙伴。2022 年 1 月 RECP 生效实施，2022 年 11 月中国与东盟开始自贸区 3.0 版升级谈判，中国与东盟的双边贸易将得到更为紧密的发展。

（一）中国与东盟双边货物贸易发展情况

自 2010 年中国—东盟自贸区开启后，中国与东盟的双边货物贸易往来日益频繁，贸易总额快速攀升，2022 年双边货物贸易进出口总额已达 9 753.4 亿美元，较 2010 年增加了 6 824.79 亿美元，是 2010 年的 3.33 倍。从中国对东盟的出口总额来看，2022 年较 2010 年增加了 4 291.3 亿美元，是 2010 年的 4.11 倍。从中国对东盟的进口总额来看，2022 年较 2010 年增加了 2 533.49 亿美元，是 2010 年的 2.64 倍（见图 3-1）。总体来说，中国与东盟在中国东盟自贸区开启后，双边货物贸易发展迅猛，双边进出口额都有很大提升，中国对东盟的出口较中国对东盟的进口发展更快。从下图可以看到，自 2012 年起，中国对东盟货物贸易由逆差转为顺差。

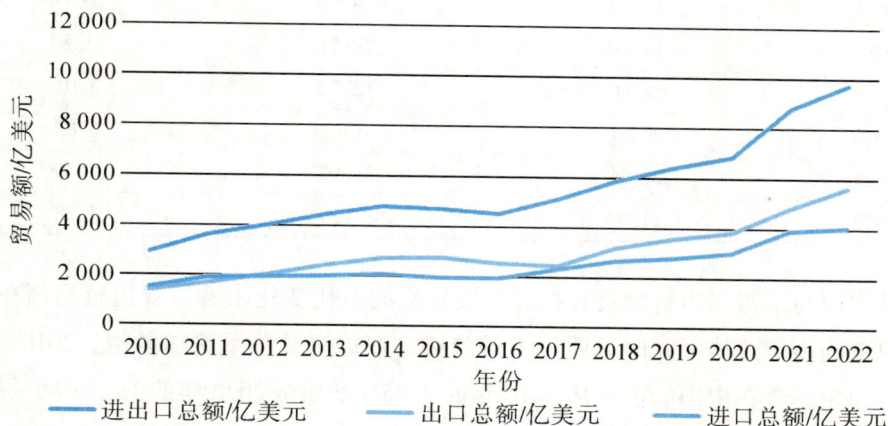

图 3-1 2010—2022 年中国与东盟双边货物贸易额变化情况

进一步从中国与东盟双边货物贸易的复合增长速度来看，2010—2022 年年均增速高达 10.54%，其中中国对东盟出口年均增速 12.49%、中国对东盟进口年均增速 8.42%，出口年均增速较进口年均增速高出 4 个百分点。从贸易额增长率的时段变化情况来看，在 2010—2011 年自贸区初启期，双边贸易热度高起，出口和进口增长速度都在 20% 以上，中国对东盟进口增速高于出口增速；2012—2014 年，双边贸易热度有所减轻，出口增速逐步放缓，进口增速在快速回落后逐年上升；2015—2016年，受全球经济下滑背景影响，双边贸易增速出现负增长，贸易额明显下滑；2017—2019年，特朗普执政后针对中国的负面政策频出，中美贸易摩擦升级，中国从东盟的进口快速增长，与菲律宾等国的关系也有所缓和，出口增速也有较大增加；2020—2022年，新冠疫情影响全球产业链供应链，中国与东盟各自都受到不同程度影响，政治互信、产业链供应链重构等使得中国与东盟的贸易关系更加密切，贸易增速远高于各自经济增速，为双方疫情期间社会稳定和疫情后经济恢复做出重要贡献（见表3-1）。

表3-1　2010—2022年中国与东盟双边货物贸易复合增速变动情况　　单位：%

年份	贸易总额增长率	出口增长率	进口增长率
2010	37.49	30.02	44.92
2011	23.98	23.10	24.77
2012	10.21	20.10	1.49
2013	10.86	19.48	1.87
2014	8.27	11.48	4.35
2015	−1.77	1.93	−6.61
2016	−4.11	−7.65	0.94
2017	13.94	−3.06	20.19
2018	14.00	28.51	13.84
2019	9.21	12.70	5.05
2020	6.80	6.72	6.89
2021	28.18	25.97	30.98
2022	11.03	17.37	3.28

从中国与东盟双边货物贸易在各自贸易额的占比变化来看，双边贸易额在各自贸易总额的占比总体上同时呈明显上升趋势，双边贸易关系更加紧密。2010—2022年，双边贸易额在中国的占比从2010年的9.85%增加至2022年的15.46%，提升了5.61个百分点；双边贸易额在东盟的占比从2010年的14.61%增加至2022年的25.35%，提升了10.74个百分点。从中国对东盟出口在中国出口总额的占比来看，2022年已超过30%，较2010年的14.5%提高了15.6个百分点，东盟已经是中国出口贸易最最重要的伙伴，对中国出口的影响举足轻重。从中国对东盟进口在东盟出口总额的占比来看，2022年达到了15%的历史新高，占比较2010年的11.08%上升了3.92个百分点，自2018年已连续5年保持上升（见表3-2）。从发展趋势看，中国与东盟未来的货物贸易紧密程度将继续保持。

表 3-2　2010—2022 年中国与东盟货物贸易在各自贸易额的占比情况　　单位:%

年份	双边贸易在中国贸易总额的占比	双边贸易在东盟贸易总额的占比	中国对东盟出口在中国出口总额的占比	中国对东盟进口在东盟出口总额的比重
2010	9.85	14.61	14.50	11.08
2011	9.97	15.16	14.76	11.07
2012	10.35	16.17	16.71	10.77
2013	10.67	17.63	19.60	10.23
2014	11.17	19.00	22.06	10.63
2015	11.93	20.91	25.42	11.58
2016	12.27	20.17	23.49	12.36
2017	11.79	18.92	19.84	12.80
2018	12.71	20.42	22.31	12.58
2019	14.02	22.84	25.89	13.58
2020	14.72	25.82	30.24	14.60
2021	14.52	26.29	29.82	14.70
2022	15.46	25.35	30.10	15.00

从图 3-2 可以看到，中国对东盟贸易的增速除 2021 年外，其他年份增速均高于同年中国对外货物贸易额的增速，由此可判断东盟对中国货物贸易增长有很大的贡献。中国对东盟的增速除 2016 年、2017 年和 2022 年外，其他年份增速均高于同年东盟对外贸易的增速，这也反映出中国是东盟货物贸易增长的重要贡献方。从 2011—2022 年中国对东盟货物贸易增速与中国、东盟货物贸易增速的对比图来看，三者的波动形态基本一致，进一步反映出中国与东盟的双边货物贸易在双方的贸易中均占有极其重要的地位。

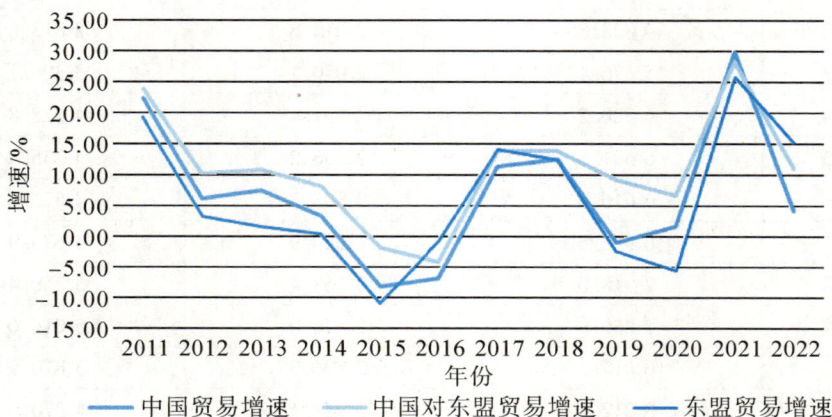

图 3-2　2011—2022 年中国对东盟货物贸易增速与中国、东盟各自贸易增速的对比

总之，无论是从中国与东盟双边贸易额的绝对值变化，还是从双边贸易额在双方贸易中的比重变化，甚至从双边贸易增速与各自贸易增速的对比，都可以得出中国与东盟双边货物贸易飞速发展且对双方重要性日趋增强的结论，中国与东盟在货物贸易伙伴关系已密不可分。

（二）中国与东盟双边服务贸易发展情况

1. 中国服务贸易发展概况

当前，服务贸易在全球贸易中扮演着越来越重要的角色，服务业已经成为各国提升生产力、竞争力和生活水平的关键因素。中国的服务贸易在全球的竞争力正在不断提升，根据联合国贸易发展会议和中国商务部公布的相关数据，1982 年中国服务贸易的贸易总额仅为 43.5 亿美元，到 2022 年已增长至 8 586.5 亿美元，40 年间服务贸易额增长了 197 倍，作为全球服务贸易发展最快的经济体之一，中国服务进出口规模已连续九年位列全球第二。根据《服务贸易蓝皮书：中国国际服务贸易发展报告（2023）》显示，2005 年中国服务贸易进出口额占世界服务贸易进出口额的 3.06%，2018 年占比为 6.68%，2021 年占比为 7.13%，中国服务贸易进出口额占世界服务贸易进出口额的比重总体保持平稳增长态势。从服务贸易发展规模来看，中国 2022 年较 2010 年进出口总额增长 4 869.1 亿美元，其中出口增长 2 311.9 亿美元、进口增长 2 557.2 亿美元；12 年间，进出口总额增长了 130.98%，出口增长了 129.63%、进口增长了 132.21%（见表 3-3）。

表 3-3　2010—2022 年中国服务贸易总额情况　　　　　单位：亿美元

年份	进出口总额	出口	进口
2010	3 717.4	1 783.4	1 934.0
2011	4 488.9	2 010.5	2 478.4
2012	4 828.8	2 015.8	2 813.0
2013	5 376.1	2 070.1	3 306.1
2014	6 520.2	2 191.4	4 328.8
2015	6 541.6	2 186.2	4 355.4
2016	6 616.3	2 095.3	4 521.0
2017	6 956.8	2 280.9	4 675.9
2018	7 918.0	2 668.4	5 250.4
2019	7 850.0	2 836.0	5 014.0
2020	6 617.2	2 806.3	3 810.9
2021	8 212.5	3 942.5	4 270.0
2022	8 586.5	4 095.3	4 491.2

根据表 3-4 的统计数据，2010—2022 年中国服务贸易进出口年均增速 7.23%，出口年均增速 7.17%，进口年均增速达 7.27%，服务贸易发展速度低于同期货物贸易发展速度。从服务贸易规模增速变化来看，2010—2011 年受全球经济复苏影响，进口和出口都保持很高的增速；2013 年中国提出共建"一带一路"倡议，2013 年和 2014 年进口和出口增速都呈现明显增长；2015 年、2016 年受全球经济衰退影响，进口和出口增速有明显下降甚至负增长；2018 年全球经济复苏，进口和出口增速大涨；2019 年美国对中国的贸易打压，导致中美服务贸易额急剧下降，导致服务贸易进口首次出现负增长；2020—2022 年新冠疫情影响全球，服务贸易增速剧烈波动。

尽管 2020 年中国服务贸易进口和出口首次同时出现负增长，但根据《全球服务贸易发展指数报告》，中国服务贸易增速下降低于全球 3.5 个百分点。

表 3-4　2010—2022 年中国服务贸易复合增速变动情况　　　　单位:%

年份	进出口增长率	出口增长率	进口增长率
2010	28.85	37.66	21.67
2011	20.75	12.73	28.15
2012	7.57	0.26	13.50
2013	11.33	2.69	17.53
2014	21.28	5.86	30.93
2015	0.33	−0.24	0.61
2016	1.14	−4.16	3.80
2017	5.15	8.86	3.43
2018	13.82	16.99	12.29
2019	−0.86	6.28	−4.50
2020	−15.70	−1.05	−23.99
2021	24.11	40.49	12.05
2022	4.55	3.88	5.18

近年来，中国服务业扩大开放综合试点示范，推出 1 100 多项先行先试政策措施；全面深化服务贸易创新发展试点扩展到 28 个、累计推动实施试点任务措施 2 883 项；连续修订外资准入负面清单、取消或放宽服务领域准入限制。服务业和服务贸易充分发挥改革开放"试验田"作用，日益成为深化中国对外开放的新动力。

2. 东盟服务贸易发展概况

近些年来，东盟的服务贸易发展也较为迅速。从服务贸易规模来看，2022 年服务进出口总额较 2010 年增加了 4 930.13 亿美元，增长了 111.89%；出口增加了 2 520.74 亿美元，增长了 117.50%；进口增加了 2 409.39 亿美元，增长了 106.57%

（见表3-5）。2022年东盟服务贸易规模在全球的占比约为8.9%，占比高于中国，尽管东盟的服务贸易发展总体上呈现出上升趋势，但各国之间存在较大差异。例如，新加坡一直是东盟中服务贸易表现最好的国家之一，而一些较不发达的国家如老挝、柬埔寨和缅甸的服务贸易总量较低。

表3-5　2010—2022年东盟服务贸易总额情况　　　　　单位：亿美元

年份	进出口总额	出口	进口
2010	4 406.10	2 145.22	2 260.88
2011	5 164.46	2 536.54	2 627.92
2012	5 636.77	2 758.01	2 878.76
2013	6 185.05	3 034.59	3 150.46
2014	6 520.97	3 172.66	3 348.32
2015	6 421.52	3 192.00	3 229.51
2016	6 596.43	3 375.18	3 221.26
2017	7 277.82	3 717.81	3 560.01
2018	8 251.31	4 310.70	3 940.61
2019	8 731.26	4 667.67	4 063.59
2020	7 079.17	3 472.41	3 606.76
2021	8 023.53	3 893.67	4 129.86
2022	9 336.23	4 665.96	4 670.27

从东盟服务贸易的增速来看，2011—2022年，东盟服务贸易进出口总额年均增速为6.46%，其中出口增速6.69%、进口增速6.23%。各年度增长率波动较大，其中2020年受到疫情影响，出现较大负增长。2021年开始恢复增长，2022年进出口增长率达到16.36%（见表3-6）。在这期间，出口增长率总体上高于进口增长率。

表3-6　2011—2022年东盟服务贸易复合增速变动情况　　　　　单位:%

年份	进出口增长率	出口增长率	进口增长率
2011	17.21	18.24	16.23
2012	9.15	8.73	9.55
2013	9.73	10.03	9.44
2014	5.43	4.55	6.28
2015	−1.53	0.61	−3.55
2016	2.72	5.74	−0.26
2017	10.33	10.15	10.52

表3-6(续)

年份	进出口增长率	出口增长率	进口增长率
2018	13.38	15.95	10.69
2019	5.82	8.28	3.12
2020	−18.92	−25.61	−11.24
2021	13.34	12.13	14.50
2022	16.36	19.83	13.09

2019年4月第25届东盟经济部长非正式会议期间，东盟各国经济部长签署了《东盟服务贸易协定》（ATISA），该协议的签订将取代1995年的东盟服务框架协议（AFAS），并进一步加强合作。该协定包括专业服务、电信、金融服务、计算机与相关服务，以及分销和物流服务等多个方面，并详细规定了特定部门的义务，以深化承诺和加强监管合作。该协议提供了具有法律约束力的保证，也是迄今进入东盟服务市场最广泛的优惠市场准入，甚至超越东盟现有的协议，包括区域全面经济伙伴关系协定（RCEP）。这是因为有更多服务业向外国开放，以及允许外国持股限额增加。该协议为东盟地区的服务贸易未来持续增长奠定基础。

3. 中国与东盟双边服务贸易发展情况

自2003年中国与东盟建立战略合作伙伴关系以来，双边关系不断深化发展，陆续签署了《服务贸易协定》和《投资贸易协定》，在服务贸易中取得了一系列重要战略成果，有力推进了中国与东盟双边服务贸易的发展。

双边服务贸易规模不断提高，2019年双边服务贸易进出口总额较2010年增加了352.2亿美元，是2010年的2.11倍。2019年中国对东盟服务贸易出口额较2010年增加了129亿美元，是2010年的1.92倍；进口额较2010年增加了223.2亿元，是2010年的2.25倍（见表3-7）。总体上，中国对东盟服务贸易的出口规模始终小于进口规模。

表3-7　2010—2019年中国对东盟服务贸易额情况　　　　单位：亿美元

年份	进出口总额	出口额	进口额
2010	318.1	139.6	178.5
2011	386.9	162.3	224.6
2012	423.9	174.8	249.1
2013	472.8	189.5	283.3
2014	555.1	203.9	351.2
2015	558.4	207.7	350.7

表3-7（续）

年份	进出口总额	出口额	进口额
2016	560.0	198.3	361.7
2017	610.8	216.2	394.6
2018	686.6	258.1	428.5
2019	670.3	268.6	401.7

双边服务贸易保持了较快的增长速度。2011—2019 年双边服务贸易年均增速达到 8.63%，其中出口年均增速为 7.54%、进口年均增速为 9.43%。同时期中国服务贸易年均增速为 8.66%，其中出口年均增速为 5.29%、进口增速为 11.16%；同时期东盟服务贸易年均增速为 7.9%，其中出口年均增速为 9.02%、进口增速为 6.73%（见表 3-8）。双边服务贸易年均增速高于东盟但略低于中国；中国对东盟服务贸易出口增速明显快于中国对世界的增速，高于东盟对世界的进口增速；中国对东盟的进口增速高于东盟对世界的出口增速。由此可见，中国与东盟的双边服务贸易对各自服务贸易增长都有促进作用。从 2011—2019 年的贸易增速变动来看，除 2019 年外，其他年份均保持正增长；进口增速除 2015 年和 2019 年出现负增长，其他年份均保持正增长；出口增速除 2016 年出现负增长外，其他年份均保持正增长。

表 3-8　2011—2019 年中国对东盟服务贸易增速情况　　　　　　　　单位:%

年份	贸易增速	出口增速	进口增速
2011	17.78	13.99	20.53
2012	8.73	7.15	9.84
2013	10.34	7.76	12.07
2014	14.83	7.06	19.33
2015	0.59	1.83	-0.14
2016	0.29	-4.74	3.04
2017	8.32	8.28	8.34
2018	11.04	16.23	7.91
2019	-2.43	3.91	-6.67

从中国与东盟服务贸易额在中国和东盟服务贸易进出口总额的占比情况来看，2010—2019 年双边服务贸易总额在中国的占比较为稳定，在 8.46%～8.78% 波动；双边服务贸易总额在东盟的占比在 2010—2015 年呈上升变动，占比从 7.22% 上升到 8.70%，然后呈下降变动，2019 年占比下降到 7.68%。2019 年双边货物贸易额在中

国与东盟进出口总额的占比分别为14.02%和22.84%，双边服务贸易在各自总额的占比远低于货物贸易的占比（见图3-3）。在货物贸易中，中国对东盟的依赖低于东盟对中国的依赖，而在服务贸易中中国对东盟的依赖程度则略高于东盟对中国的依赖。

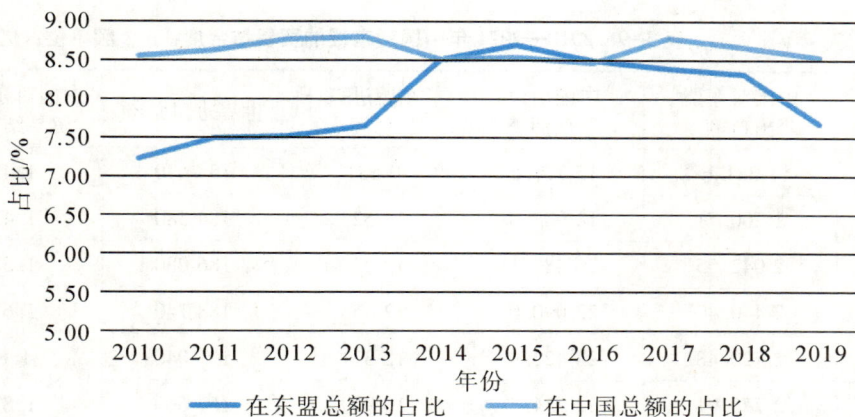

图3-3　2010—2019年中国与东盟双边服务贸易额在各自总额占比情况

2022年1月1日《区域全面经济伙伴关系协定》（RCEP）的实施，标志着全球最大的自由贸易区建设加速，以此为契机中国将与区域内其他国家共同打造一个跨区域、宽领域、多元化的贸易和投资平台，推动市场准入、国民待遇以及最惠国待遇等规则在不同服务贸易部门的适用性，大幅度提高区域内服务贸易开放水平，这必将推动中国与东盟的服务贸易朝着更深层次、更宽领域的方向发展。

三、中国与东盟的贸易结合度

通过回顾中国与东盟的双边贸易发展历程，可以定性判断中国与东盟的经贸关系已十分紧密。下面本书将借助贸易结合度指数来直观反映中国与东盟及东盟各国的贸易联系程度。贸易结合度指数是一个比较综合性的指标，用于衡量两个国家（或地区）在贸易方面的相互依存度。其数值越大，表示两国（或地区）在贸易方面的联系越紧密。计算公式如下：

$$TCM_{ab} = (X_{ab}/X_a)/(M_b/M_w) \tag{1}$$

上述公式中TCD_{ab}表示两国（或地区）的贸易结合度指数，X_{ab}代表当期a国对b国的出口额，X_a代表当期a国出口总额，M_b代表当期b国进口总额，M_w代表当期全世界进口总额。计算结果$TCD_{ab} < 1$表示a、b两国（或地区）贸易关系松散，$TCD_{ab} > 1$表示a、b两国（或地区）贸易关系较紧密，TCD_{ab}值越大说明贸易联系越紧密。

（一）中国与东盟的货物贸易结合度分析

1．中国与东盟货物贸易结合度分析

根据中国与东盟贸易发展情况和数据可获取性，本书将选取中国—东盟自由贸易区成立之后 2010—2021 年的双边贸易结合度进行计算及分析（见表 3-9 和表 3-10）。

表 3-9　2010—2021 年中国对东盟的贸易结合度　　金额单位：亿美元

年份	中国对东盟出口额	中国出口总额	东盟进口总额	世界进口总额	中国对东盟的贸易结合度
2010	1 381.6	15 777.5	9 531	154 640	1.42
2011	1 700.71	18 983.8	11 523	184 380	1.43
2012	2 042.55	20 487.1	12 220	186 080	1.52
2013	2 440.40	22 090.0	12 453	188 740	1.67
2014	2 720.48	23 422.9	12 331	191 040	1.8
2015	2 772.91	22 734.7	10 909	167 660	1.87
2016	2 560.68	20 976.3	10 901	162 873	1.82
2017	2 482.2	22 633.4	12 508	180 240	1.58
2018	3 189.97	24 867.0	14 297	198 123	1.78
2019	3 595.11	24 994.8	13 888	192 376	1.99
2020	3 836.8	25 899.5	12 687	178 720	2.09
2021	4 833.36	33 630.2	16 208	225 188	2.00

数据来源：根据《中国统计年鉴》、data.aseanstats.org 数据整理。

表 3-10　2010—2021 年东盟对中国的贸易结合度　　金额单位：亿美元

年份	东盟对中国出口额	东盟出口总额	中国进口总额	世界进口总额	东盟对中国的贸易结合度
2010	1 547.01	10 520	13 962.5	154 640	1.63
2011	1 930.18	12 422	17 434.8	184 380	1.64
2012	1 958.92	12 522	18 184.1	186 080	1.60
2013	1 995.58	12 703	19 499.9	188 740	1.52
2014	2 082.4	12 949	19 592.4	191 040	1.57
2015	1 944.75	11 654	16 795.6	167 660	1.67
2016	1 963.07	11 524	15 879.3	162 873	1.75
2017	2 359.51	13 088	18 437.9	180 240	1.76
2018	2 686.07	14 480	21 357.5	198 123	1.72

表3-10(续)

年份	东盟对中国出口额	东盟出口总额	中国进口总额	世界进口总额	东盟对中国的贸易结合度
2019	2 821.82	14 212	20 784.1	192 376	1.84
2020	3 016.33	13 851	20 659.6	178 720	1.88
2021	3 950.85	17 201	26 871.4	225 188	1.92

数据来源：根据《中国统计年鉴》、data.aseanstats.org 数据整理。

从表3-9和3-10的计算结果来看，中国与东盟双方的贸易结合度指数都大于1。2010—2021年中国对东盟的贸易结合度指数由2010年的1.42上升至2021年的2.0，东盟对中国的贸易结合度指数由2010年的1.63上升至2021年的1.92。这反映出双方的贸易联系越来越紧密。

进一步，从图3-4可以看出，双方的彼此间的贸易结合度呈现交替波动，但总体呈明显上升趋势。2012年以前，中国对东盟进口多于出口，贸易对东盟依赖低于东盟对中国的依赖，中国对东盟贸易结合度低于东盟对中国的贸易结合度。从2012年以后，中国对东盟的出口呈现快速增长，开始保持出口额大于进口额状态，中国对东盟贸易结合度陡然上升，在2017年回落后又保持快速增涨。从近几年情况来看，随着中美贸易摩擦的升级，中国对东盟贸易的依赖程度高于东盟对中国贸易的依赖程度。

图3-4 2010—2021年中国与东盟贸易结合度比较

2. 中国与东盟十国的贸易结合度分析

（1）中国对东盟十国的贸易结合度分析

利用2010—2021年中国对东盟十国各自的出口额、中国出口总额、东盟十国各自的进口总额、世界进口总额数据，可以计算出中国对东盟十国各自的贸易结合度，计算结果如表 3-11 所示：

表 3-11 2010—2021 年中国对东盟各国的贸易结合度

年份	中国对文莱的贸易结合度	中国对缅甸的贸易结合度	中国对柬埔寨的贸易结合度	中国对印度尼西亚的贸易结合度	中国对老挝的贸易结合度	中国对马来西亚的贸易结合度	中国对菲律宾的贸易结合度	中国对新加坡的贸易结合度	中国对泰国的贸易结合度	中国对越南的贸易结合度
2010	0.67	2.36	1.94	1.59	0.96	1.42	1.93	1.02	1.06	2.67
2011	0.73	2.19	2.42	1.60	1.63	1.44	2.17	0.94	1.09	2.65
2012	0.72	2.34	2.24	2.30	2.56	2.02	2.60	1.19	1.55	3.66
2013	0.96	2.57	2.24	1.78	1.80	2.09	2.66	1.07	1.22	3.89
2014	0.81	2.53	1.98	1.67	1.81	1.93	2.93	1.05	1.12	4.57
2015	0.87	2.81	1.93	1.35	1.48	1.57	3.03	1.03	1.13	3.69
2016	1.00	2.67	2.42	1.40	1.45	1.40	3.42	0.94	1.27	3.21
2017	1.66	2.54	2.72	1.94	2.68	1.89	3.65	1.21	1.51	3.43
2018	3.1	2.56	2.60	2.54	1.98	2.15	3.12	1.34	1.76	3.82
2019	1.01	2.67	2.78	2.24	2.51	2.06	3.19	1.29	1.57	3.56
2020	0.75	2.50	2.91	1.50	1.53	1.79	2.42	1.07	1.40	3.32
2021	0.55	2.00	2.77	2.38	1.54	2.57	3.40	1.03	1.96	3.64
平均值	1.07	2.48	2.41	1.86	1.83	1.86	2.88	1.10	1.39	3.51

数据来源：根据《中国统计年鉴》历年数据和东盟官网统计数据整理计算。

根据上述计算结果，从 2010—2021 年的平均值来看，东盟各国中，中国对越南的贸易结合度最高，平均值高达 3.51；其次为菲律宾、缅甸和柬埔寨，贸易结合度都大于 2；对印度尼西亚、老挝和马来西亚的贸易结合度也超过 1.8；对泰国、新加坡和文莱的贸易结合度均值分别为 1.39、1.1 和 1.07。从中国对各国历年贸易结合度的变化来看，对越南的贸易结合度自 2012 年后就一直保持在 3.2 以上；对菲律宾的贸易结合度 2015 年后基本保持在 3 以上；对缅甸的贸易结合度始终保持在 2 以上；对柬埔寨的贸易结合度总体呈上升趋势，2017 年以来保持在 2.6 以上；对印度尼西亚和马来西亚的贸易结合度除 2020 年外，基本也超过 2；对老挝的贸易结合度 2017 年后有下降趋势，但也都超过 1.5；对泰国的贸易结合度总体呈现上升趋势；对新加坡的贸易结合度总体波动较小，略大于 1；对文莱的贸易结合度波动较大，2016 年以前均低于 1，2017 年、2018 年显著大于 1，2019—2021 年呈现明显下降（见表 3-11）。

再结合中国对各国出口占其进口的比重来看，中国对其贸易结合度较高的越南、菲律宾、柬埔寨，最近几年进口来自中国的比重超过40%；贸易结合度次高的缅甸、印度尼西亚、马来西亚，近几年进口来自中国的占比也达到30%左右；老挝和泰国近几年进口来自中国的占比也在20%以上；中国对新加坡出口占其进口的比重近几年保持在13.2%～17.5%；文莱从中国进口的比重近年持续下降，2021年已低于10%。总体来看，贸易结合度越高的国家普遍呈现从中国进口占比越高的特点（见表3-12）。

表3-12　中国对东盟各国出口在各国进口占比情况　　　　单位：%

年份	文莱进口中来自中国的比重	缅甸进口中来自中国的比重	柬埔寨进口中来自中国的比重	印度尼西亚进口中来自中国的比重	老挝进口中来自中国的比重	马来西亚进口中来自中国的比重	菲律宾进口中来自中国的比重	新加坡进口中来自中国的比重	泰国进口中来自中国的比重	越南进口中来自中国的比重
2010	6.84	24.10	19.81	16.23	9.80	14.46	19.73	10.41	10.79	27.24
2011	7.55	22.51	24.89	16.52	16.73	14.86	22.38	9.72	11.24	27.24
2012	7.95	25.79	24.62	18.01	19.94	18.60	25.58	10.73	12.48	30.06
2013	11.28	30.06	26.23	19.71	15.34	22.30	30.57	12.29	13.05	36.78
2014	9.94	31.00	24.26	21.92	12.94	22.19	34.67	13.36	15.06	43.12
2015	11.78	38.11	26.13	24.07	18.87	24.99	38.16	17.51	18.89	39.75
2016	12.89	34.42	31.19	23.67	18.58	22.37	33.38	15.25	19.15	34.96
2017	20.81	31.85	34.17	22.15	29.26	21.38	32.55	13.74	17.30	33.86
2018	38.95	32.08	32.65	22.89	21.96	20.85	29.37	13.22	17.28	35.41
2019	13.18	34.65	36.12	26.74	29.00	25.44	36.14	15.25	19.27	38.55
2020	10.85	36.27	42.17	28.94	25.83	29.65	46.13	17.47	24.50	43.33
2021	8.25	29.81	41.30	30.94	22.58	33.05	46.24	13.57	25.92	41.58

数据来源：根据《中国统计年鉴》历年数据和东盟官网统计数据整理计算。

另外从2021年中国对各国出口的贸易额来看，对越南出口超过1 370亿美元，对马来西亚出口超过700亿美元，对泰国出口接近700亿美元，对印度尼西亚出口超过600亿美元，对新加坡和菲律宾的出口也都超过550亿美元。从绝对额和相对值来看，越南与中国出口贸易的紧密度在东盟各国中已稳居首位。

（2）东盟十国对中国的贸易结合度分析

利用2010—2021年东盟各国对中国的出口额、东盟各国出口总额、中国的进口总额、世界进口总额数据，可以计算出东盟各国对中国的贸易结合度，计算结果如

表 3-13 所示:

表 3-13 东盟各国对中国的贸易结合度情况

年份	文莱对中国的贸易结合度	缅甸对中国的贸易结合度	柬埔寨对中国的贸易结合度	印度尼西亚对中国的贸易结合度	老挝对中国的贸易结合度	马来西亚对中国的贸易结合度	菲律宾对中国的贸易结合度	新加坡对中国的贸易结合度	泰国对中国的贸易结合度	越南对中国的贸易结合度
2010	0.73	0.36	0.2	1.46	1.29	2.81	3.49	0.78	1.88	1.07
2011	0.44	0.4	0.28	1.65	0.59	2.89	3.94	0.73	1.8	1.21
2012	0.27	2.18	0.28	1.73	0.69	2.62	3.86	0.71	1.72	1.45
2013	0.13	2.6	0.39	1.66	1.19	2.55	3.26	0.71	1.63	1.24
2014	0.09	3.57	0.43	1.35	2.67	2.32	3.29	0.73	1.64	1.29
2015	0.15	3.94	0.55	1.3	2.29	2.66	3.23	0.79	1.73	1.84
2016	0.53	4.29	0.84	1.52	2.76	2.66	3.11	0.79	1.83	2.16
2017	0.47	3.8	0.82	1.66	2.47	2.44	2.98	0.9	1.72	2.3
2018	0.33	3.1	1.01	1.76	3.95	2.37	2.76	0.76	1.64	2.43
2019	0.57	2.94	0.95	1.89	2.66	2.79	2.66	0.83	1.74	2.25
2020	1.53	2.76	0.73	1.99	2.49	2.78	2.62	0.75	1.8	2.4
2021	1.72	2.07	0.98	2.33	2.45	2.76	2.78	0.71	1.91	2.3
平均值	0.58	2.67	0.62	1.69	2.12	2.64	3.16	0.77	1.75	1.83

数据来源:根据《中国统计年鉴》历年数据和东盟官网统计数据整理计算。

根据上表计算结果,从东盟各国对中国贸易结合度 2010—2021 年的平均值来看,菲律宾对中国贸易结合度最高,达到 3.16;缅甸、马来西亚和老挝对中国的贸易结合度都大于 2;印度尼西亚、泰国和越南对中国贸易结合度都明显大于 1;文莱、柬埔寨和新加坡对中国的贸易结合度都小于 1。这反映出,从中国进口贸易角度,菲律宾、缅甸、马来西亚、老挝呈现出较其他东盟国家的联系更为紧密。从各国对中国贸易结合度历年变化来看,柬埔寨、印度尼西亚和越南对中国的贸易结合度变动总体呈现上升趋势;菲律宾对中国贸易结合度变动总体呈下降趋势;马来西亚、新加坡和泰国对中国贸易结合度有波动但变动趋势不明显;文莱对中国贸易结合度变动呈现先下降再上升的趋势,2020 年以前都明显小于 1,2020—2021 年结合度都大于 1.5;缅甸对中国贸易结合度变动呈现先上升后下降的倒"U"形,且上升和下降变动都较大。

从中国从东盟各国进口占总进口额的比重来看，近几年马来西亚和越南的占比均超过3%，是东盟国家中进口贸易最主要伙伴；印度尼西亚和泰国的占比超过2%，也是重要的贸易伙伴；新加坡的占比也在1.5%左右，菲律宾的占比在1%左右；其他国家的占比都比较低。从占比的历年变动来看，马来西亚的占比始终处于高位，除个别年份略低于3%，其他年份都超过3%；越南的占比呈现明显上升趋势，2010年占比仅为0.5%，然后快速上升，2020年占比高达3.8%；菲律宾的占比在波动中呈现下降趋势；泰国的占比稳定在1.96%~2.43%，2015年后占比都在2%以上；印度尼西亚的占比在2015年以后呈明显上升趋势，并于2021年占比首次超过2%（见表3-14）。

表3-14　中国进口来自东盟各国的占比情况　　　　单位:%

年份	中国进口中来自文莱的比重	中国进口中来自缅甸的比重	中国进口中来自柬埔寨的比重	中国进口中来自印度尼西亚的比重	中国进口中来自老挝的比重	中国进口中来自马来西亚的比重	中国进口中来自菲律宾的比重	中国进口中来自新加坡的比重	中国进口中来自泰国的比重	中国进口中来自越南的比重
2010	0.04	0.02	0.01	1.49	0.02	3.61	1.16	1.77	2.38	0.50
2011	0.03	0.02	0.01	1.80	0.01	3.56	1.03	1.61	2.24	0.64
2012	0.02	0.10	0.01	1.76	0.01	3.21	1.08	1.57	2.12	0.89
2013	0.01	0.15	0.02	1.61	0.02	3.08	0.93	1.54	1.98	0.87
2014	0.00	0.21	0.02	1.25	0.04	2.84	1.07	1.57	1.96	1.02
2015	0.01	0.27	0.04	1.18	0.06	3.17	1.13	1.64	2.21	1.78
2016	0.02	0.31	0.05	1.35	0.08	3.10	1.10	1.64	2.43	2.34
2017	0.01	0.29	0.05	1.55	0.07	2.95	1.04	1.86	2.26	2.73
2018	0.01	0.26	0.06	1.60	0.11	2.96	0.97	1.58	2.09	2.99
2019	0.02	0.27	0.07	1.64	0.08	3.46	0.97	1.70	2.22	3.08
2020	0.06	0.26	0.07	1.81	0.07	3.64	0.94	1.53	2.33	3.80
2021	0.09	0.13	0.08	2.38	0.08	3.66	0.92	1.44	2.30	3.44

从2021年中国从东盟各国的进口数据来看，从马来西亚和越南的进口额都超过900亿美元；从印度尼西亚和泰国的进口额都超过600亿美元；从新加坡和菲律宾的进口额则分别达到388亿和247亿美元；从其他几个国家的进口之和不足100亿美元。从绝对额和相对值来看，马来西亚与中国进口贸易的紧密度位列东盟各国首位，越南位列次席。

（二）中国与东盟的服务贸易结合度分析

由于中国与东盟双边服务贸易数据获得情况制约，本书仅对 2010—2019 年中国与东盟服务贸易的结合度进行分析。

使用前文的贸易结合度公式，可计算出中国与东盟 2010—2019 年的服务贸易结合度，结果如图 3-5 所示。

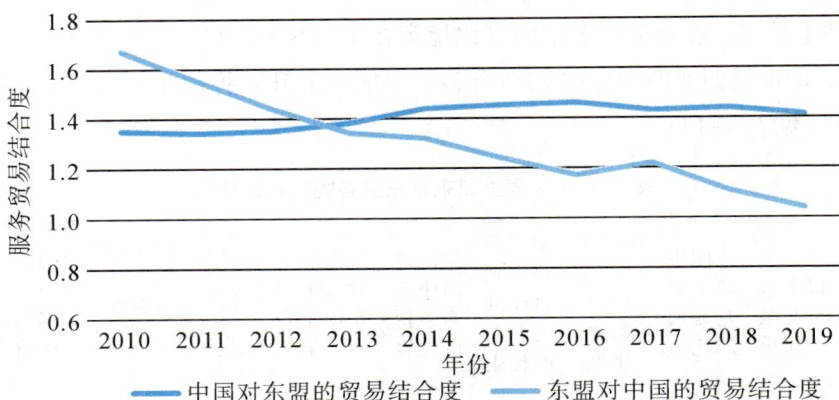

图 3-5　2010—2019 年中国与东盟服务贸易结合度情况

2010—2019 年中国对东盟的服务贸易结合度值均明显大于 1，说明中国对东盟的服务贸易结合程度较高，在服务贸易出口对东盟依赖性较强。具体来看，2010—2016 年中国对东盟的贸易结合度稳步提高，从 2010 年的 1.35 上升到 2016 年的 1.46，随后几年则出现缓慢下降趋势，2019 年降到了 1.41。

2010—2019 年东盟对中国的服务贸易结合度值也都大于 1，说明东盟对中国的服务贸易结合程度也较为紧密，东盟在服务贸易出口中对中国依赖性也较强。但是，东盟对中国的服务贸易结合度 2010—2019 年呈显著下降态势，2010 年结合度为 1.67，到 2019 年已降至 1.04。贸易结合度指数降低说明东盟对中国的服务贸易往来变得更加独立，服务贸易的开放程度有所减小。

根据中国和东盟 2020—2022 年各自的服务贸易来看，受疫情影响，2020 年贸易额均出现较大幅度下滑，之后大幅增长，2021 年和 2022 年贸易额均创历史新高。疫情影响和美国对中国的贸易压制，使得中国对东盟在服务贸易的合作正逐渐加强。

四、中国与东盟的经贸合作领域和发展规模

自中国—东盟自由贸易区 2010 年正式启动以来，尤其是中国提出的共建"一带一路"倡议得到东盟的积极响应后，中国与东盟的贸易合作领域不断拓宽，发展规

模不断壮大。中国和东盟国家不断加强战略对接，在经贸投资、互联互通、产能合作、绿色转型、数字经济等领域合作不断深化。目前，中国与东盟十国均已签署双边共建"一带一路"倡议合作文件。《东盟互联互通规划2025》设定的可持续基础设施、数字创新、无缝衔接的物流、良好的规章制度、人员往来五大战略目标与"一带一路"倡议提出的政策沟通、基础设施联通、贸易畅通、资金融通、人心相通的"五通"理念高度契合。

（一）贸易领域的合作及规模

中国与东盟从2020年起已连续三年互为最大贸易伙伴，2022年双边货物贸易额已达9 753.4亿美元，距万亿大关仅一步之遥，中国与东盟双边贸易额在各自对外贸易总额的占比分别达到15.46%和25.35%。2003年中国加入《东南亚友好条约》，当年双边货物贸易额仅为782.55亿美元，东盟是中国第五大贸易伙伴，中国为东盟第三大贸易伙伴。经过20年的合作发展，2022年的双边贸易额较2003年双边贸易额增长了1 146.36%。中国自2009年起，已连续14年成为东盟最大的贸易伙伴。随着RCEP的红利释放，中国—东盟自贸区建设的深入推进，中国和东盟互为最大贸易伙伴地位进一步得到巩固。

中国与东盟辉煌的贸易成绩，是双方资源互补和产业链供应链协作互补带来的实际效果。从2022年中国对东盟进口额和出口额排在前10类商品（表3-15）来看，机械电子设备类商品占比最高，在进口中占比达到37.62%，在出口中的占比达到47.43%，中国对东盟机械电子类产品的贸易顺差也最大。矿产资源及其中间品，燃料和化工产品合计占进口贸易额的20%左右，这些产品大都属于东盟具有比较优势的产品。燃料及化工产品中矿物燃料、橡胶及其制品，东盟的贸易顺差最大。农产品及其加工品中，油脂、水果、木浆、精油及香膏和鱼类等贸易顺差也很突出。习近平主席在2021年中国—东盟建立对话关系30周年纪念峰会上，提出在未来5年力争从东盟进口1 500亿美元优质农产品，2020—2022年连续3年以水果为主的农产品在中国对东盟的进口中排名均位列前10，截止到2023年8月已累计进口超过550亿美元。矿产品及其中间品（如水泥）、钢铁及钢铁制品、铝及其制品等都是房地产、基础设施建设和机械行业所需的大宗原料商品，所以也反映了东盟在这些方面快速增长的需求。中国与东盟进出口贸易主要商品结构较直观地体现了双方在贸易上有较强的互补性。

表 3-15　2022 年中国对东盟进出口额前 10 位贸易商品

排位	中国自东盟进口			中国向东盟出口		
	产品及海关编码	进口额/亿美元	各类在进口总额的占比/%	产品及海关编码	出口额/亿美元	各类在出口总额的占比/%
1	电机、电气设备等（85）	893.49	30.73	电机、电气设备等（85）	1 366.56	31.67
2	矿物燃料、矿物油及其蒸馏产品等（27）	291.48	10.03	机器、核反应堆等（84）	680.2	15.76
3	钢铁（72）	201.94	6.95	矿物燃料、矿物油及其蒸馏产品等（27）	196.37	4.55
4	机器、核反应堆等（84）	200.32	6.89	塑料及其制品（39）	192.89	4.47
5	塑料及其制品（39）	121.59	4.18	钢铁（72）	171.35	3.97
6	橡胶及其制品（40）	103.08	3.55	钢铁制品（73）	140.24	3.25
7	动植物脂肪和油等产制品（15）	92.03	3.17	有机化学品（29）	131.09	3.04
8	水果、坚果等（08）	80.14	2.76	化学产品（38）	108.71	2.52
9	有机化学品（29）	79.14	2.72	车辆但轨道及电车道车辆除外（87）	102.51	2.38
10	光学、照相、电影仪器等（90）	77.13	2.65	铝及其制品（76）	85.67	1.99

数据来源：根据 data.aseanstats.org 数据进行整理。

中国与东盟的贸易合作受资源禀赋的影响较大。东盟国家在棕榈油、橡胶等热带作物产品上在全球具有较强竞争力。根据美国农业部测算，2021 年印度尼西亚、马来西亚和泰国的棕榈油产量约占全球的 88% 左右。中国是仅次于印度的世界第二大棕榈油进口国。东盟也是全球天然橡胶的最主要产区。根据国际橡胶研究组织的数据，2019 年泰国、印度尼西亚和越南的天然橡胶产量位居世界前三位，这三个国家的天然橡胶总产量占全球总产量的近 70%。而中国则是世界第一大天然橡胶消费国，约 75% 的消费量需要进口，天然橡胶消费量占全球消费量的 40% 左右。东盟国家有多种丰富的矿产资源，像铜、镍、锡、钛、石油、天然气等储量较大。印度尼西亚的铜矿和锡矿储量均位列世界第三，镍矿储量位列世界第八；菲律宾镍矿储量位列世界第十；马来西亚锡矿储量位列世界第二。2018 年马来西亚、印度尼西亚、缅甸、文莱等国出口天然气约 808 亿立方米，同年中国天然气进口量占世界贸易量的 10.1%，约 1 250 亿立方米。

中国与东盟各国在国际产业链供应链分工、经济发展水平、产业结构和技术水平存在较大差异，因差异而产生一定的互补。东盟除新加坡和文莱外，其他国家与中国相比，农业比重偏高，工业和服务业占比则偏低，因此农产品出口对中国具有较强的依赖性。东盟各国除新加坡外，基础设施都较为薄弱。随着近些年各国加大基础设施建设投资力度，从中国进口基建原材料和基建设备的需求旺盛。近些年，第四次全球产业转移使得不少东盟国家得到外商产业投资，因此对厂房建设和机器设备的需求也不断上升。印度尼西亚、越南、菲律宾、柬埔寨等国从中国进口机械设备的贸易额大幅提高。同时，东盟国家从中国进口中间品的贸易额也不断攀升。以纺织业为例，越南对中国进口主要集中在化纤材料、服装面料和纺织机械等。中国与东盟在产业发展上形成阶段性差异，有助于产业发展的互补和区域内产业链供应链的构建。

（二）对外投资领域的合作及规模

中国和东盟互为重要的投资来源和目的地，中国商务部统计数据显示，截至2022年年末中国与东盟双向投资额超过3 800亿美元。中国对"一带一路"沿线地区的直接投资中80%以上集中在东盟地区，这种投资格局自中国—东盟自由贸易区启动后就一直保持，2018年中美贸易摩擦升级后还有进一步强化趋势。从投资规模看，根据《2021年度中国对外直接投资统计公报》的数据，2021年中国对东盟的直接投资流量为197.32亿美元，较上年增长22.8%，占当年中国对外投资流量总额的11%，占对亚洲投资流量的15.4%，占对"一带一路"投资的81.7%；截至2021年年末，中国企业对东盟的投资存量为1 402.81亿美元，占中国对外投资存量总额的5%、占中国对亚洲投资存量的7.9%；根据中国商务部统计数据，截至2022年年末，中国共在东盟设立直接投资企业已超过6 500家。从中国对东盟的投资行业看，截止到2021年年末，制造业位居投资行业首位，在投资存量占比高达29.8%；其次为租赁和商业服务业，占比约16%；电力/热力/燃气及水的生产和供应业排第三位，占比10.1%；其他行业投资占比均未超过8%，其中建筑业占7.2%、金融业占5.4%、物流业占4.6%、农林牧渔业占3.8%、采矿业占2.9%、信息传输/软件和信息技术服务业占1.8%、房地产业占1.1%。

从2021年中国对东盟投资流向的国家看，新加坡位居首位，投资金额约84.05亿美元，占对东盟投资流量的42.59%，而且新加坡也是"一带一路"沿线吸引中国企业投资最多的国家；其次为印度尼西亚，投资金额约43.73亿美元，比2020年增长98.9%，占中国对东盟投资流量的22.2%，主要投向制造业、租赁和商务服务业、电力/热力/燃气及水的生产和供应业等；越南位列第三，投资总额约22.08亿美元，比上年增长 17.7%，占对东盟投资流量的 11.2%，主要投向制造业、电力/热力/燃气及水的生产和供应业等。从投资存量来看，截止到 2021 年年末，中国对新加坡的直接投资额占对东盟投资存量的 47.9%，投资主要集中在租赁和商务服务、批发和零售业、制造业和金融业等；对印度尼西亚投资占比为 14.3%，排在第二，投资主要集中在制造业、电力/热力/燃气及水的生产和供应业、建筑业等；对越南投资占比约 7.7%，位列第三，投资主要集中在制造业、电力/热力/燃气及水的生产和供应业、建筑业和租赁和商务服务。

根据商务部《2022 年中国外资统计公报》的数据，东盟 1987—2021 年累计对中国投资金额达 1 403.7 亿美元，占该时期中国实际利用外资总额的 5.37%；其中 2010—2021 年对中国投资金额 864.4 亿美元，中国东盟自由贸易区建成后投资占比达到 61.6%。从具体国家看，新加坡是对中国投资最多的东盟国家，截止到 2021 年年末，新加坡累计对中国投资达 1 208.4 亿美元，占东盟对中国投资的 86.09%，占中国实际利用外资总量的 4.6%；马来西亚对中国累计投资达 79.9 亿美元，占中国实际利用外资总量的 0.3%，在东盟国家中位居第二；泰国对中国投资规模上位居东盟第三，截至 2021 年年末中国实际利用泰国投资 45.9 亿美元。

目前，数字化投资、绿色投资正成为中国与东盟投资合作的新领域。在数字化投资方面，中国正在加强对东盟国家数据存储、智能交通、5G 数字技术、电子商务等领域的投资。中国—东盟信息港平台建设、中新（重庆）国际数据互联互通专用通道建设等项目已初显成效。电动载人汽车、锂电池、太阳能电池等绿色产品投资，正成为带动中国与东盟贸易增长的新板块。

（三）承包工程领域的合作及规模

东盟大多数成员国基础设施落后，近年来东盟各成员国纷纷加大基础设施建设投入，以拉动内需，并进一步提升经济发展条件。同时，基础设施联通、能源设施联通及信息设施联通，对于中国—东盟自由贸易区的发展水平也有极大影响。自 2016 年中国与东盟一致同意推进"一带一路"倡议与《东盟互联互通总体规划 2025》的深入对接以来，双边的基础设施建设取得显著成效，基础设施建设成为中国—东盟合作的核心领域之一，目前中国与东盟的基础设施合作涵盖了众多领域，公路、铁路、电力、宽带等多方面构建互联互通之网。

作为具有相对良好的双边关系的近邻，中国企业积极在东盟开展承包工程业务，东盟成为中国企业在"一带一路"共建国家主要的承包工程市场。2010 年中国—东盟自由贸易区启动第一年，中国企业在东盟承包工程完成营业额仅 150.31 亿美元；2013 年，中国企业在东盟承包工程完成营业额已达 210.8 亿美元，占当年"一带一路"承包工程业务的 32.2%；随后几年中国在东盟的承包工程业务不断增长，到 2017 年承包工程完成营业额就达到 339.61 亿美元，2019 年中国企业在东盟承包工程完成营业额达到 399.3 亿美元，较 2018 年增长 15.72%，占当年"一带一路"承包工程完成营业额的 41.02%。此后，受新冠疫情的影响，中国企业在东盟的承包工程完成营业额出现下降，2020 年较 2019 年下降 14.84%，全年完成营业额下降至 340.03 亿美元，2021 年，中国企业在东盟的承包工程业务完成营业额进一步降至 326.9 亿美元，但在"一带一路"承包工程完成营业额的占比仍有 36.57%。

在东盟各国中，印度尼西亚是中国企业对外承包工程业务完成营业额最多的国家。从中国—东盟自由贸易区启动，印度尼西亚一直是中国在东盟承包工程业务最大的国家。2010 年年末，中国企业在印度尼西亚承包工程完成营业额就达 35.17 亿美元，占当年中国对东盟承包工程完成额的比重达 23.4%，高于其他东盟国家。2019—2021 年，中国企业在印度尼西亚承包工程完成营业额 228.03 亿美元，占同期中国企业在东盟国家承包工程完成营业额的 21.39%。2019—2021 年，中国企业对东盟各国承包工程业务完成营业额排第 2 位至第 4 位的国家分别为：马来西亚、越南和老挝，占同期对东盟承包工程完成额的比重分别为：19.21%、10.87% 和 10.73%。

中国对外承包工程业务也助推了中国与东盟互联互通基础设施共建，已取得了显著的成果，诸如：金港高速公路引领柬埔寨迈入"高速时代"；中老铁路助力老挝实现"陆联国"梦想；东盟首条高铁线路雅万高铁成功试运营，东盟开始迈入高铁时代；越南河内轻轨二号线项目落成投用，是越南首个城市轻轨项目。互联互通基础设施共建也对中国与东盟的经贸发展形成助力，截至 2022 年，中国与东盟国家经铁路运输的约 44.7% 的货物经由中老铁路。中老铁路通过与中国国内铁路网相连，实现与中欧班列的对接，形成了一条漫长的亚欧大陆铁路物流通道，为东南亚国家的贸易物流运输方式提供了新的可能。

（四）数字经济合作领域及规模

近年来，随着"一带一路"倡议稳步推进，中国与东盟数字经济合作不断加强，不少中资企业已在电子商务、智慧城市、大数据、5G 等领域与东盟国家开展深入创新合作，促进联合研发、技术交流和人力资源建设。2017 年 12 月，中国、老挝、泰国等七国共同发起《"一带一路"数字经济国际合作倡议》；2020 年，中国与东盟确定当年为数字经济合作年，双方在智慧城市、大数据、人工智能等领域举办一系列活动。2020 年 11 月 12 日，中国与东盟发布《关于建立数字经济合作伙伴关系的倡议》，致力于抓住数字机遇，打造互信、互利、包容、创新、共赢的数字经济合作伙伴关系。倡议包括深化数字技术在疫情防控中的应用；加强数字基础设施合作；支持数字素养、创业创新和产业数字化转型；推动智慧城市创新发展；深化网络空间合作；推进网络安全务实合作等方面。2021 年 1 月，东盟通过了《东盟数字总体规划 2025》。在 2022 年 1 月举行的中国—东盟数字部长会议上确定了制定《落实中国—东盟数字经济合作伙伴关系的行动计划（2021—2025）》和《2022 年中国—东盟数字合作计划》。中国和东盟合作建设了中国—东盟信息港、中国—东盟商贸数字化平台等数字合作项目已取得成效。随着中国与东盟在数字经济领域的顶层政策合作不断深化，越来越多的中资企业到东盟进行数字领域投资。

通过中国—东盟信息港的建设和中新国际网络信息专用频道的建立，中国与东盟已经实现了数字社会信息资源共享和相关企业信息网络平台的建设。华为、中兴通讯、中国移动等公司也参与了东盟物联网和 5G 建设等数字基础设施项目建设，显著提高了中国和东盟之间各领域的数字互联互通能力。许多中国企业在东盟地区积极开展数字领域投资活动：阿里巴巴在新加坡、泰国等国创办电子商务公司；京东参与印度尼西亚在线旅游平台 Traveloka 公司融资项目；腾讯云在印度尼西亚数据中心提供服务；中兴在泰国打造 5G 智能示范工厂，等等。

五、RCEP 背景下中国与东盟双边贸易的发展趋势

随着全球化的深入发展，区域经济一体化也呈现出快速发展的趋势。亚洲地区在全球贸易中的地位逐渐提升，尤其是中国与东盟之间的贸易合作日益紧密。2020 年 11 月 15 日，东盟十国以及中国、日本、韩国、澳大利亚和新西兰共同签署了《区域全面经济伙伴关系协定》（RCEP）。该协定的签署标志着全球最大的自贸区正式诞生，将极大地促进亚太地区的经济一体化进程，也为各国带来更多的发展机遇。在中国与东盟双边贸易中，近年来双方在货物贸易、服务贸易、投资等方面的合作不断深化。随着 RCEP 的实施，中国与东盟之间的贸易自由化程度将进一步提高。

（一）关税进一步降低，促进贸易自由化

随着 RCEP 的相互实施，亚太地区的贸易自由化进程将进一步加快。在 RCEP 框架下，中国与东盟成员国之间的关税将进一步降低，这将会促进双方的贸易自由化。对于中国来说，通过降低对东盟的关税，可以进一步扩大对东盟的出口，同时也可以从东盟进口更多的优质商品。对于东盟来说，通过降低对中国的关税，可以增加对中国的出口，提高其在全球市场上的竞争力。

（二）产业内贸易比重增加，提升产业竞争力

随着双方经济结构的不断优化和产业层次的提升，中国与东盟之间的产业内贸易比重将不断增加。在 RCEP 的框架下，双方通过取消关税壁垒和非关税措施，加

强知识产权保护和技术交流，可以促进双方在高科技、制造业等领域的合作。例如，中国在制造业方面具有优势，而东盟在农业、资源等领域具有比较优势，双方可以通过产业内贸易实现优势互补，提升双方的产业竞争力。

（三）服务贸易占比增加，推动经济转型升级

随着中国与东盟在服务业领域的合作不断加强，服务贸易在未来双边贸易中的占比将不断增加，尤其是数字服务贸易的占比将明显增加。RCEP 的签署将进一步扩大服务贸易的范畴，提高服务贸易自由化的程度，为中国与东盟之间的服务贸易提供更好的发展环境。在 RCEP 的框架下，双方可以加强在金融、物流、电子商务等领域的合作，进一步推动了双方在服务领域的合作。通过加强服务贸易合作，可以促进双方经济的转型升级，提高双方的经济发展水平。

（四）电子商务发展迅速，推动数字贸易发展

随着互联网技术的不断发展，电子商务在全球范围内得到了快速发展。在中国与东盟的双边贸易中，电子商务也得到了广泛应用。在 RCEP 的框架下，双方可以加强在电子商务领域的合作，推动数字贸易的发展。通过电子商务平台，可以实现商品的在线交易、支付和物流配送，提高贸易效率，降低交易成本。

（五）投资合作进一步加强，促进双向投资

在中国与东盟的双边贸易中，投资也是一项重要的合作内容。在 RCEP 的框架下，双方的投资合作可以得到进一步加强，促进双向投资。降低投资壁垒、提高投资保护水平、加强投资政策协调等措施，将为中国与东盟之间的投资提供更好的环境和保障。加强投资合作，可以促进双方在基础设施建设、制造业、服务业等领域的合作，提高双方的经济发展水平。此外，RCEP 还将加强知识产权保护、市场准入等方面的合作，为中国与东盟之间的投资提供更加稳定和可预期的环境。

目前，RECP 已经全面生效实施，中国—东盟自贸区 3.0 版的谈判也正在稳步推进。中国—东盟自贸区 3.0 版建设有利于进一步激发双向贸易投资潜能，推动区域经济一体化；有利于双方共享数字经济、绿色经济等带来的新发展机遇，共同打造地区经济增长的新引擎；有利于深化双方产业链、供应链、价值链合作，促进互利共赢。中国—东盟自贸区 3.0 版建设与 RCEP 实施相互补充、促进，为 RCEP 区域开放合作起到新的激励作用。未来，中国与东盟的双边贸易将呈现出关税进一步降低、产业内贸易比重增加、服务贸易占比增加、电子商务和数字贸易快速发展、投资合作进一步加强等发展趋势。双方应充分利用 RCEP 带来的机遇，加强在各个领域的合作，促进双边贸易的持续发展，推动亚太地区的经济繁荣。

第二节 中国—东盟双边数字服务贸易

数字服务贸易是指利用互联网技术和数字化手段，通过跨境互联网、增值电信、数据中心等方式，将服务或数字化产品输出到国外市场进行交易或消费的服务贸易活动。数字服务贸易产物不以实体形式出现，包括软件、游戏、在线教育、云计算、数字音乐、文化节目、电子商务等，具有轻资产模式、数据驱动以及高增长潜力等特点。由于数字服务贸易的跨境属性强，可以跨越时空限制、获得更广泛的市场和终端消费者群体。这使得数字服务贸易的发展空间和潜力非常巨大。

本书中以"可数字化交付的服务贸易"作为数字服务贸易的统计口径，将服务贸易中保险和养老金服务、金融服务、电信/计算机和信息服务、知识产权使用费、个人文化和娱乐服务以及其他商务服务这六个类别，归为数字服务贸易。

一、中国数字服务贸易发展概况

近年来，中国数字服务贸易发展迅猛，根据联合国贸易和发展会议（UNCTAD）的数据，2020 年中国的数字服务贸易出口已位居世界第六位，在全世界占比已达 4.87%，但和美、英等发达国家还有不小差距。根据中国商务部和中国统计年鉴数据汇总，中国数字服务贸易进出口总额从 2016 年的 1 905 亿美元增长到 2022 年的 3 599.4 亿美元，年均增长率超过 11%（见图 3-6）。从进口和出口分别来看，中国数字服务贸易进口额从 2016 年的 968 亿美元增长至 2022 年的 1 566.1 亿美元，出口额从 2016 年的 937 亿美元增长至 2022 年的 2 033.3 亿美元，出口平均增速明显高于进口平均增速。从 2018 年起，出口额大于进口额，数字服务贸易开始保持贸易顺差。

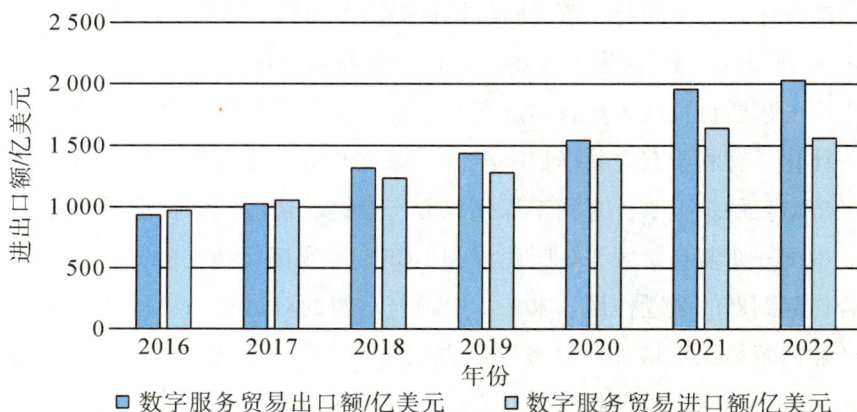

图 3-6 2016—2022 年中国数字服务贸易进出口额情况

从中国数字服务贸易各贸易类别进出口总额的占比情况来看，其他商务服务的占比最高，目前还是中国数字服务贸易最主要的贸易类别，但其占比从 2016 年的53.12%已降至 2022 年的 40.85%，呈明显下降趋势；电信、计算机和信息服务是中国数字服务贸易的第二大贸易类别，其占比已由 2016 年的 20.52%，快速增长至2022 年的 33.32%，增长势头迅猛；知识产权使用费是占比排在第三的贸易类别，占比在 16%左右波动；保险和养老服务业类别占比排在第四，占比在 5%~9%波动；金融服务类别占比在 2%~3%波动；占比最低的是个人文化和娱乐服务，占比在1%~2%，2016—2019 年呈上升态势，但受新冠疫情影响，2019 年以后占比明显下降（见表 3-16）。

表 3-16　中国数字服务贸易各产业进出口总额占比情况　　　　单位:%

年份	保险和养老金服务	金融服务	电信、计算机和信息服务	知识产权使用费	个人文化和娱乐服务	其他商业服务
2016	8.92	2.73	20.52	13.18	1.52	53.12
2017	6.97	2.55	22.56	16.02	1.68	50.22
2018	6.56	2.19	27.65	16.06	1.80	45.74
2019	5.71	2.34	29.67	15.07	1.94	45.26
2020	6.01	2.50	31.80	15.71	1.47	42.51
2021	5.89	2.86	33.17	16.27	1.43	40.37
2022	6.80	2.37	33.32	15.48	1.18	40.85

数据来源：根据中国统计年鉴、中国商务部网站和东盟统计处数据整理。

从中国数字服务贸易各贸易类别出口额的占比情况来看，其他商务服务和电信、计算机和信息服务是最主要的贸易类别，其中其他商业服务仍是占比最高的类别，这两类贸易类别的占比在 2022 年均超过 40%。知识产权使用费、保险和养老服务、金融服务、个人文化和娱乐服务占比均低于 7%，其中个人文化和娱乐服务占比低于 1%。从 2016—2022 年各贸易类别占比变化情况来看，其他商业服务、保险和养老服务、金融服务占比下降趋势明显，2022 年的占比较 2016 年的占比分别下降了14.5 个百分点、2.26 个百分点和 1.01 个百分点；电信、计算机和信息服务的占比则呈现快速上涨态势，2022 年的占比较 2016 年的占比上升了 12.64 个百分点；知识产权使用费的占比呈上升态势，但存在波动，2018 年以后占比保持上升，2022 年的占比较 2016 年的占比增加了 5.03 个百分点，较 2018 年增加了 2.1 个百分点（见表 3-17）。

表 3-17　数字服务贸易各产业出口额占比情况　　　　　　单位:%

年份	保险和养老金服务	金融服务	电信、计算机和信息服务	知识产权使用费	个人文化和娱乐服务	其他商业服务
2016	4.38	3.42	28.28	1.28	0.75	61.90
2017	3.90	3.61	27.10	4.68	0.78	59.94
2018	3.72	2.63	35.62	4.21	0.92	52.90
2019	3.33	2.72	37.47	4.63	0.83	51.03
2020	3.47	2.69	39.17	5.59	0.85	48.22
2021	2.66	2.54	40.61	6.02	0.97	47.20
2022	2.12	2.41	40.92	6.31	0.85	47.40

数据来源:根据中国统计年鉴、中国商务部网站和东盟统计处数据整理。

从中国数字服务贸易各贸易类别进口额的占比情况来看,其他商务服务、知识产权使用费是占比最高的两类贸易类别,电信、计算机和信息服务的占比排在第三,这三类贸易类别的占比之和在 2022 年达到数字服务贸易进口总额的 83.1%,占比均在 20% 以上。保险和养老服务的占比明显高于金融服务、个人文化和娱乐服务的占比均,其在 2022 年的占比超过 10%,其他两类占比均低于 3%。从 2016—2022 年各贸易类别占比变化情况来看,其他商业服务占比呈现快速下降趋势,2022 年的占比较 2016 年的占比下降了 12.28 个百分点;电信、计算机和信息服务的占比则呈现快速上升,2022 年的占比较 2016 年的占比上升了 10.43 个百分点;知识产权使用费、保险和养老服务、金融服务的占比呈波动状态(见表 3-18)。

表 3-18　数字服务贸易各产业进口额占比情况　　　　　　单位:%

年份	保险和养老金服务	金融服务	电信、计算机和信息服务	知识产权使用费	个人文化和娱乐服务	其他商业服务
2016	13.33	2.07	13.02	24.79	2.17	44.63
2017	9.86	1.52	18.20	27.11	2.65	40.66
2018	9.58	1.71	19.16	28.69	2.73	38.12
2019	8.39	1.92	20.94	26.76	3.18	38.81
2020	8.84	2.27	23.62	26.95	2.16	36.17
2021	9.73	3.25	24.33	28.44	1.98	32.27
2022	12.88	2.31	23.45	27.40	1.61	32.35

数据来源:根据中国统计年鉴、中国商务部网站和东盟统计处数据整理。

服务贸易数字化率是指数字服务贸易额在服务贸易额中的占比，它是衡量数字服务贸易发展水平的重要指标。它不受通货膨胀、汇率等因素影响，能较好反映一国或双边数字服务贸易规模的发展变化，也可以对两国或地区进行数字服务贸易贸易相对规模的比较。图 3-7 是中国 2016—2022 年服务贸易数字化率的情况。从图中可以看出：中国服务贸易数字化率呈现先上升后下降的"U"形，但总体仍表现为上升，无论是进口还是出口，数字化率变动情况图与之形似。在进出口总额方面，数字化率从 2016 年的 28.79% 逐年增长至 2020 年的 44.54%，至 2022 年降至 41.92%；在出口方面，数字化率从 2016 年的 44.72% 逐年增长至 2020 年的 55.29%，至 2022 年降至 49.65%；在进口方面，数字化率从 2016 年的 21.41% 逐年增长至 2021 年的 38.61%，2022 年下降至 34.87%。中国的服务贸易出口数字化率明显高于服务贸易进口数字化率。新冠疫情对中国服务贸易数字化水平起到助推作用，对出口的助推更为显著。2018 年世界服务贸易出口数字化率约为 51.2%，同期中国的服务贸易出口数字化率 49.52%，低于世界平均水平（见图 3-7）。

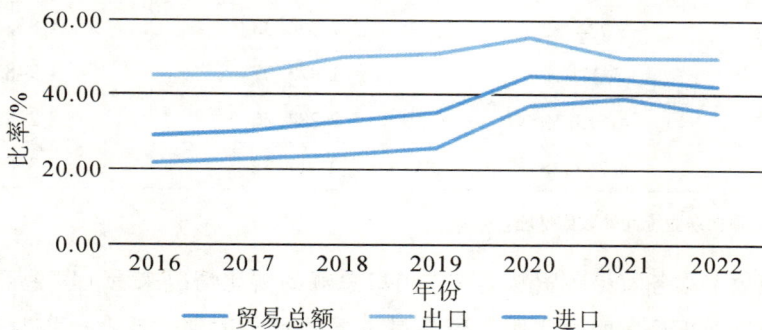

图 3-7　2016—2022 年中国服务贸易数字化率情况

二、东盟数字服务贸易发展概况

东盟已成为世界第六大经济体，经济体量排在美国、中国、欧盟、德国和日本之后，2022 年东盟的 GDP 超过 3.6 万亿美元。近些年，随着东盟对外贸易的迅猛发展，其数字服务贸易也取得快速发展。根据东盟统计处的数据，东盟的数字服务贸易进出口总额从 2010 年的 1 667.38 亿美元增长到 2022 年的 4 768.38 亿美元，年均增长率约 9%。从东盟数字服务贸易出口和进口分项数据来看，其数字服务贸易出口额从 2010 年的 755.62 亿美元增长至 2022 年的 2 418.32 亿美元，进口额从 2010 年的 911.76 亿美元增长至 2021 年的 2 350.06 亿美元，出口增长快于进口增长。自 2018 年开始，东盟的数字服务贸易进出口从贸易逆差变为贸易顺差，但出口与进口差额不大。2020 年东盟数字服务贸易的出口占世界的比重约为 5.7%，较 2011 年增加了1.5个百分点（见表3-19）。东盟已成为除中国外，拉动发展中国家数字服务贸易发展的重要力量。

表3-19　2010—2022年东盟数字服务贸易发展情况　　　　单位：亿美元

年份	进出口总额	出口额	进口额
2010	1 667.38	755.62	911.76
2011	2 002.17	903.24	1 098.94
2012	2 263	1 030.02	1 232.98
2013	2 529.88	1 143.54	1 386.34
2014	2 730.94	1 253.18	1 477.75
2015	2 768.41	1 330.65	1 437.76
2016	2 843.21	1 379.13	1 464.09
2017	3 124.59	1 503.52	1 621.07
2018	3 531.98	1 770.69	1 761.29
2019	3 734.82	1 896.38	1 838.44
2020	3 921.4	1 973.07	1 948.34
2021	4 513.59	2 284.66	2 228.94
2022	4 768.38	2 418.32	2 350.06

数据来源：根据东盟统计处数据整理。

从东盟数字服务贸易各贸易类别进出口总额的占比情况来看，其他商务服务的占比最高，目前仍是东盟数字服务贸易最主要的贸易类别，其占比相对比较稳定，占比变化始终在54%~57%；电信、计算机和信息服务是东盟数字服务贸易的第二大贸易类别，其占比已由2010年的10.35%，增长至2022年的16.57%，占比虽有波动但呈上升趋势；金融服务是占比排在第三的贸易类别，占比从2010年的10.71%，增长至2022年的12.50%，占比呈缓慢上升趋势；知识产权使用费类别占比排在第四，呈现明显下降趋势，占比已由2010年的15.44%下降至2022年的8.75%；保险和养老服务类别占比也呈现缓慢下降趋势，占比已由2010年的7.20%下降至2022年的5.15%；占比最低的是个人文化和娱乐服务，占比在1%左右，2021年和2022年的占比超过1.4%，较以往有了明显增加（见表3-20）。

表 3-20　东盟数字服务贸易各产业进出口总额占比情况　　　　单位:%

年份	保险和养老服务	金融服务	电信、计算机和信息服务	知识产权使用费	个人文化和娱乐服务	其他商业服务
2010	7.20	10.71	10.35	15.44	0.97	55.33
2011	6.69	11.01	11.71	15.19	1.00	54.40
2012	6.49	10.43	12.30	14.94	1.08	54.77
2013	5.96	10.57	12.54	14.02	1.10	55.81
2014	5.33	10.70	14.40	12.35	1.14	56.08
2015	5.32	10.76	12.85	13.33	1.10	56.65
2016	5.68	11.06	15.04	11.05	0.95	56.22
2017	5.34	12.24	14.91	10.77	0.94	55.80
2018	5.81	12.55	14.16	10.46	1.10	55.92
2019	5.57	12.59	14.41	9.75	1.08	56.60
2020	5.56	13.18	16.68	8.78	1.04	54.76
2021	5.08	12.56	17.04	8.95	1.50	54.87
2022	5.15	12.50	16.57	8.75	1.41	55.62

数据来源:根据东盟统计处数据整理计算。

　　从东盟数字服务贸易各贸易类别出口额的占比情况来看,其他商务服务是最主要的贸易类别,占比始终在 50% 以上。金融服务类别的占比排在第二位,电信、计算机和信息服务类别的占比排在第三位,近几年这两类的占比均在 15% 以上。知识产权使用费占比超过 5%,保险和养老服务占比在 3% 以上,个人文化和娱乐服务占比最低。从 2010—2022 年各贸易类别占比变化情况来看,其他商业服务、占比有下降趋势,2022 年的占比较 2010 年的占比分别下降了 5.27 个百分点;电信、计算机和信息服务的占比则呈现上升态势,2022 年的占比较 2010 年的占比上升了 2.54 个百分点;知识产权使用费的占比也呈波动上升态势,2022 年的占比较 2010 年的占比增加了 2.68 个百分点;个人文化和娱乐服务出口占比较低,但近两年占比较以往占比增长了 50% 左右(见表 3-21)。

表 3-21　东盟数字服务贸易各产业出口总额占比情况　　　　单位:%

年份	保险和养老服务	金融服务	电信、计算机和信息服务	知识产权使用费	个人文化和娱乐服务	其他商业服务
2010	3.98	17.78	13.16	2.85	0.92	61.31
2011	3.56	18.61	14.07	3.29	1.01	59.46

表3-21（续）

年份	保险和养老服务	金融服务	电信、计算机和信息服务	知识产权使用费	个人文化和娱乐服务	其他商业服务
2012	3.70	17.46	14.40	3.06	1.00	60.38
2013	3.34	17.91	14.04	3.19	0.95	60.57
2014	3.29	17.99	13.28	3.30	1.05	61.09
2015	3.41	17.09	13.14	6.70	1.06	58.60
2016	3.63	17.41	16.41	5.30	0.95	56.31
2017	3.64	19.49	15.85	5.63	0.92	54.47
2018	4.40	19.31	15.09	5.26	1.10	54.84
2019	3.90	18.94	14.17	4.90	1.06	57.03
2020	3.61	19.38	15.97	4.75	0.96	55.33
2021	3.55	18.19	15.94	5.23	1.67	55.42
2022	3.55	17.62	15.70	5.53	1.57	56.04

数据来源：根据东盟统计处数据整理计算。

从东盟数字服务贸易各贸易类别进口额的占比情况来看，其他商务服务是占比最高的类别，占比在50%以上；电信、计算机和信息服务的占比排在第二，占比在2020年以后超过17%；知识产权使用费的占比仍在12%以上。这三类贸易类别的占比之和在2022年超过数字服务贸易进口总额的85%左右。目前金融服务的出口占比略高于保险和养老服务的出口占比，两类占比均在6%以上；个人文化和娱乐服务的出口占比仍是最低，未超过1.4%。从2010—2022年各贸易类别出口占比变化情况来看，知识产权使用费占比呈现快速下降趋势，2022年的占比较2010年的占比下降了3.08个百分点；保险和养老金服务也呈下降趋势，2022年的占比较2010年的占比下降了13.8个百分点；电信、计算机和信息服务的占比则呈现快速上升，2022年的占比较2010年的占比上升了9.44个百分点；其他商业服务、金融服务出口占比也均呈上升态势，2022年的占比较2010年的占比分别上升了4.81个百分点和2.6个百分点（见表3-22）。

表 3-22　东盟数字服务贸易各产业进口总额占比情况　　　　　　单位:%

年份	保险和养老金服务	金融服务	电信、计算机和信息服务	知识产权使用费	个人文化和娱乐服务	其他商业服务
2010	9.87	4.84	8.02	25.87	1.01	50.38
2011	9.27	4.77	9.76	24.97	0.99	50.23

表3-22（续）

年份	保险和养老金服务	金融服务	电信、计算机和信息服务	知识产权使用费	个人文化和娱乐服务	其他商业服务
2012	8.82	4.56	10.55	24.86	1.14	50.07
2013	8.12	4.51	11.31	22.96	1.22	51.88
2014	7.06	4.52	15.36	20.01	1.22	51.83
2015	7.08	4.90	12.58	19.46	1.13	54.85
2016	7.61	5.09	13.75	16.46	0.96	56.13
2017	6.91	5.52	14.03	15.53	0.95	57.04
2018	7.23	5.75	13.22	15.68	1.11	57.01
2019	7.28	6.05	14.65	14.75	1.10	56.17
2020	7.54	6.89	17.39	12.86	1.12	54.19
2021	6.64	6.79	18.16	12.76	1.33	54.32
2022	6.79	7.24	17.46	12.07	1.25	55.19

数据来源：根据东盟统计处数据整理计算。

从图3-8可以看到，东盟的服务贸易总体、出口和进口的数字化率变动基本趋同。东盟的服务贸易数字化率在2016—2019年较为稳定，基本保持在43%左右，2020年开始有了较大提高，2021年达到峰值56.25%，2022年则下降至51.07%；东盟的服务贸易出口数字化率2016—2019年基本保持在41%左右，2020年开始大幅上升，2021年达到58.68%，2022年下降至51.83%；东盟的服务贸易进口数字化率2016—2019年基本保持在45%左右，2020年大幅上升至54.02%，随后开始下降，2022年下降至50.32%。东盟的出口数字化率在2016—2019年低于进口数字化率，从2020年开始，出口数字化率高于进口数字化率。与中国服务贸易数字化率相比，东盟的服务贸易数字化率高于中国。

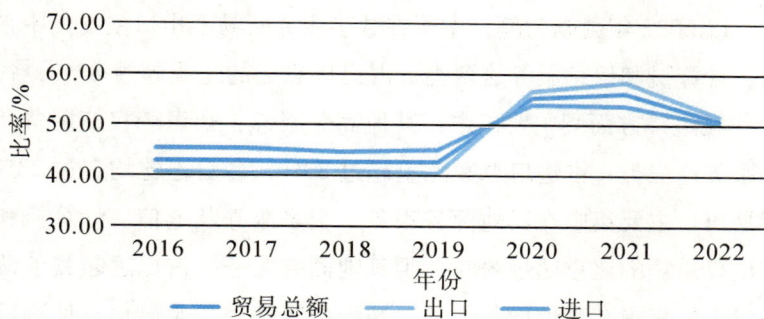

图3-8　2016—2022年东盟服务贸易数字化率变化情况

从东盟各国 2016—2022 年服务贸易总体数字率的对比来看，东盟各国服务贸易数字化率水平差异较大。在疫情以前的 2016—2019 年，新加坡和菲律宾的数字化率远高于其他国家，为第一梯队，接近 50% 及以上；柬埔寨和老挝的数字化率最低，均低于 10%，为第三梯队；其他六个国家的数字化率位于 15%～37%。受疫情影响，除越南外，其他各国的数字化率均有显著提高，各国数字化率的差异重新分化。2022 年菲律宾、新加坡和印度尼西亚数字化率均超过 60%，为第一梯队；马来西亚、泰国和文莱数字化率位于 42%～54% 为第二梯队；老挝、缅甸和柬埔寨 26%～33%，为第三梯队；越南服务贸易数字化始终保持在 20% 左右，排在东盟国家末位（如图 3-9 所示）。与东盟各国数字化率相比，中国在 2020 年之前，服务贸易数字化率低于新加坡和菲律宾，高于其他国家；2021 年，中国数字化率低于菲律宾、新加坡和印度尼西亚，仍高于其余七国。由此可以推断，新加坡和菲律宾在东盟数字服务贸易的占比很高，这两国是东盟的服务贸易数字化率较高的主要原因。

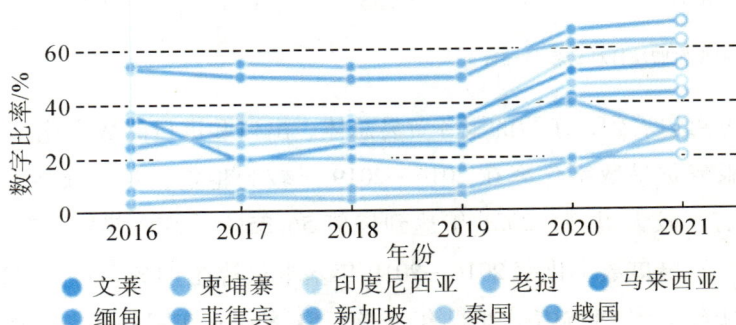

图 3-9　2016—2022 年东盟各国服务贸易数字化率变动比较

三、中国与东盟数字服务贸易的集中度分析

根据前文的数据，从数字服务贸易类别看，中国和东盟各自的贸易类别集中度都比较明显。以 2022 年数据为例，中国在数字服务贸易上出口主要集中在其他商务服务与电信、计算机和信息服务这两类，占出口总额的比重超过 87%，各自占比均在 40% 以上；在进口方面则主要集中在其他商务服务、知识产权使用费及电信、计算机和信息服务这三类，占进口总额比重超过 83%，各自占比均超过 23%。东盟的数字服务贸易出口主要集中在其他商务服务、金融服务及电信、计算机和信息服务这三类，占出口总额的比重超过 89%，但其他商务服务的占比远超其他两类的占比之和；其进口主要集中在其他商务服务、知识产权使用费及电信、计算机和信息服务这三类，占进口总额比重达到 85%，其他商务服务的占比分别是电信、计算机和

信息服务占比的 3 倍多、知识产权使用费占比的 4 倍多。比较来看，中国和东盟在其他商务服务的进出口占比都排在首位；电信、计算机和信息服务的占比，无论进口或出口，中国都高于东盟；知识产权使用费类别都是中国和东盟进口主要类别，差别在于在中国的进口占比一直较高，而在东盟的进口占比越来越低；金融服务出口东盟明显优于中国。

从中国与东盟之间的数字服务贸易类别来看，贸易类别主要集中在其他商务服务，其次是电信、计算机和信息服务。以 2019 年数据为例，中国对东盟数字服务贸易的出口中，其他商业服务的占比高达 68.24%，其次为电信、计算机与信息服务，这两类的占比之和接近 90%；东盟对中国数字服务贸易的出口中，其他商业服务占比超过 50%，金融服务占比 16.2% 排在第二，电信、计算机与信息服务占比也达到 16%，这三类占比之和超过 83%；个人文化和娱乐在双方数字服务贸易里占比最低，不足 1%（见表 3-23）。总的来说，在贸易类别方面，中国对东盟数字服务贸易出口集中度高于进口集中度。

表 3-23　2019 年中国对东盟数字服务贸易各贸易类别占比情况　　　单位:%

贸易类别	在进出口总额中的占比	在出口中的占比	在进口中的占比
保险与养老金	6.09	5.08	7.18
金融服务	8.42	1.66	16.20
电信、计算机与信息服务	18.77	21.07	16.08
知识产权使用费	5.75	3.24	8.71
个人文化和娱乐服务	0.78	0.71	0.87
其他商务服务	60.19	68.24	50.86

数据来源：根据东盟统计处和经合组织数据整理计算。

从中国对东盟各国数字服务贸易的占比情况来看，新加坡是中国在东盟数字服务贸易最重要的贸易伙伴。以 2019 年数据为例，中国对新加坡数字服务贸易额在东盟的占比超过 69%，新加坡对中国数字服务贸易出口占到整个东盟对中国出口额的 77% 以上，进口占比也达到 62%。除新加坡外，马来西亚、菲律宾、泰国、印度尼西亚和越南基本占据了中国与东盟数字服务贸易剩余份额。以 2019 年数据为例，马来西亚、菲律宾、泰国、印度尼西亚和越南对中国的数字服务贸易出口在东盟对中国出口占比达到 22.7%，对中国的数字服务贸易进口在东盟对中国进口占比达到 36.2%。文莱、柬埔寨、缅甸、老挝四国与中国数字服务贸易占比很低（见表 3-24）。

表 3-24 2019 年中国对东盟各国数字服务贸易占比情况 单位：%

国别	在进出口总额中的占比	在出口中的占比	在进口中的占比
印度尼西亚	5.90	8.50	2.90
马来西亚	7.80	9.50	5.90
菲律宾	7.20	5.00	9.70
新加坡	69.10	62.00	77.20
泰国	7.10	10.60	3.10
越南	1.90	2.60	1.10
其他国家	1.00	1.80	0.10

数据来源：根据东盟统计处和经合组织数据整理计算。

结合中国对东盟数字服务贸易类别和国别来看，以 2019 年数据为例，其他商业服务的主要出口贸易伙伴是新加坡、泰国、马来西亚，主要进口贸易伙伴是新加坡和菲律宾（见表 3-25）；电信、计算机和信息服务的主要出口贸易伙伴是新加坡、印度尼西亚、泰国、马来西亚和菲律宾，主要进口贸易伙伴是新加坡、菲律宾和马来西亚（见表 3-26）；知识产权使用费的主要出口贸易伙伴是新加坡、泰国、印度尼西亚，主要进口贸易伙伴是新加坡（见表 3-27）；金融服务的主要出口贸易伙伴是新加坡、泰国和马来西亚，主要进口贸易伙伴是新加坡（见表 3-28）；保险和养老金服务的主要出口贸易伙伴是新加坡、马来西亚和泰国，主要进口贸易伙伴是新加坡（见表 3-29）；个人文化和娱乐服务的主要出口贸易伙伴是新加坡和马来西亚，主要进口贸易伙伴是新加坡、印度尼西亚、马来西亚和泰国（见表 3-30）。总体来看，中国对东盟的数字服务贸易中，金融服务、保险和养老金服务、知识产权使用费的进口集中度最高，主要集中在新加坡，其他贸易类别的进出口集中度都相对分散一些。

表 3-25 2019 年中国对东盟其他商务服务进出口各国占比情况 单位：%

国别	在出口中的占比	在进口中的占比
印度尼西亚	7.80	3.80
马来西亚	9.20	6.60
菲律宾	4.00	10.40
新加坡	64.50	73.40
泰国	10.50	4.20
越南	2.10	1.20
其他国家	1.90	0.40

表 3-26　2019 年中国对东盟电信、计算机与信息服务进出口各国占比情况

单位：%

国别	在出口中的占比	在进口中的占比
印度尼西亚	11.30	3.00
马来西亚	8.60	8.70
菲律宾	8.00	25.40
新加坡	57.00	58.40
泰国	9.10	2.20
越南	3.80	2.00
其他国家	2.20	0.30

表 3-27　2019 年中国对东盟知识产权使用费进出口各国占比情况　　单位：%

国别	在出口中的占比	在进口中的占比
印度尼西亚	10.10	0.60
马来西亚	7.20	1.60
菲律宾	4.90	0.90
新加坡	52.30	96.20
泰国	22.50	0.70
越南	2.10	0.00
其他国家	0.90	0.00

表 3-28　2019 年中国对东盟金融服务进出口各国占比情况　　单位：%

国别	在出口中的占比	在进口中的占比
印度尼西亚	6.40	0.50
马来西亚	7.00	1.90
菲律宾	4.60	0.40
新加坡	66.80	96.40
泰国	9.70	0.60
越南	4.80	0.20
其他国家	0.70	0.00

表 3-29　2019 年中国对东盟保险和养老金服务进出口各国占比情况　单位：%

国别	在出口中的占比	在进口中的占比
印度尼西亚	7.10	3.10
马来西亚	18.60	7.50
菲律宾	5.30	1.10
新加坡	54.20	83.30
泰国	11.40	4.50
越南	3.00	0.40
其他国家	0.40	0.10

表 3-30　2019 年中国对东盟个人文化和娱乐服务进出口各国占比情况　单位：%

国别	在出口中的占比	在进口中的占比
印度尼西亚	5.70	12.20
马来西亚	18.90	12.10
菲律宾	5.70	8.50
新加坡	61.10	51.90
泰国	4.40	11.00
越南	1.90	4.30
其他国家	2.30	0.00

四、中国与东盟数字服务贸易依赖度分析

贸易依赖度是反映两国（或地区）之间贸易相互依赖程度的一个测度指标，可以用双边贸易额在各自贸易额中的比重来衡量。中国对东盟数字服务贸易的进出口额在中国数字服务贸易进出口额及东盟数字服务贸易进出口额的占比，可以用来分析中国与东盟数字服务贸易的相互依赖程度，占比越高说明依赖程度越高。

从图 3-10 可以看到，2016—2019 年中国对东盟数字服务贸易进出口额在中国数字服务贸易进出口总额的占比保持在 6.6%～7%，在东盟数字服务贸易进出口总额的占比在 4.6%～4.9%。从占比对比来看，中国在数字服务贸易上对东盟的依赖度高于东盟对中国的依赖度。从占比变动情况来看，中国数字服务贸易对东盟的依赖度呈波动变化，而东盟数字服务贸易对中国的依赖度则呈现上升趋势。与双边货物贸易的依赖度相比，双边数字服务贸易的依赖度则显得偏低。2019 年，中国对东盟货物贸易进出口额在中国货物贸易进出口总额的占比达到 14%，在东盟的占比为 22.84%。双边数字服务贸易的发展空间还有很大潜力。

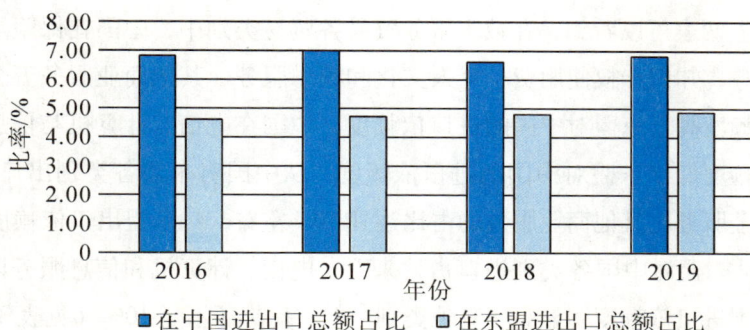

图 3-10　中国对东盟数字服务贸易额在中国和东盟各自总额占比比较

　　从中国对东盟数字服务贸易出口在中国数字服务贸易出口占比变化来看，2016—2019 年占比从 8% 下降至 6.9%，反映中国对东盟数字服务贸易出口依赖度下降（见表 3-31）；而进口占比的变化则呈波动上升，2016—2019 年占比从 5.6% 上升至 6.7%，反映中国对东盟数字服务贸易进口依赖度上升（见表 3-32）。从中国对东盟数字服务贸易出口在东盟数字服务贸易出口占比变化来看，2016—2019 年占比从 3.9% 上升至 4.5%，反映东盟对中国数字服务贸易出口依赖度上升；而在东盟数字服务贸易进口占比的变化则呈波动上升，2016—2019 年占比从 5.1% 上升至 5.3%，反映东盟对中国数字服务贸易进口依赖度上升。

表 3-31　中国对东盟各类别数字服务贸易出口在中国对外数字服务贸易出口中占比

单位：%

年份	保险与养老金服务	金融服务	电信、计算机和信息服务	知识产权使用费	个人文化和娱乐服务	其他商业服务
2016	8.70	3.80	5.30	7.20	9.10	9.50
2017	8.40	3.80	4.70	5.90	7.40	9.30
2018	10.30	5.20	4.50	4.90	5.40	9.50
2019	10.50	4.30	3.90	4.70	5.70	9.20

表 3-32　中国对东盟各类别数字服务贸易出口在东盟对外数字服务贸易进口中占比

单位：%

年份	保险与养老金服务	金融服务	电信、计算机和信息服务	知识产权使用费	个人文化和娱乐服务	其他商业服务
2016	3.30	1.60	6.90	0.40	4.60	6.70
2017	3.10	1.60	5.80	1.10	3.80	6.20
2018	3.90	1.80	9.20	1.00	3.70	6.60
2019	3.80	1.50	7.80	1.10	3.80	6.50

通过以上两表可以看到，在数字服务贸易各贸易类别中，中国在保险与养老金服务、金融服务、知识产权使用费、个人文化和娱乐服务、其他商业服务五个类别对东盟的出口依赖度高于东盟对中国的进口依赖度；中国在电信、计算机与信息服务对东盟的出口依赖度低于东盟对中国的进口依赖度。从中国对东盟各类别出口占比来看，保险和养老金服务、其他商业服务的占比达到10%左右，对东盟出口依赖度较高（见表3-33）；从东盟对中国各类别进口占比来看，电信、计算机和信息服务以及其他商务服务对中国进口依赖度明显高于其他类别，但占比都还不足10%（见表3-34）。

表3-33　中国对东盟各类别数字服务贸易进口在中国对外数字服务贸易进口中占比

单位：%

年份	保险与养老金服务	金融服务	电信、计算机和信息服务	知识产权使用费	个人文化和娱乐服务	其他商业服务
2016	3.40	46.70	6.40	2.00	2.60	6.20
2017	4.60	66.40	5.10	2.10	2.00	8.50
2018	5.20	44.30	4.70	1.60	2.00	8.30
2019	5.70	55.10	5.10	2.10	2.00	8.70

表3-34　中国对东盟各类别数字服务贸易进口在东盟对外数字服务贸易出口中占比

单位：%

年份	保险与养老金服务	金融服务	电信、计算机和信息服务	知识产权使用费	个人文化和娱乐服务	其他商业服务
2016	8.90	3.90	3.60	6.70	4.10	3.50
2017	8.80	3.90	4.10	6.80	4.40	4.40
2018	8.30	3.00	4.10	6.40	3.70	3.90
2019	8.20	4.20	5.00	8.30	3.70	4.00

通过以上两表可以看到，在数字服务贸易各贸易类别中，中国在金融服务、其他商业服务这两类对东盟的进口依赖度明显高于东盟对中国的出口依赖度，在电信、计算机和信息服务对东盟的进口依赖度略高于东盟对中国的出口依赖度；中国在保险和养老金服务、知识产权使用费、个人文化和娱乐服务这三类对东盟的进口依赖度低于东盟对中国的出口依赖度。从中国对东盟各类别进口占比来看，金融服务的占比高达44%以上，对东盟出口依赖度非常高，新加坡是中国金融服务进口的主要国家；从东盟对中国各类别进口占比来看，保险和养老金服务对中国进口依赖度明显高于其他类别，占比超过8%，知识产权使用费类别对中国进口依赖度也比较高。

五、中国与东盟数字服务贸易竞争度分析

（一）中国数字服务贸易竞争力分析

本书在衡量数字服务贸易竞争优势时，采用贸易竞争力指数（TCI），它是在对国际竞争力进行分析时比较常用的测度指标，用贸易差额在贸易总额的占比来测度，综合考虑了出口和进口对竞争力的影响。计算公式如下：

$$\text{TCI}_{ij} = (X_{ij} - M_{ij}/X_{ij} + M_{ij}) \tag{3-2}$$

其中 X_{ij} 代表 i 国 j 产品的出口额，M_{ij} 代表 i 国 j 产品的进口额。TCI 的值在 $-1\sim1$，越接近于 1 表示竞争力越强，越接近于 -1 表示竞争力越弱，越接近于 0 表示竞争力越接近于平均水平。为便于分析表述，按照 TCI 值的不同取值范围对竞争力强弱进行如表 3-35 的划分：

表 3-35　根据 TCI 取值的竞争力分类

TCI 取值范围	竞争力分类
$[-1, -0.7)$	绝对劣势竞争力
$[-0.7, -0.4)$	较大劣势竞争力
$[-0.4, -0.1)$	较小劣势竞争力
$[-0.1, 0.1]$	无优劣势竞争力
$(0.1, 0.4]$	较小优势竞争力
$(0.4, 0.7]$	较大优势竞争力
$(0.7, 1]$	绝对优势竞争力

利用中国服务贸易和数字服务贸易的 2016—2022 年进出口额数据，对中国服务贸易和数字服务贸易的 TCI 值，计算结果如表 3-36 所示：

表 3-36　中国服务贸易和数字服务贸易 TCI 情况

年份	服务贸易 TCI 值	数字服务贸易 TCI 值
2016	-0.37	-0.02
2017	-0.34	-0.01
2018	-0.33	0.03
2019	-0.28	0.06
2020	-0.15	0.05
2021	-0.04	0.09
2022	-0.05	0.13

根据中国服务贸易和数字服务贸易的 TCI 计算结果可以看出（见表 3-37），我国的服务贸易和数字服务贸易 TCI 值均逐渐变大，分别由 2016 年的 -0.37 和 -0.02 提高至 2022 年的 -0.05 和 0.13，反映出中国服务贸易和数字服务贸易的竞争力都获得明显提升。2016—2022 年，中国的服务贸易竞争力已由较小劣势竞争力上升为无优劣势竞争力，而数字服务贸易的竞争力由无优劣势竞争力上升为较小优势竞争力，中国数字服务贸易的竞争力一直优于服务贸易的竞争力，数字服务贸易竞争力提升是带动中国服务贸易竞争力提升的主要力量。

表 3-37　中国数字服务贸易各贸易类别的 TCI 值变化情况

年份	保险和养老金服务	金融服务	电信、计算机和信息服务	知识产权使用费	个人文化和娱乐服务	其他商业服务
2016	-0.52	0.23	0.36	-0.90	-0.50	0.15
2017	-0.44	0.40	0.18	-0.71	-0.56	0.18
2018	-0.41	0.24	0.33	-0.73	-0.47	0.19
2019	-0.39	0.23	0.33	-0.68	-0.55	0.19
2020	-0.39	0.14	0.30	-0.63	-0.39	0.19
2021	-0.51	-0.04	0.33	-0.60	-0.27	0.27
2022	-0.65	0.15	0.39	-0.54	-0.19	0.31

进一步利用 2016—2022 年中国数字服务贸易各贸易类别进出口数据对各贸易类别的 TCI 值进行测算。从上表可以看到：在六个类别中，电信、计算机和信息服务的竞争力最强，其次为其他商业服务，知识产权使用费、保险和养老金服务这两个类别的竞争力最弱。2016—2022 年，知识产权使用费、个人文化和娱乐服务、其他商业服务的 TCI 值都有明显提高，反映出这三个贸易类别的竞争力都有不同程度的提高。知识产权使用费类别的 TCI 值由 2016 年的 -0.90 提高至 2022 年的 -0.54，由绝对劣势竞争力转为较大劣势竞争力；个人文化和娱乐服务类别的 TCI 值由 2016 年的 -0.50 提高至 2022 年的 -0.19，由较大劣势竞争力转为较小劣势竞争力；其他商业服务类别的 TCI 值由 2016 年的 0.15 提高至 2022 年的 0.31，由较小优势竞争力逐渐趋近于较大优势竞争力。2016—2022 年，保险和养老金服务与金融服务这两个类别 TCI 值变动呈现波动中下降态势。保险和养老金服务的 TCI 值由 2016 年的 -0.52 提高至 2019 年的 -0.39 又快速降至 2022 年的 -0.65，先由较大劣势竞争力转为较小劣势竞争力，随后又转回较大劣势竞争力；金融服务类别的 TCI 值由 2016 年的 0.23 波动变化降至 2022 年的 0.15，除 2021 年受新冠疫情影响转为无优劣势竞争力，其他年份均保持较小优势竞争力。2016—2022 年电信、计算机和信息服务的 TCI 值保

持在（0.1，0.4］范围内，竞争力稳定在较小优势竞争力。

（二）东盟数字服务贸易竞争力分析

根据东盟服务贸易和数字服务贸易2016—2022年TCI值的计算结果（见表3-38），可以看到历年TCI的值均在［-0.1，0.1］范围内，说明东盟的服务贸易和数字服务贸易的竞争力均保持为无优劣势竞争力。分时间段来比较，2016—2019年服务贸易的TCI值均大于数字服务贸易的TCI值，2020—2022年数字服务贸易的TCI值均大于服务贸易的TCI值，这在一定程度上反映了新冠疫情推动了东盟的数字服务贸易发展。

表3-38　东盟服务贸易和数字服务贸易TCI值变动情况

年份	服务贸易	数字服务贸易
2016	0.02	-0.03
2017	0.02	-0.04
2018	0.04	0.00
2019	0.07	0.01
2020	-0.01	0.00
2021	-0.07	-0.01
2022	0.00	0.01

进一步利用2016—2022年东盟数字服务贸易各贸易类别进出口数据对各贸易类别的TCI值进行测算（见表3-39）。从计算结果来看，东盟在金融服务类别的竞争力最强，知识产权使用费类别的竞争力最弱。2016—2022年东盟的知识产权使用费类别TCI值变动呈现明显的提高趋势，由2016年的-0.54逐年提高至2022年的-0.36，由较大劣势竞争力转为较小劣势竞争力；金融服务的TCI值变动呈较明显的减小趋势，竞争力保持在较大优势竞争力，但有转为较小优势竞争力的趋向；保险和养老金服务的TCI值在（-0.4，-0.2）区间内，竞争力保持为较小劣势竞争力；电信、计算机和信息服务的TCI值除2021年外都处于（-0.1，0.1）范围内，竞争力基本保持无优劣势竞争力状态；个人文化和娱乐服务类别，在剔除新冠疫情影响严重的2020年和2021年数值的情况下，TCI值变动呈现上升趋向，竞争力由无优劣势竞争力转为较小优势竞争力；其他商业服务的TCI值变动均处于（-0.1，0.1）范围内，竞争力保持在无优劣势竞争力状态。

表 3-39　东盟数字服务贸易各贸易类别的 TCI 值变化情况

年份	保险和养老金服务	金融服务	电信、计算机和信息服务	知识产权使用费	个人文化和娱乐服务	其他商业服务
2016	-0.38	0.52	0.06	-0.54	-0.03	-0.03
2017	-0.34	0.51	0.02	-0.50	-0.05	-0.05
2018	-0.24	0.51	0.06	-0.50	0.04	-0.01
2019	-0.28	0.50	-0.03	-0.49	0.09	0.03
2020	-0.35	0.46	-0.07	-0.47	-0.05	0.03
2021	-0.39	0.47	-0.12	-0.41	-0.14	0.03
2022	-0.30	0.43	-0.04	-0.36	0.13	0.02

　　为了解东盟各国的数字服务贸易竞争力情况，利用各国的数字服务贸易数据对它们的 TCI 值进行计算，结果如表 3-40 所示。

表 3-40　2016—2021 年东盟各国数字服务贸易 TCI 值变化情况

年份	文莱	柬埔寨	印度尼西亚	老挝	马来西亚	缅甸	菲律宾	新加坡	泰国	越南
2016	-0.95	-0.35	-0.30	0.06	-0.25	-0.06	0.45	0.00	-0.19	-0.27
2017	-0.96	-0.37	-0.30	-0.26	-0.20	-0.05	0.42	-0.02	-0.26	-0.33
2018	-0.97	-0.47	-0.21	-0.37	-0.20	-0.15	0.45	0.05	-0.29	-0.32
2019	-0.97	-0.30	-0.27	-0.10	-0.19	0.05	0.40	0.07	-0.30	-0.25
2020	-0.96	-0.18	-0.34	-0.20	-0.19	0.00	0.45	0.04	-0.23	-0.38
2021	-0.93	-0.32	-0.36	-0.14	-0.21	-0.12	0.42	0.05	-0.29	-0.37

　　从 2016—2021 年东盟各国数字服务贸易的 TCI 值来看，东盟各国中菲律宾的数字服务贸易竞争力最强，文莱的竞争力最弱。2016—2021 年，文莱的数字服务贸易 TCI 值一直处于（-1，-0.9）范围内，竞争力呈现为绝对劣势竞争力，这也反映了文莱数字服务贸易发展滞后，基本上只有进口贸易；柬埔寨的 TCI 值除 2018 年外，其他都处在（-0.4，-0.1），竞争力基本保持为较小劣势竞争力；印度尼西亚的 TCI 值都处在（-0.4，-0.2），竞争力稳定在较小劣势竞争力状态；老挝的 TCI 值波动较大，2017 年后 TCI 值处在（-0.4，-0.1）范围内，竞争力由无优劣势竞争力转为较小劣势竞争力，竞争力下降；马来西亚的 TCI 值较为稳定，在-0.2 附近波动，竞争力保持较小劣势竞争力；缅甸的 TCI 值在（-0.2，0.1）波动，竞争力由无优劣势竞争力转为较小劣势竞争力；菲律宾的 TCI 值稳定在 ［0.4，0.45］之间，竞争

力保持较大优势竞争力状态；新加坡的 TCI 值处在（-0.1，0.1）范围内，呈现无优劣势竞争力状态；泰国和越南的 TCI 值均在（-0.4，-0.1）范围内，竞争力状态均为较小劣势竞争力。根据 TCI 值，东盟各国数字服务贸易相对竞争力强弱由强到弱排序为：菲律宾、新加坡、缅甸、老挝、马来西亚、泰国、柬埔寨、印度尼西亚、越南、文莱。

（三）中国与东盟数字服务贸易竞争力的比较分析

2016—2022 年，中国与东盟的数字服务贸易竞争力总体上都有提升，但是中国的竞争力提升快于东盟竞争力提升。从中国与东盟数字贸易竞争力指数（TCI）比较图（见图 3-11）可以看到，2016—2022 年中国数字服务贸易的竞争力指数一直大于东盟的竞争力指数，中国数字服务贸易竞争力于 2022 年由无优劣势竞争力上升为较小优势竞争力，而东盟数字服务贸易竞争力状态仍为无优劣势竞争力，中国数字服务贸易的全球竞争力较东盟更强一些。

图 3-11　2016—2022 年中国与东盟数字服务贸易竞争力指数比较

进一步利用中国对东盟数字服务贸易数据，可以测算出中国对东盟数字服务贸易的相对竞争力指数，2016—2019 年的 TCI 值分别为（见表 3-41）：0.16、0.07、0.15、0.07，TCI 值均大于 0 说明中国对东盟数字服务贸易竞争力处于优势地位，但是 TCI 数值都不高，说明中国对东盟的数字服务贸易竞争力优势不是很大。从中国对东盟六个国家各自的数字服务贸易 TCI 值来看，中国对印度尼西亚、泰国和越南的 TCI 值均在（0.4，0.7）区间内，说明中国对这三个国家的数字服务贸易相对竞争力处于较大优势竞争力状态；中国对马来西亚的 TCI 值在从 0.44 降到 0.30，说明中国对马来西亚的数字服务贸易相对竞争力有所下降，从较大优势竞争力转为较小优势竞争力；中国对新加坡的 TCI 值在（-0.1，0.1）波动，说明中国对新加坡的数字服务贸易相对竞争力不明显，为无优劣势竞争力；中国对菲律宾的 TCI 值在

（-0.4，-0.2）变化，说明中国对菲律宾数字服务贸易相对竞争力表现为劣势，为较小劣势竞争力状态，但这种劣势正在减少中。

表 3-41　2016—2019 年中国对东盟主要国家数字服务贸易 TCI 值变化情况

年份	印度尼西亚	马来西亚	菲律宾	新加坡	泰国	越南
2016	0.57	0.44	-0.33	0.07	0.58	0.51
2017	0.52	0.25	-0.33	-0.01	0.57	0.45
2018	0.51	0.35	-0.32	0.08	0.60	0.49
2019	0.55	0.30	-0.26	-0.04	0.60	0.48

从中国对东盟数字服务贸易的类别 TCI 值变化情况来看，中国对东盟具有相对优势竞争力的贸易类别为：电信、计算机和信息服务与其他商务服务；具有相对劣势竞争力的贸易类别为：金融服务、知识产权使用费；保险和养老金服务、个人文化和娱乐服务，中国与东盟的相对竞争力无明显优劣势。从 2016—2019 年的数据来看（见表 3-42），中国对东盟在电信、计算机和信息服务与其他商务服务这两类别上的竞争力均保持在较小优势竞争力状态；在金融服务贸易方面，中国对东盟还处于绝对竞争劣势状态；在知识产权使用费贸易方面，中国对东盟的竞争力由绝对劣势竞争力转为较大劣势竞争力；在保险和养老金服务贸易方面，中国对东盟的竞争力处在较小劣势竞争力向无优劣势竞争力转换的边缘状态；在个人文化和娱乐服务类别上，TCI 值处在（-0.1，0.1）范围内，表现为无优劣势竞争力，但有趋向于较小劣势竞争力转变的趋势。

表 3-42　2016—2019 年中国对东盟数字服务贸易各贸易类别 TCI 值变化情况

年份	保险和养老金服务	金融服务	电信、计算机和信息服务	知识产权使用费	个人文化和娱乐服务	其他商业服务
2016	-0.1	-0.77	0.27	-0.7	0.08	0.34
2017	-0.18	-0.77	0.14	-0.33	-0.01	0.22
2018	-0.1	-0.68	0.31	-0.36	-0.03	0.26
2019	-0.1	-0.78	0.21	-0.41	-0.08	0.21

从中国对东盟主要国家数字服务贸易各类别的 TCI 值来看，不同类别上，中国对东盟主要国家的竞争力呈现较大差异。

从中国对东盟六国的保险和养老金服务的 TCI 值变动情况来看（见表 3-43），中国对新加坡的 TCI 值（-0.5，-0.3）范围，竞争力主要呈现为较小相对劣势竞争力。但是对印度尼西亚、马来西亚、菲律宾、泰国和越南，中国均具有竞争力优势。

从 TCI 值的变动范围来看，中国对印度尼西亚、马来西亚和泰国的 TCI 值均处于（0.1，0.4）范围内，说明中国对这三个国家在保险和养老金服务类别贸易竞争力表现为较小优势竞争力；对菲律宾和越南的 TCI 值处在（0.4，0.7）范围内，说明中国对这两个国家在保险和养老金服务类别贸易具有较大优势竞争力。东盟六国中，中国对越南的竞争力优势最大，对新加坡竞争劣势最大。

表 3-43　2016—2019 年中国对东盟六国保险和养老金服务类别 TCI 值变化情况

年份	印度尼西亚	马来西亚	菲律宾	新加坡	泰国	越南
2016	0.24	0.32	0.57	-0.37	0.23	0.63
2017	0.23	0.35	0.60	-0.48	0.29	0.64
2018	0.23	0.33	0.58	-0.30	0.34	0.66
2019	0.31	0.34	0.61	-0.30	0.35	0.69

从中国对东盟六国的金融服务的 TCI 值变动情况来看（见表 3-44），中国对新加坡的竞争劣势最大，TCI 值在（-1，-0.7）范围，竞争力为绝对劣势竞争力。中国对马来西亚和菲律宾在金融服务类别也处于劣势竞争力，对马来西亚的 TCI 值在（-0.4，-0.1），竞争力为较小劣势竞争力；对菲律宾的 TCI 值在（-0.3，0.2），竞争力有从较小劣势竞争力向无优劣势竞争力再向竞争力优势转换的趋势。中国对印度尼西亚、泰国和越南三个国家在金融服务类别具有优势竞争力，其中中国对印度尼西亚和泰国的竞争力为较小优势竞争力，对越南的竞争力表现为较大优势竞争力。东盟六国中，中国对越南的金融服务竞争力优势最大，对新加坡的竞争劣势最大。

表 3-44　2016—2019 年中国对东盟六国金融服务类别 TCI 值变化情况

年份	印度尼西亚	马来西亚	菲律宾	新加坡	泰国	越南
2016	0.37	-0.27	-0.28	-0.85	0.27	0.46
2017	0.08	-0.32	-0.06	-0.84	0.28	0.41
2018	0.07	-0.32	-0.12	-0.74	0.22	0.39
2019	0.23	-0.38	0.12	-0.85	0.34	0.42

从中国对东盟六国的电信、计算机和信息服务类别的 TCI 值变动情况来看（见表 3-45），中国对菲律宾表现为竞争劣势，TCI 值在（-0.5，-0.3）范围，竞争力由较大劣势竞争力转为较小劣势竞争力。中国对印度尼西亚、马来西亚、新加坡、泰国和越南在电信、计算机和信息服务类别均具有竞争力优势：对印度尼西亚的 TCI 值和泰国的 TCI 值均在 0.7 左右，表现为绝对优势竞争力；对越南的 TCI 值在

（0.35，0.55），竞争力主要呈现为较大优势竞争力；对马来西亚和新加坡的 TCI 值在（0.1，0.4），竞争力表现为较小优势竞争力。东盟六国中，中国在电信、计算机和信息服务类别对泰国的竞争力优势最大，对菲律宾的竞争劣势最大。

表 3-45　2016—2019 年中国对东盟六国电信、计算机和信息服务类别 TCI 值变化情况

年份	印度尼西亚	马来西亚	菲律宾	新加坡	泰国	越南
2016	0.73	0.28	−0.43	0.32	0.78	0.53
2017	0.67	0.12	−0.47	0.18	0.71	0.38
2018	0.70	0.22	−0.39	0.38	0.75	0.49
2019	0.70	0.20	−0.35	0.19	0.73	0.48

从中国对东盟六国的知识产权使用费类别的 TCI 值变动情况来看（见表 3-46），中国对新加坡表现为竞争劣势，TCI 值在（−0.9，−0.5）范围，竞争力由绝对劣势竞争力转为较大劣势竞争力。中国对印度尼西亚、马来西亚、菲律宾、泰国和越南在知识产权使用费类别均具有竞争力优势：对印度尼西亚、泰国和越南的 TCI 值均大于 0.7，表现为绝对优势竞争力；对菲律宾的竞争力主要呈现为较大优势竞争力；对马来西亚的竞争力由无优劣势竞争力转为较小优势竞争力。东盟六国中，中国在知识产权使用费类别对越南的竞争优势最大，对新加坡的竞争劣势最大。

表 3-46　2016—2019 年中国对东盟六国知识产权使用费类别 TCI 值变化情况

年份	印度尼西亚	马来西亚	菲律宾	新加坡	泰国	越南
2016	0.71	0.02	0.03	−0.85	0.80	0.82
2017	0.95	0.09	0.44	−0.54	0.89	0.91
2018	0.83	0.24	0.36	−0.60	0.87	0.90
2019	0.75	0.32	0.42	−0.63	0.87	0.90

从中国对东盟六国的个人文化和娱乐服务类别的 TCI 值变动情况来看（见表 3-47），中国对印度尼西亚、菲律宾、泰国和越南均表现为竞争劣势，对马来西亚表现为竞争优势。从 TCI 值的变动范围来看，中国对印度尼西亚、菲律宾和越南的 TCI 值均处于（−0.5，−0.1）范围内，中国对这三个国家在个人文化和娱乐服务类别贸易竞争力在 2019 年均表现为较大劣势竞争力；中国对菲律宾的 TCI 值处在（−0.4，−0.1）范围内，竞争力表现为较小劣势竞争力；中国对新加坡的 TCI 值从 2016 年的 0.14 下降至 2019 年的 0，反映出中国对新加坡的竞争力从较小优势竞争力转为无优劣势竞争力。东盟六国中，个人文化和娱乐服务类别上，中国对新加坡

的竞争力优势最大，对泰国竞争劣势最大。

表 3-47　2016—2019 年中国对东盟六国个人文化和娱乐服务类别 TCI 值变化情况

年份	印度尼西亚	马来西亚	菲律宾	新加坡	泰国	越南
2016	−0.14	0.32	−0.38	0.14	−0.13	−0.17
2017	−0.42	0.19	−0.40	0.10	−0.44	−0.42
2018	−0.48	0.21	−0.14	0.01	−0.37	−0.35
2019	−0.43	0.14	−0.27	0.00	−0.49	−0.46

　　从中国对东盟六国的其他商务服务类别的 TCI 值变动情况来看（见表 3-48），中国对菲律宾表现为竞争劣势，TCI 值在（−0.4，−0.2）范围内，竞争力表现为较小劣势竞争力。中国对印度尼西亚、马来西亚、新加坡、泰国和越南在其他商务服务类别均具有竞争力优势：对印度尼西亚、泰国和越南的 TCI 值均在（0.4，0.6）范围内，表现为较大优势竞争力；对马来西亚的 TCI 值在（0.3，0.6）范围内，竞争力有由较大优势竞争力转向较小竞争力趋势；对新加坡的 TCI 值在（0.1，0.4）范围内，竞争力为较小优势竞争力。东盟六国中，中国在其他商务服务类别对泰国的竞争优势最大，对菲律宾的竞争劣势最大。

表 3-48　2016—2019 年中国对东盟六国其他商业服务类别 TCI 值变化情况

年份	印度尼西亚	马来西亚	菲律宾	新加坡	泰国	越南
2016	0.56	0.53	−0.32	0.32	0.59	0.51
2017	0.51	0.31	−0.31	0.18	0.57	0.47
2018	0.49	0.42	−0.33	0.22	0.59	0.49
2019	0.53	0.36	−0.25	0.15	0.59	0.47

六、中国与东盟数字服务贸易增长度分析

　　近些年中国与东盟数字服务贸易总体均保持较快增长速度，中国的增长速度快于东盟。从表 3-49 数据来看，2017—2022 年中国数字服务贸易进出口总额年均增速高达 11.18%，同期的货物贸易年均增速为 9.37%；2017—2022 年东盟数字服务贸易年均增速也达到 9.0%，同期的货物贸易增速为 9.43%（见表 3-50）。与货物贸易增长相比，中国数字服务贸易增速快于货物贸易增速，而东盟数字服务贸易增速慢于货物贸易增速，这与双方数字经济发展水平相关。从 2017—2022 年数字服务贸易进出口总额增长率变动来看，2018 年和 2021 年中国与东盟各自的增长率都明

显高于其他年份；2022 年中国受新冠疫情影响严重，数字服务贸易首次出现负增长。

表 3-49　2017—2022 年中国数字服务贸易增长情况　　　　　单位：%

年份	进出口总额增长率	出口额增长率	进口额增长率
2017	8.37	8.67	8.25
2018	18.84	22.35	14.94
2019	5.89	8.08	3.45
2020	7.65	7.35	7.99
2021	18.24	20.71	15.31
2022	-0.16	3.76	-5.26
年均增长率	11.18	13.78	8.35

从数字服务贸易出口增长率和进口增长率的对比来看，中国与东盟总体上均呈现出口增长率大于进口增长率的特征。从 2017—2022 年的数据来看，中国除 2020 年外，其他年份数字服务贸易出口增速均明显高于进口增速；出口增速与进口增速最大差额约 9 个百分点，出现在 2022 年；出口增速与进口增速最小差额为 0.64 个百分点，出现在 2020 年。东盟除 2017 年和 2020 年外，其他年份数字服务贸易出口增速均高于进口增速；出口增速与进口增速最大差额 7.13 个百分点，出现在 2018 年；出口增速与进口增速最小差额为 0.38 个百分点，出现在 2022 年。从数字服务贸易出口增速来看，中国 2017—2022 年年均增速为 13.78%，远高于东盟的年均增速 9.81%。从数字服务贸易进口增速来看，中国 2017—2022 年年均增速为 8.35%，同期东盟的年均增速为 8.2%，双方差距小于出口增速的差距（见表 3-50）。

表 3-50　2017—2022 年东盟数字服务贸易增长情况　　　　　单位：%

年份	进出口总额增长率	出口额增长率	进口额增长率
2017	9.01	8.27	9.68
2018	11.53	15.09	7.96
2019	5.43	6.63	4.20
2020	4.76	3.89	5.64
2021	13.12	13.64	12.59
2022	5.34	5.53	5.15
年均增长率	9.00	9.81	8.20

从 2017—2022 年中国数字服务贸易各类别贸易总额的年均增速来看，各类别年均增速均超过 6.2%。其中电信、计算机和信息服务年均增速最高，超过 20%，知识产权使用费的年均增速也达到 14.22%，其他类别的年均增速均低于 9%。从 2017—2022 年东盟数字服务贸易各类别贸易总额的年均增速来看，除知识产权使用费年均增速低于 5%，其他类别的年均增速均在 7% 以上。其中个人文化和娱乐服务的年均增速最高，达到 16.34；金融服务的年均增速排第二位，年均增速超过 11%；电信、计算机和信息服务的年均增速也接近 11%。对比中国与东盟数字服务贸易各类别贸易总额的年均增速，可以发现：中国在电信、计算机和信息服务与知识产权服务费这两个类别的增速都显著高于东盟，东盟在其他四个类别的增速则快于中国；中国与东盟在电信、计算机和信息服务类别都保持了较快增速（见表 3-51）。

进一步从数字服务贸易各类别的出口增速和进口增速分别进行分析。从 2017—2022 年中国数字服务贸易各类别贸易出口额的年均增速来看，知识产权使用费类别增速最快，年均增速高达 48.41%；其次是电信、计算机和信息服务，年均增速达到 21%，知识产权使用费的出口年均增长率超过 16%；保险和养老金服务的出口年均增长率最低，不到 0.1%。同时期东盟数字服务贸易各类别出口年均增速均达到 9% 及以上，出口增速最高的类别是知识产权使用费，其年均增速超过 19%。从 2017—2022 年中国数字服务贸易各类别贸易进口额的年均增速来看，电信、计算机和信息服务的进口增速最高，年均增速达到 19.52%；金融服务和知识产权使用费这两个类别的进口年均增速也都在 10% 以上；其他商务服务的进口年均增速最慢，仅有 2.69%。同时期东盟的数字服务贸易各类别中，金融服务的进口额年均增长率最高，为 14.75%；个人文化和娱乐服务与电信、计算机和信息服务的进口年均增速也都在 12% 以上；知识产权使用费的进口年均增速最低，为 2.75%。综合出口增速和进口增速来看，中国在电信、计算机和信息服务与知识产权使用费两个类别进口和出口的年均增速均在 10% 以上，发展势头迅猛；东盟则在金融服务、个人文化和娱乐服务这两类保持快速增长，进口和出口的年均增速均超过 10%。

表 3-51　2017—2022 年中国与东盟数字服务各贸易类别年均增速对比　　单位：%

贸易类别	进出口总额增长率		出口额增长率		进口额增长率	
	中国	东盟	中国	东盟	中国	东盟
保险和养老金服务	6.26	7.24	0.08	9.41	7.73	6.18
金融服务	8.60	11.24	7.40	10.03	10.39	14.75
电信、计算机和信息服务	20.54	10.77	21.00	9.00	19.52	12.60
知识产权使用费	14.22	4.85	48.41	10.59	10.17	2.75
个人文化和娱乐服务	6.53	16.34	16.16	19.40	3.09	13.05
其他商业服务	6.42	8.81	8.83	9.72	2.69	7.90

第四章　数字经济对中国—东盟供应链韧性管理的价值和效应

第一节　中国和东盟产业链供应链的合作

一、中国—东盟产业链供应链发展模式

（一）加工贸易模式

加工贸易模式是中国与东盟国家之间经济合作的一种有效形式。这种方式是，中国企业将原材料或者半成品出口到东盟国家进行进一步加工，最后再将这些成品出口到其他国家或者地区。这种贸易方式在某种程度上利用了东盟国家的劳动力成本优势及制造业能力，实现了产业链的扩展和优化。

中国在全球经济体系中处于重要地位，是全球价值链中不可或缺的一部分。在这一背景下，加工贸易模式有着特殊的经济地位。中国企业通过全球化的生产流程，可以充分发挥东盟国家在人力成本和制造能力上的优势，从而获得更大的经济效益。比如，中国纺织企业向柬埔寨出口棉花原料，然后再向欧美国家出口成衣，就是一个典型的例子。在这一过程中，中国企业不仅可以降低生产成本，还可以延伸产业链，优化供应链结构，获得长期的经济效应。

在国家层面上，这一模式有利于全球资源的优化配置和互惠互利。东盟是世界上重要的发展中经济体，其劳动力成本低廉，制造能力不断提高，与中国在产业结构、产业链分工等方面形成了良好的互补。这一模式在当今全球化的产业链和供应链重组中显得尤为重要。特别是在新冠疫情暴发后，全球供应链稳定问题日益凸显，中国—东盟在这一领域的产业链供应链合作，对于全球经济的稳定发展具有重要意义。

对于东盟各国来说，中国企业参与到东盟各国经济活动中，尤其是在产业链、供应链上的合作，已成为推动东盟各国工业化发展的一股重要力量。中国企业已逐渐成为全球产业链供应链中的重要一环，中国企业拥有先进的制造技术与制造能力，其选择到东盟各国进行投资，除了获得经济回报之外，也是要把先进的技术、先进的经营理念带到当地，从而有利于提高东盟制造业的整体实力，形成一个良性循环。一方面，中国企业在海外投资建厂，为东盟各国提供了更多的就业岗位，增加了当地居民的收入，促进了当地的消费与经济增长。另一方面，中国企业向东盟各国推广其管理经验与技术，对于促进东盟各国经济发展与工业化进程，提高经济发展质量，具有十分重要的现实意义。

另外，这一模式还折射出中国在海外投资方面的转变。中国企业走出国门，实施"走出去"战略，对外投资的重点已从过去的资源获取转移到了技术、市场和品牌的获取。东盟是中国的近邻，有着得天独厚的地理位置和相近的文化背景，使其成为中国企业走出国门的第一选择。华为在泰国、马来西亚等地设立研发中心，充分显示出中国企业在全球范围内的战略布局与国际化经营能力。

总体而言，这一模式标志着中国—东盟经贸关系进入了一个新的发展阶段，它不仅能使中国—东盟关系取得新的突破，而且还能使东盟自身的产业发展、经济增长加快。但是，要使这一模式持续、健康地发展下去，就必须从经济、政治、社会等各个层面建立与完善相应的制度保障，才能使这一模式真正获得长久的利益。

(二) 投资合作模式

投资合作模式是指中国企业通过与东盟国家的企业进行合作，共同构建产业链和供应链，实现资源优化配置和互利共赢。中国企业通过技术合作可以获得更多的资源和扩展市场份额，而东盟国家则借此机会加速了对原有市场和资源的优化利用。

东盟各国是中国重要的贸易伙伴，也是中国投资的目的地，消费市场巨大，需求潜力巨大。中国企业在进行技术合作时，采取的是国际发展战略。在这一过程中，它们利用自己在技术、管理等方面的优势，逐步占领了东盟市场。同时，通过这种合作，企业可以更好地了解国际市场、国际经济、新兴技术等，从而提升企业的跨区域经营与管理水平，并借助东盟各国丰富的劳动力资源，建立成本优势。充分利用其庞大的消费市场，拓宽其销售渠道，或者利用地理优势，提高物流效率。

同时，这一模式也对东盟各国产业升级起到了积极的推动作用。中国企业为东盟各国带来了先进的技术与管理经验，这将使东盟各国的工业达到一个新的高度，并使这些国家的工业附加值不断提高。例如，华为在泰国设立了研发中心，一方面可借助当地的科技、人才资源加快技术创新、推出具有竞争优势的新产品、新方案；

另一方面可为泰国信息通信行业提供更多的培训与技术支援，促进本地科技人才的培养与成长，从而为泰国信息产业转型升级打下坚实基础。

但是，这一模式也面临着技术转移难、知识产权保护难、市场准入难等问题。中国企业开展技术合作，既要尊重本国法律、保护本国知识产权，又要不断进行技术、服务等方面的创新，争取在东盟国家获得市场准入资格。

中国—东盟投资合作模式不仅为中国企业的国际化提供了一条全新的发展道路，还将促进东盟国家产业的转型升级，促进东盟国家的工业化与经济发展，这将为深化东盟—国家间的全面合作与交流，建立更加密切的经济伙伴关系创造条件。

（三）跨境电商模式

跨境电商模式是指通过跨境电商平台，中国和东盟企业可以直接将产品销售到双方国家，实现供应链的快速连接和订单的快速交付。这一模式利用电子商务技术，在两地间构建灵活高效的交易环境，为卖家买家提供更便捷的交易渠道，同时也催生了其他相应的产业，比如物流、仓储等。

随着"一带一路"倡议的实施，东盟国家同中国的贸易规模不断扩大，两个国家之间存在着巨大的市场。一方面，跨境电商模式有助于实现供应链的接口标准化，从订单生成到处理，转交到供应商及物流、仓储等部门，形成一体化，提升整个过程的效率。另一方面，在电商平台的帮助下，采购商可以对订单的状态进行实时监控，从而大大缩短了交货周期，提高了供应链的效率，提升了客户的满意度。这种模式的突发性和困惑在于，它需要克服跨国贸易的复杂性和不确定性，包括海关手续、支付结算、物流运输等方面的挑战。此外，不同国家之间的法律法规和文化差异也可能对跨境电商的运营产生影响，需要企业具备应对风险和变化的能力。

中国与东盟在"一带一路"倡议指导下，进一步加强了电子商务领域的合作，促进了双边贸易的发展。双方在网络基础设施、电子交易、物流、知识产权、电子支付等重要领域的合作与交流，形成了一个公平透明的电商环境，促进了中国与东盟两国经济的联系。

（四）共享发展模式

当前全球化的趋势下，国际合作和交流已经成为不可逆转的历史潮流，国家之间的经济依赖日益加深，这使得共享发展模式成为处理国际经济问题的有效工具，为国家之间进行经济合作提供了新的思路。共享发展模式是指中国和东盟通过建立产业链合作关系和供应链合作关系，实现资源的共享、优势的互补，推动双方经济的发展和区域经济一体化进程。该模式基于"合作共赢""包容普惠"的思想与原则，强调在产业链、供应链上建立一种互惠互利的合作关系，实现双方的共同发展和利益最大化，从而推动经济的发展，实现持和平与发展的目的。

中国和东盟采取的产业链、供应链共享发展模式是中国"一带一路"倡议与东盟"连接"协同推进的结果。这是中国和东盟各国经济合作由单纯的贸易关系发展到更深层次的经济融合的一个重要标志。

从共享的视角来看，中国与东盟所采取的供应链共享模式，体现了中国与东盟在产业结构调整与世界经济一体化进程中的互惠与互惠。东盟成员国大多为发展中国家，主要依赖外国资金进行产业升级。中国是世界上最大的资本输出国，以及全球产业链和供应链的核心参与者。中国与东盟通过"共享发展"的方式，可以有效地发挥各自的优势，整合区域内的资源，达到双赢的局面。

从经济一体化的角度看，这种"共享发展"模式使两地的产业链、供应链得以整合，从而构成一种互补的、差异化的产业系统。中国在高端科技和大宗商品方面有明显的优势，东盟国家在消费产品，如电池和智能手机等方面有很大的市场。从某种意义上说，这种分工和合作形式，在一定程度上，实现了区域经济一体化发展。

从稳定性和持久性的角度看，中国与东盟在产业链供应链共享发展方面，具有更好的稳定性和可持续性，具有更好的优势。产业链供应链共享模式不仅为两地的经济发展提供了稳定的动力源，也使双边经济关系更具有稳定性和持久性。相对于传统的贸易合作方式，这种方式对于促进中国与东盟经贸关系的稳定与发展具有更大的推动作用。

中国和东盟采取的产业链供应链共享发展模式揭示了现代经济发展的基本方向，是当今世界经济发展的一个重要趋势。这一模式将通过深化共享合作，推动经济一体化，打破传统贸易合作模式的限制，使各国能够更好地利用自己的优势，在全球产业链、供应链中达到双赢的局面。

二、中国—东盟供应链发展特点

(一) 呈现复杂性特征

中国和东盟产业链、供应链合作涉及的领域广泛，且面临着多元复杂的经济环境。以制造业为例，中国作为世界上最大的电子产品消费市场，其所涉及的产业链对马来西亚和越南等东盟国家有着深刻的依赖性，构成了一个复杂的全球电子信息产业链。

中国和东盟在产业链和供应链上的合作呈现出非常复杂的特征。这是因为双方的合作范围很广，而且双方所处的国家、区域各不相同，所处的经济环境也多种多样。合作的广泛性使产业链和供应链的构建具有非常高的复杂性。中国与东盟的合作，涵盖了从基础设施、高新技术产业、服务业到农业、资源等多个方面，不仅涉及产业的长尾，也涉及产业的深度。中国是世界上最大的电子产品消费市场，对马来西亚、越南等东盟成员国的电子元器件的需求很大。在这种背景下，如何实现供应链的高效运作，保证资源的合理分配，是一个极具挑战的问题。

国际贸易摩擦、地缘政治关系的变化、市场竞争的加剧，都会对产业链与供应链的稳定产生影响。但是，中国和东盟之间的产业链、供应链合作仍展现出强大的韧性和创新能力。一方面，双方在资源配置、创新合作等方面进行了广泛的探索，使产业链和供应链的合作更加紧密和有效。另一方面，中国与东盟在发展战略中也作出了进一步加强产业链、供应链等方面合作的承诺。这对建立更加公平和公正的经济和贸易规则，以及世界经济的良性发展起到了积极的作用。

（二）新兴领域的深度协同

新兴领域的深度协作是伴随着科技进步与产业转型而产生的一种新型国际经贸合作模式。这体现了在经济全球化的大背景下，为了获得更大的经济效益，各国之间的产业链协作的新趋势。中国—东盟在新能源、电子信息、生物医药等方面开展的深入的产业链合作，不仅反映了这一发展潮流，而且具有自身的特色和借鉴意义。

随着科技进步和产业升级，中国在新能源汽车制造、电子信息技术、生物医药研发等领域建立起了国际领先的技术和产业体系。中国在技术上的领先地位与东盟在资源上的领先地位，可通过产业链、供应链的协同作用，使各自的优势得到更大的发挥，从而达到共同发展的目的。同时，也凸显了中国与东盟在产业合作上的创新意识和先行经验。另外，中国和东盟在新兴领域的深度产业链协作，也是应对全球治理环境保护大潮的积极姿态。新能源、电子信息、生物医药等新兴领域，其发展不仅改变了人们的生活和产业格局，也意味着对环境更少的侵害，为实现全球2030年可持续发展目标提供了强有力的支持。

新兴领域的深度产业链协同是中国与东盟在科技进步和产业结构调整背景下开展全方位、深层次经济合作的新形式。这种形式不仅体现了中国与东盟在新兴产业领域的优势资源，促进共同发展，也体现了双方在全球治理中承担更多责任，是两国应对环境保护问题，推进可持续、协调、共享发展的一种方式。

（三）突出互补性与共赢

中国与东盟在产业链、供应链的合作中展现出显著的互补性，这是基于两者各自的独特优势与需求。中国拥有全面而复杂的工业体系及广大的消费市场，而东盟国家凭借资源丰富以及成本优势，互补性很强，是双赢的选择。

中国产业结构完善，产业结构多样，是中国同东盟开展合作的良好基础。中国工业体系的全面性表现在产品覆盖范围全面，从传统领域到高新技术领域皆有深厚积累。复杂性则体现在中国已经建立起完整的研发、生产、营销等产业链。这不仅能够满足中国国内消费市场的多元化需求，也意味着中国有能力在全球范围内提供高质量的工业产品和服务。

中国的消费市场为中国与东盟的合作开辟了广阔的市场空间。中国作为世界上人口第二多的国家，其庞大的消费市场对于全球各地的产品和服务都有着稳定的需求。对东盟国家来说，中国市场的开放意味着它们有更多的机会出口产品，获取经济利益，推动本国经济发展。

中国和东盟的这种互补性和共赢原则，更是体现在产业链和供应链的深度融通中。在全球化的背景下，中国和东盟均秉承开放的态度，致力于发挥各自优势，共同打造全球最具活力的地区。然而，中国与东盟的合作亦有其挑战。如何克服文化、社会、制度上的差异进行有效合作，协调好资源开发和环境保护之间的关系等问题，这些都需要双方继续深入研究，并通过共同努力寻求解决之道。

（四）持续性发展和深化

中国—东盟自贸区的设立，是中国—东盟经贸合作不断深入、不断发展的重要标志，也为双方在产业链、供应链等领域开展更深入的合作提供了可能。"精益求精""循序渐进"的合作方式，使彼此在经贸、投资和经济技术合作方面都卓有成效。

自贸区通过减少贸易障碍、促进货物及服务流动等措施，不仅可以满足中国不断增长的消费需求，也使得东盟国家的产品得以进入庞大的中国市场。而与过去单一的浅层贸易相比，自贸区的运营模式为双方开展多元化的深度贸易创造了条件，比如构建更加成熟的商务模式或是开展中高端的工业领域的合作。同时，自贸区为中国—东盟的投资提供了稳定、公平的运营环境。中国企业在东盟投资，既可以利用东盟的资源优势和市场空间，同时也为东盟提供了技术转让、知识产权输出以及资本输出等。这种双向的投资关系有力增强了中国和东盟的经济联系，形成了良性的经济循环。此外，在中国—东盟自贸区建设中，经贸技术合作也是一项十分重要的内容。中国与东盟在许多科技领域开展了深入合作，中国的科技进步带动了东盟经济的发展，而东盟丰富的市场、丰富的资源又为中国科技的运用提供了更为广泛的空间。

然而，要持续深化中国—东盟经贸关系，还需要进一步加强双方对话沟通，增进相互理解。政治方面，需要双方共同维护地区的和平稳定，使得经济发展不受外部因素的影响。文化和社会层面，则需要加强民间交流，推动互相认知和欣赏，以此为双方持续深化经贸关系铺平道路。

中国—东盟自贸区的设立，是中国—东盟关系发展史上的一个重大转折点，对双方实现长期、深度、互惠互利的经贸合作具有重大意义。随着时间持续推进，中国与东盟的经济合作将在逐步深化中继续推动双方在贸易、投资与技术等多方面的发展，为区域内经济的健康、稳定发展做出更大的贡献，同时，也在全球范围内树立示范效应，为全球供应链稳定提供改革和升级路径。

（五）强调开放与共享原则

中国—东盟之间的产业链、供应链合作，不仅是中国—东盟经贸合作的进一步深化，也在全球经济的发展与治理中发挥了重要作用。这是一种以开放和共享为基础的合作，有利于资源的合理分配，推动了经济的健康、平衡和持久发展，同时也有力地践行了共享发展的理念。

中国与东盟意识到，随着产业链与供应链的全球化，要求每个国家都要具有较高的开放性和积极的包容性。开放的经济政策有利于资源的流动，促进科技的交流，推动创新的蓬勃发展。例如，在共同建设的基础设施项目中，中国积极推动公私合作模式，以吸引包括东盟在内的国外资本参与进来，达到资源、技术和市场的最佳结合。这一过程中，中国不仅向东盟提供了技术设备和人才培训，同时也从东盟获取了必要的市场支持和产品认证。同时，强调共享原则。共享原则体现了中国和东盟对于全球经济一体化和区域合作的理解与诠释。经济发展的果实应当公平地享有，好处应当由各参与体分享。在产业链和供应链的合作中，各参与方都有其各自的优势和角色，只有在公正公平的环境下，各参与方才能够充分发挥其优势，实现其发展潜力。通过公私合作模式，中国与东盟等各参与主体共享合作成果，达到多赢的局面。

中国与东盟在产业链、供应链等领域，一贯坚持以开放、分享为宗旨，积极推动公私合作模式，共享合作成果。这一理念和实践，既利于繁荣双方经济，也符合推动全球经济健康、稳定发展的长远利益，彰显了中国和东盟作为负责任大国和区域组织的领导作用。

（六）主动适应全球经济环境变迁

当前，全球化进程中出现了发展不同步，尤其是近年来国际贸易摩擦频发，保护主义、单边主义盛行，对世界各国的经济贸易提出了新的挑战。在此背景下，中国与东盟各国经济既要积极应对世界经济环境的变化，又要承担起维护地区与世界经济安全的重大责任。这种责任的承担便可以通过深化区域经济一体化来实现，即通过加强双边与多边经济贸易关系来维系自身发展的稳定，以应对外部的压力和挑战。

中国与东盟在全球经济一体化进程中，为应对全球经济发展的不平衡以及国际经济管理体制的滞后，采取了积极的措施，促进了中国与东盟经济的相互交流与合作，并建立起了一个广阔的地区经济体系。这种体系既包括了传统的货物与服务贸易，又包括了投资、金融、人才等各个方面，从而形成了一个错综复杂却又稳固的区域经济网络。面对全球贸易保护主义和单边主义的抬头，这在相当大程度上是由经济上的短视行为所导致的现象，对于全球经济的繁荣稳定形成了严重的冲击。在此背景下，中国和东盟积极推动深化双边经贸关系，有助于抵消贸易保护主义和单边主义的影响，减轻全球贸易摩擦带来的压力。

中国与东盟主动适应世界经济环境的变化，在推进地区经济一体化进程中，不断地加强双边交往和多边贸易往来，从而有效地克服了来自外界的压力。这种方式，不仅让各个国家共享中国和东盟经济合作的红利，而且有力地巩固了全球经济的稳定，为全球经济的发展注入了更为强大的动力。这为今后面对全球经济环境的进一步变迁提供了重要的借鉴意义和有效的应对策略。

三、中国和东盟产业链供应链的深度融合

（一）深化市场准入

中国与东盟的经济合作一直是亚太区域中最重要的双边关系之一。要把中国与东盟经贸合作推向新的高度，就必须加大市场准入力度，扩大贸易自由化。2020 年升级完善的中国—东盟自贸区，在扩大贸易和投资领域的开放上，进一步丰富和完善了双边自由贸易协定的内容。2021 年 11 月，中国与东盟国家签署了区域全面经济伙伴关系协定（RCEP），这预示着中国与东盟的市场准入程度将进一步提升，对双边经济关系的未来发展具有重要影响。

深化市场准入意味着进一步开放市场，这是推动经济发展的基础且具有实质性意义。只有进一步开放市场，才能实现资源的有效配置、拓展国际贸易空间、促进经济增长。对于中国和东盟而言，开放市场并推进市场准入不仅可以吸引更多的国际资本投资，也有助于提高双方经济融合程度、提升区域竞争力。

加强与国际贸易政策衔接，是提高我国企业进入国际市场的关键环节。贸易政策对接不仅有利于消除贸易壁垒，增强市场透明度和可预见性，而且可以为中国—东盟双边贸易投资提供更有利的环境。我们注意到，RCEP 协定中涵盖了货物贸易、服务贸易、投资等领域，且设定了更加完善的规则，这对于深化贸易政策对接大有裨益。

扩大双边和多边自贸区的建设和发展，也是进一步加强市场准入的一项重要举

措。近代经济分析表明，自贸区的建立对于促进交易伙伴之间的贸易联系具有显著效果。RCEP 协定的签署，使得中国—东盟自贸区得以进一步扩大，涵盖更多国家和地区。这不仅有利于推进市场综合开放，而且可以进一步推动区域经济一体化，提升自贸区的贸易效率和经济效益。

需要指出的是，深化市场准入并不仅仅是减少或消除贸易壁垒，更需要通过法律法规、行政管理、技术标准等手段，维护市场的公平竞争、保护消费者权益，并确保资源环境的可持续利用。

深化市场准入，推进贸易自由化是一个持续的过程，需要不断探索和完善相关制度，确保中国—东盟经济关系的健康发展。RCEP 协定的签署标志着中国与东盟经济合作进入了新阶段，这对于推动双方经济共同发展，提升亚太地区乃至全球经济治理体系具有重要的示范和推动作用。

（二）高层次的产业链合作

中国与东盟国家多年以来的紧密合作，特别是在高层次产业链方面开展的合作，逐渐构建了全球价值链中重要的链接。这种合作不仅创造了经济增长新动力，也进一步推动了经济结构优化和升级。从低端向中高端跃升的产业链合作模式，充分展示了中国与东盟的经济增长潜力和发展前景。

中国与东盟在推动高技术领域的合作上做出了重要努力。此类高技术产业包括电子信息、绿色可再生能源、生物医药、高科技农业等领域。在这些领域中，双方不仅强化了技术交流和合作，而且也推动了产业结构的调整和优化。例如，中国和东盟在电子信息产业合作中，推动了数字经济的发展，提升了产业技术水平；在绿色能源领域，双方深化了绿色低碳技术的研究和应用，推进了能源结构的转型。

中国与东盟在推进产业链从低端向中高端跃升方面做出了积极探索。传统上，多数发展中国家和地区的产业链位置往往停留在低端，即以提供原材料和劳动力为主。然而，低端的产业链位置往往无法为经济发展带来长期持续的增长动力。因此，中国与东盟在推动产业链升级中，致力于提高产业链的质量和效益，赋予产业链更高的附加值。此类措施包括对技术创新的投入、对人力资本的培养以及对产业结构调整的引导，其中技术和产品层次的提升则是重要的助推力。

中国与东盟在高科技农业领域的合作不仅对提升农产品质量和产量具有重要意义，而且也直接关系到食品安全和农民生计。中国与东盟关于高科技农业领域的合作，属于全方位的高层次产业链合作的重要组成部分。

总的来说，中国与东盟在推动高层次产业链合作上开展了积极和有效的工作。通过高技术领域的合作，推动了产业链从低端向中高端的跃升，实现了技术和产品层次的提升，从而打造出高效、安全、绿色的高质量发展新路径。在未来，中国与东盟还需进一步密切合作，持续推进产业链优化和升级，不断解锁和激发产业链合作新动力，以实现共同繁荣和发展。

（三）科技创新驱动

科技创新作为经济发展的"新引擎"，通过加强科研合作，推动了技术研发和科研成果的产出。加强科研合作是科技创新驱动下的重要途径，尤其是对于中国和新加坡这样的经济体，它们拥有强大的科研能力和丰富的技术积累，通过合作可以更加高效地进行技术研发和推动科研成果转化。同时，加强科研合作也可以有效提升双方的技术水平和竞争力。2021年中国与新加坡共同启动创新科技合作项目，可视为科技创新在推动经济合作和发展中所发挥的重要作用的绝佳例证。该合作项目通过加强科研合作和共享技术成果，有效推动了产业链供应链向更高端、绿色、智能的方向发展，同时，也极大地推动了双方在新能源产业上的深度融合。

通过共享技术成果，可以实现双方技术资源的优化配置。共享技术成果不仅有助于双方提升行业内的技术水平，也可以在一定程度上推动产业的升级换代，使得产业链供应链向更高端、绿色、智能的方向发展。此外，科技创新驱动的发展模式对于整个产业链供应链的升级有着重要的推动作用。这种升级不仅意味着更高效的生产和更优质的产品，也带来了整个产业生态的改变。在绿色和智能化的驱动下，产业链供应链的发展模式也正在经历由传统向现代的转型。

技术创新给社会经济带来了巨大的红利。例如，中国和新加坡在新能源产业领域的深度合作，不仅推动了相关产业的发展，也为解决能源问题、应对气候变化提供了积极的解决途径。同时，高新技术的发展还带来了更高的经济效益和社会效益，如增加就业、提升产值、改善环境等，这些都为持续发展和可持续发展提供了有力保障。

科技创新驱动的发展模式通过加强科研合作、共享技术成果，双方成功地推动了产业链供应链向更高端、绿色、智能的方向发展，为推动全球经济转型升级提供强劲的动力，是未来经济发展的关键所在。

（四）共建基础设施

基础设施作为国家和地区经济社会发展的重要基础，与各领域的发展息息相关。近些年来，中国与东盟国家在共建基础设施方面取得了显著的成果，以"一带一路"倡议为代表的基础设施互联互通项目，不仅丰富了基础设施建设的内容，更提升了区域内贸易和投资的便利化程度，从而降低了运营成本，增强了整个地区的经济活力。

基础设施互联互通项目的实施，可以有效地打造贸易便利化体系。基础设施如铁路、公路、港口、机场等，其建设的完善，可以有效地提高各地区之间的联系密切程度，减少交通时间和物流成本，使经济活动更加有效率。特别是对于区域内的不同国家而言，基础设施互联互通可以打破地缘性的限制，促进各国之间的经济交流和贸易活动。同时，基础设施互联互通的建设可以有效地降低运营成本。基础设施的建设，如道路的改善、港口的扩建、铁路的升级，可以大大减少运输中的时间和费用，为企业降低了运营成本，也为消费者带来了实惠。特别是在中国与东盟的合作中，通过共建基础设施，更是有效地将两地的运输成本降低，为经济发展创造了更为便利的条件。此外，提高流通效率是推动经济发展的重要手段，流通效率的提高，有利于资源的优化配置，从而为经济增长注入动力。共建基础设施，使得货物和人员的流动更加便捷，不仅极大地提高了流通效率，而且也将推动中国—东盟的经济发展。最后，基础设施互联互通项目也加深了中国与东盟国家的经济融合。这种深度融合不仅在于经济上的连接，也表现在共享政策、技术、管理经验等多个层面。基础设施的互联互通，有助于两地在经济、社会、文化等各个领域的交流和互动，从而推动了两地之间的深度融合。

（五）人才交流升级

人才交流升级是全球化和区域整合进程中的重要表现，对于推动人才、技能、知识的跨境流动具有极为深远的影响。中国与东盟已经在教育、专业技能等多个领域通过增加留学生数量、设立技能培训中心、提供专业培训等方式，实现了人才交流的提升。

人才、技能和知识是产业升级的关键因素，其跨境流动，有助于产业链供应链前沿技术的迁移和推广，对提升各领域的专业水平、推动新技术新模式的应用、提升产业链供应链的整体效率都具有十分重要的意义。人才交流升级有利于中国与东盟在高层次人才培养、科研人员交流、技术转移等方面建立起更为深入的交流和合作。具体来说，通过增加留学生数量、设立技能培训中心、提供专业培训等方式，可以有效推动人才、技能和知识的跨境流动，进一步帮助提升各自的研发能力和技术水平，也有助于推动科研成果的对接和转化，同时，还可以提升各自的教育和培训水平，进一步强化双边在人才培养和技能提升方面的合作。如中国在印度尼西亚建立了中印生物技术重点实验室、中印海洋科学联合实验室，加速了大健康产品的研发，拓展深海领域及各交叉学科的合作，也加大了科研人员的交流。

同时，随着社会经济的发展和国际交流的日益频繁，对于其他社会、文化的理解和认同显得尤为重要。而留学生作为文化交流的重要桥梁，其在异国他乡的求学经历和生活体验，能够帮助彼此之间增强文化交流和互相理解。这对于中国与东盟合作关系的进一步升级也有着重要的推动作用。因为人才的跨境流动可以带来新的思维方式和创新理念，激发双方在经济、科技、教育等领域的创新潜力，从而为双方的合作关系注入新的活力，也有助于提升双方合作的质量和效率，推动其合作向更深、更广的方向发展。

（六）深化金融服务

金融服务，包括信用融资、风险管理、结算服务等，作为产业链供应链深度融合的重要保障，对于推动中国与东盟的经济合作具有极为重要的意义。近年来，中国积极提升金融服务的质量和效率，通过推动人民币国际化，增设人民币清算银行等一系列金融政策和措施，为中国与东盟的产业链供应链合作提供了有力的金融服务保障。

深化金融服务对于推动中国与东盟产业链供应链深度融合有积极推动作用。优质高效的金融服务可以为企业带来低成本、高效率的融资渠道，从而为企业在市场竞争中获得更好的竞争优势。如中国与东盟国家在信用融资领域的合作也不断深化，这不仅优化了区域之间的资本市场环境，也提高了国家之间信用融资服务的效率和质量。同时，中国与东盟共同推动人民币国际化和增设人民币清算银行等举措，可以降低跨境贸易和投资的汇率风险，提高金融交易效率，进一步促进中国与东盟的跨境贸易、跨境投资等各类经济合作。

风险管理的合作，有利于提升区域内金融市场的稳定性，同时通过情报和技术的分享，帮助各方更好地应对金融风险。中国与泰国在信息共享、风险评估、应急机制建设等方面建立了相应的金融风险管理合作机制。这种合作有助于双方更好地把握金融市场动态，早预警，早控制，早应对，确保市场的稳定运作。

深化金融服务有利于推进中国与东盟产业链供应链的深度融合，增强两地区间的经济联系，对于区域经济一体化进程具有深远影响。根据中国与泰国的实践经验，金融服务合作要走出一条符合各自国家实际情况，积极稳妥的发展道路，防止金融风险的产生和传播，做到安全、高效、便捷的跨区域服务，从而推动经济高质量发展。

第二节　数字经济赋能中国—东盟供应链发展

一、中国数字经济发展的模式和趋势

（一）数字中国建设整体布局框架

党的二十大报告指出，要加快建设网络强国、数字中国。建设数字中国是数字时代推进中国式现代化的重要引擎，是构筑国家竞争新优势的有力支撑。中共中央国务院印发《数字中国建设整体布局规划》（以下简称《规划》），按照夯实基础、赋能全局、强化能力、优化环境的战略路径，明确了数字中国建设"2522"的整体框架（见图4-1），从党和国家事业发展全局的战略高度作出了全面部署。

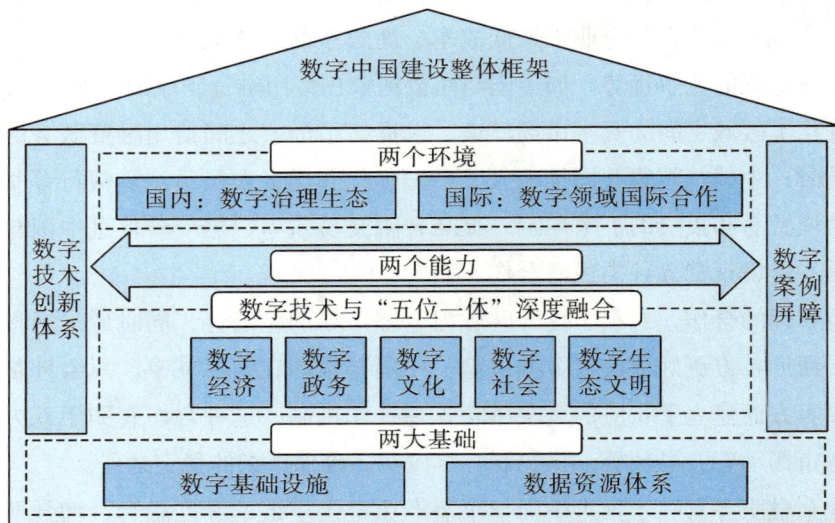

图4-1　数字中国建设"2522"整体框架图

"2522"的整体框架进行布局，即夯实数字基础设施和数据资源体系"两大基础"，推进数字技术与经济、政治、文化、社会、生态文明建设"五位一体"深度融合，强化数字技术创新体系和数字安全屏障"两大能力"，优化数字化发展国内国际"两个环境"。

夯实数字基础设施和数据资源体系"两大基础"，这是建设"数字中国"的两大底座。首先，与通信基础设施相比较，数字基础设施是以数据创新为驱动、通信网络为基础、数据算力设施为核心的新型基础设施体系，主要涉及5G网络与千兆光网、通用数据中心、超算中心、智能计算中心、边缘数据中心、人工智能、物联

网、区块链等新一代信息通信技术，以及基于上述技术形成的各类数字平台；其次，构建数据资源体系，主要是统筹和建立国家公共数据资源体系。国家公共数据资源体系的建设应当遵循五项原则，即统筹规划、需求导向、分类分级、统一标准、规范应用、安全有序。在以上原则的基础上，形成公共数据资源的采集汇聚、加工处理、共享开放、创新应用的数据资源体系，并推动建设公共卫生、科学技术、教育文化等重要领域的国家数据资源库。

2012年11月，党的十八大首次提出中国特色社会主义事业总布局是"五位一体"，即统筹推进"经济建设、政治建设、文化建设、社会建设、生态文明建设"。"五位一体"总体布局是一个有机整体，其中经济建设是根本，政治建设是保障，文化建设是灵魂，社会建设是条件，生态文明建设是基础。数字技术发展速度之快、辐射范围之广、影响程度之深前所未有，正推动经济、政治、文化、社会、生态文明的深刻变革。当前，数字技术正以新理念、新业态、新模式全面融入经济建设、政治建设、文化建设、社会建设、生态文明建设的各领域和全过程，给人类生产生活带来广泛而深刻的影响。通过数字技术的赋能，可以全方位地实现"五位一体"有机整体总体布局的深度融合，并产生功能性溢出效应，整体推进"五位一体"布局的协同高质量发展。

强化数字技术创新体系和数字安全屏障"两大能力"建设。首先，构筑自立自强的数字技术创新体系。数字技术具有高渗透性、高融合性特征，能够应用于科技、经济、政治、文化、社会发展的各个领域，并且与多领域科学技术深度融合，不断催生新的技术领域和应用场景。世界主要国家均在加紧推进国家创新体系的数字化转型。中国迫切需要抓住数字化转型机遇，健全新发展格局下的关键核心技术攻关举国体制，加强以企业主导的产学研深度融合，推动国家数字技术创新体系效能的提升。其次，筑牢可信可控的数字安全屏障。随着数字基础设施的复杂度逐渐提升，为有效应对多变、复杂的网络攻击和数据安全威胁，构建可信可控的网络安全和数据安全综合防控体系，对数字中国的建设至关重要。目前，中国已颁布和实施《中华人民共和国网络安全法》（以下简称《网络安全法》）、《中华人民共和国数据安全法》（以下简称《数据安全法》）和《中华人民共和国个人信息保护法》（以下简称《个人信息保护法》），构筑了保障数字中国安全的三大法治基石，要逐步完善上述法律的配套规定和标准，重点布局数据分类分级、数据安全风险评估、网络数据监测预警和应急处置，以及数据全生命周期安全等管理制度和标准等。

优化数字化发展国内国际"两个环境"。首先，建设公平规范的数字治理生态。党的二十大报告提出："健全网络综合治理体系，推动形成良好网络生态。"健全网络综合治理体系，应当完善数字法律法规体系和技术标准规范，加强立法统筹协调，研究制定数字领域立法规划，坚持多方协同参与，健全综合治理体系。把网络与数据这个最大变量变成事业发展的最大增量，这需要发挥各方面作用，形成党委领导、政府管理、企业履责、社会监督、网民自律等多主体参与的网络与数据治理格局，形成公平规范的网络与数字生态。其次，构建开放共赢的数字领域国际合作格局。《规划》要求，要积极参与联合国、世界贸易组织、二十国集团、亚太经合组织、金砖国家、上合组织等多边框架下的数字领域合作平台，高质量搭建数字领域开放合作新平台，积极参与数据跨境流动等相关国际规则构建。我们必须清醒地认识到，数字领域的国际合作事关数字中国发展的大局，围绕数字领域积极开展多边国际合作，是推动中国经济高质量发展、加快构建新发展格局的客观要求，是中国积极参与全球经济治理体系变革、构建数字合作格局的重要举措，也有助于在国际上及时提出中国方案、发出中国声音。

（二）中国大力推动数字中国建设

数字基础设施是数字中国的底座。近年来，中国网络基础设施、算力基础设施、应用基础设施规模和服务能力快速增长，一体化协同发展水平稳步提升。"双千兆"网络深度覆盖进程加速，网络基础设施覆盖区域持续下沉。算力基础设施规模世界领先，"东数西算"工程全面开展。工业互联网、车联网、能源互联网等应用基础设施加速赋能高质量融合发展。数据资源是数字中国建设的核心要素。近年来，中国数据基础制度加快构建，数据资源规模稳步提升，公共数据资源流通共享能力加强，推动数据要素价值充分释放，助力数字经济高质量发展。发展数字经济是构建现代化经济体系的重要支撑。中国数字产业规模稳步增长，数字技术和实体经济融合日益深化，新业态新模式不断涌现，数字企业加快推进技术、产品与服务创新能力提升，不断培育发展新动能。发展数字政务是推进国家治理体系和治理能力现代化的重要任务。中国数字政务加快向线上线下相协同、标准规范更统一的方向发展，"一网通办""跨省通办"服务体系持续优化，有力提升企业和群众的满意度、获得感。政务新媒体已成为政民互动重要渠道。发展数字文化是坚定文化自信、提升国家文化软实力和中华文化影响力的重要举措。中国深入推进国家文化数字化战略实施，数字文化资源不断丰富，公共文化场馆数字化转型取得积极成效，数字文化产业培育壮大，网络文化蓬勃发展，数字文化消费进一步提升，助推文化强国建设迈上新台阶。建设数字社会是保障和改善民生、扎实促进共同富裕的有效路径。国家教育数字化战略行动全面实施，数字健康加速发展，社保就业等领域数字化服务水平不断提升，智慧城市和数字乡村建设深入推进，全民数字素养与技能提升行动取得积极成效，适老化、无障碍改造迈上新台阶，数字社会发展更加均衡包容。建设数字生态文明是实现绿色低碳发展的必然要求。数字技术持续赋能生态文明建设，基于数字技术的生态环境监测预警能力、自然资源管理和国土空间治理能力进一步提升，在生产、生活、生态治理等多领域深入践行绿色低碳发展理念，有效助力高质量生态文明建设。数字技术创新是数字中国建设的核心动力。中国集成电路、人工智能、软件、量子信息技术等领域技术创新应用取得积极进展，数字技术研发能力持续提升，企业创新主体地位进一步强化，创新联合体等新型组织模式释放创新动能。数字安全是数字中国建设的基本保障。中国网络安全政策法规持续健全，标准规范建设体系化推进，保障能力显著增强，数据安全管理和个人信息保护成效显现，安全产业发展迈向新阶段。数字治理是数字中国健康可持续发展的基本支撑。中国坚持促进发展和监管规范并重，加快制定修订数字领域法律法规体系，健全数字标准体系，积极推进数字市场秩序规范，深入开展网络空间生态治理，持续提升数字治理能力。数字领域国际合作是推动高水平对外开放的重要纽带。中国积极参与国际组织和多边机制下数字议题磋商研讨，围绕数字领域重要议题积极贡献中国方案，深入拓展"丝路电商"，大力发展数字贸易，持续深化数字领域国际交流与合作。

当前，以信息技术为代表的新一轮科技革命和产业变革突飞猛进，为转变发展方式、增进人民福祉、丰富精神文化生活、促进绿色化转型、推动交流合作提供了重要契机，为加快建设数字中国、推进中国式现代化提供了强大发展动能。与此同时，世界之变、时代之变、历史之变正以前所未有的方式展开，单边主义、保护主义、霸权主义对世界和平与发展的威胁居高不下，数字中国建设面临着愈发纷繁复杂的发展形势。从外部看，一是关键核心技术之争加剧了数字产业链动荡局势。围绕关键核心技术和产业实力的国际竞争日趋激烈，各主要经济体纷纷聚焦数字领域加强战略部署，提升本国创新能力，强化关键产业发展的主导权，全球数字产业的产业链供应链的发展与稳定面临多重风险。二是数字领域国际标准体系和治理规则面临深刻变革。传统与非传统安全问题交织频发，数据跨境流动、数字主权、数字安全与数字税等领域的理念、制度、规则之争愈加激烈，数字领域国际合作格局面临更大幅度调整。三是新技术、新应用持续涌现带来新挑战。以 Web3.0、量子计算、卫星通信、生成式人工智能（AIGC）等为代表的新技术加快实现从研究探索到商业落地的跨越，在驱动生产生活方式变革的同时，也进一步放大和凸显了隐私泄露、技术滥用、价值渗透等科技伦理问题，为社会组织架构、劳动力市场、治理监管等带来了严峻挑战。从内部看，一是数字技术创新潜能有待深入挖掘。关键领域核心技术"受制于人"的局面尚未根本改变。数字创新体系整体效能不强,创新资源存在分散、重复、低效等问题,制约创新成果转化。数字人才基础薄弱、缺口巨大,重引进轻培育较为明显。二是数字化发展的系统性、整体性、协同性亟须提升。数字中国建设横向打通、纵向贯通、协调有力的一体化推进格局尚未形成。数字基础设施互联互通、共享利用还面临众多堵点、难点,数据要素潜能有待充分释放,数据基础制度和标准体系尚不完善,数据质量参差不齐,可利用性不足。数字技术与经济、政治、文化、社会、生态文明建设的全方位、系统化融合有待深化,数字技术、数字安全等关键能力还不能充分满足新形势、新要求,统筹利用国内国际两个市场、两种资源的数字化发展环境有待健全完善。三是数字治理体系有待深度优化。网络空间经济和社会组织方式发生深刻变革,随着网络空间活动的进一步深入,其影响将愈发凸显。数字技术在社会治理中的应用深度、广度有待深化,公共政策感知的动态化、管理的智能化、施策的精准化水平有待提升。数字治理方式手段相对滞后,"事后管理""多头管理"还未向"过程治理""协同治理"转变。四是数字包容体系尚需健全完善。数字鸿沟从"接入鸿沟"转向"能力鸿沟",城乡间、地区间、领域间、人群间的数字化发展应用差距依然较为明显。特别是近期生成式人工智能成为全球热点,可能显著改变工作、生活、学习、创新方式,对人的数字素养与技能提出更高要求,数字技能培育体系建设与数字应用适老化、适残化、适农化、简约化改造需有序有力、双管齐下。

数字中国建设需要全面赋能经济社会发展。做强做优做大数字经济。培育壮大工业互联网、区块链、人工智能等数字产业,打造具有国际竞争力的数字产业集群。加快传统产业数字化转型,积极发展智慧农业,深入实施智能制造工程,大力推进工业数字化转型,持续深化金融、贸易、教育、医疗、交通、能源等领域数字技术创新应用。支持数字企业发展壮大,推动平台企业规范健康发展。大力发展数字贸易,加快推动出台促进数字贸易发展的顶层设计,稳步推进数字贸易示范区建设,加强数字领域规则对接,推进高水平对外开放。加快推进数字领域关键核心技术突破,健全社会主义市场经济条件下关键核心技术攻关新型举国体制,加速完善以市场为主导、以企业为主体、产学研用高度协同的创新体系。充分发挥科技型骨干企业在数字技术创新体系中的引领支撑作用。构建开放共赢的数字领域国际合作格局。积极参与联合国、世界贸易组织、二十国集团、亚太经合组织、金砖国家、上海合作组织、"中国—中亚五国"等多边和区域机制框架内的数字领域国际合作,持续推进《全球数据安全倡议》,积极参与数据跨境流动等国际规则和标准制定,营造开放、包容、公平、公正、非歧视的数字经济发展环境。建立多层面协同、多平台支撑、多主体参与的数字领域国际交流合作体系，推动"数字丝绸之路"建设走深走实，积极发展"丝路电商"。继续与有关国家商签数字经济领域投资合作备忘录，培育数字经济投资合作新动能。

二、中国—东盟数字经济合作和数字供应链发展的基础条件和相关政策

（一）中国—东盟数字经济合作和数字供应链发展的顶层设计

近年来，互联网、大数据、云计算、人工智能、区块链等技术加速创新，日益融入经济社会发展各领域全过程，数字资源发展速度之快、辐射范围之广、影响程度之深前所未有，正在成为重组全球要素资源、重塑全球经济结构、改变全球竞争格局的关键力量。大数据驱动大未来、创造大价值、赢得大发展。建立跨国数字经济合作和数字供应链发展机制，各个国家或地区一起分享数字经济的红利，获得更多发展机遇和更大发展空间，将有助于促进数字经济下人类利益共同体和命运共同体的构建。

习近平主席强调，要积极参与数字经济国际合作，主动参与国际组织数字经济议题谈判，开展双多边数字治理合作，维护和完善多边数字经济治理机制，及时提出中国方案，发出中国声音。2020年习近平主席在第十七届中国—东盟博览会和中国—东盟商务与投资峰会上提出，"中方愿同东盟一道建设中国—东盟信息港，推动数字互联互通，打造'数字丝绸之路'"。

2002年11月，中国与东盟领导人签署了《中国与东盟全面经济合作框架协定》，共同启动了中国—东盟自由贸易区的建设进程。2004年11月，中国和东盟签署了《货物贸易协议》和《争端解决机制协议》。2007年7月，自贸区《服务贸易协议》实施。这一系列的政策为中国—东盟数字经济合作和数字供应链发展打下基础。2014年中国与东盟十国达成了共建"中国—东盟信息港"的倡议，2015年开始建设中国—东盟信息港，正式开启了中国—东盟数字经济合作和数字供应链发展时代。2016年中国—东盟信息港建设被纳入国家"十三五"规划，2019年印发了《中国—东盟信息港建设总体规划》，随后国家相继印发的《西部陆海新通道总体规划》《中国（广西）自由贸易试验区总体方案》等系列国家规划均将中国—东盟信息港纳入其中。2018年以来，中国加速对东盟数字化转型的合作力度，与东盟签署了一系列战略性的合作规划：《中国—东盟战略伙伴关系2030年愿景》《中国—东盟关于"一带一路"倡议同〈东盟互联互通总体规划2025〉对接合作的联合声明》《第14次中国—东盟电信部长会议联合声明》等。2020年新冠疫情肆虐全球，严重冲击东盟经济，中国与东盟共建数字丝路的步伐加快，将2020年确定为中国—东盟

数字经济合作和数字供应链发展年，并提出了建立数字经济合作和数字供应链发展伙伴关系的倡议。2021 年 10 月，李克强总理在第 24 次中国—东盟领导人会议上讲道："以大数据为核心的数字化代表着未来，我们要尽快完成制定《关于落实中国—东盟数字经济合作和数字供应链发展伙伴关系的行动计划（2021—2025）》，规划数字经济合作重点。"

随着中国—东盟自由贸易区发展，中国与东盟国家间各个方面都取得大幅提升，国家级合作机制由"10+1"向"10+3""10+6"拓展。2020 年《区域全面经济伙伴关系协定》签署，中国以 RCEP 自贸谈判为契机，将跨境数据流动的中国方案嵌入 RCEP 中，并被东盟所接受，为未来数字经济合作和数字供应链发展合作机制建立奠定了基础。中国—东盟博览会框架下在各个领域，通过开展会议论坛的方式，形成了全领域、全方位合作机制，推动中国—东盟信息港、西部陆海新通道等平台和项目的落地。构建中国—东盟跨境金融服务与国际结算业务机制、跨境旅游服务合作机制等，不断拓展中国—东盟数据合作交流机制。

（二）中国—东盟数字经济合作和数字供应链发展相关规则分析

数据可以预测任何行业发展的趋势和模式，加快产业发展步伐，更好、更快地推出新产品和服务，促进产业升级转型。数据作为数字时代产业发展的基石，拥有巨大的经济价值。大数据发展成为全球发展的趋势。2012 年，美国率先启动"大数据研究与发展计划"，紧接着英国、日本、澳大利亚、新加坡、韩国、欧盟等国家或组织都确定大数据发展战略，大力发展大数据产业及其应用。

现阶段东盟各国大数据产业发展相对滞后，数据互联互通程度较低，大数据产业存在着较大的发展空间。首先，东盟各种信息化设施发展水平偏低，信息设施建设不健全、标准不一，地区信息化互联互通不足、差异大，且东盟各国数字基础设施不兼容、技术标准不一致，数字经济发展规则的不一致，使得东盟各国数据信息不通畅，存在"信息孤岛"。东盟各国数据基础设施水平较低，数据标准不统一，数字经济合作和数字供应链发展度低，中国—东盟地区跨国数字经济合作和数字供应链发展基础薄弱。其次，中国与东盟国家基础建设合作往来密切。2010 年，中国与东盟国家领导人签订《东盟互联互通总体规划》，投入大量资金用于东盟国家基础设施建设。在此后的时间里，中国与东盟国家基础设施建设合作不断加强，中国国内许多知名企业不断到东盟国家建立合作点，不断加强数据信息设施建设合作。最后，中国具备数字技术和建设经验上的优势。中国数字技术和数字建设优于东盟国家，在大数据发展上，中国加快推动国内大数据发展，不断推动中国—东盟信息港等大数据发展建设，推动与东盟在数字基础设施建设方面的合作，加快国内科技通信企业"走出去"，加快东盟国家互联网和信息通信发展水平。此外，东盟各国实力较为薄弱，中国肩负大国担当，搭建合作桥梁，积极推进数字经济合作和数字供应链发展机制合作，共同制定数字规则，提高数字经济合作和数字供应链发展度，充分降低数据获取成本，释放数据价值。在充分认识到数据对数字经济发展的重要性后，中国与东盟国家陆续出台数据系列政策。2016年，基于《东盟经济共同体蓝图2025》和《东盟信息通信技术总体规划2020》的建议，并在大量吸收亚太经合组织（APEC）隐私框架以及其他国际公认的个人数据保护标准或框架基础上，东盟通过了《东盟个人数据保护框架》。东盟数据保护框架致力于加强个人数据保护，推动东盟成员国之间的数字贸易和信息流动，推动区域一体化与合作。2018年，东盟发布了《东盟数字数据治理框架》，确定了数据生命周期系统、跨境数据流动、数字化和新兴技术以及法律、法规和政策四大战略重点。2021年，第一届东盟数字部长会议批准发布《东盟数据管理框架》以及《东盟跨境数据流动示范合同条款》，为区域数字经济和数字贸易发展制定东盟内部数据流动规则，以促进东盟地区数据相关的商业业务运营，减少谈判和合规成本，同时确保跨境数据传输过程中的个人数据保护。

中国与东盟建立双边贸易合作关系，在新冠疫情导致全球贸易萎缩之际，中国与东盟国家贸易更加紧密。东盟国家与中国产业结构优势互补，东盟国家凭借矿产、人口及劳动力资源优势，成为中国第一大贸易伙伴。当前，跨国数据开发不均衡，国家之间数据信息存在滞后和误差的现象，且部分地区行业数据开放有限，很多数据不对外开放，很难实现数据的经济价值。中国与东盟国家地区各行各业存在信息孤岛，亟须进行跨国数字经济合作和数字供应链发展和建立数据交换系统，建立全面、多功能的数字经济合作和数字供应链发展平台，形成数据综合信息系统，并通过统一的数据交换系统，在实现数据流通的同时确保数据信息安全，从而进行数据交换，实现数据信息的经济价值。掌握正确的数据信息有利于中国与东盟国家进行产业调整，充分利用国内外两个市场和资源，促进经济发展。

大数据的真正价值在于合法地充分应用，数据的开放和共享成为大数据所要解决的重要问题。数据的开放和共享是一个技术和管理的过程，采集用何种数据格式来发布，如何定义数据访问接口和更新、数据处理，都需要按照跨国数字经济合作和数字供应链发展平台的具体要求，遵循数据开放和共享原则和标准，进行数据发布和开放共享。在基础设施建设上，中国于2015年提出要建设中国—东盟信息港，加快东盟国家数据信息流通。阿里云在新加坡、马来西亚、印度尼西亚等多个东盟国家建立了区域性数据中心；2018年，双方延长了《中国—东盟信息通信技术合作谅解备忘录》的有效期限，继续在技术基础设施建设、技术研发、技术应用、科技政策和监管等方面开展更高层次的合作；同时中国电信等三大营运商以及通信企业在不同程度上进入东盟国家信息市场，东盟国家核心网络等硬件环境已经部署，业务系统也已经全部或部分投入使用，各业务数据对其他系统也有很好的参考和利用价值。在技术层面，通过科技赋能人工智能、云计算、VR、5G 等技术，人类记录数据实现海量增长，利用大数据处理数据能力不断提升。数据格式接口、开放共享、数据质量、数据安全、大数据平台等重点标准不断完善，形成统一的数据格式、接口、安全、开放等规范，并逐步形成先进的数字经济合作、数字供应链发展和数据交换服务技术体系，可以为数据交换平台的构建提供成熟的技术架构。成熟的数据发布和共享技术可以在跨国数字经济合作和数字供应链发展平台上将所涵盖的业务功能定义成相互独立的服务，使得不同层次间可以相互隔离，为应用程序的扩展提供便利，也可以将原来相互独立的各子系统统一地整合起来，实现资源共享和信息重用，从而实现数字经济合作和数字供应链发展与交换。

随着大数据时代的到来，政府及各行业所拥有的数据资源日益丰富，数据资源蕴含着巨大的经济价值和社会价值，对各行业生产、流通、分配、消费具有重要影响。数据开放共享、激发市场活力和社会创造力成为国家政府所面临的重要挑战。2015 年 9 月，国务院下发《促进大数据发展行动纲要》（国发〔2015〕50 号文）提出大力推动政府信息系统和巩固数据互联开放，加快政府信息平台整合，推动数据资源向社会开放，服务公众企业，深化大数据在各行业创新发展应用。2016 年 7 月，《国家信息化发展战略纲要》进一步提出要构建统一规范、互联互通、安全可控的国家数据开放体系，加强互联网政务信息数据服务平台和便民服务平台建设、信息资源开发利用的顶层设计和系统规划，完善制度体系，构筑国家信息优势。11 月，《"十三五"国家信息化规划》提出要深化开放合作，拓展发展新空间。随后，政府出台了一系列具体政策，如 2017 年《政务信息资源目录编制指南（试行）》提出信息资源目录分类、元数据、代码、目录编制要求。2018 年《公共信息资源开放试点工作方案》提出要建立统一开放平台，明确开放范围，提高数据质量，促进数据利用，建立完善制度规范，加强安全保障。2020 年 3 月，在《关于构建更加完善的要素市场化配置体制机制的意见》中，将数据作为市场要素，要求加快培育数据要素市场，推动政府数据开放共享，优化经济治理基础数据库；提升社会数据资源价值，培育数字经济新产业、新业态和新模式；加强数据资源整合和安全保护。

在国家大数据政策背景下，2018 年在广西成立数字广西建设领导小组，强化数字广西建设的统筹指导，整合优化相关部门只能，成立专职机构，不断制定系列政策，全面推进数字广西建设。2018 年，政府出台"1+13"系列政策文件，大力实施数字政府、数字经济、数字社会、信息通信基础设施等专项行动计划，全力推动互联网、大数据、人工智能等新技术与实体经济、政府治理、民生服务深度融合。此外，政府还出台了《数字广西建设标杆引领行动方案》《广西壮族自治区数字经济产业发展引导目录（试行）》《加快数字广西建设若干措施实施细则（第一批）》《广西壮族自治区区块链产业与应用发展规划（2020—2025 年）》《广西壮族自治区促进"互联网+社会服务"发展实施方案》《构建鲲鹏产业生态，加快数字广西建设实施方案》等一系列政策，不断探索建立适应数字广西建设发展的政策体系。广西在国家数据政策意见的指导下，进一步完善地方政策法规，充分利用国家数据政策红利，加强中国—东盟地区数据流通基础设施建设，加强数据标准化建设，有效进行跨国数字经济合作和数字供应链发展，实现数据的经济价值，促进数字产业化和产业数字化共同发展。

（三）中国—东盟信息技术合作的基础条件

数字化技术发展为数字经济合作和数字供应链发展提供了技术条件。技术的发展是经济环境变化的先决条件。以互联网为依托的 5G、人工智能、云计算、大数据技术迅速发展，数字技术不断取得突破。大数据数据收集、数据存取、基础架构、数据处理、统计分析、数据挖掘、模型预测、结果呈现等技术不断研发创新，与计算机和各种数字经济合作、数字供应链发展应用相伴发展的数字技术为中国—东盟跨国数字经济合作和数字供应链发展提供了有力的技术环境。互联网通信技术的产生和发展，打破了空间的限制，能够迅速汇集和共享多种形式的信息资源以及数据资源，极大地影响和改变了人们的经济生活和社会生活。

通过中国通信企业在数字技术上的不断努力，中国通信企业攻克了许多技术难关，开发了许多数字经济合作和数字供应链发展的应用和程序，如招商云""智连云""东信云""易运维""数据通""东信网安""工业互联网安全台式感知平台""东海存储""信创智能综合项目管理平台""信创办公助手 APP""智能客服""5G 消息""流连侠（Elinking）""资管云——薪智捷""资管云——金管家""易融云""征信云"等。这一系列应用和程序的开发，使得数据应用水平得到进一步提升，为跨国数据开放共享和应用提供了技术支持。

数字化信息技术的快速更新，使得大数据技术得到不断的发展突破，为跨国数字经济合作和数字供应链发展提供了技术基础，有利于促进跨国数据的开放、流动以及应用，从而促进全球发展。

中国—东盟政治互信为数字经济合作和数字供应链发展提供政治环境条件。中国一直走和平发展之路，秉持着独立自主的和平外交政策，维护世界和平，促进共同进步。1991年，中国与东盟开始正式接触时，开始政治对话，东盟与中国成为磋商伙伴地位。1996年，中国与东盟成为全面对话伙伴，开启包含政治、经济多方面合作内容在内的合作框架。2003年，中国—东盟建立战略合作伙伴关系，自此开始，中国高度重视并致力于深化与东盟国家的睦邻友好关系，通过国家政治对话、国家安全合作等方式不断加强政治互信，不断升格双方的合作伙伴关系。

中国同东盟在谋求各自发展中有共同追求，在实现地区和平稳定上有共同利益，在国际和地区事务中有共同语言。自2003年中国—东盟建立战略伙伴关系。在东盟的对话伙伴中，中国第一个加入《东南亚友好合作条约》，第一个与东盟建立战略伙伴关系，第一个明确支持《东南亚无核武器区条约》，第一个确定同东盟建立自贸区。中国与东盟国家已建立起一套完整的对话合作体系，包括领导人、部长、高官等各个层次。双方领导人互访频繁，中国领导人出席了历届中国—东盟领导人会议，并在东亚合作领导人系列会议等场合定期会晤。同时，建立了外交、经济、交通、海关署长、总检察长、青年事务、卫生、电信、新闻、质检、打击跨国犯罪和执法安全合作等部长级会议机制，在20多个领域建立了合作对话机制，达成《落实中国—东盟面向和平与繁荣的战略伙伴关系联合宣言的行动计划（2016—2020）》，还签署了备忘录，等等。中国与东盟国家在国际安全等领域不断加强合作。

中国与东盟国家多层级交往及务实合作为双方增进互信提供了重要平台，国家之间政治互信，双方关系健康稳定发展，为数字经济合作和数字供应链发展提供政治环境条件。在发展中国家东盟是中国最大的贸易伙伴，也是中国企业实施"走出去"战略的主要地区。中国—东盟自由贸易区是中国对外商谈的第一个自由贸易区。2010年1月，自贸区全面建成，中国与东盟双边贸易额迅速增长。自贸区惠及19亿人口，贸易额达4.5万亿美元，双方对超过90%的产品实行零关税，中国对东盟平均关税从9.8%降到0.1%，东盟6个老成员国对中国的平均关税从12.8%降到0.6%。2014年9月，中国—东盟自贸区升级谈判启动。2015年11月，中国—东盟自贸区升级版议定书签署。中国和东盟的GDP总量近13万亿美元，占亚洲GDP总量的近60%。2019年，中国对东盟进出口4.43万亿元，同比增长14.1%，东盟成为中国第二贸易伙伴。2020年11月12日，国务院总理李克强出席第23次中国—东盟（10+1）领导人视频会议中表示"2020年前三季度，中国—东盟贸易逆势增长，中国对东盟投资同比增长70%以上，东盟已成为中国第一大贸易伙伴"。当前，中国与东盟贸易、投资和产业合作日益密切，已形成你中有我、我中有你、相互依存的发展格局，并在经济往来上互为第一贸易伙伴。互为第一贸易伙伴的关系，使得中国与东盟国家的经济关系更为紧密，为中国—东盟跨国数字经济合作和数字供应链发展创造了经济基础。

东盟国家经济发展水平较低，对数字经济的重视程度各有不同。但在中国与东盟国家签订互联互通协议后，中国在东盟国家落地一批数字互联互通项目，中国与东盟国家之间建立了良好的通信基础设施。中国建设通往东盟国家的国际海缆，极大提升了中国与东盟的国际通信互联互通水平。截至 2020 年，中国—东盟信息港已建成亚太直达国际通信海缆（APG）、南亚—中东—西非—欧洲 5 号国际通信光缆（SMW5）、亚非欧 1 号国际通信海缆（AAE1）3 条国际通信海缆，连接中国、韩国、日本、越南、泰国、新加坡、马来西亚等国家和地区；中国—东盟信息港配套推进国际陆缆建设，已建成 12 条国际陆缆和 13 个重要通信节点，为打通连接东盟的信息通道夯实了基础。中国电信等三大营运商以及数家通信企业已经在不同程度上进入东盟国家的电信市场。中国与东盟海陆交融信息基础设施已逐渐完善。广西已开通了中国联通南宁国际局、北海国家顶级域名解析节点、中国—东盟工业互联网标识解析节点三个重要通信节点，各电信企业、广电企业结合网络状况优化网络架构推进广西到成都、武汉、广州方向的带宽扩容工作，新增到云南、福建两省路由，完成扩容 2 000G 出省带宽能力。互联网骨干网络布局持续完善，形成以广西为中心、其他省区为节点的骨干网络，实现广西至各省区节点间至少双路由互为主备的网络架构。在空间段，北斗三号全球卫星导航系统实现了北斗信号的有效覆盖；地面段，北斗系统建设主控站、注入站、监测站等若干地面站用于接收数据并处理监测站信息，同时管理、协调整个地面控制系统的工作。东盟各国积极开展北斗 CORS 基础设施合作，中国率先成立中国—东盟北斗/GNSS（南宁）中心，围绕软件产品研发、系统集成、信息服务、人才培养、终端产品制造及应用示范等方面全方位构建北斗产业生态。

技术交易数字化程度不断加深成为数据交易驱动力。中央提出推动高质量发展的意见，坚持创新发展。广西大力汇聚全球创新创业资源深入实施创新驱动发展战略，大力推动以科技创新为核心的全面创新。截至 2020 年 12 月底，广西"三百二千"科技创新工程总体任务的各项指标全面完成。其中，实施重大技术项目 120 项，实现重大技术突破 132 项获得专利 521 项，新增产值 530 亿元，超额完成"突破 100 项重大技术"任务；创建 118 家国家级创新平台，引育 126 个高层次创新人才和团队，超额完成"创建 100 家国家级创新平台"和"引育 100 个高层次创新人才和团队"任务；新增 1 599 家高新技术企业，超额完成"新增 1 000 家高新技术企业"

的任务，高新技术企业保有量达到 2 803 家；转化 1 827 项重大科技成果，超额完成"转化 1 000 项重大科技成果"任务。同时，技术创新载体规模持续扩大，成立了广西产业技术研究院和中国—东盟区域发展省部共建协同创新中心。截至 2020 年 12 月底，广西产业技术研究院已建成 1 个投资公司、3 个自建研究院（所）和 6 个加盟研究院（所），形成"1+3+6"建设格局。政府大力推进孵化器公共（技术）服务平台建设，有序落实孵化企业研发补助、高新技术企业培育等项目，提升孵化器综合服务能力和发展质量。2020 年，广西共有 4 家孵化器列入国家级科技企业孵化器名单。钦州港片区围绕软件信息、科技金融、文创设计、动漫游戏、电子商务五大产业方向输出系统性技术，推动技术交易。同时，广西始终把创新作为引领发展的第一动力，在优势特色产业领域积极培育科技创新平台。截至 2020 年年底，广西共创建 118 个国家级科技创新平台，中国—东盟（华为）人工智能创新中心、中国—东盟信息港鲲鹏创新中心、南宁·中关村创新示范基地等科技创新中心，围绕产业规模化、优质化和服务化发展提供核心能力，技术交易内容创新性大幅提升。在甘蔗生物学、有色金属新材料、高效节能环保内然机等优势特色产业领域加快形成布局合理、功能明晰、创新链条全面的高水平产业科技创新平台体系。技术交易平台是科技成果转化过程中不可缺少的重要力量，是转化扩散科技成果和有效配置科技资源的重要渠道。中国—东盟技术交易平台建设项目被列入广西创新驱动发展重大专项指南并予以立项支持，平台采集了国内和东盟高校、企业、机构数据，构建了线上交易平台可转移转化的技术数据库，收集科技信息近 8 万条，采集存储了国内外 4 万多项技术成果及技术需求、3 000 多名行业专家、800 多家高校技术数据，助力技术交易数字化、智能化。

中国—东盟跨国数据平台搭建是中国—东盟数据开放的重要环节，中国和东盟国家各行业在平台系统上输入共享数据，用户通过登录平台才能获取到相应的数据。截至 2020 年 12 月，广西已建成及在建数据中心 77 个，总机架规模达到 1.22 万架，上架率约 53%，覆盖了广西 14 个设区市。广西结合复杂多变的市场需求，积极探索专业化运营服务，着力改变原有资源租用的单一业务模式，不断创新数据中心运营模式。以主机托管、宽带出租、IP 地址出租、服务器出租和虚拟主机出租等业务为基础，不断拓展数据备份、负载均衡、设备检测、远程维护、代理维护系统集成、异地容灾、安全系统和逆向 DNS 等全程服务体系，提供数据中心服务产品的高附加值，向综合提供基础类服务+增值服务+应用类服务发展。广西不断强化多方统筹协调推进力度，有序引导一批大数据服务项目启动建设和运营，中国—东盟互联网数据研究中心、大数据智能服务呼叫中心基地推进基础施工；梧州大数据清洗加工基地已完成项目初验，进入试运行阶段；中国移动广西公司五象信息处理中心全面竣工投产；凭祥口岸数字小镇、钦州华为数字小镇完成首批企业进驻。强化大数据产业集聚发展，广投数字经济产业基地、广西通信信息产业园、北海"2+8"数字经济集聚区、数字贺州产业园、粤桂特别合作试验区、中兴梧州智慧广西云数据中心及IT产业基地北部湾信息港、中国—东盟离岸信息服务外包产业园等一批大数据产业基地陆续投入运营，广西大数据产业创新能力和生态活力倍增。交流合作是中国—东盟关系的重要组成部分，中国—东盟信息港建设通过跨国数据应用，研发并使用各类软件及网页，陆续发起和建成各类中国—东盟信息共享平台和门户网站，全面涵盖经济、社会各个领域，包括中国—东盟科技合作网、中国东盟信息网、广西东盟商业网、中国—东盟矿产资源网、广西东盟旅行网、北部湾东盟经济网、中国—东盟自由贸易网、中国—东盟文化艺术网、中国—东盟自由贸易区商务门户网等一大批数字服务平台，充分发挥数字服务功能，积极为发展友谊、深化合作提供新的平台，初步实现全领域数字服务。

三、中国—东盟数字经济合作和数字供应链发展态势分析

（一）中国—东盟数字经济合作和数字供应链发展态势总体向好

中国—东盟之间的数字经济合作和数字供应链发展主要是依托于中国—东盟博览会的基础。中国—东盟博览会下设秘书处主要开展中国—东盟投资贸易促进工作，建设展会信息化，建立中国—东盟投资和贸易数据库及网络平台，为企业提供投资和贸易信息咨询和业务培训等服务，推动双方重大项目落地。为了进一步促进中国—东盟的多边发展与合作，2014年中国与东盟十国达成了共建"中国—东盟信息港"的倡议，2015年开始建设中国—东盟信息港，推动中国—东盟数字经济合作和数字供应链发展，促进中国—东盟的经济发展。

一是不断夯实中国—东盟数字经济合作和数字供应链发展基础设施。围绕东盟国家建设的亚欧5号（SMW5）、亚太直达（APG）及亚非欧1号（AAE-1）三条国际通信海缆已建成。开通中越、中缅、中老十条跨境陆路光缆系统。完善中国联通南宁国际局、北海国家顶级域名解析系统节点、中国—东盟工业互联网标识解析节点并投入使用。此外，中国—东盟信息港大数据中心、中国移动（广西）数据中心、中国电信（广西）东盟云计算数据中心已建成，开始投入使用。通过构建海陆空全方位的信息基础设施，打通中国与东盟国家的信息通道，构建服务中国—东盟自由贸易区的国际通信网络体系和信息服务枢纽，极大地提升了东盟地区整体数字基础设施建设水平，为推动中国—东盟数字经济合作和数字供应链发展奠定了坚实

基础。

二是构建数字经济合作和数字供应链发展联盟，深化中国—东盟信息共享。中国东信牵头组建了中国—东盟信息港数字经济产业联盟，已吸引超过 60 家中国和东盟知名企业、科研机构及行业协会等加入。通过搭建中国—东盟数字经济产业信息共享、项目聚合、资金融通及智库联盟 4 大平台，实现联盟内信息资源有效共享、项目互通有无、灵活融通资金，形成了信息、项目、资金及政策的良性互动，切实推进了双边供需对接，促成了一批双边数字经济项目合作落地，让东盟数字经济企业获得了实实在在的利益，真正让数字经济领域的前沿信息在中国和东盟国家之间双向自由流动，破除双边信息鸿沟，深化双方信息互联互通。

三是以项目推动中国—东盟数字经济合作和数字供应链发展。中国东信与印度尼西亚、老挝、缅甸、菲律宾及新加坡 5 国合作伙伴签订《共建中国—东盟互联网应用技术联合创新中心备忘录》，推动先进技术联合研发及对科研成果面向东盟国家进行针对性、差别化、创新性及适用型改进，承接国内面向东盟的创新型示范性平台；在柬埔寨和马来西亚与当地运营商合作推出了基于自主研发的 eSIM 技术的语音、流量、短信等通信服务和本地互联网化生活服务 APP——Elinking，以我国先进的新型信息通信技术提升当地人民生活便利度；中国东信与老挝合作伙伴合作为老挝政府打造的 GChat 即时通信系统计划在未来三年内覆盖老挝全境 25 万公务员，为老挝政府智慧政务及智能办公系统提供强有力技术支持，助力数字化转型，目前该应用已经覆盖老挝总理府、邮电部、财政部、教育部等国家部委约 2 000 人使用；中国东信联合泰尔实验室与老挝合作伙伴 TVS 有限公司与老挝邮电部共同策划老挝国家数字实验室项目，将移动终端产品强制检验、标准制定、从业资格认证、创新孵化等一系列服务统一纳入该实验室进行实施，推动实现老挝终端产品标准化建立与数字化转型；2020 年中国东信继续与新加坡合作伙伴推进国际贸易单一窗口项目合作，将一单两报业务拓展到其他东盟国家，通过推动中国—东盟数字经济合作和数字供应链发展，帮助国际贸易企业减少申报环节，提升陆海新通道的数字化水平。

四是不断扩展中国—东盟数字经济合作和数字供应链发展沟通机制。利用中国—东盟博览会、中国—东盟商务与投资峰会、中国—东盟信息港论坛、中国—东盟技术转移与创新合作大会等机会与东盟国家科技领域政府官员、企业家和专家学者等进行高频次高密度交流，增进双方了解互信，把握东盟国家对科技发展的最新需求，为双方开展科技领域务实合作奠定基础。此外，中国东信还积极参与"东盟杰出青年科学家来华入桂工作计划"，已接收了来自泰国的杰出青年科学家在公司进行实地工作，促进中国与东盟双向人员交流，推动了中国—东盟人民的民心相通。

五是加速推进高校合作，为中国—东盟数字经济合作和数字供应链发展提供人才支撑。2019 年，广西大学与泰国川登喜大学达成共建中国—东盟信息港大数据研究院的战略合作协议，可全方位、多角度呈现一带一路国家（东盟）政治、经济、军事、教育、文化等方面的资讯，提供最新舆情追踪，培养面向中国—东盟的数据人才，为用户提供严谨、翔实的数据资料，为政府决策、企业投资提供高效的决策参考。广西财经学院中国—东盟数字经济学院揭牌成立，将推动学校产学研深度融合，校地企全方位合作，培养面向中国—东盟的高素质应用型、复合型、创新型的数字经济人才。2021 年 2 月，桂林电子科技大学启动了与马来西亚博特拉大学的中外合作办学工作，为中国—东盟高校人才培养方面的各项资源互相融合借鉴。2021年 9 月，中国—东盟统计学院成立，中国与东盟十国等国家统计局局长或局长代表及东盟秘书处统计处代表通过视频在论坛上致辞。中国与东盟国家政府统计机构精诚合作，进一步加强双边多边统计交流，联合开展重大统计问题研究，努力提供更多贸易和投资统计数据，将该学院打造成统计开放研究前沿、统计人才培养基地和统计新型智库，为中国—东盟数字经济发展和数字经济合作和数字供应链发展提供人才支撑。

（二）广西充分发挥中国—东盟数字经济合作和数字供应链发展的桥头堡作用

广西是我国唯一与东盟既有陆地接壤又有海上通道的省区，是我国面向东盟开放的前沿窗口。自中国与东盟建立对话关系 30 年来，广西立足与东盟陆海相邻的独特区位优势，深耕与东盟的经贸合作。在推进中国与东盟的数据共享交换进程中，广西做出了显著贡献。

一是构建中国与东盟数据资源流通大通道。近年来，广西在与东盟信息通信互联互通的基础设施建设上重点着力，致力于打通中国与东盟快速便捷的国际数据通道，增强中国与东盟数据流通活力，为中国与东盟全面战略合作伙伴关系建设创造良好的数据共享交换基础环境。

目前，依托中国—东盟信息港建设，1 个南宁区域性通信业务国际出入口局、1 个国家域名 CN 顶级节点、3 条国际海缆、12 条国际陆地光缆、13 个国际通信节点已建成并投入使用。

由中国联通负责建设的南宁区域性国际通信业务出入口局的已完成建设，主要用于疏通面向东盟国家的通信业务，面向东盟十国的语音和数据业务，直接在南宁完成互联互通和数据交换。该出入口的建立，将提升中国同东盟的语音、数据、互联网等业务的通信能力和品质。

国家域名系统北海节点是我国西南部地区的第一个国际顶级域名解析节点，服务覆盖广西、云南、贵州等省市，以及马来西亚、新加坡等东南亚国家。自 2015 年 11 月提供服务以来，日均查询流量达到近 7 亿次。其解析能力在中国互联网络信息中心全球 30 多个节点中排名前列。

在东盟国家建设的 13 个国际通信传输节点，为中国与东盟国家开展有关语音、互联网、大数据等业务合作打下了良好基础。在东盟国家建设的 13 个国际通信传输节点，为中国与东盟国家开展互联网、大数据等业务合作打下了良好基础。

2021 年 4 月发布的《加快构建广西一体化大数据中心协同创新体系的实施方案》中明确提出："到 2025 年，依托中国—东盟信息港建设，初步建成我国与东盟的数据资源流通大通道，国内算力对东盟服务的合作支点和输出门户。"

此外，中国移动、中国电信、中国联通及东信在东盟 8 个国家已投资建设或拟投资建设大数据中心，向市场提供的服务包括：服务器托管、机架和网络租赁、数据清理等服务。

二是打造了一批面向东盟的数据共享交换平台。在 2014 年举办的首届中国—东盟网络空间论坛上，中央网信办和自治区共同提出打造中国—东盟信息港的倡议，得到党中央、国务院的高度重视和东盟各国的热烈反响。国家和广西开始推动中国—东盟信息港建设相关工作。2016 年，国家发展改革委、中央网信办等国家部委联合印发了《中国—东盟信息港建设方案》。自治区人民政府在 2016 年、2018 年分别印发《广西壮族自治区人民政府关于印发中国—东盟信息港建设推进工作方案》（桂政发〔2016〕29 号）和《广西壮族自治区人民政府关于印发中国—东盟信息港 2018 年工作任务清单的通知》（桂政电〔2018〕42 号）两个文件，启动了一批（103 个重点项目和 42 项工作任务）中国—东盟信息港建设重点工程。2019 年，国家发展改革委等 6 部委印发了《中国—东盟信息港建设总体规划》。中国—东盟信息港已被列入《国家"十三五"规划》《国家信息化发展战略纲要》《国家"十三五"信息通信业发展纲要》《中共中央国务院关于新时代推进西部大开发形成新格局的指导意见》四个国家级重大规划。

中国东盟信息港由中国和东盟国家共同建设，以深化网络互联、信息互通、合作互利为基本内容，形成以广西为支点的中国和东盟信息枢纽，推动互联网经贸服务、人文交流和技术合作，发展更广范围、更宽领域、更深层次的数字经济，共筑"数字丝绸之路"。

中国—东盟信息港重点打造五大平台：基础设施平台、信息共享平台、技术合作平台、经贸服务平台、人文交流平台，共同服务于推进中国和东盟国家之间的合作（见图 4-2）。

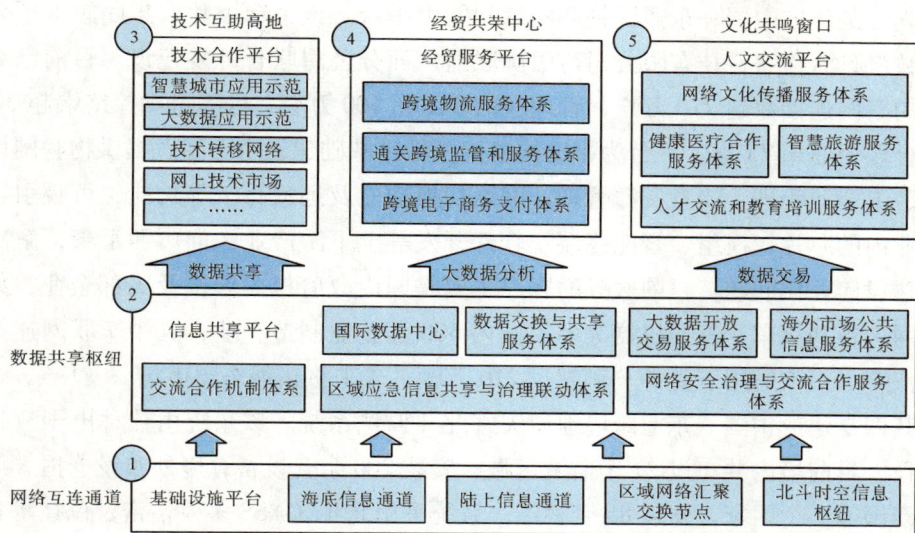

图 4-2　五大平台建设内容及关系

依托中国—东盟信息港的建设，一批面向东盟的数据共享交换平台和应用已建成并投入使用。

其一是建成中国（广西）国际贸易单一窗口。中国（广西）国际贸易"单一窗口"是广西国际贸易通关统一申报入口和各部门系统对接与数据共享交换的唯一平台，也是正在试点建设广西—新加坡"单一窗口"的国际合作平台，以 B2B 的方式首次实现了与新加坡"单一窗口"TRADENET 系统对接，实现一次录入，即可在多个国家和地区同时申报（进出口报关单的同步转换）。平台目前已覆盖全区所有口岸（包含海港、公路、内河、空港、铁路所有口岸类型），落地中央标准与地方特色两级应用共计 18 大类 87 项服务，其中涉及地方项目 21 个，参与数据共享交换的部门和企业数 35 个，提供服务功能 300 余项。平台通过信息化手段促进了口岸通关流程优化和简化，实现通关全程无纸化、运输工具监管电子化、舱单传输电子化。2020 年，广西"单一窗口"服务 21 000 余家企业，报关单量 419 925 票，日均报关单量 1 615.1 票，各类业务总量 8 000 万票。

其二是建成跨境电商综合服务平台（E 贸易系统）。跨境电商综合服务平台（E 贸易系统）的通关大数据，提供南宁各关区货运量排名和贸易方式对比情况、南宁综保区与世界其他各国的贸易情况，为入驻跨境电商企业提供南宁综保区进出口商品品类、各国进出口货值的数据支撑，为政府相关部门制定跨境电商政策提供重要数据参考。2020 年，南宁综试区跨境电商进出口业务量超过 4 500 万单，总货值约 21.6 亿元。

其三是建成中国—东盟泛物联网感知能力平台。该平台由数广集团旗下子公司广西数广日海物联科技有限公司与中国联通广西分公司联合开发建设。目前已纳入管理的三网连接数超 770 万户，管理通信模组超 100 万套，远程可操控终端超 30 万套，合作企业超 75 家。平台为帮助构建智慧城市基础建设生态圈，提供物联网设备管理、卡资源管理、流量资源管理、网络切换功能及远程写卡等功能，可吸引物联网行业内的芯片、模组、智能终端、软件开发等上下游产业链向广西汇聚，解决物联网建设碎片化问题。目前服务的客户主要是国内政府机关单位及头部企业，如南方电网、吉利汽车、玉柴机器等多家国内 500 强企业制造企业，其中车联网连接的吉利汽车、上汽通用五菱等车辆超过 210 万辆。未来将拓展东盟市场。

其四是建成中国—东盟跨境地质灾害北斗监测系统。该系统由桂林电子科技大学建设，目前境内共布设 21 个监测区域，安装 200 余套设备；境外布设老挝、柬埔寨、泰国等 7 个国家，安装 85 套终端。系统采用北斗/GNSS 多模精密定位技术和遥感对地观测技术对目标对象进行形变监测，实现灾害体不均匀形变的多维度和高精度实时动态测量，测量精度达到毫米级，覆盖地质勘查安全区总面积超过 500 平方公里，涵盖滑坡、边坡、尾矿库、桥梁、船闸、地面沉降等 20 多个行业，保障了境内外近上百万人生命和百亿财产安全。

其五是建成中国—东盟卫星数据服务中心（见图4-3）。中国—东盟卫星数据服务中心平台已汇总国内外各类遥感卫星数据 1 000 万景以上，是面向自治区及东盟各成员国用户提供卫星遥感数据服务的在线平台。平台提供基于卫星遥感大数据的数据共享和智能化分析服务，用户可以在线浏览自治区和东盟地区近五年的亚米分辨率影像；可以对关注的区域进行智能分析，如哪些是耕地、林地、草地；可以分析地表发生的变化，如有多少林地变成了建设用地；可以分析发电设施、飞机舰船分布情况等。平台拟于 2021 年上线，上线后将成为国内首个面向区域提供全覆盖在线亚米级数据服务的系统。

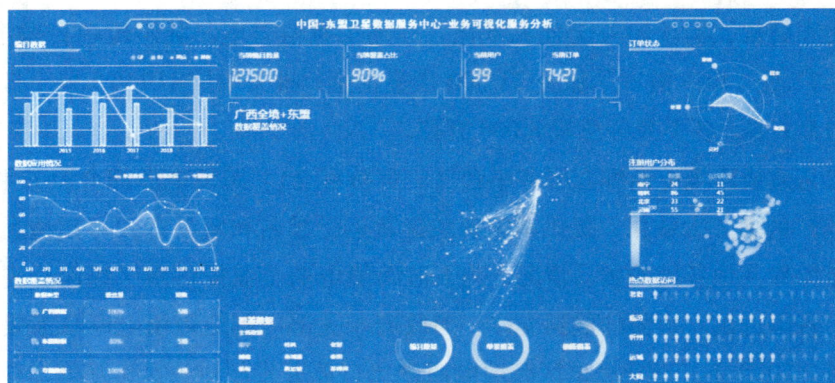

图 4-3 中国—东盟卫星数据服务中心平台

其六是建成中国—东盟科技大数据交互平台。中国—东盟科技大数据交互平台广西东盟技术转移中心开发建设。平台涵盖国内和东盟国家的科技成果、技术需求、技术专家、高校及科研机构、科技型企业在内的 8 万多条科技资源信息。用户可通过平台开展专家咨询、科技合作、创新服务、技术匹配、技术对接、成果转化等活动，实现跨区域、跨领域、跨机构的科技成果流动，解决我国与东盟国家市场需求和技术成果信息不对称的问题。如东盟国家用户提出与中国开展科技合作需求，平台通过大数据和 AI 技术自动匹配后将需求信息直接推送给成果拥有方，收到推送信息的单位可及时与东盟国家用户线上对接，促成合作意向，实现技术转移。

其七是建成中国—东盟跨国跨区域智能公共服务平台。该平台由中国—东盟信息港股份有限公司自主研发，目前平台已接入上百家服务机构资源，融合了新型通信、本地生活、智推资讯、影音娱乐、垂直电商等多项数字服务，基于 eSIM 虚拟卡技术、4G/5G 新一代通信技术和移动互联网技术等技术帮助东盟国家推进产业数字化建设，助力当地民众畅享数字生活。当地用户通过 Elinking APP，足不出户、无须排队，即可享受无卡通信、一键缴费、线上预约、电商购物等多项服务。该平台已在马来西亚实现商用，2020 年累计年收入近 3 000 万元人民币。Elinking 在东盟国家的推广，为广西打造了一张面向东盟的数字经济新名片。

四、中国—东盟数字经济合作和数字供应链发展的影响因素和机遇

（一）中国—东盟数字经济合作和数字供应链发展的主要影响因素

从目前中国—东盟数字经济合作和数字供应链发展情况来看：虽然合作领域不断拓宽，但数字经济的合作程度并不高，如数字经济合作和数字供应链发展交换平台建设不少，但与东盟国家实现对接的并不多；虽然中国与东盟国家在多领域建立合作机制，但在数据跨境流动和数字经济合作和数字供应链发展方面，还没有建立具体的顶层合作机制。在跨境数据流动上，还存在一些问题，影响中国与东盟跨境数字经济合作和数字供应链发展交换的合作进展与合作效果。

一是共同认同的跨境数据合作区域机制还未真正形成。目前中国与东盟仅有包容性规范作为数字经济合作和数字供应链发展合作的基础，缺少制度化程度高、有法律约束力的数字经济合作和数字供应链发展合作区域机制，使得中国与东盟数字经济合作和数字供应链发展合作推进迟缓。中国与东盟已经签署《区域全面经济伙伴关系协定》，中国以 RCEP 自贸谈判为契机，将跨境数据流动的中国方案嵌入RCEP 中，并被东盟所接受。RCEP 中的电子商务章部分，对成员国之间的跨境数据传输、计算机的主机设置、个人信息保护、网络安全等都有具体规定，中国与东盟

的数据跨境规则合作取得初步成果。但中国与东盟之间跨境数据合作机制还未形成。目前中国尚未加入任何跨境数据流动国际性规则组织，东盟国家中的新加坡和菲律宾已加入美国主推的跨境隐私规则体系（CBPR）。日本和欧盟也在通过各种不同的形势，引导东盟运用自己的规则体系。欧盟2018年实施的《通用数据保护条例》影响了绝大多数的东盟国家的数据立法进程，东盟国家纷纷以此为蓝本，或修改国内成法、或新修立法，以适配GDPR的高标准、严要求。同时，欧盟本身的一体化的数字市场建设，对东盟有着很强的吸引力。这些对中国与东盟进一步共同认同的数字经济合作和数字供应链发展合作机制的建立增加了难度。

二是数据保护标准和数据跨境执法权对等关系尚未建立。跨境数据的顺利流动要求中国与东盟各国间的数据保护标准对等和数据跨境执法权对等。从数据保护标准来看，数据只能往保护程度高的地方流动，如果数据从保护标准较高的地区流向标准较低的地区，可能会有较大的数据隐私泄露和安全风险。目前中国与东盟仅在RCEP的电子商务章节中达成有关跨境数据流动的初步合作框架，有关数据保护标准还没有共同认可的标准。另外，中国与东盟国家在数权法律制度上还不完善，国家间相关法治建设差距较大。在中国与东盟住过中，新加坡关于数据保护的法治建设起步早，相关法律法规较为健全，数据保护标准较高；中国近几年连续出台《网络安全法》《个人信息保护法》《数据安全法》等，数据保护立法逐步完善，《数据出境安全评估办法》也正在进行征求意见中；泰国、马来西亚、菲律宾、印度尼西亚、越南也有数据保护的法律出台，但与新加坡和中国相比数据保护标准较低；柬埔寨、老挝、缅甸和文莱，目前还没有数据保护法律出台。从数据跨境执法权来看，执法权力对等是战略互信的基础。中国与印度尼西亚、柬埔寨、菲律宾、越南、泰国、老挝、马来西亚、新加坡等东盟国家已有过联合打击跨国电信诈骗的跨境执法合作，为数据跨境执法合作奠定了实践基础。

三是中国数据跨境流动的法律制度处于探索阶段，数据出境难。中国在数据治理规制领域起步较晚，使得美国和欧盟的数据治理模式成为国际数据流动规则主流。近几年，中国积极投入与网络安全相关的法律制度制定中，但仍有一些不足。当前中国处在数据安全机制建设摸索阶段，数据跨境传输规则还不完善。《个人信息保护法》虽已出台，但缺少与之配套的实施细则，并且该法律能否顺利与国际通行数据流动规则接轨、并作为和东盟建立数据流动互信机制的合作基础，尚处于不明确状态。数据跨境流动规则不成体系，相关规定散见于各种法律、行政法规和部门规章中。虽然《个人信息保护法》已正式确定实施时间，但短时期内《网络安全法》及与之配套的系列实施细则，还是影响数据跨境流动的主要法律。《网络安全法》

虽已出台数年，但由于内容相对粗疏笼统，不够具体化，对跨境数字经济合作和数字供应链发展没有明确条文。由实践中的相关法律法规获悉，中国对数据跨境流动的举措多偏向限制性规定，即在"安全可控"前提下允许数据出境。虽然《个人信息保护法》中有关于"个人信息跨境提供的规则"，但围绕该法律的配套法规出台还需时日。另外，有关公共数据和企业数据的跨境共享流动，还没有具体法规。由于缺少充分的法律法规，相关部门在数据跨境流动方面难于给出指导，这些都使得中国数据出境难度大。

四是中国数据分类分级体系尚不健全，跨境流动缺乏基础。明确的数据分类分级法律标尺能够有效促进数据跨境流动的安全评估、风险防控、安全管理等相关工作开展。在操作实践中，对不同类型数据的安全评估标准、细则、流程等属于不同的操作体系或一般数据是否需要评估等问题，均是在对数据类型和级别掌握和了解的前提下进行。对于数据安全监管，应当明确予以重点关注和追踪的数据类型、级别，有的放矢地使用监管资源，既能保证监管质量，也能减轻监管工作量。在数据安全管理方面，对类别和重要程度不同的数据在保护能力认证方面需有差异，拥有重要数据的控制者应具有较高水平的保护能力，而且一般数据和重要数据的风险评估标准可能也会不同。海量数据在被利用前，需要对其进行脱敏、去标识或加密等技术处理，确保数据来源的安全，而这也是基于数据分类分级后的结果。中国仍处在数据分类分级标准的探索阶段。《网络安全法》提出数据分类，重要数据需备份和加密。《数据安全法》第三章对数据分类分级办法有基础规定。但这两部法律属于原则性规定，对具体分类分级标准及惩罚细则缺少解释说明。《个人信息保护法》也只规范了个人信息和敏感个人信息概念。在行业部门层面，有《工业数据分级分类指南（试行）》《科学数据管理办法》和《金融数据安全数据安全分级指南》等，但前两部试行办法未对企业违反相关规定时的法律制裁予以说明，导致企业无法认清自己应承担的法律责任，而后一部的规范对象只是金融部门，目前还是缺少重要数据的识别标准。综上，落实数据分类分级工作是实现国家、区域、行业或自由贸易试验区层面数据跨境流动的前提。

五是中国数据出境管制缺乏灵活性难以保障跨境数据出境效率。中国对出境数据主要采取事前安全评估的管制办法。《网络安全法》和《网络安全审查》规定网络运营者需进行数据安全评估，而《个人信息出境安全评估办法》借鉴 GDPR 标准合同条款（SCCS），对个人数据安全出境采用类似合同法要求。与欧盟 GDPR 相比，中国现存的数据出境管理制度设计比较单一，制度体系不够完整，而且欧盟也已放弃事前许可的管理模式。数据出境管制办法缺乏弹性必然不利于实际操作。单一的数据出境管制办法不适应数字贸易全球化的发展趋势，且难以满足海量数据跨境传输的需求。目前企业有跨境数据流动需求，如数据交易等情况，需事前提交相对繁琐的评估申请，还存在监管多头、责任范围不清的问题，使得数据跨境效率低。除上述以外，目前还没有政策制度明确数据跨境流动由哪些政府机构部门负责监管以及各自职责，这也使得跨境数字经济合作和数字供应链发展交换实现困难。另外，跨境数字经济合作和数字供应链发展交换涉及更多数据安全风险防控要求，需要创新信息技术作为技术保障。

六是部分东盟国家数据本地化的政策阻碍跨境数字经济合作和数字供应链发展。"数据本地化"是指国家对在本国产生的数据施以控制监管，将这些数据储存在国境内的云服务器中，从而限制本国数据向境外流动。在维护网络空间安全的层面，具有防御本质的数据本地化能将重要数据限制在国家境内，降低泄露公民个人隐私及威胁国家数字安全的风险。从市场竞争的角度来看，相关企业也能在"数字本地化"这把安全伞的保护下维持在国内市场的绝对竞争优势。无论出于何种目的，各国政府对数据的保护均以数据的产生和采集行为发生地作为管辖的基础，其直接后果将导致数据在国家间的自由流动受到阻碍甚至切断。数据和隐私保护法律给市场运营主体带来了沉重的成本。马来西亚、菲律宾、印度尼西亚、越南、泰国等国家大都出于国家安全的目的，制定了数据和隐私保护的相关法律，对于网络数据的本地化有着严格的要求。这不仅给众多希望在地区网络空间开展业务的中国与东盟国家企业带来了阻碍，同时还增加了地区数字平台的监管成本，并最终被转嫁给客户群体。数据是数字经济的核心，只有流通与共享才能充分发挥其真正的价值。东盟国家的数据本地化政策却使得数据趋于"碎片化"，形成了一个个信息的孤岛，大大增加了投资的数字企业获益的难度。另外，数据的本地化令许多跨境的数字平台难以获取商家的准确信息，这为不良商家在平台上的欺诈行为提供了"温床"，恶化了地区的网络营商环境。新冠疫情也让越来越多的政府意识到数据对于公共卫生、社会治理、经济发展和国家安全的重要价值，国家对于本国数据的监管将继续趋向严格和全面，对涉及数据跨境传输的经营和投资行为的阻碍也将有增无减。

七是东盟国家数字基础设施差距大，阻碍数字经济合作和数字供应链发展范围和程度。东盟各国信息通信基础设施发展不均衡且总体水平不高。根据国际电信联盟2017年发布的全球国家或地区信息与通信发展指数（IDI）榜单，176个国家与地区当中，东盟十国仅有4国位列前100，分别是新加坡、文莱、马来西亚与泰国。东盟各国中，新加坡IDI为8.05，排名最高、位列全球第18；老挝IDI为2.91，排名最低，位列全球第144。可以看出，东盟内部信息通信基础设施发展差异巨大，大部分东盟国家信息通信基础设施发展相对落后。虽然东盟国家近几年加快了信息通信基础设施建设步伐，但与中国、新加坡等国家的差距仍在加大。受制于数字基础设施建设滞后，部分东盟国家有加强数字经济合作和数字供应链发展合作意愿，但能力受限。新冠疫情在东南亚国家的又一轮传播使得各国的新基建计划减缓。

八是东盟精英阶层对中国认同感缺失问题，影响数字经济合作和数字供应链发展合作。东盟国家部分人员对中国存在地区认同感缺失问题，阻碍了正式或非正式制度和惯例的形成，使得大多数数字经济合作和数字供应链发展合作还只停留在论坛、发表宣言及对话等软制度层面。根据新加坡知名智库"尤索夫伊萨东南亚研究所"发布的"东南亚态势：2020"年度调查报告，通过对东盟十国的 1 308 名政府机构、学界、商界和媒体界人士的精英阶层调查发现：60.4%的受访者表示不信任中国，高于 2019 年的 51.5%；79%的受访者认为，中国是本区域最具经济影响力的国家，其中 72%的受访者表示"担忧"；52%受访者认为中国是在本区域最具政治和战略影响力国家，其中 85.4%的受访者对此表示"担忧"；本地区最受欢迎和最值得信赖的战略伙伴，中美都排在日本、欧盟和澳大利亚之后。由此可见，虽然中国近年来不断加强同东盟的地区合作、持续深挖与东盟的合作潜力，但依旧难改东盟国家对中国的固有偏见。同时，西方媒体的长期抹黑与造谣，使得东盟国家的民众对中国一直保持戒心。部分东盟国家出于地缘平衡的考虑，依旧会有拉拢西方国家制衡中国的冲动。认同感不足，也使得东盟国家在与中国的数字经济合作和数字供应链发展交换合作上，主动性和积极性不足。

九是美国的干预施压，影响了东盟与中国的数字合作进程。近年来，中国数字技术带动数字经济的蓬勃发展引起了美国的强烈焦虑与不安。美国政府已经将中国认定为其全球科技外交中的主要竞争对手。美国为了技术领先带来的巨额经济利益和所谓的"国防安全"，在全球范围内对中国数字产业发展进行污名化与技术打压。一方面，美国利用西方主流媒体对中国技术的安全性进行攻击。另一方面，美国还对诸多欲与中国开展数字合作的国家进行威逼利诱。东南亚地区长期以来被美国视为战略要地，美国担心中国借助与东盟国家开展数字合作的机会不断增强地区影响力。为此，美国采取政治施压与经济诱导两手抓的方式，推动东盟接受美国的数据规则，自 2019 年以来，启动了"数字连接与网络安全伙伴关系""东盟网络政策对话""美国—东盟智能城市伙伴关系""美国—东盟联通行动数字经济系列计划"等一系列的战略规划，来加强美国对东盟的经济影响力，协同政治影响力来推动东盟国家接受美国的数字经济规则，其中数据规则是重要部分。随着美国不断施压，东盟国家的态度与立场将备受考验。美国能否在东盟建立"数字霸权"，将深刻影响中国与东盟国家的数字经济合作和数字供应链发展交换合作。

（二）中国—东盟数字经济合作和数字供应链发展的机遇

数据所蕴含的价值被认为是一种无形的资本，数据资源的获取和背后的国家利益，使得东盟各国的数据仅在国内、行业内部共享，使得国内外、行业内外的数据信息处于各自孤立的状态，使得跨国协作、跨行协作能力较差，形成一个个"信息孤岛"。数据难以传递，数据获取利益化，行业信息错位，使得中国与东盟国家难以得到快速增效的结果。数据难以流通，使得数据碎片化，严重妨碍中国与东盟地区整体社会发展，增加各国数据获取成本，给各行各业发展带来极大的不变。并且数据的时效性和准确性不能得到保证，各行各业在发展时容易陷入各种困境，影响社会发展速度。中国与东盟跨国数字经济合作和数字供应链发展，在落实信息共享机制上对数据进行开放和交换，是打破"信息孤岛"的根本路径。

中国—东盟跨国数据数量庞大、涵盖面广、价值密度高，数据在产业经济领域应用面广泛，价值高。中国劳动密集型产业发展过剩，传统产业发展面临从劳动密集型向战略性新兴产业转型的现象。东盟国家具备丰富的自然资源和人力资源，产业发展相对落后。中国—东盟地区数字经济合作和数字供应链发展交换，对整个中国—东盟地区进行数据整合，培育数据产业，为各行业产业发展提供数据信息，挖掘行业发展商机，引导中国过剩产能向东盟国家流动，充分利用东盟各国丰富的自然资源和人力资源，与中国产业发展进行资源互补，既促进中国产业发展转型，又带动中国东盟各国经济发展，从而实现双赢。

数据的文化、经济、社会价值被全球所认可，各国数据的生产、采集、处理、分析等各个环节都能产生巨大的效益。要对中国、东盟各国数据进行共享，加以开发利用，充分发挥数据价值，赋予价值更大的生命力，满足社会需要，促进各国数字经济发展。同时，中国—东盟跨国数字经济合作和数字供应链发展，可以带动中国—东盟地区信息化氛围，加强信息化投入，提升地区信息化意识和信息化水平，培养社会公众对数据分析应用能力。并且，高质量的数字经济合作和数字供应链发展，能够充分刺激数据信息消费需求，给数据等相关产业带来数据红利，促进产业发展，不断营造产业发展优势，更好地发挥国家宏观调控作用，丰富国家宏观调控手段，更好地优化地区资源配置，促进中国—东盟地区地区高质量运行发展，形成良好的发展格局，推动社会发展进程。

中国秉承和平、发展、合作、共赢的理念，与东盟国家建立友好外交关系，推动跨国数字经济合作和数字供应链发展交换，满足中国与东盟国家经济和社会发展的共同需求，进一步巩固睦邻友好关系，增强各国间战略互信，营造长期和平、稳定的周边环境。同时，在"亲、诚、惠、容"的周边外交理念下，中国与东盟国家进行跨国数字经济合作和数字供应链发展，增强东盟各国建设"一带一路"信心，将中国的技术、资本、商品带到东南亚国家，带动产业升级转移，更好地实现对外开放，进一步完善中国对外开放格局。中国与东盟各国通过国际合作获得本国经济发展所需额资金、技术和人才，在政治、经济、文化和人才上进行资源互补，相互依存，共同发展。同时，中国—东盟形成利益共同体，在全球范围内与其他国家、国际组织进行政治、经贸、文化往来，有助于构建人类命运共同体。

国家数据开放，要进行跨国数字经济合作和数字供应链发展交换，打破中国与东盟国家各行各业信息孤岛，对数据进行加工利用，深度挖掘数据经济价值，提升数据附加值，带动大数据产业发展。同时，在数据信息对接上，中国与东盟各国利用多方合作机制共同推动行业贸易规则商谈，推动经济技术标准和贸易政策规则制定，降低中国与东盟国家合作阻力，推动中国与东盟国家之间的贸易往来，更好地利用"两种资源"和"两个市场"，与东盟国家进行能源、矿产等资源的交换，缓解国内资源供给压力，推动经济新常态发展，带动中国资本、技术和产品走出去，带动东盟国家经济社会发展，实现区域经济双循环。

第三节　数字经济对行业供应链发展的价值和效应

一、中国—东盟经贸数字经济合作和数字供应链发展平台建设

贸易数字经济合作和数字供应链发展互换既有助于提高通关效率、增强贸易数据可信度，又利于双方海关在监管执法时，通过数据稽核比对，精准打击低报货值等违规申报行为，有利于促进双边贸易健康发展。此外，国际经贸数字经济合作和数字供应链发展还有利于寻求商业机会，拓展海外业务。

目前中国与东盟的贸易跨国数字经济合作和数字供应链发展与交换的应用主要有：一带一路海关信息交换共享平台（CusDEP）和国际贸易"单一窗口"。

一带一路海关信息交换共享平台是 2019 年第二届"一带一路"国际合作高峰论坛的成果之一。目前中国已与东盟国家中的新加坡和印度尼西亚达成协议，"中国—新加坡原产地电子信息交换系统"和"中国—印度尼西亚原产地电子信息交换系统"分别于 2019 年 11 月和 2020 年 10 月正式上线运行，双边通过系统可以实现实时传输原产地证书和流动证明电子数据等。

国际贸易"单一窗口"是指参与国际贸易和运输的各方，通过单一的平台提交

标准化的信息和单证以满足相关法律法规及管理的要求。互联互通的"单一窗口"能极大提升双边通关便利化效率。目前中国仅与东盟国家中的新加坡实现"单一窗口"互联互通。2021年6月，中国海关与新加坡海关共同召开了两国海关"单一窗口"联合工作组第五次会议，双方分享了两国"单一窗口"最新建设成果，肯定了前期货物申报数据交换、海运集装箱通关物流信息交换和"单一窗口"联盟区块链建设等三个试点合作项目建设成效，原则审议通过了"单一窗口"联盟链的有关技术标准、技术方案、治理方案，《海运集装箱通关物流状态业务方案》等，并对下一步扩大试点作了安排。中国海关与马来西亚的"单一窗口"互联互通对接工作正在积极进行中。2021年7月中马多机构签署共建区域"单一窗口"服务合作备忘录，加快推动中马"单一窗口"对接。

在促进边贸交易便利化方面，面向东盟国家开设口岸的广西和云南已打造了互联互通的电子化平台。结合中越边境各口岸实体基础设施建设，中国东信打造了中国—东盟商贸通平台，大幅提升了中越跨境贸易的规模发展，自2017年4月平台上线至2020年10月，交易额已累计达930多亿元；依托市场、政务数据、大数据技术和金融资源建设的广西边境口岸互市贸易结算互联互通信息平台，为口岸贸易参与方、商业银行等市场机构提供跨境结算核验服务，截至2020年8月底，平台已基本实现全区主要口岸和边贸结算银行的业务覆盖，链接12个互市点、16家服务中心、9家结算银行以及2家第三方支付公司，服务互市贸易结算金额达235亿元，服务边民互市结算超过303万人次，有效提升了边民互市贸易结算便利化水平。2020年4月，中国（云南）自由贸易试验区红河片区边境贸易服务中心在大数据服务平台的支持下，完成云南省首笔全电子化边民互市贸易跨境结算业务，实现了边民互市业务跨境汇款、收款、账户管理、国际收支申报的"全流程、电子化、一站式"综合金融服务和"真边民、真交易、真结算"。

二、中国—东盟国际旅游跨国数字经济合作和数字供应链发展

中国—东盟跨国旅游数据是中国与东盟国家旅游等相关行业及消费者所产生的数据，包括景区、酒店、旅行社、导游、游客量等所产生的管理或业务数据，旅游行业等所产生的管理或业务数据，旅游行业基础资源信息库、互联网数据、旅游宏观经济数据、旅游气象环保数据、交通数据、公共卫生安全数据等。这些数据的共享应用，可以提升中国—东盟地区旅游管理部门和涉旅企业大数据应用，为游客、导游、旅行社、景区、管理部门提供相应的数据应用服务。对游客而言，国际旅游跨国数字经济合作和数字供应链发展可以为游客提供全新体验，为游客提供中国—

东盟地区旅游资讯信息查询、天气、旅游位置推荐、人流信息、智能导游、游客点评与投诉、旅游产品预订及景区周边服务等，为中国—东盟地区跨国游客提供智能化服务。对景区、旅行社而言，国际旅游跨国数字经济合作和数字供应链发展可以进行相应的产品信息、活动信息发布，对游客消费及行为进行分析，实时流量监控和客流预测，旅游舆情分析，拥堵预警、灾难预警，统计接待游客数量及客源地等，提升景区管理水平，改善旅游行业服务水平。对中国—东盟旅游政府机构而言，国际旅游跨国数字经济合作和数字供应链发展可以实现旅游信息、政策共享，加强旅游行业资源基本信息库管理，监控游客数量及趋势，对游客目的地、消费行为、旅游舆情进行分析，提升旅游企业服务质量，实现旅游行业精准管理，对旅游宏观数据进行分析和预测。

在 2017 年举行的中国—东盟智慧旅游与旅游大数据高峰论坛上，双方围绕中国—东盟智慧旅游与旅游大数据发展前景、旅游业态合作、智慧旅游解决方案与平台建设、产业业态创新、发展模式改革、人才培养、服务交通提高、旅游大数据挖掘及其开发运用，并对如何发挥智慧的综合优势和带动作用，促进中国—东盟旅游业转型升级、提质增效等方面进行深入探讨。

根据中国东盟-中心的统计：2018 年，东盟国家来华旅游约 2 540 万人次，同比增长约 19.3%；东盟国家与中国双向人员往来超过 5 500 万人次，同比增长超过10%。中国为东盟最大入境旅游客源国，而东盟为中国游客最青睐的出境旅游目的地之一。

加快建设中国—东盟跨境旅游服务平台，有助于建立共同旅游市场和共同推进旅游业发展，实现市场秩序、交通衔接、信息平台、形象宣传、人才培养等方面结构性融合。广西旅游数据中心立足广西，面向东盟，积极探索中国—东盟旅游大数据服务新模式，通过大数据应用赋能旅游经济合作，促进双方在产业链、供应链、价值链的进一步深度融合。在 2020 年中国—东盟博览会旅游展上，广西—东盟出入境旅游大数据进行展示，从境内旅行者的东盟旅行偏好、境外旅行者的入境游玩偏好、出入境人群画像三个维度刻画中国—东盟旅游发展趋势。

"一带一路"倡议为跨境旅游产业国际合作提供重要动力，国家相关部门发布《国务院关于支持沿边重点地区开发开放若干政策措施的意见》，明确提出通过"改革边境旅游管理制度、研究发展跨境旅游合作区、探索建设边境旅游试验区、加强支撑能力建设"四项举措提升跨境旅游合作。东盟各国旅游部门集体通过了加快旅游业发展的《东盟旅游战略规划》，致力于推动东盟旅游市场的一体化，推进东盟内部民意观念、技术发展、经济建设等多方面的共同体建设，也开展了一系列的信息和数字经济合作和数字供应链发展工作，比如为推动中国与东盟旅游企业"走出去""引进来"，中国与马来西亚形成集政府扶持、技术培训、信息服务等优势资源为一体的企业引进模式，与同城网在旅游建设、产品线路推广、大数据共建等项目开展战略合作。

中国与东盟国家已建立起多渠道、多层次的政府对话形式和推介模式，中国与东盟国家定期举行"东盟旅游论坛""中国福建周""东盟旅游部长会议"等旅游专项会议论坛，有针对性地提供供需数字经济合作和数字供应链发展业务。在旅游合作发展协作方面，中国—东盟地区通过加强政策对话和决策合作，互派成员参与东盟年度旅游论坛、东盟高峰论坛、中国国际旅游交易会。2020 年 12 月 8 日，广西区政府在中国—东盟数字文化旅游专业合作论坛上共同发起《中国—东盟数字旅游合作倡议》，倡议提出：发展数字旅游以提升游客满意度、获得感和安全感为核心目标；加强旅游抗疫的数字化合作；推动旅游业数字化升级；探索旅游电子商务跨境合作；促进数字旅游领域投资便利化；引导培训机制建立和人才流通；鼓励建立多层次交流机制和维护数字旅游安全。

三、中国—东盟文化教育跨国数据多维合作

文化教育跨国数据的开放共享可以整合文化教育数据信息，开展多维度多层面的教育合作，借助数字化技术分享各国教育改革经验，推动后发地区科教与文化事业高效发展，教育数字经济合作和数字供应链发展还包括微观的受教育者、教育者和教育管理者的学习行为、教学反思、教育决策等多种方式的数据，利用大数字经济合作和数字供应链发展与挖掘技术，分析教育结果，驱动教育主体，从宏观上掌握国家之间的教学文化的差异及可借鉴之处。中国与东盟的文化教育跨国数字经济合作和数字供应链发展，则有利于集中分布式的教育数据资源，推动跨国文化教育的开展，推动科研及文化教育行业发展，共同进行人才培养等活动。

中国历来注重与东盟国家搭建跨国文教行业发展交流平台，服务产业需求，推动文教行业标准化，形成数据互联互通与合作共赢，为中国与东盟文化教育产业部门、文化教育企业和第三方机构提供"文化教育产业一站式服务平台"，促进中国与东盟国家文化教育资源互补，为中国和东盟文化教育产业发展提供更广阔的空间。

2005 年，中国与东盟共同签署《中国—东盟文化合作谅解备忘录》，文化领域重要文件的签署为双方在更大范围、更深层次开展文化交流活动提供了应有的制度保障。紧接着双方在 2006 年第三届东博会上成功举办中国—东盟文化产业论坛，并签署《南宁宣言》《中国—东盟文化产业互动计划》等文件，逐渐将文化与产业相

结合，显示出双方意在使文化与经济形成良性的互动趋势。中国—东盟自由贸易区正式全面建成以来，为中国—东盟文化产业合作提供了更广阔的空间，双边文化交流呈现出繁荣发展的态势。中国—东盟文化部长会议机制的建立将为双边文化合作开辟新局面，为整体关系升级作出更大的贡献。中国—东盟文化交流年、《中国—东盟文化合作行动计划（2014—2018）》等合作项目和计划的落地，为中国—东盟文化数字经济合作和数字供应链发展提供了大量潜在的数据资源。此外，中国—东盟网络视听产业基地引进国内外优秀网络文化企业，推动 5G 技术、人工智能、增强现实（AR）／虚拟现实（VR）等新技术在网络视听产业中的应用；通过"北部湾之声"东南亚网络传播能力建设工程和广西网络云视频平台建设，与东盟国家媒体开展信息互换、人员互动等全方位合作；组建了中国—东盟作品译制中心，搭建起中国—东盟网络文化产品译制服务平台，在柬埔寨、老挝、缅甸、泰国设立工作站、译制站；每天用柬、老、缅、越、泰、英语进行 17 小时直播，每年播出广播节目 7 750 小时，每年译制播出中国优秀电视剧、动漫片、纪录片 1 100 多集。

自 2008 年以来，中国—东盟教育交流周、中国—东盟教育交流年和中国—东盟教育部长圆桌会议等合作机制开展了丰富多样的活动，搭建起广阔的教育交流平台，汇聚了大量的教育管理、教育研究和教育合作相关的数据。在《关于中国—东盟教育合作行动计划支持东盟教育工作计划（2016—2020）开展的联合公报》等系列合作框架协议的指导下，中国—东盟教育交流深度融合"互联网+"：2020 年受新冠疫情影响，中国—东盟教育交流会在线上开展，2021 年第三届中泰高等教育合作论坛暨中泰高等教育合作联盟年会通过线上线下结合的方式举办等。中国与东盟国家（印度尼西亚、马来西亚、菲律宾、泰国、越南等）签署学历学位互认协议，实现教育信息数字经济合作和数字供应链发展互认。"中国—东盟人才发展计划"，中国—东盟青年领导人千人研修计划等项目落地也逐渐倚重信息技术和互联网的助力，并实现了相关数据的共享合作。中国积极推进中国与东盟的职业教育合作，依托中国—东盟信息港互联网人才培训基地，开展面向东盟的职业技能教育和定制化培训；建设中国—东盟职业教育云平台，整合社会职业教育培训机构各类资源，提供音频、视频、文字等多种形式的共享资源服务。

四、中国—东盟公共卫生跨境数据广泛合作

公共卫生行业拥有大量的病例、病理报告、治愈方案等，通过整理、分析这些数据，可以辅助医生提出治疗方案。中国—东盟构建公共卫生大数据平台，收集不同的病例、病人的基本特征和治疗方案，建立公共卫生数据库，能够快速地通过数

据比对，确定病人病情，及时掌握新型流行性病毒情况，实现流行病预测、智慧医疗、健康管理。全球化使得国家之间联系更紧密，也使得国际公共卫生治理更加复杂，东盟各国公共卫生服务能力水平不一，总体服务能力较低，白风疹、结核病、麻风病、霍乱、疟疾、百日咳等常见传染病严重影响东盟各国公民生命健康。加强公共卫生合作，提高东盟各国公共卫生服务能力，对维护中国和东盟经济社会稳定意义重大。

2003 年，温家宝总理出席"中国—东盟领导人关于非典问题特别会议"，并达成《中国与东盟防治"非典"联合声明》，提出建立疫病防治通报机制，开展经验交流与合作研究，加快卫生领域合作进程，调出入境管理措施，努力减低疫情负面影响。2006 年，第一届中国—东盟卫生部长会议上，中国赞同通过"中国—东盟公共卫生安全合作基金"方案；同年，"中国—东盟艾滋病实验室网络培训班"在北京举行。2007 年举办禽流感实验室诊断技术培训班，总共为东盟国家培训了 18 名禽流感实验室诊断技术人员。2008 年，中日韩和东盟的传染病信息通报正式开通，中国与东盟各国疫情信息数字经济合作和数字供应链发展。2010 年"第三届中国与东盟卫生部长会议"在新加坡召开，陈竺在会议中明确表示中国会继续携手东盟加强双方公共卫生的合作，并提议在传统医药研究、开发与应用过程中遇到的问题时共同来解决。2012 年，中国和东盟正式签署了卫生合作谅解备忘录，将卫生合作推向了新的高度。在 2014 年第十七次东盟与中日韩（10+3）领导人会议上，李克强总理明确提出了包括"加强公共卫生合作"等六点建议，旨在进一步构建更紧密的中国—东盟命运共同体，并将公共卫生安全风险的共同应对纳入中国—东盟命运共同体建设的重要内容。此外，中国—东盟传统医药高峰论坛和中国—东盟卫生合作论坛，分别于 2013 年和 2016 年开始每年举行，不断加强中国与东盟的医药卫生交流合作。

为了防范外来有害生物跨境传播，中国与东盟动植物疫病疫情联合防控大数据平台于 2016 年第五届中国—东盟质检部长会议（SPS 合作）达成建设共识，将中国与东盟各国的动植物疫病疫情采集、监测、信息管理、大数据分析与预警预报等集于一体，利用现代信息分析管理技术、计算机模拟技术、风险分析技术等信息技术，对动植物疫情疫病的发生、发展及传播趋势进行分析、模拟和风险评估。通过平台实现区域动植物疫病疫情信息的共享，提升中国与东盟国家跨境联合应对动植物疫病疫情挑战，加快口岸货物通关速度，维护农产品进出口贸易健康发展。

2019 年，依托中国—东盟医疗保健合作中心，中国在南宁、北海、钦州等市开展与东盟国家的远程医疗合作，推动重点医疗机构开展与东盟国家的远程医疗合作，鼓励社会资本建设远程医疗中心，开展远程会诊、医疗教学和远程监护等相关试点；

并且建立完善中国—东盟传统医药信息服务与交易平台，引导和支持国内具备互联网医药服务交易服务资质的电商企业，搭建中国—东盟富士康（钦州）医疗影像云中心，建设玉林中药材等专业市场云服务平台，面向东盟国家开展线上与线下融合的医药品交易合作；依托中国—东盟传统医药信息交流平台，加强中国—东盟传统医药领域的信息共享和交流；依托广西海上紧急医学救援中心，进行中国—东盟海上紧急医学救援信息平台建设，开展医学教育、专业救援队伍培训、应急救援信息互通、远程医学救援。

自 2020 年新冠疫情全面暴发以来，中国积极与东盟国家共享疫情治疗方案、防控经验和措施，并通过线上和线下结合方式帮助东盟国家进行疫情防控。2020 年 3 月 31 日，中国与东盟举行新冠疫情防控视频会议，中国与东盟国家的相互支持、共同分享防控和治疗经验，双方共同来维护地区的公共卫生安全和人民身体健康。为推动中国—东盟跨境医疗合作，中国—东盟跨境医疗合作平台于 2020 年 10 月正式启动，平台通过信息化手段，打造东盟患者入院前、入院中、入院后的"一条龙"服务，平台已与老挝友谊医院、缅甸内比都医院等签订跨境医疗合作协议，实现跨境医疗数字经济合作和数字供应链发展。

五、中国—东盟跨境数据多边安全对话与合作

在国际安全领域，中国—东盟国家借助官方多边安全对话与合作渠道，公布国防白皮书，共同打击跨国犯罪和恐怖主义分子。中国与东盟共同发表《中国与东盟关于非传统安全领域合作联合宣言》，规定双方加强合作重点打击贩毒、非法移民等非传统安全领域的全面合作；签署了《中华人民共和国与东南亚国家联盟信息通信合作谅解备忘录》，在人才培训、信息基础设施建设、电子商务，经济安全等方面开展安全合作；通过《中国—东盟建立面向共同发展的信息通信领域伙伴关系北京宣言》，确定在信息基础设施、网络与信息安全、加强信息通信战略对话、电信设备互认方面加强合作。

由广西大学和中国东信合作建设的东盟舆情监测系统，针对东盟十国实时接入 GDELT 新闻、GDT 恐怖主义新闻作为数据源，收集了从 1979 年至今的 8.7 亿条舆情数据，提供了大事件提取、国家影响力分析等 10 多种模型算法。通过图表、地图、云图等表现形式，从情感分析、国家影响力、大事件抽取、双边关系分析等多种维度展现东盟十国研究参数，为政府决策服务，为企业发展铺路。自 2015 年起系统定期发布东盟十国最新舆情信息，每年推送东盟十国及 ASEAN 舆情周报约 572 篇，国别热点分析报告约 132 篇，形成各类研究报告 30 余篇。

技术合作数字经济合作和数字供应链发展，有助于中国与东盟国家在各个领域进行技术研发，攻关核心技术，在制造业、医药研发、通信网络、资源开发等领域都能看见双方开展的卓有成效的技术交流与合作，增加行业附加值，从而提高中国—东盟地区整体国际实力，增强国际影响力，充分在国际市场上发挥话语权。

2002 年，中国与东盟共同签署《中华人民共和国与东南亚国家联盟全面经济合作框架协议》，协议首次提及中国将向部分东南亚国家进行技术转让与援助等条款。2003 年 10 月双方在印度尼西亚签订了《中华人民共和国与东南亚国家联盟信息通信合作谅解备忘录》，双方在信息通信研究开发项目上展开合作，包括技术的转让、科研人员交流合作以及人才培训建设等方面。

经济的发展离不开技术支撑，区域经济合作离不开技术的合作。2017 年，"一带一路"科技创新行动计划启动。在中国—东盟技术转移中心和中国—东盟技术转移与创新合作大会等平台的支持下，中国与东盟国家在技术成果转移转化、联合研发等方面，实现了越来越多的从无到有的突破。在中国与东盟国家的共同的努力下，中国与泰国、老挝等 9 个东盟国家分别建立了政府间双边技术转移工作机制，与 7 个东盟国家组建了技术转移联合工作组。通过中国—东盟技术转移中心平台，促成技术项目对接超过 600 项，参与技术转移协作网络成员超过 2 600 多家，实现中国与东盟国家技术合作数字经济合作和数字供应链发展。

中国对部分东盟国家提供技术共享援助。如中国东信协同国内顶尖 ICT 设备检测实验室与老挝合作伙伴及政府部门合作打造老挝首个国家级 ICT 设备检测实验室，将中国在 ICT 设备检测方面的标准、检测技术、人员培训等能力分享给老挝，提升了老挝在 ICT 设备检测领域国家整体技术能力建设。

2021 年 9 月，中国在第 9 届中国—东盟技术转移与创新合作大会提出：以共同发布《中国—东盟建设面向未来更加紧密的科技创新伙伴关系行动计划（2021—2025）》为契机，提升合作层级；汇聚创新资源，在可持续发展、卫生健康、数字技术等重点领域加大合作力度，积极建设面向中国—东盟科技创新合作的联盟、基地和网络；在现有科技人文交流品牌基础上，创新合作方式，共同研究推出面向东盟国家的科技人文交流计划；推荐区域科技园区和创新团队交流对接，组织开展面向可持续发展的技术转移专项行动，积极与东盟各国分享优秀技术成果。

2021 年 9 月，首届"中国—东盟核技术与核能合作发展论坛"通过线上线下结合的方式，搭建全新核能和核技术领域交流平台，加深东盟国家对中国核技术应用、核能技术产品和服务的了解，建设技术、经贸合作机制。

六、中国—东盟生态环境方面建成信息共享平台

加强中国与东盟环境合作，有利于改善地区环境质量和提升区域生态系统保护力度，共同促进区域包容性增长与可持续发展，提高人民福祉，实现互利共赢，符合中国与东盟成员国的共同利益。多年来，双方在促进中国—东盟环境政策对话、推动中国—东盟生态友好城市伙伴关系、开展应对气候变化和生物多样性保护领域能力建设等多方面开展了诸多务实合作，并取得了良好成效，其中就包括中国—东盟环境信息共享平台建设。该平台于 2018 年建成启动，涵盖生物多样性信息和环境可持续城市两个专题平台，在这一平台上，中国与东盟多国在环境法规、环保制度和生物多样性等方面已实现信息共享。

中国和缅甸、泰国、越南、老挝、柬埔寨东盟五国于 2020 年 11 月在北京共同启动澜湄水资源合作信息共享平台网站。该平台建设项目旨在汇集、管理和共享澜湄水资源合作相关数据，推动澜湄六国间水资源相关信息、知识、经验和技术的共享应用，通过搭建具备数据汇集和共享应用功能的信息共享平台，为各国提升水资源开发利用保护能力和水平，加强区域协调与合作，共同应对流域水资源挑战，服务区域经济，为社会可持续发展提供支撑。中国已正式向湄公河国家提供澜沧江水文信息，率先启动共享平台建设。目前该平台项目处于建设中。

七、中国应急救援遥感为东盟国家提供数据协助

中国遥感卫星技术与遥感信息获取能力已经位于世界先进水平，截至 2020 年已有 180 多颗遥感卫星在轨运行，在轨卫星数量仅次于美国。《国家民用卫星遥感数据管理暂行办法》将空间分辨率不优于 0.5 米光学遥感数据初级产品、空间分辨率不优于 1 米合成孔径雷达遥感数据初级产品列入公开范围，极大地丰富了遥感应用产业的数据源。中国已和多个国家在民用领域实现卫星遥感数字经济合作和数字供应链发展，利用技术和数据资源优势协助东盟国家进行紧急应急救援服务。

近年来，国家遥感中心组织国家综合地球观测数字经济合作和数字供应链发展平台多次向东盟国家进行遥感数字经济合作和数字供应链发展，提供紧急应急救援服务：2018 年 7 月向老挝提供阿速坡省的桑片-桑南内水电站大坝溃坝前后该地区 76.4GB 的灾前/后遥感数据和灾害分析产品数据；2018 年 7 月、8 月印度尼西亚西努沙登加拉省龙目岛先后发生 6.5 级和 7.0 级地震，共享平台提供 35.61GB 灾前/后遥感数据和灾害分析产品数据；2021 年 4 月，印度尼西亚东努沙登加拉省发生山洪和泥石流灾害，共享平台提供 20.1GB 的灾害前/后高分辨率遥感数据进行数据应急

救援；2021 年 7 月，泰国首都曼谷附近一座化工厂发生剧烈爆炸和火灾，共享平台第一时间启动中国 GEO 灾害数据应急响应（ChinaGEO Disaster Data Response，CD-DR）机制，及时向泰方提供了 12GB 的灾情光学数据和雷达数据，为灾情分析提供数据支撑。共享平台在向受援国提供数字经济合作和数字供应链发展同时，也将灾害数据集的网络服务和共享政策正式发布，保障了捐赠方的相关权益和数据分发工作的合法有序。所有数据和灾情信息也会提供给联合国亚太经济与社会委员会（UNES-CAP）、地球观测组织（GEO）和国际科学数据委员会（CODATA）等国际机构和组织，并向全球科学家和减灾机构开放共享。

第五章　中国—东盟供应链韧性管理与数字技术应用

第一节　供应链韧性管理中的数据共享

一、数据共享与交换顶层框架技术设计

大数据服务体系是集开发、配置、部署、管理、监控、安全于一体的数据交换全生命周期管理的数据交换平台。平台需快速构建、运行和管理分布式应用系统间、云环境下应用系统之间等数据交换共享任务，可满足各种大型应用、各种复杂的网络环境下的业务需求，尤其适用于跨部门、跨地域、跨层级的数据交换共享应用。

数据共享与交换技术层面包括数字孪生技术框架、数据湖技术框架、数据协作平台（DSP）、商业智能等技术等，是解决数据存储、管理的基础技术支撑，推动着数据共享与交换的顺利进行。

（一）数字孪生技术框架

数字孪生是充分利用物理模型、传感器更新、运行历史等数据，集成多学科、多物理量、多尺度、多概率的仿真过程，在虚拟空间中完成映射，从而反映相对应的实体装备的全生命周期过程。

全生命周期、实时/准实时、双向这三个关键词有助于我们理解数字孪生技术。全生命周期，是指数字孪生可以贯穿产品包括设计、开发、制造、服务、维护乃至报废回收的整个周期。它并不仅限于帮助企业把产品更好地造出来，还包括帮助用户更好地使用产品。而实时/准实时，是指本体和孪生体之间，可以建立全面的实时或准实时联系。两者并不是完全独立的，映射关系也具备一定的实时性。双向，是指本体和孪生体之间的数据流动可以是双向的，并不是只能本体向孪生体输出数据，孪生体也可以向本体反馈信息。企业可以根据孪生体反馈的信息，对本体采取进一

步的行动和干预。

数字孪生是一种超越现实的概念，可以被视为一个或多个重要的、彼此依赖的装备系统的数字映射系统。数字孪生城市不只是完成虚拟世界的映射，而是实现虚实之间双向映射、动态交互、实时连接的关键途径。

数字孪生是个普遍适应的理论技术体系，依托于数字化标识、自动化感知、网络化连接、普惠化计算、智能化控制、平台化服务的现代信息技术体系等可以在众多领域应用，在产品设计、产品制造、医学分析、工程建设等领域应用较多。

（二）数据湖技术框架

数据湖是可以存储大量结构化、半结构化和非结构化数据的存储仓库。它是一个以其原生格式存储每种类型数据的场所，对账户大小或文件没有固定限制。它提供大量数据，以提高分析性能和原生集成。数据湖就像一个大容器，与真实的湖泊和河流非常相似。就像在湖中有多个支流进入一样，数据湖具有结构化数据、非结构化数据、机器对机器、实时流经的日志。数据湖使数据更易处理，是一种经济高效的方式，存储组织的所有数据以供以后处理。数据分析师可以专注于发现数据中的有意义的模式，而不是数据本身。与将数据存储在文件和文件夹中的分层数据仓库不同，Data lake 具有扁平的体系结构。数据湖中的每个数据元素都有唯一的标识符，并用一组元数据信息进行标记。

客户基于开源生态构建大数据处理与分析，会面临如下问题：计算资源与存储资源扩容速度不匹配、存储系统需对接多数据源的问题；客户存储了多种数据源数据，包括实时计算数据，需要对其中的数据进行 OLAP 分析并进行数据可视化展示；在海量大数据分析中，随着时间的推移，分析数据将不断累积，同时数据访问频率逐渐降低，会面临存储数据更低成本的问题；在经典机器学习场景中，训练数据量大，同时要求很大的内网带宽。数据湖于是应运而生。

计算弹性，通过计算与存储分离，实现计算资源的弹性伸缩，满足客户对计算资源的灵活调度。

成本最优，为集中式存储池，可快速扩展或缩减存储资源，实现存储数据冷热分层，降低大数据分析与机器学习存储成本。

服务集成，无缝支持各类计算分析、机器学习产品，包括弹性 MapReduce、流计算 Oceanus、智能钛机器学习。

（三）数据协作平台（DSP）

DSP 是一项数据管理的服务，可在 DSP 中轻松地构建数据集，并通过版本修订来维护数据集。DSP 提供了众多第三方数据供用户浏览使用，例如，行业报告、大数据测试样本等，可以订阅该数据产品并下载或转存至对象存储 COS；DSP 提供了一个集数据资产的维护、交付、授权等功能的服务，通过审核的数据生产商可以将数据资产以数据产品的形式进行发布，供订阅者们订阅使用。数据生产商需要创建数据集并指定一个修订版本，将数据资产直接上传至 DSP 中，也可以将对象存储 COS 中的数据以数据资产的形式上传至 DSP 中。

（四）商业智能

商业智能（Business Intelligence，BI）是一整套的解决方案。利用企业在日常经营过程中生产的大量数据，将它们转化为信息和知识来免除企业中的瞎猜行为和无知状态，让每一个决定、管理细节、战略规划都有数据参考。商业智能的作用一方面是将常规的分析过程固化并简化下来，另一方面是让业务的自助分析更方便（以前都是 IT 取数做报表分析，改需求再分析；现在 IT 准备好数据，业务可以自己拉数据分析）。

商业智能支持自服务数据准备、探索式分析和企业级管控。商业智能分析可以在云端轻松自如地完成数据分析、业务数据探查、报表制作等一系列数据可视化操作。便捷的拖拉拽式交互操作方式，无须依赖 IT 人员，无须担心试错成本，快速洞察数据背后的关联、趋势和逻辑。通过商业智能分析，用户可快速完成异构数据源关联、异常数据过滤、维度度量扩展、缺失值填充、去重、拆分列、范围分组、格式转化等数据预处理功能。

二、数据挖掘与数据分析技术的运用

在大数据准确营销和大数据洞察力等一系列热门词汇的背后，数据挖掘、人工智能和地理信息等技术在各行业发挥着重要作用。随着数据资源的爆炸性增长，这些技术不仅成为政府部门提高治理能力的重要手段，而且成为提升各行业核心竞争力的关键。数据挖掘能够从海量数据中找到需要的信息，对数据进行筛选；人工智能技术快速传播知识和经验，对于处理和保存信息也起到了很好的作用；地理信息技术用于分析和处理在一定地理区域内分布的各种现象和过程，解决复杂的规划、决策和管理问题。智能支撑层对信息进行筛选后处理和保存信息，促使信息进入各领域，强化了对数据的运用，进一步实现对专业数据的流通共享，能够切实有效地满足各个行业的发展需求，同时促进技术领域的创新与发展。

数据挖掘。数据挖掘是指从数据库的大量数据中辨别有效的、新颖的、潜在有用的、最终可理解的模式的过程。数据挖掘是一种决策支持过程，它主要基于人工智能、机器学习、模式识别、统计学、数据库、可视化技术等，借助分析工具找到数据和模型之间的关系，高度自动化地分析企业的数据，做出归纳性的推理，从中挖掘出潜在的模式，帮助决策者调整市场策略，减少风险，做出正确的决策。在网络异常检测技术中应用数据挖掘技术，能够从海量数据中找到需要的信息，并且根据数据信息建立模型，从而对入侵行为和正常操作进行分类。

人工智能。人工智能是研究让计算机来模拟人的某些思维过程和智能行为（如学习、推理、思考、规划等）的学科，主要包括计算机实现智能的原理、制造类似于人脑智能的计算机，使计算机能实现更高层次的应用。人工智能试图了解智能的实质，并生产出一种新的能以人类智能相似的方式做出反应的智能机器，该领域的研究包括机器人、语言识别、图像识别、自然语言处理和专家系统等。人工智能可以快速传播知识和经验，对于处理和保存信息也起到了很好的作用，处理和保存信息的速度会比以往更加迅速，在跨境数据流通中实现对信息数据的安全保护。

地理信息技术。地理信息技术包括地理信息系统（GIS）、遥感（RS）、全球定位系统（GPS）。它是在计算机硬、软件系统支持下，对整个或部分地球表层（包括大气层）空间中的有关地理分布数据进行采集、储存、管理、运算、分析、显示和描述的技术系统。地理信息系统处理、管理的对象是多种地理空间实体数据及其关系，包括空间定位数据、图形数据、遥感图像数据、属性数据等，用于分析和处理在一定地理区域内分布的各种现象和过程，解决复杂的规划、决策和管理问题。

边缘计算。指在靠近物或数据源头的一侧，采用网络、计算、存储、应用核心能力为一体的开放平台，就近提供最近端服务。其应用程序在边缘侧发起，快速生成算法、AI模型，灵活配置，快速部署，产生更快的网络服务响应，提高业务实施效率，满足行业在实时业务、应用智能、安全与隐私保护等方面的基本需求。

区块链技术。区块链技术可以被认为是要解决互联网时代下的"拜占庭将军问题"。即在网络中的中心节点和信息传递通道都缺乏可信度的情况下，如何使网络中的各个节点达成共识。在去中心化、各节点无须事先信任的情况下，区块链技术通过加密算法、共识机制和特定的数据存储方式，构建一个集体维护的可靠的数据模式，实现数字资产在网络节点之间的转移。区块链具有去中心化、不可篡改、全程留痕、可以追溯、集体维护、公开透明等特点，相当于一个分布式的共享账本和数据库。

联邦计算（隐私计算）。联邦计算（隐私计算）是指在提供隐私保护的前提下，实现数据价值挖掘的技术体系。面对数据计算的参与方或意图窃取信息的攻击者，隐私保护计算技术能够实现数据处于加密状态或非透明状态下的计算，以达到各参与方隐私保护的目的。隐私保护计算并不是一种单一的技术，它是一套包含人工智能、密码学、数据科学等众多领域交叉融合的跨学科技术体系。隐私保护计算能够在保证满足数据隐私安全的基础上，实现数据"价值"和"知识"的流动与共享，真正做到"数据可用不可见"。

量子通信技术。光量子通信主要基于量子纠缠态的理论，使用量子隐形传态（传输）的方式实现信息传递。量子通信与传统的通信方式比较，最大的优势就是绝对安全和高效率性。首先传统通信方式在安全性方面就有很多缺陷，量子通信会将信息进行加密传输，在这个过程中密钥不是一定的，充满随机性，即使被相关人员截获，也不容易获取真实信息，另外量子通信还有较强的抗干扰能力、很好的隐蔽性能、较低的噪音比需要以及广泛应用的可能性。

随着大数据时代的降临，数据的分析与处理就成为极为重要的一环。数据的分析与处理主要包括数据流分布式处理、数据并行处理、消息队列技术和函数计算，利用这些技术对杂乱的数据信息进行分析、处理，可以将数据信息之间的相关内容进行整合，从而可以得出更具有指导性的决策或信息内容，给跨国数据共享与交换带来极大的便利。

数据流分布式处理。数据流分布式处理是一种面向动态数据的细粒度处理模式，基于分布式内存，对不断产生的动态数据进行处理。它能够提供毫秒级的计算能力，支持 ETL、持续聚合、多流 Join、窗口计算、乱序调整、CEP、在线机器学习等多种复杂逻辑场景，并通过状态保存、故障重启恢复提供精确性保障。数据流分布式处理对数据处理的快速、高效、低延迟等特性，在大数据处理中发挥越来越重要的作用。

数据并行处理。把数据划分成若干块分别映像到不同的处理机上，每一台处理机运行同样的处理程序对所分派的数据进行处理。尤其是对于计算复杂性很高的问题（如流体力学计算、图像处理），需要进行并行处理。

消息队列技术。消息队列基于发布/订阅模式，通过消息解耦，使生产者和消费者异步交互，无须彼此等待。队列的主要目的是提供路由并保证消息的传递；如果发送消息时接收者不可用，消息队列会保留消息，直到可以成功地传递它。消息队列作为服务/应用之间的通信中间件，可以起到业务耦合、广播消息、保证最终一致性以及错峰流控（克服短板瓶颈）等作用。

函数计算。函数计算是一个事件驱动的全托管 Serverless 计算服务，用户无须管理服务器等基础设施，只需编写代码并上传，函数计算会准备好计算资源，并以弹性、可靠的方式运行用户上传的代码，并提供日志查询、性能监控、报警等功能。借助于函数计算可快速构建任何类型的应用和服务，无须管理和运维。

三、数据共享与交换服务平台的搭建

在数据共享与交换过程中，数据共享与交换是最终目的，也是最重要的一个环节。数据共享与交换主要是对资源进行整合、重分配，数据共享与交换包括微服务、资源编排 TIC、容器服务等技术。微服务能够将单一应用程序拆分为一组小型服务并且服务都运行在独立的进程中；资源编排 TIC 提供资源编排、配置管理和合规检查，在资源的整合上有很大的用处；容器服务提供多种应用发布方式和持续交付能力，提高了大规模容器集群管理的便捷性。数据共享与交换有利于降低中国与东盟国家数据采集重复率，提高数据使用率，减少数据采集时间、人力成本、数据获取及储存等成本，使信息资源的利用率最大化，激发数据活力和数据保护意识，充分释放共享数据所蕴含的价值，给跨境数据流通提供了多种跨行业的数据资源。

微服务平台。微服务就是一种将一个单一应用程序拆分为一组小型服务的方法，拆分完成后，每一个服务都运行在独立的进程中，服务与服务之间采用轻量级的通信机制来进行沟通。微服务是一个围绕应用和微服务的 PaaS 平台，提供一站式应用全生命周期管理能力和数据化运营支持，提供多维度应用和服务的监控数据，助力服务性能优化。微服务属于技术平台的范畴，是力度适中的一组服务，相比单体应用，微服务通过去中心化的协同方式来进行，拥有更多的弹性和技术选择上的灵活性，更有利于持续迭代和持续交付。

资源编排 TIC。资源编排 TIC 提供了易用、高效、安全的基础架构管理平台，通过编排引擎自动完成所有资源的创建和配置，提供资源编排、配置管理和合规检查三大功能模块，支持多云场景下的资源部署、迁移和管理，以达到自动化部署、运维的目的，且解决用户在云基础设施管理中面临的效率、成本和安全问题。资源编排是在 IaaS 平台之上构建系统，并且对这个系统进行生命周期管理。

数据服务托管。托管是指将自己的服务器放在能够提供服务器托管业务单位的机房里，实现网络连接，从而省去用户自行申请专线连接到互联网。托管是 NET 的一个专门概念，它是融于通用语言运行时（CLR）中的一种新的编程理念，因此完全可以把"托管"视为"NET"。

容器服务。容器服务提供高性能可伸缩的容器应用管理服务，支持用 Docker 容器进行应用生命周期管理，提供多种应用发布方式和持续交付能力并支持微服务架构。容器服务简化了容器管理集群的搭建工作，整合了阿里云虚拟化、存储、网络和安全能力，在 Docker 技术的基础上，为容器化的应用提供部署运行、资源调度、服务发现和动态伸缩等一系列完整功能，提高了大规模容器集群管理的便捷性。

数据检索。数据检索即把数据库中存储的数据根据用户的需求提取出来。数据检索的结果会生成一个数据表，既可以放回数据库，也可以作为进一步处理的对象。数据检索包括数据排序和数据筛选两项操作。

服务发布。服务发布就是互联网经常使用的一个专业名词 CICD。CI 就是 Continuous Integration 的简称，解释为持续集成。软件在开发过程中，通常是将代码提交到 Gitlab、SVN 等版本仓库中，CI 的过程就是提交并合并各分支代码，确定代码改动及代码编写是否符合标准，自动检测通过后，则进入到代码的编译过程。将 CI 后的文件包推送到对应的服务器集群中，并启动运行部署的程序，这就是 CD 的过程，所以，CICD 就称为持续集成持续交付。服务发布是基于数据资源目录可将共享区数据快速发布成实时服务和批量服务，将 DB、HBase、File 数据发布成实时服务，以 RESTful 方式提供。

数据服务注册。服务注册是一种目录服务，有利于服务的定义、服务的选择和执行服务政策。服务项目由 artifacts/assets 有关的服务组成，包括功能规格、使用者和其他文件以及其他各种服务的 artifacts，包括 SLAs 的能力、最大吞吐量、停机时间等，而服务注册通常用来容纳运行时的资产服务知识库，是用来为设计时间和运行时间服务的资产。资源目录与服务注册提供数据资源目录与服务资源目录两种视图，数据资源目录通过自动化采集方式生成，对各种数据源的元数据信息进行展示；通过数据服务发布快速生成服务资源目录。

数据集下载。数据集又称为资料集、数据集合或资料集合，是一种由数据所组成的集合。Data set 是一个数据的集合，通常以表格形式出现。数据集可以分成类型化数据集与非类型化数据集。

四、数据共享与交换具体领域的应用服务技术

随着大数据时代的到来，数据在教育科研、商业合作、社会服务、政府合作中的作用日趋重要。数据共享与交换技术应用主要包括教育科研、商业合作、社会服务、政府合作。而各方数据资源的流通和融合有利于充分释放数据动能，推动各国的数据交易建设，帮助提升数据管理水平，同时促进各行业领域的创新和发展。

（一）教育科研

VR 互动。信息共享加快了虚拟现实技术的创新与发展进程，催生出跨行业的虚拟现实衍生技术，比如实时三维图形生成与显示技术、三维声音定位与合成技术、传感器技术等，同时也增加了虚拟现实技术的应用范围。

课程互通。课程互通实际上也就是打破各高校之间的"信息孤岛"，进行教育

信息、资源共享的过程。信息、数据共享让我们轻松便利地获取我们所需要的资源和材料，实现了高校之间的优势互补，有效发掘现有教学资源的潜力，给学生的知识构建多了一些选择，对学生的未来人生发展也很有好处。课程互通一方面盘活了多所大学现有的教学资源，另一方面也为培养复合型人才提供了更多可能。信息、数据共享促进了课程互通的开始与发展，实现教育资源整合。

知识科普。知识科普是信息传播、共享的过程。现在的知识科普大多依靠网络信息交流平台进行，当我们用手机查看知识科普时，我们对知识、信息也完成了一个共享。因此以信息共享为主题的交流平台如微博等，促进了知识科普的发展，壮大了知识科普的受众人群规模。

科研项目协作。以前的条件非常艰苦，科研数据与成果得来不易，科研工作者不太舍得对外共享。后来大家发现很多科研工作的许多环节其实是在走别人的老路，白白浪费了大量的人力、物力和财力。于是，大家开始积极主动寻找圈内的研究伙伴一起共享科研数据甚至是部分科研成果，这个做法避免了很多的资源浪费。科研前辈们对于科研数据的无私分享给之后的科研项目打下了理论基础，在一定程度上加速了科技的进步与创新，缩短了科研时间。

专业数据竞赛。数据共享为专业数据竞赛提供了原始数据，专业数据竞赛在原有的数据基础上进行加工处理，在一定程度上来说数据共享促进了专业数据竞赛的产生和发展。

(二) 商业合作

旅游娱乐。在现代社会中，网络为旅游共享提供了良好的信息平台，使旅游娱乐在信息平台上实现共享。在旅游娱乐前或者途中，游客偏好信息、可供选择的旅游线路信息、旅游接待设施等级、分布、能容纳最大接待游客的数量信息以及各级接待设施收费情况等信息都可以共享。信息共享让游客在很大程度上能够规避掉某些不良商家的消费"陷阱"，在给游客更好的游玩体验的同时，也树立了景区良好的口碑和形象。旅游娱乐信息的共享使旅游发展区域迅速扩大，旅游的发展迎来了前所未有的全域旅游共享的发展契机。

商品销售。信息共享有利于企业寻找更理想的供应商，降低商品销售成本；信息共享有利于企业更真实可靠地获取市场的有效信息，以便根据市场进行商品销售策略调整；信息共享能够使企业对竞争对手做出更加可靠的预估，有利于企业做好市场定位和价格定位，更有利于商品销售；信息共享更加有利于企业对本企业在供应链的位置和作用加深了解，有利于企业间的合作，减少运输、生产、库存、销售等各方面的支出；信息共享能够优化企业的生存环境，有利于排除不正当竞争，增加商品销售的市场份额。

商圈合作。商圈合作实际上就是信息共享、资源整合的过程。在同一个商圈，每家店都有自己的固定客户，如果把相互关联的店铺的客流互相导流，这样来客数就会互相增加。商圈合作主要是抓住顾客的需求，把吃、玩、娱乐的客户进行互相导流，形成合作双赢的局面。这就是信息交换、共享的过程。信息共享是决定商圈合作成功与否的至关重要的一部分，可以说如果没有信息的共享就没有商圈合作的诞生与发展。

（三）社会服务

路线推荐。在现代社会中，网络为旅游共享提供了良好的信息平台，使旅游娱乐相关事项在信息平台上实现共享。相关平台提供了共享功能、社交功能和一键导航功能，以"分享、即时获取资讯需求"为发展定位，全面满足用户的分享需求和即时获取资讯需求。平台允许游客在游玩过后分享自己的旅途，这是在进行信息共享。平台还会以用户行为、开发者的分享引导行为为导向，因此平台的景点信息会随着用户的分享越来越多。以信息共享为主题的旅游平台在一定程度上促进了当地旅游业的蓬勃发展和当地的经济发展。

互动服务。以往人们之间的互动主要是面对面互动，但是这种互动需要耗费组织者的时间、精力，同时囿于场地、季节等各种客观因素。互联网时代，借助信息共享平台（如微博等）进行互动服务是一个十分明智的选择。以微博为代表的新媒体的崛起，大大更新了信息分享方式，降低了互动的成本。因此以信息共享为主题的交流平台对互动服务具有很大的促进作用，使得互动服务不再囿于场地、季节等各种客观因素，扩大了互动服务的规模。

导览导视。导览导视系统从本质上来说就是旅游景点的数据共享系统。导览导视系统建立在移动互联网、定位系统、物联网、人工智能等技术的基础上，拥有该区域的地图数据，能够快速提供游玩路线规划。游客通过导览导视系统完成旅途，给游客更好的游玩体验的同时，也树立了景区良好的口碑和形象。信息、数据共享促进导览导视系统的产生，对导览导视系统的发展起到了决定性的作用。

（四）政府合作

社会安全。通过社会安全信息共享，信息的快速、准确和实时的流动，可以使相关单位部门人员能动地对事件做出积极的反应，从而提高工作效率，保障社会安全。社会安全信息共享主要包括对于社会治安事件共享、社会治安事件的录入。其中社会治安事件的共享是整个社会安全实现信息共享的关键步骤，如果没有社会治安发生事件的基本数据就无法做到对社会治安的信息共享。如果没有社会治安的信息共享，政府便无法将各个社区的信息整合在一起，不能对整体的社会治安整体状况进行及时的了解，可能会对区域社会安全造成严重后果。因此，信息共享是社会安全的重要保证。

灾害救助。信息共享有助于降低灾害损失。在相关部门监测到自然灾害发生前就事先发布防灾信号，与民众进行信息共享，能够有效降低灾害损失和人员伤亡。当发生自然灾害时，相关部门加强联系，互通情况，共享信息，确保第一时间了解灾情信息。在灾害救助过程中，政府各部门之间及时传输、报送灾情，实现信息共享，以便及时调度调拨资金和物资，保障受灾人员基本生活，并组织力量投入灾害救助中去。在灾害救助过程中，灾情信息是灾害应急救助的依据，及时传输、报送灾情，为政府提供决策支持。因此，灾情信息共享对于灾害救助起到了决定性作用。

反恐。信息共享有助于反恐行动的顺利进行。但目前我国的反恐信息共享情况并不乐观，各级反恐情报信息平台建设还没有互联互通，相关数据还不能实现实时共享、比对、串并。由于信息不能共享，我国跨部门、跨警种、跨专业的情报协作机制运转不畅，在资源整合、情报共享、情报导侦、预警响应等方面配合不紧密，一些跨地区的涉恐情报信息、案件线索传递不及时、不充分，公安出入境管理部门以及武警边防检查站采集的"大数据"信息与反恐怖主义情报信息平台的对接与整合也不到位。因此，信息共享是反恐行动的有力支持。

人员交流。交流是彼此间把自己有的提供给对方，本质上是信息的交换、衔接，以达到某一种目的（相互学习，拓宽眼界，完成任务，情感疏导，激励，等等），是信息流动传播、共享的过程。信息共享促使交流的产生，而交流又可以得到信息共享。也就是说，信息共享促进了彼此之间的交流沟通。

基础投资。基础投资一般指基础设施投资。任何投资中最重要的是对项目的判断，尤其是对未来的预见，而其中信息的搜集和解读可以说是最重要的工作。信息共享决定了基础设施投资项目的可取性，能够帮助投资人做出合理的判断。

第二节　供应链韧性管理中数字技术应用的案例分析

一、云计算和大数据在供应链中的应用

供应链作为企业物流、信息流和资金流的核心环节，对企业竞争力的提高起着至关重要的作用。近年来，数字化技术如云计算和大数据等开始被广泛应用到供应链管理中，提高了供应链管理效率和能力，极大地提升了供应链韧性，也有效地缓

解了供应链风险带来的冲击。

(一) 云计算相关应用案例分析

1. 云计算的定义及特点

云计算是一种基于互联网的计算模式，通过将计算资源、存储资源和应用程序等服务提供给用户，实现按需获取和使用的方式。它是一种基于互联网的计算方法，依赖于共享计算资源，而非本地服务器或个人设备来处理应用。从专业术语上来讲，云计算是一种利用大规模并行计算实现的，依赖于网络、平台资源池化、高度抽象化、动态可扩展的信息处理模式。

云计算在本质上改变了我们获取和处理信息的方式，它具有可扩展性、虚拟化技术应用、高可靠性和高可用性的关键特性。可扩展性是云计算的核心特点之一。因为云计算基于强大的数据中心，这使得用户可以获得几乎无限的储存空间和计算能力，这种计算模式将计算能力视作一种服务，可以根据用户需求快速扩展或缩减计算资源量。例如，网络服务公司在新产品上线时，由于产品受众未知，难以预测用户流量。云计算可以根据实时流量灵活调整服务器资源，保证服务质量，避免了传统模式中需要购买大量设备以应对可能的最大流量，其中大部分时间却处于闲置状况的问题。其次，云计算的另一个关键特点就是虚拟化技术应用。虚拟化的概念在云计算中占据重要地位，因为虚拟化技术可以将物理硬件资源转变为逻辑的、灵活的共享资源，从而实现资源的最大化使用。这可以进一步增加硬件设备的投资回报，也可以更环保地使用电力。此外，高可靠性和高可用性也是云计算的显著特点。云计算提供商一般通过数据冗余和备份策略来确保数据的安全性。这种冗余策略不仅可以避免硬件故障导致数据丢失，还可以在突发状况发生时，通过备份数据迅速恢复到正常状态，从而保证服务的连续性。一个典型的案例就是在线办公软件的应用。在线办公软件利用云计算服务，使得所有的工作数据存储在云服务器上，员工无须携带任何设备，便可以在任何有互联网的地方工作。如果员工的设备出现故障，只需更换设备，就可以再次访问所有数据，而无须担心数据丢失的问题。

云计算的这些特点为各行各业的信息化建设带来了前所未有的便利。与传统计算模式相比，云计算明显具有更高的频宽、存储、计算能力，并且只需按实际使用量付费，这将大大降低企业和个人的信息化建设成本。

2. 云计算的服务模式

云计算作为一种重要的信息处理方式，革命性地改变了我们使用计算资源的方式，它提供了一个灵活的、可扩展的计算平台。云计算主要由三种服务模式构成，即基础设施即服务（IaaS）、平台即服务（PaaS）和软件即服务（SaaS）。这三种服务模式在对云计算资源的提供方式和使用层次上存在明显差异，涵盖了从硬件设施到应用软件的全方位服务。

基础设施即服务（IaaS）是云计算模型的最底层服务，其提供者主要提供硬件设备、存储资源、网络等基础设施。用户可以基于这些基础设施，建立自己的网络环境、存储数据、运行应用等。例如，amazon 的 EC2 服务、谷歌的 Compute Engine 服务都是此类服务。这种模式对于需要大量定制服务，想要更多掌控权的企业更有吸引力。

平台即服务（PaaS）则是提供一个在 IaaS 之上的中间层服务，此模式主要为用户提供运行平台和开发环境。该模式解决了用户在硬件、存储、操作系统和开发工具等方面可能出现的问题，使得用户可以更加专注于代码和应用本身。一些经典的 PaaS 服务如 Google App Engine、Microsoft Azure，可以为开发者提供一整套开发、测试、部署、维护应用的全生命周期管理环境。

软件即服务（SaaS）则是云计算的最顶层模式，它为用户提供了通过网络直接使用的软件应用服务。在这种模式下，用户无须安装任何软件，只需通过设备连接网络就能使用软件应用。服务提供商负责所有后端的维护和升级工作。如今，很多著名的网络服务都是基于 SaaS 模式提供的，如 Google Docs、Salesforce 等。

这三种云计算服务模式各有优劣，适合不同的应用场景。具有一定实力的企业一般选择 IaaS 或 PaaS 服务，进行自主开发和管理软件，以便更大程度地掌握数据和应用；而对于小型企业或者个人用户来说，直接使用 SaaS 服务则更为方便、经济。每种服务模式结合自身特性，分别对应了用户对计算资源、自由度和控制权等方面的不同需求。

3. 云计算在供应链管理中的应用

云计算可以强化信息共享和数据分析，有助于跨境供应链合作企业之间的信任度建设。一方面，通过云计算平台，企业能够实时地获取和更新各类供应链数据。企业可以迅速获取供应商的产品信息、价格信息，也能通过电子数据交换（EDI）的方式快速提交采购订单，这些都极大地提高了供应链的运作效率。另一方面，云计算的数据储存特性，使得企业能够实时检测和控制库存状况，这为企业制订精准的生产与采购计划提供了有效的支持。

同时，在供应链管理中，可以通过云计算技术提高供应链的效率和响应速度，从而增强供应链的韧性。运用云计算技术，各环节的产品信息全程可跟踪，有利于提升供应链的透明度，减少了各环节之间的耗时，增加了供应链的整体效率，这种方式也有利于企业更快速地调整供应链，应对市场变化，以此提高供应链的韧性。

此外，云计算技术也提高了供应链的安全性。通过云计算技术，企业可以有效地应对网络攻击、黑客行为等安全威胁，提高数据的安全性，这对于全球性的供应链来说尤为重要。如若一家公司的供应链信息遭到了黑客攻击，那么整个供应链都可能面临巨大的风险。但是，如果这家公司采用了云计算技术，那么这些风险都可以得到有效的抵御。

案例 5-1 ZARA 云计算技术的应用[①]

供应链管理是服装零售业的关键环节，塑造和引领了企业商业模式的成败，而云计算这种前沿技术的应用，将供应链管理推向了一个全新的高度。以全球服装零售巨头 ZARA 为例，可以具体观察云计算在供应链管理中的实际应用和带来的认识。

云计算提供了可扩展和灵活的计算平台，可以对全球消费者的消费数据进行实时分析。ZARA 通过收集和分析每一位顾客的消费数据，包括购买记录、购物偏好和搜索记录等，从而洞察消费市场的趋势和变化。这种数据分析的实施，是在云计算平台的支持下完成的，确保了其效率和准确性。

根据消费数据分析的结果，ZARA 可以在短时间内快速调整生产和销售策略。精准预测消费趋势，使得 ZARA 能够提前布局生产，合理调配资源，将能力投放在最有可能增长的领域和商品。此外，销售策略的调整也可以根据消费分析及时进行，包括上新节奏、促销策略和定价策略等。这种灵活和迅速的调整，使得 ZARA 在变化莫测的消费市场中始终保持领先。

云计算还改变了 ZARA 的供应链管理。传统的供应链资源，如仓库和运输等，往往因为物理限制和调整难度大，导致资源配置的效率和效果不理想。而云计算，提供了虚拟化的资源管理方式，可以根据市场需求的变化，进行实时的资源调整和优化。比如，通过云计算，ZARA 可以根据销售数据和预测结果，调整各地仓库库存比例，甚至可以改变物流线路，提升物流效率，提前应对市场变化。

通过云计算技术的数据分析、生产销售策略调整和供应链管理改进，共同提升了 ZARA 的业务效率和市场反应速度。它使得 ZARA 在全球零售市场中始终保持领先，不仅提升了公司的经济效益，也改善了消费者的购物体验。

云计算作为一项前沿的信息技术，其在供应链管理中的应用展示出巨大的潜力。ZARA 利用云计算对消费数据进行分析，并依此调整生产销售策略和供应链管理，提升了企业的运营效率和市场反应速度，这为服装零售业以及其他相关领域提供了很好的参考。

---

① 联商网. O2O 聚焦：ZARA 云店的"二元论" [EB/OL]. [2023-02-27]. http://www.linkshop.com/news/2015328203.shtml.

（二）大数据应用案例分析

1. 大数据的特点

数字化时代，人类生活中产生的数据呈现爆炸式增长，各种类型和形态的数据生成和积累速度空前增长，这些海量的高维度、全覆盖、高增长率的数据被统称为大数据。对此，高德纳（Gartner）将大数据定义为"高速生成和记录的大容量和多样性信息，它有效且创新的信息处理应用程序增强决策、洞察和过程优化"。大数据不仅涉及数据量的增长，还涉及数据的多样性和复杂性，是信息化时代的重要特征和引领者。

大数据不单单是一个简单的量的概念，它更多的是一个包含大规模数据集，具有高增长速度和多样化的复杂数据集。其主要特点通常被定义为"五V"特性，即容量（volume）、快速（velocity）、多样（variety）、真实（veracity）和价值（value）。容量（volume），意味着数据的量级在 ZB（Zettabytes）范围。比如，互联网公司每天处理的数据已超过 PB 级别。快速（velocity），意味着大数据的产生及处理是实时的。比如，交通监控系统需要利用到实时的交通数据，来调整信号灯的变化。多样（variety），让我们理解到大数据不仅仅包括结构化数据，更包含半结构化数据以及非结构化数据。如社交网络中的博客、微博等文本数据，图像、视频等多媒体数据等。真实（veracity），是指数据的质量和保真性，戳中了数据质量问题，对数据的准确性、完整性、一致性、有效性等提出了要求。value（价值），强调了大数据的目标就是创造价值。数据本身并无价值，解析数据，洞察其中信息，为决策提供支持才是目标。

大数据的"五V"特性造就了大数据的应用领域的广泛性，包括政府、医疗、交通、能源、教育，等等。例如，政府运用大数据技术进行城市治理，如智能交通系统、公共安全分析等；医疗领域，则利用大数据分析疾病传播模式，指导公共卫生决策；企业方面，尤其是电商企业，依赖大数据帮助其分析消费者的购物行为，提升销售额；而在教育领域，大数据用以评估教学效果，预测学生的学习成绩等。

然而，尽管大数据的应用带来了诸多益处，但同时也增加了新的挑战和维度，主要体现在数据的集成、存储、处理、分析以及隐私保护等方面。大数据的存储和处理需要大量的硬件设备和复杂的软件系统，容易引发数据管理的难题。同样，大数据中包含了大量的个人隐私信息，如何在保护用户隐私的同时进行数据的收集与处理，也是当前面临的一个重要问题。

2. 大数据在供应链管理中的应用

在供应链管理中，大数据主要用于收集、分析和利用企业在生产、销售、物流等方面产生的数据。通过对这些数据的深度挖掘和分析，企业能够更加精准地理解市场需求、预测趋势、优化生产计划、提高物流效率，进而降低成本、提高服务质量、增强竞争力。

大数据可以帮助企业在供应链中实现精准预测。搜集和分析各方面的数据，比如销售数据、库存数据、市场趋势数据等，可以帮助企业真实、精准地了解市场需求变化，从而对生产、销售、物流等环节做出及时、准确的决策。例如，阿里巴巴使用大数据技术分析消费者的购物行为和偏好，预测未来的市场趋势，为供应商提供准确的生产参考，从而有效降低库存风险、增强供应链的韧性。

大数据可用于供应链风险管理。在供应链的复杂网络中，各种风险因素常伴随而来，包括供应中断、需求波动、价格波动、自然灾害等。通过大数据技术，企业可以获取对这些风险因素的全面、深度的了解，从而为风险管理提供决策支持。以中国的华为公司为例，它采集和分析全球范围内的产业链信息，能够及时地预测和感知到供应链中的潜在风险，提前做好准备，增强供应链的韧性。

大数据技术可以帮助实现供应链的透明化，提高供应链的协作效率。大数据通过将海量的信息资源整合在一起，所有参与方都能获取与自身业务相关的实时信息，这有助于减少信息不对称，提高供应链的协作效率。对于跨国供应链管理来说，由于涉及跨国、跨地域，信息的实时共享与透明化更能够提升供应链运营的效率与韧性。

案例 5-2　亚马逊大数据管理应用①

供应链管理在商业运作中起着核心的作用，而在大数据的推动下，其管理效率得到了显著的提升。亚马逊，作为全球电商巨头，其在大数据应用和供应链管理的成功实践具有引领性意义。

亚马逊的大数据分析体系具备海量数据处理和多维度分析的能力。亚马逊拥有数亿用户，在全球范围内运营了众多的购买、销售和物流节点。这就使得亚马逊持续积累了大量用户数据，包括但不限于购买行为、购物偏好、用户评价、商品查询记录等。亚马逊通过对这些数据进行大数据分析，可以对每个用户的购买倾向进行精准预测，并据此制定相关的商业策略和供应链决策。

具体地，亚马逊利用大数据分析预测库存需求，从而实现精细化库存管理。传统的库存管理常常面临着需求预测困难、库存积压或缺货等问题。然而，亚马逊通过对用户历史购买数据进行深度分析，能够预测出哪些商品可能会被大量购买，因此可以预先进行合理的储备，减轻物流压力，并尽可能降低缺货的风险。

---

① 物流与供应链社区. 物流大数据在 Amazon 亚马逊的应用实践 [EB/OL]. [2023-03-01]. https://zhuanlan.zhihu.com/p/541677915? utm_id=0.

亚马逊的大数据应用也加强了供应链的动态调整能力。全球市场经常会出现周期性的需求变化，如节日季和促销期等，这就要求供应链具备灵活调整的能力。借助大数据，亚马逊可以提前预见到这些需求波动，并据此对供应链进行优化，如提前采购、调整物流等，从而避免因为市场需求暴增而产生的供应短缺问题。

除了供应链管理的优化，亚马逊还运用大数据技术实现了个性化推荐。大数据技术使得亚马逊能够根据用户的购买数据、搜索数据和浏览数据等，分析出用户的购物习惯和偏好。然后，亚马逊将这些分析结果用于个性化推荐，让用户更容易找到自己喜欢和需要的商品。

总的来说，亚马逊利用大数据分析，通过掌握和理解用户的真实需求，实现了供应链管理的精细化运作，同时通过个性化推荐等增强了用户体验。然而，面临如此海量的数据处理和分析，亚马逊也需要面对数据隐私、安全等问题。怎样在保障用户数据安全的同时，更好地发挥大数据在供应链管理中的作用，不同程度上也将决定未来亚马逊的竞争力。

（三）云计算和大数据在中国—东盟供应链韧性管理中的应用

中国与东盟之间，由于地缘关系、经济级别、文化差异、贸易体制等众多因素，供应链的管理也显得庞大而复杂。在这种情况下，数字技术的应用，特别是云计算和大数据技术的使用，为提高中国—东盟供应链韧性管理提供了新的可能。

云计算和大数据是两个有代表性的技术。云计算提供了大量的存储和计算资源，使得企业无须购买昂贵的硬件设备，就可以进行大规模的数据处理和分析。大数据则是从包括社交网络、企业运营、公共统计等各种数据源，提取出对供应链管理有用的信息和知识。云计算的分布式计算能力，为大数据分析提供了强大的支持。大数据分析是在有大量的、多种类型的、高速产生的数据的基础上进行的数据分析。通过对海量的销售数据、物流数据、生产数据等进行深入挖掘和分析，企业能够及时洞察市场动态，预测未来趋势，从而为决策提供数据支持。

在中国和东盟的交易中，由于涉及多国、多地的供应链环节，管理功能尤为复杂。借助数字技术，尤其是云计算和大数据，可以大大简化这些任务。通过云计算和大数据技术企业可以实时监控整个供应链的状态，及时掌握中国—东盟供应链中的各个环节状况，防止信息不透明导致的供应链中断情况，能预警可能出现的问题和风险，并及时调整供应链的策略，从而提高供应链的韧性。

同时，云计算和大数据技术还可以帮助提高中国—东盟供应链的透明度。在传统的供应链管理中，信息的缺乏和不对称是一个重要的问题。然而，通过云计算和大数据，可以实现信息的实时分享和同步，大大提高供应链的信息透明度，减少信息的不对称性。在中国和东盟的企业可以通过云计算和大数据技术把相关的数据上传到云端，客户可以实时查看云端信息了解产品的生产进度和送货状态，而供应商也可以根据实时的销售数据调整生产计划。

由于中国—东盟供应链涵盖了多个国家和地区，因此在数据分享和保护方面有更复杂的需求。云技术使得数据可以在不同的地区轻易地共享和存储，大数据技术也能管理多元的数据源。例如，马来西亚的零售商可以通过云技术和大数据获取中国生产商的库存信息，并据此调整自己的采购计划。

此外，云计算和大数据技术应用还可以提高中国—东盟供应链的灵活性。在逆境中，灵活的供应链可以迅速做出反应，将损失降到最低。云计算技术和大数据可以连接中国—东盟多个不同区域的网络和数据中心，形成一个大型的云服务网络，帮助企业更有效地管理供应链，提供即时、灵活、便捷的服务。当企业某个产品的需求猛增时，借助大数据和云计算，供应链可以快速调动资源，提高生产效率，满足市场需求。

然而，尽管云计算和大数据对提升供应链效率与韧性具有广泛的应用前景，但在实际操作中也面临着许多挑战。首先，跨国数据的保护与安全问题是一个重要的问题。如何在保护用户隐私和保障数据安全的同时，又能充分利用这些数据进行大数据分析，这是供应链管理者需要面对的重要问题。其次，如何进行有效的大数据分析，将大数据转化为对企业有用的信息，也是云计算和大数据应用需要解决的关键问题。

案例5-3　阿里巴巴集团在马来西亚的电子商务物流中心项目①

阿里巴巴集团于2017年启动了其在马来西亚的电子商务物流中心项目，这是阿里巴巴集团首个在海外设立的电子世界贸易平台（EWTP）中心。这个中心的目标是利用云计算和大数据技术，构建一个开放、包容的全球贸易平台，支持包括中小企业在内的各类企业参与全球化贸易。

首先，云计算技术在电子商务物流中心内起到了数据处理和存储的作用。电子商务产生的数据量大且复杂，需要有强大且访问速度快的存储设施来支撑。阿里云为此提供了一种解决方案——云计算，它允许数据集中存储，实现资源共享，可以节省大量的物理空间和成本，并且可以实现弹性扩展，满足业务的需求。如阿里巴巴集团的CEO张勇所言，阿里云的使命是要让计算成为像电和水一样的基础设施，而云计算技术则是实现这个目标的关键。

---

① 澎湃新闻. 阿里菜鸟在马来西亚启用eWTP枢纽：将带来70万吨货运量［EB/OL］.［2023-03-04］. https://baijiahao.baidu.com/s? id=1682523781913677430&wfr=spider&for=pc.

其次，大数据技术在电子商务物流中心中起到智能化管理和决策辅助的作用。阿里巴巴在进行电子商务时，需要处理大量的订单和物流信息，这些复杂的信息无法通过人工来处理，而需要通过大数据技术来实现。如大数据分析可以帮助企业精准预测市场趋势，有效满足消费者需求；大数据技术还能通过精准的数据分析，减少库存、提高运营效率，从而帮助企业降低运营成本，提高市场竞争力。例如，阿里巴巴能够通过分析用户在它的平台上的购物行为，实现从话题探索到用户推荐的一整套服务，为东盟国家的用户提供了极大的便捷。通过云计算和大数据技术，该平台可以将数亿级别的商品信息实时推送到用户手中，且能根据用户的点击行为、购买行为等信息，精准地为用户推荐他们可能感兴趣的产品。

在云计算和大数据的助力下，加入阿里巴巴的马来西亚电子商务物流中心的企业和用户都可以通过该中心在接单、配送、派送、确认收货等环节实现全程可视化，这不仅提升了服务质量，也降低了运作成本。此外，企业还可以根据大数据预测各地的运输需求，从而提前调配资源，优化物流网络。

阿里巴巴的马来西亚电子商务物流中心推动了马来西亚甚至是整个东南亚地区的电子商务发展，尤其对中小企业的发展起到了催化剂的作用。这是因为通过这个中心，无论是马来西亚本地的商家，还是中国乃至全球的商家，都可以很方便地将商品销售到马来西亚，甚至是整个东南亚地区，这对中小企业的全球化步伐具有里程碑式的意义。

阿里巴巴在马来西亚设立的电子商务物流中心在云计算和大数据应用上的探索，不仅推动了其全球化战略的发展，也为全球电子商务行业提供了新的参考和研究对象。在数字技术日新月异的今天，这样的探索与实践将极其关键，有助于全球企业更好地把握数字技术的发展趋势，把握未来的商业机遇。

二、物联网和 5G 技术在供应链中的应用

（一）物联网应用技术

物联网（Internet of Things，IoT）是指通过信息传输和通信技术，实现普遍存在的各种信息传感设备和物品互联互通的网络。物联网的核心和基础仍然是互联网，是互联网的延伸和扩展。第一，物联网的最大特征在于其互联性。物联网使得设备和设备之间、人与设备之间、人与人之间的信息交互成为可能，进一步提升了信息的可用性和操作性。第二，智能化。互联网本身只能实现基本的信息交换，但无法处理信息，而物联网的信息处理能力使之高度智能化。具体来说，物联网可通过自主的传感器和控制器，实现对环境变化的感知、识别和处置，实现物联网自身的智

能化。第三，网络化。物联网不仅将各种传感设备、控制关联到一起，形成网络，而且进一步可以与互联网、端到端网络等其他类型的网络相连，构成一个全域覆盖的大型网络。

物联网具有以下主要特点：第一，广泛的连通性。物联网可以将各类智能设备通过特定的网络协议连接起来，实现远程监控和管理。第二，自动化。物联网设备可以自主收集和处理数据，进行自我学习和决策。第三。高数据容量，物联网可以处理大量的数据，提供丰富的信息服务。第四，无线传输。物联网设备可以通过无线技术进行数据收集和传输，大大提高了数据收集的空间范围和效率。

物联网通过把所有物体进行互联，建立了一个全新的网络，改变了我们的生活方式，并且对信息社会的进步有着重大的推动作用，需要我们在享受物联网带来的便利和效能的同时，学会合理利用和管理这个新兴技术。

当然，物联网的信息传输和共享，离不开各种传感器和标识技术的支持。如RFID（无线射频识别技术）、条形码、二维码等，可以追踪物资在整个供应链中的流程，提升供应链的透明度。这些标识技术支持实时追踪和追溯，包括型号、批次、上市日期等，从而实现实物的追踪和溯源，为消费者和管理者提供透明的商品信息，提高供应链效率和客户满意度。

（二）5G 技术应用

5G，即第五代移动通信技术，迄今为止是最快、最先进的无线通信技术，是通过频谱的高效分配，更快速地数据传输、无线信号的优化传输以及低延迟的信息服务。5G 大幅度提升了前一代 4G 技术的性能，标志着移动通信和无线网络的全新时代。5G 的核心目标是实现超高速度的数据传输、大量设备连接、超快的响应速度和更有效的资源库访问，以满足用户和行业对可靠性、高精度和无线连接服务的需求。简单来说，5G 是一种创新的推动全球行业向数字化、智能化发展的关键工具。

与 4G 相比，5G 在无线通信性能上有着显著的提升，5G 的主要特点主要体现在以下几个方面：第一，更高的数据传输速度。5G 的数据传输速度比 4G 快很多倍，能够达到每秒数十甚至数百兆比特的数据传输速度。这一特性帮助用户在几乎无延迟的情况下进行视频通话、在线游戏、流媒体播放等。第二，更大的连接能力。5G 能够在任何单位区域内同时支持更高数量的设备连接，这将为物联网设备提供了难得的发展机会。第三，低延迟。5G 的传输延迟时间大大降低，几乎可以实现"零延迟"。这一特性对于自动驾驶、远程医疗、灵敏的机器人控制等需要迅速响应的应用非常重要。第四，提升的网络效率。5G 网络效率的提升，意味着运营商可以为更多的用户提供更高质量的服务，同时充分利用有限的频率资源。第五，宽频带。5G

采用更高的频率，提供了更大的频宽，可提供更高的数据传输速率，为大数据、高清视频等应用提供赋能。

5G 作为下一代移动通信网络，无疑具有显著的优势和广泛的应用前景。其更高的数据传输速度、更低的延迟和更好的移动连接性，使得 5G 有力地推动了信息通信技术的发展，对经济社会的各个领域都产生了深远影响。5G 的普及将会进一步推动物联网、大数据、人工智能、云计算等先进技术的发展，引领社会步入全新的数字化时代。

（三）物联网和 5G 技术在中国—东盟供应链韧性管理中的应用

物联网和 5G 技术作为当前最为领先的数字技术，其在全球供应链管理领域的应用已经引起了广大企业和学者的关注。特别地，中国与东盟作为重要的贸易伙伴，如何通过应用物联网和 5G 技术以提高供应链的韧性，成为了一个重要的研究课题。

从物联网角度来看，它的核心就在于通过设备与设备之间的连接和交互，实现信息的即时传递，提高生产和管理效率。在中国—东盟供应链管理中，物联网可以通过各个传感器及时收集生产线、仓储运输以及销售环节的实时信息，审核传递到系统中，实现信息的实时更新和分享。如通过物联网能将仓库中的商品信息无缝对接到企业的系统中，以支持优化的运输和存储计划，减少了供应链中的浪费，进一步提高中国—东盟供应链的效率和韧性。

结合 5G 技术的应用，5G 的超高速和超低延迟使实时性和连贯性成为可能，这对于提高中国—东盟供应链的反应能力具有显著的作用。在物流运输环节，5G 能实现车辆的远程监控，及时反馈车辆状态和路况信息，从而降低运输风险，提高运输效率，进一步强化供应链的韧性。此外，5G 技术还可以提供充足、稳定的网络支持，为中国—东盟供应链管理中大量的信息传递提供保障。

运用物联网和 5G 技术可以创新中国—东盟供应链管理模式。通过远程操作和实时反馈来加强质量控制，通过网络平台实现供应商和消费者之间的无缝沟通，同时通过物联网和 5G 技术，企业可以建立起一个高效的、智能化的中国—东盟数字供应链，实现中国—东盟供应链管理的优化。

物联网和 5G 技术可以提供快速、准确、实时的信息，使中国—东盟供应链管理达到事前预警、事中处理、事后复原的韧性管理。物联网和 5G 技术的持续发展和应用无疑会给为中国与东盟的供应链韧性管理提供更多的解决方案，推动供应链韧性管理，提高全球供应链的稳定性和灵活性，从而实现互动合作、可持续发展的全球贸易格局。

案例 5-4　物联网和 5G 技术在中国—东盟供应链韧性管理中的应用①

近些年来，随着国际贸易的日益频繁，中国和东盟之间的商品交换也日益增多。尤其是在中国的电子商务平台，东盟的商品备受中国消费者的青睐。然而在全球疫情的背景下，物流供应链的稳定性和效率显得尤为重要。此时，淘宝国际联手东盟各大物流服务商，利用 5G 技术提供高效的物流数据共享和供应链管理服务，使得尽管在疫情期间，消费者仍可以方便地获取东盟的商品。

为了准确无误地满足消费需求，淘宝国际需要依赖一个快速且高效的物流供应链系统。储备充足的商品是保障供应链稳定的基础，但商品从货源地到消费者手中，需要依赖于物流系统进行运输。在航运、公路运输受限，人力资源短缺的疫情期间，如何保证物流的顺畅运行显得至关重要。

为了突破这一困境，淘宝国际选择联手东盟各大物流服务商，利用 5G 技术提供高效的物流数据共享和供应链管理服务。5G 的超高的通信速率和低延时的特性，可以实现物流信息的实时更新，让淘宝国际能够更好地掌握物流情况，提供更准确的物流预测，从而更好地安排仓储和运输。与此同时，东盟各大物流服务商借助淘宝国际平台，可以实时获取淘宝国际商家的销售数据，提前做好运输准备，确保可以及时地满足消费者对商品的需求。

例如，假设一款产自泰国的天然乳胶枕在淘宝国际上卖得非常火热。由于使用了 5G 技术，淘宝国际能够及时地感知到这一大额需求，并立即通知泰国的物流服务商做好相应的运输准备。而泰国物流服务商也可以实时获取到运输的详细信息，包括运输的数量、地址等。通过这种方式，泰国的天然乳胶枕在销售火热的同时，也能保证有足够的库存满足消费者的需求。

此外，5G 技术还帮助改进了淘宝国际的仓储管理。在云计算的帮助下，物流数据变得更加透明，商品出入库的信息都可以实时更新，甚至可以进行预测，从而更好地管理仓储。而这一切的前提，都基于 5G 技术的高速和低延迟通信。

淘宝国际与东盟各大物流服务商的联合，以及 5G 技术的应用，为消费者带来无疆界的购物体验，使得在疫情期间，消费者也可以很方便地获取到东盟的商品。尽管疫情给全球经济带来了不小的冲击，但淘宝国际利用数字化技术的力量，妥善应对，成功保障了自身的运营，也使得消费者的生活不受影响。这不仅体现了淘宝国际的灵活应变能力，也显示了数字化技术，特别是 5G 和物联网在供应链管理中

---

① 海外网. 阿里巴巴国际站推出五大物流服务，助力外贸商家"渡难关"［EB/OL］.［2023-03-01］. https://m.163.com/dy/article/H6UR8QK60514R9L4.html.；菜鸟网络. 菜鸟联手百世，泰国越南柬埔寨消费者现在也能淘宝直运了！［EB/OL］. https://www.sohu.com/a/481042056_403777.

的巨大潜力。

随着这些技术的发展和成熟，在更多的领域中，我们可以期望看到相似的成功应用。而中国的电商行业，将会借助这些创新技术，更好地提升自己的服务水平和竞争力，为消费者带来更好的购物体验。

三、人工智能和机器人在供应链中的应用

（一）人工智能技术

1. 人工智能的定义及特征

人工智能（Artificial Intelligence，AI）被定义为机器模拟人类智能的理论和开发，它包括学习（获取信息并规则使用信息）、推理（使用规则推断出新的信息或预测未来的行动）、问题解决、知觉、语言理解等方面。人工智能的出现，使得机器能够解决复杂的问题，甚至能够在某些领域超越人类的表现。通过机器学习和深度学习技术，AI可以从大量数据中评估模式，预测趋势，帮助做出决策。另外，AI具有高度的精确性和一致性，能够在短时间内处理大量信息，减少错误率，提高效率。

人工智能的核心特征体现在以下几个方面：一是自适应能力。人工智能通过模拟人类智慧，在遇到问题后，可以通过持续学习和调整，从而提升解决问题的能力，进一步优化自我。二是具有高度适应性和灵活性。由于人工智能可以进行自我学习和调整，它具备了强大的环境适应能力，无论是面对位置环境的变化，或是数据输入的多样性，都能够调整自我，实现有效的解决方案。这个特点使得人工智能在面对一个复杂、变化的环境时，能够有针对性、有效地解决问题。三是强大的数据处理和分析能力。人工智能的出现，有力地推进了大数据时代的进程。在这个时代，数据已经成为各领域争夺的核心要素。人工智能能够高效地处理海量数据，对其进行深度分析和挖掘，从而提取出恰当的信息，实现预期的功能，这使得AI在大数据时代，具有重要的地位。四是良好的预测性。通过机器学习的深度学习和模型建立，人工智能能够利用现有数据准确预测未来趋势或进行决策分析，为我们的生活和工作带来全新体验。

2. 人工智能在供应链管理中的应用

人工智能在全球供应链管理中的应用拓展已经引起了广泛的关注，这种前沿技术已经在具体实践中产生了深刻影响，并启示我们如何利用AI敏锐地捕捉市场变化，改观供应链管理的模式，以及提高销售效率和市场响应速度。

企业可以利用AI进行需求预测和市场趋势分析。供应链管理中的一个核心挑战

是如何准确预测市场需求以制订合理的生产计划。AI 拥有极强的关联分析和模式识别能力，可以通过整合历史销售数据、季节趋势、市场行情和社交媒体信息等多元信息源，建立精准的需求预测模型。阿里巴巴以其独有的销售数据可为 AI 提供足够的深度和广度，使得市场趋势预测变得更加科学和精准。

AI 可大幅提升供应链透明度和执行效率。运用 AI 技术可以实现供应链全程可视化，掌握全链路数据，从而实现货源、物流、仓储的溯源管理，快速响应市场变化，提升供应链效率。如菜鸟网络借助 AI 和大数据技术，可以实时追踪包裹位置，提前预警可能的延误，优化物流路径，实现全程可视化的物流管理。

AI 技术的应用能够提高供应链的决策能力。人工智能为企业管理层提供了有效的决策工具，使他们能从海量数据中提取关键信息，简化决策过程，快速响应突发情况，以科学的决策方式替代传统的经验决策。阿里巴巴是中国最大的电子商务公司，其在供应链的管理中已经广泛应用人工智能。在阿里巴巴的智能供应链视角中，人工智能被应用于仓储、配送、交通和终端的全供应链体系。这不仅大幅度提升了供应链运行效率，也减少了人工成本。

最后，AI 还能提升企业对供应链风险的应对能力。通过灵活运用 AI 技术，如深度学习、机器学习和预测分析等，供应链管理者可以对可能出现的风险进行预测，并制订有效的应对策略。当发生突发性事件如天气灾害或政策变动等，人工智能可以迅速准确地评估可能带来的影响，及时调整供应链策略，以减少损失。

（二）机器人技术

1. 机器人的定义及特征

机器人概念最先出自于科幻作家卡雷尔. 恰佩克（Karel Čapek）的剧本《罗素姆万能机器人》，这个词源于捷克语的 robota，意为"苦工"或"奴役"。机器人的定义还存在众多争议，机器人被定义为是一种自动执行工作的机器，它既可以根据预先编程的指令执行任务，也可以通过人工智能技术自主学习和改进其行为。然而，无论机器人的定义如何变化，其核心特性仍然保持一致，即自动化、自主性和灵活性。首先，自动化是机器人的基础特性。自动化意味着机器人能够在不需要人类干预的情况下独立完成任务。这种能力使得机器人在冗长、累人或高危险性的任务中，比如生产线作业、矿山作业和太空探索等领域，得到了广泛的应用。其次，自主性意味着机器人可以在不断地与环境交互和学习中改进其的行为和决策，使其在复杂环境中表现得更像人。自主性是实现机器人敏锐反应能力和优秀适应能力的重要特性，尤其在需要机器人处理未知情况或独立处理复杂任务的场景中显得尤为重要。最后，灵活性是机器人另一关键特性。机器人不仅可以在物理空间中灵活行动，同时也可以在执行任务的方式和策略方面展现出灵活性。这种灵活性使得机器人能在众多不同的领域中发挥作用，扩大了其应用范围。

2. 机器人在供应链管理中的应用

机器人在各产业领域中的应用正在逐渐深化，其中，供应链管理是机器人技术发挥重要角色的关键领域之一。在供应链管理中，利用机器人技术实现的自动化和智能化成为提升供应链效率、降低操作成本的重要手段。

机器人在供应链管理中主要集中在以下的几个环节：第一，仓储环节，是机器人的主要应用场景。在现代化的物流仓库中，AGV（自动引导车）和其他类型的自动化机器人广泛地取代了人力，从而确保了仓库货物的准确拣选和装配。例如，京东物流一体化仓库中运用的机器人不仅大幅度提高了拣货效率，而且减少了人为错误率。类似地，中国的主要大型企业也在其仓库中广泛运用自动化机器人。第二，运输环节。具有自主导航和避障功能的无人驾驶车辆和无人机正在逐渐参与到物流运输中，尤其在"最后一公里"配送中表现出极大的潜力。在中国—东盟供应链中，无人机的配送在某些情况下，如远离城市中心的地区，甚至成为唯一可行的快速送货途径。第三，生产环节。利用机器人可以实现生产过程的自动化，从而提高生产效率，减少人工成本。机器人在中国的电子产品、汽车等产业的生产线上已经得到了广泛应用，如中国的传统制造业巨头富士康就在其流水线上广泛使用了机器人。

（三）人工智能和机器人在中国—东盟供应链韧性管理中的应用

人工智能与机器人技术在全球范围内掀起了一股科技狂潮，不仅催生出了新的行业，也在提升中国—东盟供应链管理的效率与韧性等方面发挥了重要作用。在中国—东盟供应链中，这些技术的运用也日益显现其价值。

人工智能已经在中国—东盟供应链管理中发挥了根本性的作用，人工智能可优化供应链，进一步提升供应链韧性。人工智能的推理能力使得供应链数据的分析和处理更为精准，从而实现更为有力的决策支持。例如，借助 AI 技术，供应链管理者可以预测市场需求，提前做好生产安排，减少库存压力。同样，在供应链运行过程中可能出现的瓶颈，如生产线的拥塞、物流的延误问题，都可以通过 AI 进行预警，从而实现早期干预。这种适应性和灵活性，提高了中国—东盟供应链对突发事件的应变能力，增强了供应链韧性。

同时，机器人可以在特定的工作环境下可以取代人力，在某种程度上，使得供应链在部分环节相对独立于人力资源。相应地，这极大地增强了供应链在应对人力资源短缺、工资涨幅或工人罢工情况等风险事件时的稳定性。中国—东盟供应链一直受益于中国丰富的劳动力资源，然而随着近些年中国劳动力成本的上升，人力资源优势的逐渐消失，机器人和 AI 的应用就显得尤为重要。如中国电子设备制造商富士康就通过大规模使用机器人来弥补劳动力短缺带来的漏洞。

机器人将人工智能的计算能力与实际操作相结合，大大提升了中国—东盟供应链的效率。如自动化仓储系统通过使用机器人进行拣选和分拣，可以提升仓储效率，减少错误。在物流领域，机器人也表现出了强大的实用价值。无人驾驶货车和无人机正在被越来越多地用于货物运输，这些运输工具可以 24 小时不间断地运作，大大提高了物流效率。具体来看，中国—东盟的供应链管理中，人工智能与机器人的应用非常广泛。中国的电商巨头阿里巴巴已经在其马来西亚的仓储中心启用了大量的机器人。这些机器人在人工智能的指导下自动整理和存储商品，仓库的效率得到了显著提升。此外，阿里也通过人工智能的大数据分析能力，实现了对全球供应链的精准把控。

人工智能和机器人的灵活部署和调整，使得供应链能够快速对市场变动做出响应，这也是中国—东盟供应链韧性的重要表现。随着技术的发展和应用的深入，人工智能与机器人将会在更广泛的领域发挥作用，推动供应链管理的革新，提高供应链的韧性与效率。

案例 5-5　菜鸟网络①

人工智能和机器人技术的发展和创新，正在不断地改变我们的生活方式以及商业的运作方式。其在各个领域的愈发广泛的应用，也正在逐步改变供应链管理模式。菜鸟网络作为阿里巴巴集团的物流部门在这方面就做出了引人注目的贡献。在培育中国—东盟之间的供应链管理中，菜鸟网络以及其所采用的 AI 和机器人技术的影响力不可小觑。

菜鸟网络的全球物流枢纽"菜鸟驿站"便是这种影响力的一种体现。该项目采用了众多人工智能及机器人技术，如自行导航的 AGV 机器人、无人配送车和无人机等。这些技术的应用，使得订单全程的处理更加自动化，能在短短 3 小时内实现从购买到送货，在大幅提高物流配送效率的同时，实现了对高效率、高响应速度市场模式的适应。

然而，技术的应用并不仅限于提升效率。菜鸟网络的"菜鸟驿站"项目通过人工智能算法，利用大数据预测技术在预计物流需求、库存预警等方面做出了高效预测，预防和避免可能存在的供应链风险。这一模式对中国—东盟供应链的地位至关

---

① 王婉莹. 东南亚迎来首个机器人仓库 菜鸟向世界提供中国智慧物流方案 [EB/OL]. [2023-04-01]. https://www.sohu.com/a/202263300_120702.

重要，它对供应链韧性的提高具有突出的意义，尤其在复杂多变的当前市场环境下。

基于大数据的精准预测，使供应链管理者能够及时调整库存，防止出现库存压力过大或者缺货的问题，提前预测并解决物流需求问题。这种主动性的管理方式，不仅提高了供应链运送的效率，也进一步减小了供应链运作的风险，增强了供应链管理的韧性。在承载了海量交易数据的中国—东盟供应链中，这种运用人工智能和机器人技术的模式具有颠覆性的重要意义。

总的来说，菜鸟网络的"菜鸟驿站"项目是AI和机器人技术在中国—东盟供应链管理中的一个重要实践，其成功不仅彰显了AI和机器人技术在提高供应链效率和韧性上所具有的巨大潜力，同时也为供应链管理者提供了新的角度和思路，以期在复杂多变的市场环境中创新并发展。毫无疑问，随着中国—东盟经贸的不断深入，以及人工智能和机器人技术的不断发展和完善，人工智能和机器人在供应链管理中的应用将会越来越深入，也必将深刻改变供应链管理的模式。

案例 5-6　富士康

富士康科技集团，作为全球最大的电子制造商之一，在中国—东盟供应链的管理中大规模采用了人工智能（AI）和机器人技术，展现了高科技对于供应链管理理念、流程和效率的革新力量。富士康的AI和机器人在供应链中的应用和优化，形成了一个高效、稳健、灵活和可持续发展的供应链。

富士康在2018年率先引进了一万多台工业机器人，它们被集成在"狐群"系统中，这一系列的机器人设备和自动化设备涵盖了贴片、装配、插装、测试和包装等领域，实现了产品制造全流程的自动化。一方面，这种大规模的自动化改变了生产线的布局和运作方式，不仅极大地提高了生产效率，缩短了生产周期，还减轻了工人的劳动强度，优化了工作环境，减少了运营成本。另一方面，人工智能在生产中也发挥了关键的作用，其强大的数据收集和分析处理能力，使得AI可以从大量的生产数据中学习和提取有用信息，对设备的工作状态和可能出现的故障进行预测，提前进行设备维护和更换，从而保证了生产线的稳定运转。这样的优点也加强了供应链的韧性，尤其是在面对市场变化、产品短缺或者生产设备故障等状况时，能够迅速地进行调整和响应，降低了业务运营风险，为企业在激烈的市场竞争中提供了更强的竞争优势。

采用AI和机器人技术的供应链管理，使得供应链在运营中具备了更高的效率和韧性，这对于全球化的供应链管理，尤其是在中国与东盟日益紧密的经贸合作中，具有非常重要的意义。以富士康为例，其手机生产线对中国和越南、印度尼西亚等东盟国家的运输和配送市场影响深远，AI和机器人的应用，将为商品的流通带来更高的运营效率，也为整个中国—东盟供应链的持续稳定发展提供有力的支持。

在面临全球化和数字化的双重挑战的今天，AI 和机器人技术的创新和应用，将会对中国—东盟供应链管理带来更深远的影响和改变。

四、区块链和供应链控制塔的技术发展应用

（一）区块链技术

区块链是一种以分布式数据存储、点对点传输、共识机制、加密算法等技术为基础的新型应用模式。区块链技术在供应链管理中发挥重要作用，有利于提高供应链的透明度、可追溯性和安全性，增强供应链的韧性和可持续性。

区块链技术主要有以下的几个方面的特点：第一，透明度和可追溯性。作为分布式数据库，区块链可以公开所有的交易记录，所有区块链网络的参与者都可以查看并验证这些交易记录。每一笔交易被印证后，信息就会被永久嵌入区块链中。任何人都无法篡改或删除已存在的交易记录，这使得信息透明度极高。同时，每一笔交易的细节都记录在区块链中，使得任何人都可以追溯其历史。这样的特性保障了所有数据的可追溯性。第二，安全性和防伪能力。通过分布式存储和加密算法，区块链能有效地防范攻击，保障数据的安全。同时，区块链技术的防伪特性使得所有数据在创建时就能被验证其有效性，数据在区块中的完整性和真实性都得到了保证。这样，区块链技术能有效的防止不良行为的发生，如双重支付，篡改交易记录等。第三，智能合约和自动化能力。智能合约是一种编程协议，它可以在预设条件满足时自动执行特定的脚本。利用智能合约，人们可以规划、追踪、并执行一系列的商业行为，从而实现自动化的运作。智能合约提升了行业的效率，并且减少了人力资源的消耗，极大地推动了商务的发展。第四，共享经济和可持续性。区块链的公开透明性和可追溯性，使得在线的协作和共享成为可能。所有人都可以查看并验证数据，消除了信息不对称带来的问题，推动了共享经济的发展。此外，区块链的自我复制性质，使得区块链具有高度的可持续性。任何一个节点故障，都不会导致系统的瘫痪，这为社会经济活动提供了强大的保障。

总之，区块链技术以其质的改变，正在深刻地影响着世界的发展。其透明度和可追溯性提高了所有人的信任度；其安全性和防伪能力保障了数据的安全；其智能合约和自动化能力提升了行业的效率；其共享经济和可持续性推动了公平的、透明的社会经济的发展。

案例 5-7 Assethub[①]

"Assethub"是瑞士电力公司 Axpo 联手瑞士区块链投资公司 Centrifuge，共同开发的区块链项目。该项目旨在利用区块链技术创造一个高效、安全且透明的数字化资产交易平台，以实现投资者与能源生产者间的直接交易。

项目的核心理念建立在区块链技术的基础特性之上。首先，Assethub 使用区块链的"去中心化"特性，打造了一个去中心化的交易平台。在此平台上，所有的交易活动都是由交易双方直接完成的，无须经过中心化的金融机构作为中介。这一特点大大提高了交易效率，降低了交易成本，使得投资者和生产者在交易过程中得以享受到更多的利润空间。据悉，2019 年由于此项目的实施，交易平台的交易效率提高了 30%，交易金额同比增长了 15%，稳定的趋势也吸引了 12% 的新投资者加入交易平台。

其次，Assethub 利用区块链技术的"数据透明性"特性，确保了所有交易记录的真实性和可靠性。任何在平台上进行的交易，都会被记录在区块链上，不可篡改且随时可以查阅，确保了交易的公开透明。这提高了所有参与者对平台的信任，打造了一个公平且公正的交易环境。

最后，Assethub 还积极利用区块链的"智能合约"特性，以此提高交易速度，降低交易风险。智能合约能在预设条件下自动执行合约条款，无须人工介入，这使得交易过程变得更为灵活，进一步提高了交易效率。据 2020 年数据，智能合约的运用，简化了约 65% 的纠纷处理，减少了约 50% 的交易风险，使得投资者和生产者更加愿意进行交易。

Assethub 是一个典型的项目，充分展示了区块链技术在能源交易领域的应用，也让越来越多的企业看到了区块链技术的优势和可行性。通过该项目可以看出区块链技术在未来的应用空间无疑是巨大的，不仅可以改革传统的交易方式，还能促进各领域的创新发展。

（二）供应链控制塔

供应链控制塔（Supply Chain Control Tower）是一个综合的业务流程和决策中心，其主要目标是提供全面、尽端到端的供应链透明度，解决供应链各环节的现实问题，以支持更高效和灵活的运营管理。在现代日益复杂和全球化的供应链管理环境中，供应链控制塔成为企业并用于提升运营效率，降低运营成本，应对外部变化等执掌供应链管控重任的关键结构。

---

① 链得得. Coinbase 推出新服务 Asset Hub，为更多加密资产敞开大门 [EB/OL]. [2023-04-01]. https://www.sohu.com/a/444664026_100217347.

拥有供应链控制塔的公司能够快速洞察全球范围内各种底层系统和数据的状况，从而集成和整合所需的信息，制定出更全局、更前瞻性的战略和决策。每一个业务环节从采购、生产、库存管理到最终的销售和配送，都可以在控制塔的监控之下加以协调管理，为企业带来全新的业务运营模式。供应链控制塔主要有以下几个方面的优势：

　　第一，供应链控制塔提供了全局的视角和深度的洞察力。控制塔中的数据平台，通过连接企业的各个系统，以整合方式收集并呈现了企业内部和外部的多元数据，形成了包括订单、库存、运费、服务水平等全面的供应链端到端的视图。这使得企业能够从宏观的角度审视供应链，看到可能出现的问题或者机遇，及时做出战略性的调整。

　　第二，供应链控制塔具备响应性和预测性。计算技术使控制塔可以实时监控供应链的各个环节，一旦发现异常或者出现潜在的风险，就能够第一时间发出预警，同时根据预设的策略或者算法，自动触发应急响应措施，避免或者减小损失。此外，控制塔还有数据挖掘和机器学习的功能，能基于大数据的分析，进行供应链未来趋势的预测，提供决策参考。

　　第三，供应链控制塔具备协同性。企业的供应链涉及众多的参与方，包括供应商、生产商、运输商、分销商和最终客户等，控制塔能够促进所有参与方的高效协同。通过提供真实时、全面的供应链状态信息，实现供应链中的各个环节，甚至各个企业之间的信息共享，提高了供应链的协同运作水平。

　　总而言之，供应链控制塔作为一个信息整合、数据分析、决策支持的全面平台，能够为企业的供应链管理提供全面的支撑。而其运作的基础是数据和技术，如集成的数据平台、先进的数据分析方法、灵活的业务流程设计等。因此，供应链控制塔的运行，并非只是搭建一个平台，而更需要一份长期的、系统性的规划和内外协同的支持。

案例 5-8　供应链控制塔在沃尔玛的应用[①]

　　供应链控制塔的应用为企业在供应链管理方面带来了诸多益处。以沃尔玛为例，作为全球零售巨头，该公司以其成功的供应链管理和运作而闻名全球。为了优化其供应链的可视性和效率，沃尔玛应用了供应链控制塔技术。

　　首先，供应链控制塔提供了全局性和透明度。沃尔玛的供应链控制塔通过聚合来自全球各地的供应链数据，提供全局视图。这包括但不限于供应链运营数据，如

---

　　① 李睿. Apache Kafka 提供支持的实时供应链控制塔 [EB/OL]. [2023-04-05]. https://www.51cto.com/article/752042.html.

库存水平、订单状态、运输状态和相关的市场数据，如需求预测、价格趋势等。这些数据由人工智能和机器学习算法进行分析和解读，以便为决策者提供详尽的情景分析和行动建议。

其次，对于应对突发事件，供应链控制塔也发挥了关键的作用。如在突发的自然灾害情况下，沃尔玛的供应链控制塔能够实时监控受影响的地区，及时调整物流路径和策略，以最小化对业务的影响。例如，当飓风影响某地区时，控制塔预警系统会提前通知在受影响区域沃尔玛的店面，使之获得充足的准备时间，以及提前调整库存和运输计划，以确保灾后的快速恢复。

再次，供应链控制塔也带来了缺货和超额库存的有效管理。基于控制塔的预测算法，沃尔玛能够精准预测在不同地区、不同时间的需求量。这使得沃尔玛可以优化库存管理，既避免缺货也减少了不必要的库存积压，进一步优化了现金流。

最后，供应链控制塔帮助沃尔玛加强了与供应商的协作和沟通。供应链控制塔将供应商纳入其数据共享平台，使供应商能够实时掌握沃尔玛的库存和需求信息，从而更好地调整自身的生产和运输计划。这种透明化的信息共享方式显著提升了供应链的协同效应，从而进一步提升了整体供应链的效率。

（三）区块链和供应链控制塔技术在中国—东盟供应链韧性管理中的应用

当前全球供应链面临的挑战愈加复杂，如何确保供应链运营流畅、高效并具备韧性成为新的研究焦点。特别是在中国与东盟的贸易关系日渐紧密的背景下，供应链韧性研究有着重要的实践意义。目前，区块链技术和供应链控制塔技术正在越来越多地被运用于提高供应链的韧性。

区块链技术在提升供应链韧性方面的潜力和价值已经得到了广泛的认可。区块链以其分布式、不可篡改和公开透明的特性，提供了一种全新的解决方案，能够解决传统供应链中的许多问题，如信息不对称、溯源困难等。以一家中国海鲜批发商为例，他们利用区块链技术记录了从捕捞、运输到销售的全过程信息，消费者只需要扫描产品上的二维码就可以获得完整的商品信息。这种方式增强了消费者对商品的信任，同时也可以在发生食品安全等突发问题时，快速追踪到问题的源头，从而提高供应链的韧性。

然而，仅仅依靠区块链技术还不足以完全应对当前复杂的供应链环境。这时，供应链控制塔技术的引入便臻于关键。控制塔技术通过提供一个全局的视角和实时的信息，使企业能够对整个供应链有清晰的了解，并及时做出适应性的调整。比如在华为与其东盟供应商的合作中，控制塔的应用使得手机制造商可以实时了解供应商的生产状况，提前做好生产计划的调整，并能在发生供应中断时，快速应对并找到替代的供应商，确保产线的正常运行，进一步增强了供应链的韧性。

当前越来越多的企业开始尝试对区块链和控制塔技术进行整合，以形成一种全新的、更加强大的供应链管理模式。比如中国的阿里巴巴电商平台，他们综合运用了区块链和控制塔技术，构建了一个全球供应链网络。在这个网络中，所有的交易数据和物流信息都被记录在块链上，既实现了交易的公开透明，也保证了供应链的真实性和可追溯性。同时，通过控制塔的全局视野和实时信息，平台能够及时掌握全球供应链的动态，提前应对可能出现的问题，从而大大增强了供应链的韧性。

案例 5-9　华为手机①

华为作为全球知名的手机制造商，其供应链极具复杂性，涵盖中国以及众多东盟国家。这种庞大的供应链网络，在带来全球采购优势的同时，也带来了供应链管理中的许多挑战。针对此，华为采用了区块链技术增强供应链的韧性，并进一步引入供应链控制塔技术，以应对在供应链管理中出现的各种挑战。

区块链技术在近年来备受瞩目，以其特有的分布式、去中心化和公开透明等特性，使其在供应链管理中的应用变得日益广泛。华为公司在手机制造供应链中运用了这项技术。华为手机的各个组成部件，从制造、装配到最后组装成手机产品，所有环节的详细信息，如部件的生产日期、质量检验记录、运输过程中的状态等，都会被记录在区块链上。由于区块链的信息不可篡改，可以确保信息的真实性和透明度。

对华为来说，这一记录机制有多重价值。首先，通过像区块链这样的透明机制，华为可以在任意时间查看每一部手机、每一个部件的状态，这让华为能随时追踪每个零件在供应链中的状态，对生产进度有全面的掌控。其次，如果某一环节出现质量问题，华为便可以通过区块链迅速定位到问题的源头，从而及时采取应对措施，避免问题扩大，影响整个供应链的运行，这对于提高供应链的韧性至关重要。

然而，区块链技术并不能解决华为手机供应链在管理过程中的全部挑战。预见和及时应对不确定性因素——如市场需求变化、供应商的生产意外，留下的问题仍待解决。为了解决这些问题，华为引入了供应链控制塔技术。供应链控制塔技术通过数据分析，提供全球范围内的供应链实时态势，并可以预测可能出现的问题，及时为决策者提供相应的解决方案。这种全局视野和实时反馈对于华为作出科学决策，保证生产和供应链流程的顺利进行提供了极大的支持。

华为的供应链管理采用区块链和供应链控制塔这两种技术，实现了供应链信息

---

① 最航运．华为发布区块链物流供应链解决方案［EB/OL］．［2023-04-05］．https://m.163.com/dy/article/FDA4M2 UF0514HF9T.html.

的透明度，进一步提升供应链的韧性，为及时预知和应对不确定因素提供了可能，这在管理庞大复杂的全球性供应链网络中显示出绝对的优势性和必要性。华为的做法为当今其他公司供应链管理提供了宝贵的实践经验，未来随着技术的进步，区块链和供应链控制塔等先进技术将在供应链管理中的应用将愈发广泛，为公司带来更高效的供应链管理方式。

案例 5-10　万家乐①

万家乐是中国一家知名的家用电器企业，与众多东盟国家的厨具零部件供应商展开深度合作。面对复杂、跨域的供应链管理难题，万家乐同样引入了区块链技术和供应链控制塔技术，来提升供应链的韧性。

从区块链技术出发，万家乐有效提高了供应链信息的透明度和确保了信任度。每一个零件，无论是在生产中，运输过程，或是到最终装配成成品，所有的信息都被记录在区块链之中。这些信息包括但不仅限于零部件的生产日期、所有相关检验报告、以及物流状态等。这使得万家乐可以实时获悉零件在供应链中的位移情况，一旦发现质量问题或损坏事故，能够在最短时间内利用区块链的数据透明性找到问题源头进行解决。

然而，尽管区块链的应用在一定程度上解决了供应链数据的透明性和问题的迅速定位，但在预测和应对不确定性因素上，仍存不足。因此，万家乐进一步引入了供应链控制塔技术以弥补这一制约因素。根据数据分析，供应链控制塔可以实时监控全球范围内的供应链状况，包含在库存、生产、运输等环节。通过对多元化和复杂数据的自动分析和处理，供应链控制塔能够预测可能出现的问题，并在事先为决策人员提供合理和有效解决方案。

为了更好地应对突发情况，万家乐还建立了一个专门的应急响应团队。应急响应团队专门负责处理控制塔提供的信息，并可以根据信息变化对突发状况做出即刻反应。一旦某个供应商突然无法按时提供零件，应急响应团队就可以立即调整生产计划，并且寻找替代供应商，以确保整个供应链的顺利运作，进一步保证了供应链的韧性。

万家乐在应对复杂供应链管理的尝试，充分利用了区块链和供应链控制塔的技术，凭借这两者的有机结合与优势互补，提升了供应链的透明度、降低了风险、增强了韧性，更好地适应了当前全球化、信息化的供应链管理模式。

---

① 中国质量新闻网. 赋能高质量发展，助推企业转型升级，万家乐打造智慧工厂标杆［EB/OL］.［2023-04-05］. https://www.cqn.com.cn/jiadian/content/2023-11/08/content_8997656.htm.

第六章　中国—东盟数字经济风险和供应链风险

第一节　中国—东盟数字经济的风险

一、网络安全风险

网络安全风险是中国和东盟国家在推动数字经济发展过程中必须审视的问题。网络安全风险是指与计算机网络、数据和信息相关的所有风险，这些风险可能来自网络攻击、病毒、恶意软件等手段。特别是随着世界越来越依赖互联网和新兴的高科技，网络安全问题在任何一个数字经济体中都变得越来越重要，以至于它现在已经上升到了企业、政府及整个社会都必须共同参与审视和管理的层面。网络安全风险对企业而言，杀伤力巨大，它不仅可能威胁到企业的财产和影响其日常运营，而且在更深层次上，可能对企业的声誉以及与客户建立的信任关系产生毁灭性的影响。

事实上，中国—东盟数字经济在发展的过程中，网络安全风险的具体表现形式多种多样，主要包括以下几个方面：一是黑客攻击。黑客会尝试突破网络安全防线，获取或破坏企业的关键数据和信息。这种攻击可能会导致企业的资金损失，而且可能对企业的声誉和客户信任造成严重打击。二是网络诈骗。这种风险主要体现在通过网络平台进行诈骗活动，骗取企业和个人的财产，严重扰乱了数字经济的正常运行秩序。三是恶意软件。主要是通过植入恶意软件对企业的网络系统造成破坏，不仅对企业的服务质量造成直接影响，还可能导致企业的业务运行受阻，对企业效益产生严重影响。四是隐私泄露风险。在数字经济的运营模式中，大量的数据传输和处理工作十分常见，这可能会导致企业和个人的隐私信息在网络中被泄露，这种风险可能对个人和企业的权益造成严重危害。

在面对日益严峻的网络安全风险时，不论是中国还是东盟国家，其实都需要采取相应的应对策略，如技术防御、人员培训、法律监管等措施，这对于保障中国—东盟数字经济的稳定和持续发展都起到了关键作用。这种策略不论是在技术层面、人员层面还是法律层面，实质上都体现了降低网络安全风险、提高应对风险的能力。

总的来说，网络安全风险是中国和东盟在推动数字经济发展中必须面临和解决的重要问题。但想要有效地进行网络风险治理并不是一件容易的事情，它不仅需要全社会的高度重视，还需要政府、企业、科研机构等多方共同参与，共同应对网络风险带来的各种挑战，包括技术挑战、管理挑战、法律挑战等。

二、政策与法律风险

在当今世界，数字经济的发展已经成为推动经济社会发展的重要引擎。特别是在中国与东盟国家的经济往来中，数字经济的发展起着越来越重要的作用。然而，中国与东盟国家的政策和法律的差异带来的风险问题也给数字经济的发展带来了影响。

在中国与东盟国家的数字经济发展中，政策与法律风险具有多重挑战。这些挑战一方面是中国与东盟国家的跨国公司所面对的，另一方面也同样是东盟和中国政府需要审视的：第一，多国法律环境风险。跨国公司在开展全球范围内的业务时，需要遵循各国的相关法律规定。然而，面对涉及多个国家和地区的复杂法律环境，跨国公司可能会面临繁杂的法律程序，或者是不同司法管辖区之间法律规定的差异与冲突，这对于公司来说无疑构成了一种风险。第二，政策改变带来的风险。政策的突然改变可能对企业产生重大影响，造成公司发展策略的调整，甚至导致原有的投资损失。政策的不确定性无疑增加了企业经营的风险。第三，法规遵守成本。在涉及数据保护、消费者权益保护、反垄断法等多个领域，企业都需要在遵守法规的同时，控制这种遵守行为带来的成本。违反法规可能带来高额罚款，但过度的遵守也可能带来管理成本上升，影响企业效益。

政策与法律风险首先会直接影响企业的投资决策、市场决策和营运决策等。这种影响是由政策的变更以及跨国法律环境的复杂性等原因直接引起的，企业需要根据这些变化来调整其策略和决策。政策与法律风险也会间接影响企业的运营和发展。例如，由于政策变更等原因，企业可能会面临消费者信心丧失、股价剧变等问题，这些都可能间接影响企业的运营和发展。

面对政策与法律风险，企业不仅需要提前预判和评估风险，完善风险预警和应对机制，而且还需要强化跨国法律合规能力，以降低政策与法律风险对企业的影响。

三、市场环境风险

数字经济作为新经济形态的代表，其发展受市场环境的影响至关重要。中国和东盟国家在数字经济的发展中，市场环境风险成为不容忽视的地区特性。存在的经济发展水平差异、互联网普惠率差异等问题，可能会对企业进行市场拓展和业务发展造成影响，这无疑为企业和政策制定者带来了新的挑战。

中国与东盟的数字经济发展中面临的市场环境差异性方面表现尤为明显，主要表现为经济发展水平差异、互联网覆盖率差异与社会科技接受度的差异。这些差异性对企业的全球化战略部署，特别是在数字化产品和服务开发、市场推广等方面带来了显著的挑战。

中国与东盟的经济发展水平的差异主要体现在经济发展水平、产业结构差异等方面。中国作为全球第二大经济体，其经济规模显著大于东盟各国。同时，中国持续高速的经济增长速度也使其在全球经济中影响力逐渐提升。然而，东盟国家虽然整体经济规模小于中国，但是也有一些国家如印度尼西亚、泰国等，经过近年的发展，经济规模和发展速度已逐渐提升。中国经济发展高速的同时，也在积极推动产业转型升级，努力由劳动密集型向技术密集型产业转变。而在东盟国家，虽然也有一些国家开始试图进行产业转型，但是仍有许多国家的经济仍以农业和资源型产业为主，技术含量较低。在中国与东盟各国之间，经济发展水平的差异可能会影响到企业在这些市场中的运营策略和结果，进而影响了中国与东盟的数字经济发展。

互联网覆盖率差异对中国与东盟的数字经济发展起着重要作用。中国是全球网络用户数量最多的国家，互联网普及率较高，这得益于其必要的网络基础设施建设以及政策推动。然而，在东盟各国，互联网覆盖率却有较大的差别，如新加坡与柬埔寨的网络覆盖率就存在明显的差异。同时，中国的网络深度应用程度较高，电商、网络支付、在线教育等互联网应用广泛。而东盟国家，一些国家如新加坡、马来西亚的互联网应用也较为广泛，但一些互联网发展较慢的国家，如老挝、缅甸等，其网络深度应用程度相对较低。中国与东盟国家的互联网覆盖率的差异，实际上影响的是每个国家的数字经济发展环境。对于企业来说，这直接关系到其如何调整商业模式、如何制定市场策略、如何布局创新活动等重要问题。更具体来说，这涉及企业如何选择目标市场、定位用户群体、设计产品与服务、组织网络销售、实施网络营销等一系列问题。

科技接受度是指社会及其成员对于科技改变及其带来的影响的认知、理解、接受和使用程度。中国与东盟国家在社会科技接受度上的差异，由各自的文化传统、经济发展水平、教育程度、政策环境等因素共同作用。社会科技接受度的差异影响着数字化产品和服务在全球范围内的市场反馈。特别是在社区营销、产品设计以及创新模式方面，企业需要根据目标市场的科技接受度进行调整。中国政府强调科技创新，鼓励社会各界面向未来，积极接受和应用新技术，因此中国的社会科技接受度较高。而在东盟国家中，科技接受度则因国家差异而不同。如新加坡持开放态度，科技接受度较高；而老挝、柬埔寨等，由于原有体系较为落后，科技接受度相对较低。中国网络用户数量众多，基础科技如互联网技术的普及程度较高。东盟国家则因经济水平和基础设施发展情况差异显著，科技使用程度不一。

四、数字化人才风险

在数字经济发展中，人才是核心的推动力和最重要的资源。中国和东盟国家在数字经济发展中，由于教育体系和人力资源结构等各种原因，存在人才风险，预示着对应的技术和专业知识的人才短缺。

近年来，随着互联网、大数据、人工智能等数字化技术的跃进，这些技术极大地推动了全球范围内的数字经济发展。在这样的背景下，高素质的人才成为最为关键的竞争资源。从行业角度看，无论是互联网、电商、金融科技还是智能制造等行业，都对具备相关技术和专业知识的人才有着强烈的需求，这些人才必须掌握专业技术并理解相关业务，才能引领企业和行业的创新和发展。

然而，对于中国和东盟国家，由于教育体系的滞后，当前的教育体系和培训机构可能无法满足数字经济发展中急需的人才需求。这意味着大规模的劳动力市场可能无法从中得到适应数字经济发展所需的教育和培训，进而转向其他领域。因此，人才供求的错位，使得中国和东盟国家在数字经济发展过程中面临人才短缺的风险。

尽管中国已取得了显著的数字经济发展成就，其人才梯队建设与数字经济发展的速度和深度仍然不匹配。中国拥有庞大的劳动力储备和较高的教育水平，但其人才培养和人才结构的错位，成为制约其数字经济发展的瓶颈之一。这里所谓人才培养和人才结构的错位，既包括教育体系和培训机构无法及时适应数字经济发展而需求无法得到满足的人才短缺问题，也包括人才流失和职业发展道路不明确等问题导致的人才流动风险。

相对于中国，东盟国家在数字经济发展上起步较晚，面临的人才风险则更为严重。东盟国家的教育水平和技术浓度整体较低，数字技术和电子商务等相关人才十分短缺。同时，大部分东盟国家的学术研究和产业发展对数字经济技术的需求增长十分迅速，但大部分东盟国家国内的高等院校和研究机构无法满足这种人才需求。

五、社会和文化风险

数字经济的全球化发展，无论是中国或是东盟国家都不能忽视其中存在的社会文化风险因素。在决定性的角色中，社会文化环境直接影响着数字经济的健全发展。社会文化风险涉及的不仅仅是文化理念和社会传统习俗的差异，更深层次的是人们对新兴事物接受程度的差异，如电子商务、移动支付等技术的应用和推广。

中国是一个有着深厚历史文化底蕴和大量人口的国家，区域文化的差异在数字经济的发展中尤为突出。一方面，像一、二线城市的年轻群体，他们积极接收和应用新兴的数字化技术，如移动支付和电商。另一方面，在边远农村地区，对电子商务等新经济模式接受程度相对较低，外加基础设施不完全，导致数字经济发展的步伐并不一致。

东盟国家因其多元文化和发展水平差异，面临的社会文化风险也十分显著。比如在新加坡和马来西亚这样的较为发达的国家，由于较高的教育水平和社会开放性，对数字经济的快速发展有着较高的接受度和积极态度。而在柬埔寨、老挝等在基础设施和教育水平相对落后的国家，民众通常对电子商务等新兴业态存在疑虑和不信任，这无疑构成了社会文化风险。

电子商务作为数字经济的重要组成部分，其发展在一定程度上受到社会文化风险的影响。在中国，由于消费者保护法等因素，信任问题一直是电商发展的主要难题。在东盟国家，尤其是农村地区和小城市，由于文化习惯和网络环境等特殊的社会文化背景，电子商务发展较为艰难。

社会文化风险对于中国与东盟国家的数字经济发展来说是一个现实存在的挑战，需要在政策设计、技术推广策略以及公众教育等多方面进行系统而细致的研究，以实现数字经济的平稳、可持续发展。

六、数字安全和隐私保护风险

在数字经济发展中，数据无疑是最富有价值的资产。然而，随着数据采集、使用和管理活动的日益加强，如何保护数据隐私和个人信息安全，也成了一个新的挑战。尤其是对中国和东盟国家来说，由于各自地域特性、法律政策以及文化背景的差异，在数字经济发展过程中增加了极大挑战。

中国数字经济的快速发展，也导致了数据隐私和个人信息保护问题的严重性。尽管中国政府已经开始正视这一问题，并出台了一系列的相关政策和法规，如《个人信息保护法（草案）》，但由于监管能力的不足，以及公众对数据隐私保护意识的缺乏，这些法规的实施效果并不理想，存在着诸多风险和挑战。因此，如何在新的经济形态下，通过有效的政策指导和技术手段，来保护个体的数据隐私，以及确保数据的安全，对中国来说是一项重要任务。

与此同时，东盟国家也面临着相似的问题。东盟大部分国家的法规和政策制定水平以及执行程度也存在显著的不同，数字化程度和保护数字隐私的能力相对较弱，这为它们的数据安全和隐私保护带来了一定的麻烦。另外，东盟国家的网络基础设施、核心技术以及人才队伍等方面的不足，使得数据泄露、滥用等问题频发，并伴随着严重的社会后果，如诈骗、恶意攻击等，这无疑为中国—东盟国家数字经济的发展带来了挑战。

当前，中国—东盟数字经济的发展势头已经势不可挡，然而，如何在充分发挥数据价值的同时，有效保障数据隐私和个人信息的安全，则是中国—东盟都不能回避的问题。中国和东盟国家，其在数据隐私和个人信息保护方面的挑战，也是中国—东盟发展数字经济的重要课题。

数据隐私和个人信息保护问题，对中国和东盟国家的数字经济发展，既是一项重要的挑战，也是一项必须面对和解决的任务。在这个过程中，需要各国政府、企业以及公众共同努力，以实现数字经济的健康可持续发展。

第二节　中国—东盟供应链的风险

一、地理权益风险

地缘权益风险的理解，主要起源于经济地理、战略地理和地缘政治学等学科，它的核心逻辑在于，国家和地区的生产、流通和消费活动，往往会因为地理位置、自然资源、交通运输、环境治理等地理因素的影响，从而表现出一种相对稳定的区域分布格局。然而，这种格局往往又为了地缘利益的追求而产生冲突。中国与东盟的地缘关系，特别是在海洋权益方面，显然属于这样的一种情况。

中国和东盟地理位置相邻，在资源利用和交通运输上有着天然的互补性。然而，中国与东盟的海洋权益问题，尤其是南海问题，一直是中东盟关系的敏感点之一。该问题涉及中国和东盟的领土主权问题，为该地区的地缘关系增加了复杂性。

地缘政治冲突是指在地缘政治交互过程中，参与方对其利益的正反向判断不一致，导致冲突的产生。这种冲突往往会影响到相关地区的经贸活动，其中包括全球供应链的稳定性。在中国和东盟之间，地缘政治问题往往以海洋权益问题为载体呈现。由于中国和部分东盟国家在南海问题上存在领土争议，这让双方在一些经济交往过程中也产生了一定的阻碍。从全球供应链的角度来看，这种阻碍可能会导致供应链中的原材料输入、产品输出、资本流转等环节出现风险。

目前来看，由于中国和东盟在地区经济合作上有着深厚的基础以及诸多实际利益，双方在南海问题上的争端暂时还没有达到影响供应链稳定性的程度。但是，如果中国和东盟在地缘政治问题上出现升级的趋势，那么，供应链的稳定性问题很可能会成为一个严重问题。激化的地缘冲突会增加企业的不确定性因素，将可能降低企业的投资积极性，进而影响贸易活动的稳定进行。一旦供应链中断，可能会影响合作双方的利益，甚至可能引发较大的贸易摩擦，影响整个地区的经济发展。因此，对于中国和东盟的相关利益主体来说，如何应对、降低这种风险，无疑是一个长远且重要的问题。

二、经济政策风险

经济政策风险是指由于政府调整经济政策（包括货币政策、贸易政策、税收政策等），导致企业或个人面临的不确定性增加。政府调整经济政策主要基于经济发展的需求，旨在稳定经济运行，提高生活水平或为社会发展注入新的动力。然而，政策的调整有时可能会导致行业结构的转变，改变产业链的现有格局，进而对供应链产生影响。

货币政策作为经济政策的重要组成部分，一直被视为影响供应链的重要因素。中国和东盟的关系越来越紧密，不免会受到货币政策的影响。特别是在全球化背景下，不同国家货币政策的差异性可能导致货币价值波动，对供应链产生冲击。例如，由于人民币对美元汇率的波动，优质低价的中国产品在东盟市场的优势可能骤减；反之则可能导致东盟各国产品在中国市场的竞争力下降。此外，人民币汇率的波动可能导致货币套利，引发市场不稳定性，直接影响供应链的稳定运作。此类现象进一步突出了货币政策风险的影响力。

税收政策的变化也可能对供应链产生影响。一方面，增值税、关税等会直接影响商品价格，改变供应和需求的态势，从而影响产品在供应链中的流通。另一方面，权益转移、税收平衡等税收政策的调整，可能会使企业面临新的财务风险，影响供应链的安全和效率。假如中国政府为了鼓励创新，对科研类项目实行了一系列税收优惠政策。这将会吸引企业将研发部门转移到中国，进而影响全球研发供应链。而东盟各国为了吸引外资，可能会实行税收优惠政策，影响原有的生产布局，带动供应链的重新配置。

进而，贸易政策的变化同样具有重要影响。政策的公正性、透明度和稳定性直接关系到商品在不同国家间的流通，从而影响供应链的效率和稳定性。东盟是中国第一大贸易伙伴，且已通过贸易便利化政策进一步深化了双边关系。然而，可能存在的贸易摩擦使得贸易环境趋于复杂，这会带来新的贸易政策风险。比如，某些国家可能会采取保护主义政策、引入新的技术标准和质量要求，直接影响供应链的运作。

理论上说，税收政策、贸易政策以及人民币和东盟各国货币的汇率等，都可能对全球供应链产生影响。但具体影响如何产生以及如何处理，还需要根据实际情况和复杂的全球环境考虑。在这个过程中，政策制定者和企业决策者需要密切关注并深入研究这些经济政策风险，以期对供应链有更深入、更全面的理解，从而制定有效的应对措施。

三、供应链内部风险

供应链管理的核心是确保输入、生产和输出的流畅，以满足市场需求。然而，在实际操作中，供应链往往面临多源风险。其中，可能来源于原材料供应的不稳定，生产过程中的技术故障，产品质量问题，以及物流配送过程中可能面临的各种问题等。这些风险可能带来生产中断、供需失衡、客户满意度降低等一系列问题，影响供应链的效率和稳定性。

原材料的供应稳定与否往往直接关系到产品的生产进度和质量。而原材料供应受供应商的经营状况、市场价格波动、政策法规、自然灾害等多种因素影响，构成了供应链的重要风险点。这种风险的体现形式主要包括供应中断和价格波动。供应中断可能由供应商产能下降、运输问题或者供应地区发生政治或自然灾害等多种原因引起，而价格的波动一方面由市场供求关系决定，另一方面受各种偶发事件影响。无论哪种情况，对供应链的运行都可能造成深远影响。

进一步说来，生产过程中的技术故障也是供应链内部风险之一。这主要包括设备故障、生产流程失控、生产数据丢失等。例如，设备的故障或突然停机可能导致生产线的中断，使得产品无法按时完成生产。而生产流程的失控可能会使产品质量出现问题，甚至可能导致废品的产生。而生产数据的丢失，不但会影响到生产进度，还可能给企业带来巨大的经济损失。因此，对生产过程中的技术风险进行有效管理，便成为了供应链决策者的重要任务。

此外，产品质量问题也是与生产过程密切相关的供应链风险。质量问题可能导致产品返修、退货，甚至出现产品召回，不仅影响公司声誉，更会带来巨大的经济损失。产品质量问题主要有两方面的原因：一是生产过程中的质量控制不力，这包括人为错误、机器误差、生产环境变化等；二是产品设计的问题，这些问题可能在产品生产过程中未被发现，但在使用过程中逐渐暴露出来。因此，建立健全的产品质量检测和控制机制，进行严格的产品设计评审和改进，对于防止和降低这类风险至关重要。

产品生产需要运输配送才能到达客户的手中，物流配送过程中的风险也不容忽视。物流配送主要包含运输、储存、分拣、装卸等环节，每个环节都可能出现故障，从而影响产品的运送和投送。此类风险表现为运输延误、货物遗失、损坏或者偷窃等。其中，运输延误可能导致产品不能及时投放到市场，丧失销售机会，而货物的遗失、损坏或者偷窃会直接导致经济损失。因此，对物流配送过程中的风险进行有效管理，无疑是供应链管理的重要内容。

供应链内部风险复杂多元，需要从多个角度来把握。各种风险之间的相互影响和交织，使得供应链风险的管理更具挑战性。只有通过科学合理的分析和管理，才能把握各种风险，制定有效的策略，以保障供应链的稳定运行，从而推动企业的发展。

四、自然灾害风险

自然灾害无疑是供应链稳定的重要干扰因素。这些自然灾害如台风、地震、洪水等，往往对供应链中的环节——生产、物流和分销，造成严重的影响，甚至可能使整条供应链全线瘫痪，这无疑将对企业的正常运营带来极大的压力。

自然灾害具体影响供应链的路径体现在生产环节和物流环节方面。在生产环节影响方面，自然灾害常常带来严重的设施破坏，导致生产环节的延误或中断。比如，台风可能造成工厂设施的严重损坏，导致生产线的停工。地震可能导致电力供应的中断，使得生产无法进行。洪水则可能使得工厂地面积水，影响生产的正常进行。在物流环节的影响方面，自然灾害可能破坏道路、桥梁和其他基础设施，使得物流环节受到严重影响。例如，地震可能导致公路、铁路和其他交通路线的中断，使得物流无法正常进行。洪水可能使得道路积水，导致货物的运输受阻。

当然在供应链管理中，生产环节和物流环节的互动是不可或缺的部分。当自然灾害破坏了其中一环，往往会传导到其他环节，从而使得供应链的稳定性受到更大威胁。比如，当生产环节因为自然灾害而无法正常运行时，物流环节也会因为这种生产的停滞而受到影响，因为没有了需要运送的产品，物流环节也就无法正常进行。反过来，物流环节受到自然灾害的影响，会导致生产环节因为无法得到必要的原材料供应而无法正常生产。

自然灾害对供应链的影响，不仅仅局限于上述这两个环节。实际上，自然灾害可能会对供应链产生全面的破坏，包括对供应商、对中间商、对最终消费者的影响。例如，供应商可能因洪水、台风等而无法正常运营，导致供应链的开始环节即受到影响；中间商可能因地震、台风等导致的基础设施破坏而无法正常运输和分销产品；最终消费者可能因灾害导致的涨价、缺货等情况而受到影响。因此，自然灾害对供应链的影响是全面的、复杂的。

自然灾害过后，供应链的恢复也是一个重要的考虑因素。如果供应链的恢复速度过慢，可能会严重影响企业的经济效益。例如，灾后如果因为基础设施的修复速度过慢，导致物流环节的恢复进度缓慢，则可能会对生产环节造成进一步的影响，甚至影响到整个市场的供应。

五、人力资源风险

在供应链风险中，人力资源风险是影响供应链运作的重要风险，它主要表现为劳动力成本的上升，或者在关键岗位上出现人才短缺。这种风险对供应链的整体运作效率和成本控制具有重要影响。

人力资源风险可能导致劳动力成本的上升。在劳动力市场供应紧张的情况下，企业为了招聘到合适的员工，可能需要提高工资待遇，从而引起劳动力成本的上升。同时，为了维持员工的工作满意度和降低离职率，企业可能需要增加对员工的培训投入，进一步驱动劳动力成本的提升。据此可见，人力资源风险的存在，可能改变劳动力成本的构成和水平，对供应链的成本控制带来挑战。

人力资源风险对供应链关键岗位也会产生重要的影响。一个稳定和高效的供应链，往往需要一个有经验且专业的团队来进行操作和管理。如果关键岗位上出现人才短缺，将无法保证供应链的正常运作和高效表现。人才短缺，可能导致供应链规划、供应链协同、库存管理等关键环节的失误，从而影响供应链的整体运作效率。

人力资源风险对供应链的影响是全面且复杂的，可能既影响供应链的成本，也影响供应链的效率。同时，两者之间的影响是相互关联的。劳动力成本的上升可能会使供应链的成本控制变得更加困难，从而影响供应链效率的提升。而关键岗位的人才短缺，则可能直接影响供应链效率，同时也可能通过影响供应链的运行质量，间接地影响供应链成本的控制。

对此，面对人力资源风险，企业应采取积极的策略进行应对。企业可以通过多元化招聘，降低人才短缺的风险；进行内部培训，提高员工的技能和素质，降低人力成本的快速上升的风险，等等。这些应对策略的实施，旨在降低人力资源风险对供应链的负面影响，从而保障供应链的稳定和高效运作。

六、技术风险

供应链中的技术风险主要指的是采用过时的生产技术导致生产效率降低、生产成本增加，或者在新技术推广过程中遇到的各种问题。随着供应链技术变革的日益加速，技术风险的存在使得供应链面临的挑战更加复杂化。

过时的生产技术会影响供应链的生产环节。一般而言，生产技术的先进性决定了生产效率和成本的水平。如果采用的生产技术过时，可能会使得生产效率降低，生产成本增加，从而对供应链的运营效率和成本控制造成负面影响。

同时，新技术推广过程中可能出现的各种难题也属于技术风险的范畴。一方面，新技术的推广可能会遭遇员工的抵触心理，从而影响该技术的正常运用和发挥效用；另一方面，新技术的推广还可能面临法律和管理方面的不确定性因素，如未明确的技术标准、技术合规性等问题。因此，新技术推广过程中的风险，有可能威胁到供应链的稳定运作。

当然，数字化、智能化技术等新技术在供应链管理中的广泛应用，也相应地带来了网络技术安全风险。因为，一旦供应链数据被篡改、泄露或遭受攻击，将可能打击企业信誉，破坏供应链的整体运作，乃至对企业的生存带来威胁。因此，技术风险中的网络安全风险极其重要，不容忽视。

对于技术风险，供应链需要进行综合管理。一方面，应定期评估并更新生产技术，保持技术的先进性，避免被过时的技术束缚。另一方面，推广新技术时，应做好员工的培训和指导工作，降低员工抵触的情况，同时也需注意技术的合规性，避免因法律风险而带来的影响。尤为重要的是，面对数字化、智能化技术的广泛应用，必须提升网络安全防护能力，防范网络安全风险。

第三节　风险治理与信息安全保障

一、构建数据共享交换国际通用标准体系

中国与东盟国家跨国数据共享交换体系由跨国数据共享交换平台、各国数据共享交换平台、地方数据共享交换平台等多级平台组成（见图6-1），地方共享平台可根据本国实际情况，选择不同的建设及应用模式。构建中国与东盟国家信息资源基

础库以及信用信息平台、投资审批平台等主题类应用，逐步接入中国与东盟国家跨国数据共享交换平台，实现主题信息共享。未来新建跨部门、跨地域、跨系统的业务协同应用，应直接通过中国与东盟国家跨国数据共享交换平台开展信息共享，实现业务协同。各级共享平台横向对接所辖区域部门、基础信息资源库、主题信息资源库及其他社会信息库，纵向多级连通，形成横向联动、纵向贯通的跨国数据共享交换合作体系。部门参与信息共享的应用系统，根据实际需要选择合适的方式接入共享交换合作平台，实现与其他外部系统的信息共享和业务协同。

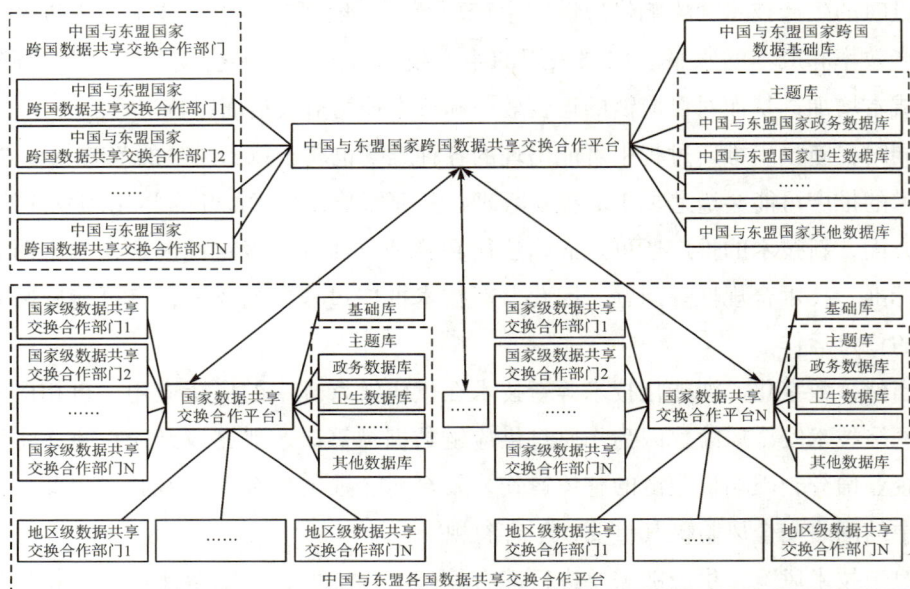

图6-1　中国与东盟各国数据共享交换平台设计图

政府开放数据利益相关主体协作促使其更好地参与到开放数据各环节，互相协调，从而实现各类主体的优势互补和资源要素整合。组织协作机制是基于跨国数据共享交换合作服务而建构的政府部门间、政府与社会机构之间、政府与民众之间的合作协同机制，旨在形成以政府主导，社会机构参与以及公众驱动跨国数据开放共享的良好态势，以发挥整体效力为政府数据开放共享、拓展应用广度、强化成果价值创造动力。

打破部门间数据壁垒，促进数据跨部门的流通与共享。一是培养中国与东盟国家公务员的数据素养与履职意识，提高其责任担当。牢固树立以"开放共享为常态，不开放不共享为例外"的原则，从思想上进行升华与突破，从而落实到跨国数据共享交换合作行动中。提倡建立领导干部数据素养整体化、常态化、标准化培养体系，通过优化分级对重点部门、重点岗位进行数据技能训练，强化公务员的数据意识并提高对其的重视程度。二是签订共享协议，形成分工合理、运转良好的多部门合作体系。纵向上明确管理原则与分工，打通层级之间的数据流通；横向上加强部门间的沟通与协调，尤其是在跨国数据共享交换合作中密切关联的部门，规定跨国数据的无条件共享范围与有条件共享的申请流程，组织平行部门之间的数据有序共享。如实时收集整合公安、消防、气象、医疗等部门的各种业务数据（实时监控、道路信息、气象数据、医院实况），优化应急决策响应度与精准度。另外还需注重不同区域间的合作协同，促进多种类数据跨国互联互通，发展形成中国与东盟国家跨国数据协同一体化。

鼓励社会机构参与。一是鼓励社会机构依法开放自有数据。政府数据开放共享的目的是数据流动再利用增值，而这一目的的实现需要不同来源的数据之间互联互通。因此，政府可以主动购买企业数据或是采取政策扶持的方式鼓励社会机构主动发布自有数据，组合来源不同的数据以发挥数据价值。围绕医疗、交通、资源环境、民生服务、应急系统等国家发展建设重点应用场景，着重收集、整合、开放相关领域数据，为中国与东盟国家发展建设提供决策支持。如政府部门通过政策引导，分别建立行业数据库，整合各种社会经济数据，实时产生的各行业大数据，如二、三维空间地理信息，为展现城市规划、建筑方案、地下管线等各种数据提供可能。二是以政府开放数据为资源吸引社会机构的参与，从而拓展数据流通领域，带动各类数据资源的增值开发和创新利用。中国与东盟多个国家以数据开放平台为基点推出数据创新大赛，深入推进政府数据开放共享与应用，如以科学战疫为主题的大数据公益挑战赛，以开放数据应用创新大赛为契机，面向中国与东盟国家高等院校、专业研究机构等机构征集数据创新应用方案。社会机构的参与推动跨国数据的多方流动与多维度利用，扩大了跨国数据开放共享的广度与应用深度，有利于激发中国与东盟国家发展建设活力。

公众驱动数据开放共享。社会公众既是国家发展建设的参与主体之一，同时也是跨国数据的主要来源与服务对象。其具有数据使用者、供应者与数据开放者多重身份。因此，政府应建立与社会公众双向沟通的渠道，通过线下调研与线上平台的方式收集公众对数据开放共享的建议与数据需求，基于公众视角发现国家发展建设中遗漏采集的数据资源，深化数据应用场景。一是定期开展访谈、发放调查问卷，及时更新公众的数据需求；二是通过社交媒体、数据开放平台、APP 等线上媒体搭建政府与公众的动态互动"社区"。政府借助这一平台数据得以揭示发展建设中相关问题的特征、规律及前景，使得跨国数据更全面且具有价值。

构建全过程多层次的政策保障体系，打造跨国数据共享交换联席会议制度。

在促进中国与东盟国家跨国数据共享交换联席会议制度下，建立完善中国与东盟国家联动的跨国数据共享交换合作发展协调机制，形成以应用带动产业、以产业支撑应用的良性格局，协同推进大数据产业和应用的发展。加强资源共享和沟通协作，协调制定政策措施和行动计划，解决大数据产业发展过程中的重大问题。建立跨国数据共享交换合作发展协调机制，加强中国与东盟国家跨国数据共享交换合作产业相关政策、措施、规划等政策的衔接，通过联合开展产业规划等措施促进区域间大数据政策协调。组织开展大数据发展评估检查工作，确保重点工作有序推进。充分发挥中国与东盟国家跨国数据共享交换合作发展统筹机构或协调机制的作用，将跨国数据共享交换合作发展纳入本地区经济社会发展规划，加强跨国数据共享交换合作发展的组织保障。

推动制定公共信息资源保护和开放的制度性文件，以及政府信息资源管理办法，逐步扩大开放数据的范围，提高开放数据质量。加强数据统筹管理及行业自律，强化大数据知识产权保护，鼓励企业设立专门的跨国数据共享交换合作职位。研究制定数据流通交易规则，推进流通环节的风险评估，探索建立信息披露制度，支持第三方机构进行数据合规应用的监督和审计，保障相关主体合法权益。推动完善个人信息保护立法，建立个人信息泄露报告制度，健全网络数据和用户信息的防泄露、防篡改和数据备份等安全防护措施及相关的管理机制，加强对数据滥用、侵犯个人隐私等行为的管理和惩戒力度。强化关键信息基础设施安全保护，推动建立数据跨境流动的法律体系和管理机制，加强重要敏感数据跨境流动的管理。推动大数据相关立法进程，研究制定地方性跨国数据共享交换合作相关法规。

中国与东盟国家财政预算安排用于改善中国与东盟国家跨国数据共享交换合作发展环境，推动跨国数据共享交换合作战略行动，促进中国与东盟国家数字经济成长，重点支持引领性、应用性、支撑性大数据共享交换合作项目发展的资金。专项资金的使用和管理遵循公开透明、突出重点、统筹管理、创新方式、市场机制、引入竞争、强化绩效、加强监督的原则，充分发挥财政资金的引导和促进作用。

专项资金采取事中事后的以奖代补、贷款贴息、产业基金、融资风险补偿、购买服务等方式安排。在以奖代补方面，将运用无偿资助方式支持大数据共享交换合作的应用创新项目；对大数据企业按发展目标完成情况给予奖励；根据大数据共享交换合作服务平台提供的服务质量和实际完成量，对社会效益明显的平台建设项目给予补助。贷款贴息方面，对已获得银行贷款的项目采取贴息支持方式。贷款贴息额度根据项目贷款利息总额并参照银行同期贷款基准利率确定。在产业基金方面，支持设立大数据共享交换合作产业基金，引导社会资本进入大数据共享交换合作投资领域，采取阶段参股、投资保障等方式，扶持初创期、成长期大数据中小企业发展。视具体情况采用股权投资、股权后激励等方式实施。在融资风险补偿方面，建立大数据共享交换合作中小企业融资风险补偿机制，对积极支持大数据共享交换合作企业发展的金融机构发生的风险损失进行一定比例的补偿；对担保机构承担大数据共享交换合作中小企业贷款担保业务产生的代偿损失按一定比例给予补偿。购买服务方面，按照中国与东盟国家政府购买服务的相关规定，购买相关公益性、公共性服务。

此外，对使用不当或者达不到申报规定的项目单位，中国与东盟国家有权根据具体情况作出整改、收回等分类处理措施。对违反规定使用、骗取资金的行为，该项目单位三年内不得申请专项资金扶持。根据项目单位失信情况，可按有关规定向中国与东盟国家公共信用信息服务平台提供不良信用记录。

构建全链条多维度人才培养评价体系，建立适应中国与东盟国家跨国数据共享交换合作发展需求的人才培养和评价机制。加强跨国数据共享交换合作人才培养，整合高校、企业、社会资源，推动建立跨国数据共享交换合作创新人才培养模式，建立健全多层次、多类型的跨国数据共享交换合作人才培养体系。鼓励高校探索建立培养跨国数据共享交换合作领域专业型人才和跨界复合型人才机制。支持中国与东盟国家高校与企业联合建立实习培训机制，加强跨国数据共享交换合作人才职业实践技能培养。鼓励中国与东盟国家企业开展在职人员跨国数据共享交换合作技能培训，积极培育跨国数据共享交换合作技术和应用创新型人才。依托社会化教育资源，开展跨国数据共享交换合作知识普及和教育培训，提高社会整体认知和应用水平。鼓励行业组织探索建立跨国数据共享交换合作人才能力评价体系。完善配套措施，培养跨国数据共享交换合作领域创新型领军人才，吸引海外跨国数据共享交换合作高层次人才来华就业、创业。

二、构建跨国数据共享交换合作法律衔接体系

构建政策法律框架（见图6-2），建设数据共享交换法律衔接体系。针对不同数据保护标准实施确保数据跨境流动安全的各种政策措施。建立白名单制度。白名单制度是通过识别系统中的进程或文件是否具有经批准的属性、常见进程名称、文件名称、发行商名称、数字签名，白名单技术能够让企业批准哪些进程被允许在特定系统运行。有些供应商产品只包括可执行文件，而其他产品还包括脚本和宏，并可以阻止更广泛的文件。鼓励使用专门侧重于管理端点应用的"应用控制"白名单方法。白名单制度能够更好地与现有端点安全技术整合来消除部署和管理障碍，为希

望快速安装应用的用户提供了快速的自动批准。在现有的大部分产品还提供这种功能，即将一个系统作为基准模型，生成自己的内部白名单数据库，或者提供模板用来设置可接受基准，这还可以支持 PCI DSS 或 SOX 等标准合规性。

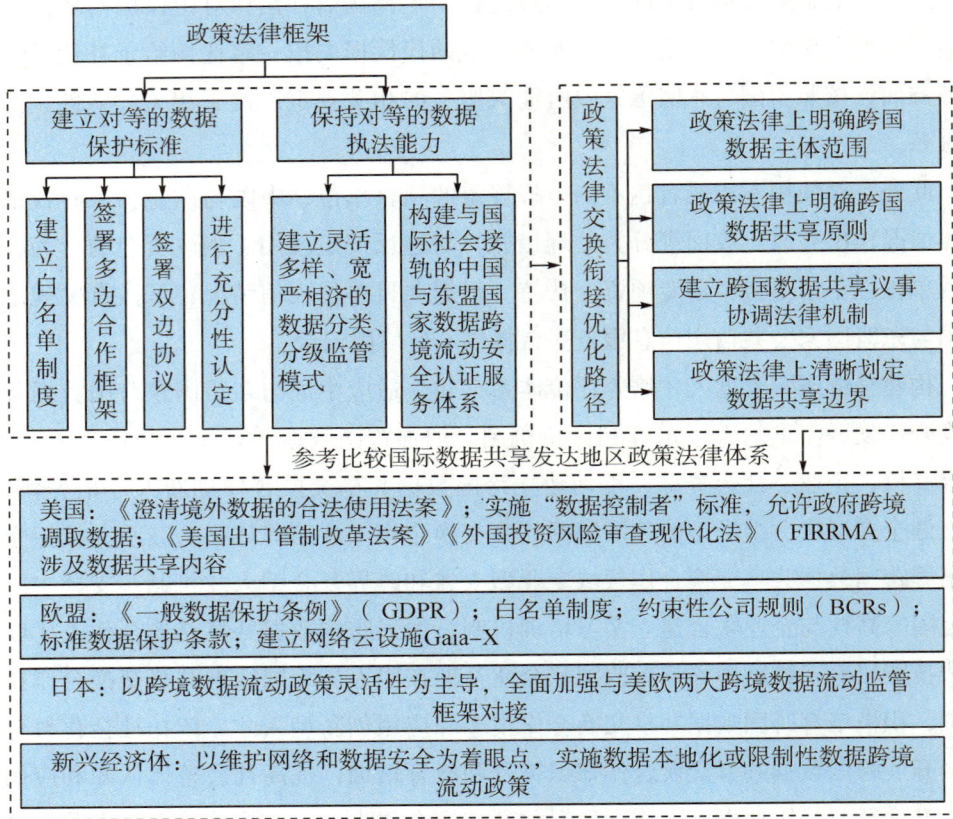

图 6-2 政策法律框架建设

政策法律交换衔接优化路径主要有：第一，政策法律上明确跨国数据主体范围。从政策法律概念上明确中国与东盟国家"跨国数据共享交换"的内涵和外延，将跨国数据的主体范围进行明确设定。第二，确立跨国数据共享的基本原则。将"正当、必要、适度"原则明确为跨国数据共享的基本原则，进一步发展数据治理中的最小且必要原则。"适度原则"既克服了数据治理中的不利于数据聚集和复用的弊端，也合理应对实践中可能出现的密集、机器控制、大规模、高频度的过度索取数据开放资源现象，降低跨国数据共享开放成本负担。第三，建立跨国数据共享的议事协调法律机制。为有效避免跨国数据共享环节中的权责不清、需求供给不匹配、供需双方久议不决等影响跨国数据共享效率情形的发生，成立中国—东盟跨国数据共享交换合作机构，赋予其建立议事协调机制的责任，明确赋予中国与东盟各国大数据发展管理机构在跨国数据共享方面的统筹管理和协调调度职权。第四，清晰划定跨国数据共享边界。明确跨国数据共享中有条件共享的数据目录、不予共享的数据目录应当有法律、行政法规或有关规定为依据，这有利于消除跨国数据共享提供方的责任顾虑，将跨国数据共享中的以不共享为例外的原则落到实处。

美国以维护数字竞争优势和强化"长臂管辖"为主旨，构建数据跨境流动与限制政策。美国在数字经济和信息技术领域具有全球领先优势，这是其推崇全球数据自由流动政策的客观基础和前提。2016 年以来，美国严格限制涉及重大科学技术及基础领域的技术数据和敏感数据的跨境转移，并通过"长臂管辖权"和庞大的情报网络加以执行。2018 年 3 月，美国议会通过《澄清境外数据的合法使用法案》（Clarifying Lawful Overseas Use of Data Act，CLOUD 法案，即《云法案》）。该法案秉承"谁拥有数据谁就拥有数据控制权"原则，打破了以往"服务器标准"，而是实施"数据控制者"标准，允许政府跨境调取数据。与此同时，美国还通过限制重要技术数据出口以及特定数据领域的外国投资进行数据跨境流动管制。例如，2018 年 8 月签署的《美国出口管制改革法案》就特别规定，出口管制不仅限于"硬件"出口，还包括"软件"，如科学技术数据传输到美国境外的服务器或数据出境，必须获得商务部产业与安全局（BIS）出口许可。在外国投资审查方面，《外国投资风险审查现代化法》（FIRRMA）的一项关键内容在于扩大管辖权，对于涉及"关键技术""关键基础设施""关键或敏感数据"的美国企业做出的特定非控股外国投资，都会被纳入安全审查范围。

欧盟以构筑单一数字市场为战略目标，"外严内松"引领建立全球数据规制体系。推进欧盟乃至全球的数字单一市场、引领国际数据流动和保护规则，是欧盟一直以来倡导的战略。为此，欧盟在内部积极推动成员国之间数据自由流动，力促单一数字市场战略的形成，即"内松"政策；但与之相对，对于欧盟境内数据向欧盟境外传输有着严格的管控，需要达成"充分性协议"，对于满足充分性认定的国家可获得充分性保护，即"外严"政策。其跨境数据流动框架主要包括：一是通过 2018 年生效的《一般数据保护条例》（GDPR），使其成为由欧盟成员国统一实施的单一法令，其主要目标是消除成员国数据保护规则的差异性，并在"欧洲数据自由流动倡议"框架下消除非个人数据在储存和处理方面的地域限制，推动欧盟范围的数据资源自由流动。作为机制保障，欧盟也成立了"数据保护委员会"（European Data Protection Board，EDPB）以及相关协调机制；二是通过"充分性认定"，确定数据跨境自由流动白名单国家，推广欧盟数据保护立法的全球影响力；三是在保障个人权利的前提下，提供多样化的个人数据传输方式，如遵守约束性公司规则（BCRs）、标准数据保护条款等；四是强化欧洲数据主权，推出"数字新政"。2019年，欧洲正式部署建设自己的网络云设施 Gaia-X（"盖亚 X"计划），旨在通过创建面向欧洲的、强大而有竞争力的、安全可靠的数据基础架构，成为完全独立的"云替代方案"。2020 年 2 月，欧盟委员会最新发布数字化战略，包括《欧盟数字化总体规划》《欧洲数据战略》以及《人工智能白皮书》三个文本，即"欧盟数字新政"。特别是在《欧盟数字战略》中强调要确保欧盟成为"数据赋能社会"的榜样与全球领导者。

日本以跨境数据流动政策灵活性为主导，全面加强与美欧两大跨境数据流动监管框架对接。在国内立法形式上采取更为弹性化的政策。日本在跨境数据流动方面，限制性条件相对较少，只对涉及国家安全的敏感或关键数据进行监管；在数据本地化方面，日本政府要求涉及国家安全的数据必须实现本地化储存，但对其他数据不做格外限制；在数据隐私保护方面，2017 年日本设立了"个人信息保护委员会"（PIPC）作为独立的第三方监管机构，制定向境外传输数据的规则和指南。在参与多边和双边跨境协定谈判中更加务实。一方面，日本积极跟随美国的政策主张，推动跨境数据自由流动，积极参与跨太平洋伙伴关系协定（TPP）以及 APEC、CBPRs 等数据规则体系。另一方面，日本积极对接欧盟主导的《一般通用数据保护条例》（GDPR）框架，同时，为弥合日本与欧盟在跨境数据流动及数据保护规则方面的差异，积极制定相关补充规则。对于敏感数据、涉及数据主体权利以及实现转移源自欧盟的个人数据强化保护。

新兴经济体以维护网络和数据安全为着眼点，实施数据本地化或限制性数据跨境流动政策。除了美欧日等发达经济体提出较为鲜明和系统化的政策之外，其他新兴经济体大都从数据主权、网络安全日益关切的立场出发制定相关法律法规。总体而言，对跨境数据流动的限制性措施主要包括：一是要求跨国企业在本国开展业务或提供服务时须在本国境内建立数据中心；二是对数据存储和服务器地址提出本地化要求。一些新兴经济体将跨国公司在境内建立数据中心作为市场进入的条件之一。例如，越南 2013 年出台法律要求在境内的所有网络信息和服务提供者，如 Google、Facebook 等全球互联网公司在越南开展业务时须建立新的数据中心；俄罗斯现行法律法规并未对个人数据出境作特别严格的限制，但要求数据首次存储须在俄罗斯境内服务器上，同时俄罗斯划定数据自由流动范围，通过《联邦数据保护法》承认加入"108 号公约"的国家为个人数据提供了充分的保护等。

三、利用数据存取控制技术保护数据安全

供应链是以完成从供应商采购原材料、产品或服务，到制成中间产品或最终产品，然后将最终产品交付用户为功能，由一系列设施和分布选择形成的网络。由于涉及的环节众多、地域跨度大、参与主体多样化等，供应链非常容易受到各种来自内部以及外部环境的安全威胁，如网络黑客、木马、病毒、恶意代码、物理故障、人为破坏等，供应链信息安全问题日益突出。

随着大数据平台和工业互联网兴起，数据治理成为挖掘数据价值的重要手段和工具。企业如果缺乏有效的数据治理策略，最直接的后果是将产生大量的"劣质"数据，这些数据的存在可能会带来更大的风险，更高的管理成本，更低的工作效率等等。甚至于在数据分析如此盛行的当下，劣质数据将对企业决策产生消极的影响——错误的数据，得到错误的结果。数据治理是对数据的全生命周期进行管理，包含数据采集、清洗、转换等传统数据集成和存储环节的工作；同时还包含数据资产目录、数据标准、质量、安全、数据开发、数据价值、数据服务与应用等，能够消除数据的不一致性，建立规范的数据应用标准，提高数据质量，实现数据内外部共享，并能够将数据作为组织的宝贵资产应用于业务、管理、战略决策中，发挥数据资产价值。数据治理操作是对原始数据的加工处理，用于规范数据的生成以及使用，改进数据质量，提升数据价值，为之后数据的应用奠定了基础，更便于数据的共享与交换。

通过数据存取控制技术（如用户访问权限、系统取日志和访问控制矩阵等）保护数据安全，限制某些实体设备能使用的应用程序或档案，防止来自不明入侵者的所有通信。通过数据加密技术（如对称加密、非对称加密、数据完整性算法、数字水印、同态加密技术、区块链技术等）伪装需要保护的敏感信息，进行版权信息保护和识别。开展异常访问（网络攻击）识别；使用 Rest 安全备忘录或匿名技术进行数据资源操作和脱敏；通过对数据进行审计，确保数据不会被云服务提供商篡改、丢弃，并且在审计的过程中用户的隐私不会被泄露。基于可交换加密、不经意传输等密码学技术和隐私保护信息检索协议，进行信息检索（匿踪查询）隐私保护，在信息不被泄漏给服务器的条件下完成查询，避免查询方的用户身份 ID 信息泄露，保持数据控制权，以最大程度地帮助金融机构、政府机构、企业客户在保障数据和隐私安全的前提下使用数据、挖掘数据的价值。通过（联邦）隐私计算（Privacy Computing）技术，让使用者在数据本身不对外泄露的前提下，实现数据分析计算。

1. 对象存储

对象存储服务（Object Storage Service，OBS）是一个基于对象的海量分布式存储服务，包括 CDN 加速，以及数据万象图片处理、音视频转码、文件预览等，提供"存储 + 处理"一体化解决方案，为客户提供海量、安全、高可靠、低成本的数据存储能力。对象存储服务 OBS 的基本组成是桶和对象。桶是 OBS 中存储对象的容器，每个桶都有自己的存储类别、访问权限、所属区域等属性，用户在互联网上通过桶的访问域名来定位桶。对象是 OBS 中数据存储的基本单位，一个对象实际是一个文件的数据与其相关属性信息的集合体。

2. NoSQL

由于关系型数据库的范式约束、事务特性、磁盘 IO 等特点，当有大量数据产生时，传统的关系型数据库已经无法满足快速查询与插入数据的需求。NoSQL 的出现解决了这一危机。NoSQL 泛指非关系型的数据库，具有易扩展、大数据量，高性能、灵活的数据模型、高可用的特点，不仅能存储传统的结构化数据，还能存储大量的非结构化和半结构化数据，因此它能够解决大规模数据集合多重数据种类带来的挑战，特别是大数据应用难题。

3. 云仓库

云仓库是基于云计算和 MPP（大规模并行处理）架构的数据仓库方法，可完成海量数据查询和实时分析，提升数据价值挖掘的整体效率。通过提供互联网接入的数据仓库功能，公共云提供商可帮助公司避开构建传统本地数据仓库所需的初始设置成本。云仓库中的这些企业数据仓库是完全托管的，因此服务提供商管理并承担提供所需数据仓库功能的责任，例如，系统补丁和更新。

4. 分布式缓存

分布式缓存云数据库具备高可用、高可靠、高弹性等特征，提供标准和集群两大架构，支持 TB 的存储容量，千万级的并发请求，可满足数据交换和共享业务在缓存、存储、计算等不同场景中的需求。分布式缓存由一个服务端实现管理和控制，有多个客户端节点存储数据，可以进一步提高数据的读取速率。分布式缓存能够高性能地读取数据、能够动态地扩展缓存节点、能够自动发现和切换故障节点、能够自动均衡数据分区，而且能够为使用者提供图形化的管理界面，部署和维护都十分方便。

5. 负载均衡

由于目前现有网络的各个核心部分随着业务量的提高，访问量和数据流量的快速增长，其处理能力和计算强度也相应地增大，使得单一的服务器设备根本无法承担。负载均衡就是针对此情况而衍生出来的一种廉价有效透明的方法以扩展现有网络设备和服务器的带宽、增加吞吐量、加强网络数据处理能力、提高网络的灵活性和可用性的技术。负载均衡可以通过流量分发扩展应用系统对外的服务能力，消除单点故障提升应用系统的可用性。

6. 数据备份

数据备份是容灾的基础，是指为防止系统出现操作失误或系统故障导致数据丢失，而将全部或部分数据集合从应用主机的硬盘或阵列复制到其他的存储介质的过程。传统的数据备份主要是采用内置或外置的磁带机进行冷备份。但是这种方式只能防止操作失误等人为故障，而且其恢复时间也很长。随着技术的不断发展，数据的海量增加，不少的企业开始采用网络备份。网络备份一般通过专业的数据存储管理软件结合相应的硬件和存储设备来实现。数据备份服务是基于快照技术、镜像技术和 CDP 持续数据保护技术，快速实现数据库与虚拟机的数据备份和传输的服务。

7. 数据清洗

因为数据仓库中的数据是面向某一主题的数据的集合，这些数据从多个业务系统中抽取而来而且包含历史数据，这样就避免不了数据有错误或者数据之间相互冲突，因此通过填写缺失的值、光滑噪声数据、识别或删除离群点并解决不一致性来"清理"数据。数据清洗是数据预处理的第一步，也是保证后续结果正确的重要一环。数据清洗的任务是过滤不完整的数据、错误的数据、重复的数据并对进行格式标准化，异常数据清除，错误纠正，重复数据的清除。

8. 数据变换

通过数据平滑、数据聚集、数据概化和规范化等方式将数据变换到正态分布中，消除数据之间的量纲问题，使数据看起来更加的规整，这样建模得出来的结果才会更准确。对于特定的某组数据，一个变换方法并不一定能把数据变为服从正态分布。有些时候，即便穷尽所有不同形式的函数，一个分布也不可能被转化为正态分布，比如说离散型的分布。并且对数据进行变换后，重新进行原来计划的统计检验，其意义会发生变化。

9. 数据规约

在数据集成与清洗后，得到整合了多数据源同时数据质量完好的数据集。但是，集成与清洗无法改变数据集的规模。这时候需通过技术手段降低数据规模，这就是数据规约（Data Reduction）。数据规约技术可以用来得到数据集的规约表示，它小得多，但仍然接近于保持原数据的完整性，且结果与规约前结果相同或几乎相同。数据规约分为"属性规约"和"数值规约"两类，规约的方法包括有参数方法和无参数方法两类。

10. 数据治理

数据治理是一个按照达成共识的模型来执行，并通过一系列信息相关的过程来实现决策权和职责分工的系统，达到提升数据的价值是数据治理的最终目的。数据治理在源头获得主数据，具有严格的"搜索后再创建"功能和强大的业务规则，确保关键字段填充经过批准的值列表或依据第三方数据验证过。数据治理可有效消除新主记录的初始录入和其认证以及通过中间件发布到企业其余领域之间的所有时间延迟。

第七章　基于数字经济的中国—东盟供应链韧性管理

第一节　建立立体多维的供应链韧性管理体系

一、战略层面的供应链韧性顶层设计

在全球化背景下，供应链环境变得日益复杂，企业面临的风险和挑战日益增多。因此，如何构建一条具有较高韧性的供应链，已经成为供应链管理领域不得不重视的重要议题。换言之，供应链的韧性成为了企业生存和成功的关键要素。为此，从战略层面进行供应链韧性的顶层设计，显得尤为重要。

（一）规划供应链的基本架构和关键环节

1. 规划供应链的基本架构

供应链管理的成功在很大程度上取决于具体实施的过程中对供应链基本架构的理解和规划。供应链基本架构规划涉及从供应商到消费者的整个产品流、信息流以及资金流的管理和运营。因此，供应链的基本架构规划不仅决定了供应链管理的基础，也影响了供应链的整体效能。供应链基本架构的合理规划与设计，能够使得供应链更有韧性、更具有适应未来可能出现的各类风险和不确定性，从而使企业在全球化竞争环境中取得优势。

供应链的基本架构涵盖了供应链的全部流程，包括采购、生产、分销、零售和服务。采购环节涉及供应商的选择和管理，是供应链中上游环节；生产环节包括生产计划、制造、质量控制等，是供应链的核心环节；分销环节主要涉及产品的物流和仓储管理；零售环节则是供应链的最后一环，是企业与客户的直接接触点；而服务环节则涉及售后服务、客户关系管理等，是保障企业与客户关系长期稳定的关键环节。供应链基本架构的规划和设计，需要对这些环节进行全面有效的管理，以确

保供应链的稳健和高效运行。

供应链基本架构规划的过程可以分为以下步骤：

第一，识别供应链环节。识别和理解供应链中的环节是供应链基本架构规划的初始阶段。供应链的环节包括生产、采购、发货、销售等各个部分，每个环节都起到至关重要的作用，直接影响供应链的运作效率和效果。在这一阶段，通过市场研究、内部数据分析等方式明确供应链的各个环节，理解它们的功能，并揭示各环节之间的关联性，有助于提升供应链的整体协调性。

第二，设定目标。在识别了供应链的各个环节之后，企业需要根据自身的战略目标和市场环境，设定供应链的具体目标。这些目标可以是提高供应链效率、降低操作成本、提高客户满意度、提升市场份额等。这些目标应体现企业的战略定位和市场需求，并需要具有明确性、可量化以及可达成性。

第三，制定策略。明确了供应链的目标之后，企业需要进一步制定实现这些目标的策略。这些策略多种多样，例如，供应商选择策略、生产计划策略、物流策略、销售策略等。这些策略需要和企业的总体战略相一致，并需考虑到各种内部外部因素，如供应商的能力、市场需求、竞争环境、政策法规等。

第四，实施和调整。设定目标并制定策略仅是供应链基本架构规划的开始，真正的关键在于策略的执行及其效果的监控和评价。一方面，需要将策略转化为具体的行动计划，并贯彻到每个供应链环节中。另一方面，需要通过关键绩效指标（KPI）等方式，持续监控供应链运行情况，评估供应链目标达成程度。若发现存在偏差，企业需要及时调整策略并修改行动计划，以保证供应链目标的达成。

在进行供应链基本架构规划时，应遵循以下原则：

第一，简洁高效原则。供应链基本架构规划中最先要考虑的是简洁高效的原则。这包含有效地减少不必要的流程、降低操作复杂度、优化资源配置以达到事半功倍的效果。首先，供应链环节越繁杂，对管理的难度和复杂度就越大。因此，需要尽可能地简化供应链环节，去除冗余和无效的环节，减少供应链中各环节之间的冲突和矛盾，便于企业整体掌握和管理供应链运营情况。其次，供应链基本架构规划要努力降低操作复杂度，简化流程。复杂的操作对企业来说是一种负担，会增加错误的可能性，反而降低效率。因此，应尽力使供应链运作流程简单、易懂，便于快速理解和执行。最后，供应链管理的高效是建立在资源配置的优化基础上的，包括人力资源、物理资源、财务资源等的科学合理配置。合适的资源配置可以大大提高供应链的整体效率，同时，正确的工具和技术也可以提升供应链管理的效率。

第二，信息透明共享原则。供应链的信息透明共享原则强调在供应链所有参与主体中共享信息，以便快速反应和作出决策，降低信息不对称对供应链的风险。供应链信息要有结构性，方便参与各方阅读理解，以提高决策效率。同时，应通过数据可视化的方式，将大数据、复杂数据以图表、曲线、热点图等形式更直观地呈现，以便快速把握重要信息。同时，供应链需要建立信息共享平台。信息共享平台使供应链各环节的信息能够有效、快速地传递，降低了信息的传播延时和错误信息，可以通过建立集中的数据库，实现供应链全流程的信息集成，提高信息的准确性和及时性。此外，信息透明共享并不意味着放弃信息安全，应确保敏感信息的保密性，需要设立适当的信息安全策略，防止信息泄漏和误用，以保护企业利益。

第三，灵活适应原则。灵活适应原则强调供应链应具备较高的灵活性和适应性，能够适应市场环境的不断变化，以应对各类风险和不确定性。市场环境总在变化，包括顾客需求、竞争环境、生产技术等。供应链需要有适应这些变化的能力，如能够快速增减生产线、快速切换供应商、灵活调配物流，等等。其次，在供应链管理中，风险和不确定性是常态。供应链需要具备这种应对风险和不确定性的能力，这其中不仅包括具备稳健的风险管理体系，也包括要有丰富的领域知识，拥有足够的决策信息，具备高效的决策能力。此外，供应链管理需要跨界整合。在供应链基本架构规划时，企业需要打破传统的角色定位，学会跨界整合，如物流和销售、采购和生产等，这些都可以实现跨部门的协同，增强供应链的灵活性和适应性。

供应链基本架构规划每一项原则都涉及供应链基本架构规划的具体内容，并直接影响到供应链的效果。无论对于供应链管理的研究者还是企业实践者，了解和实践这些原则都具有重要意义。

2. 规划供应链的关键环节

供应链的关键环节规划是供应链韧性顶层设计的重要组成部分。实际上，供应链的每个环节都可能成为影响供应链韧性的关键因素。规划供应链的关键环节包括采购、生产、分销、零售和服务等。

第一，供应商管理。供应链的源头是供应商，供应商选择和管理的规划是影响供应链韧性的重要因素之一。供应商的选择需要根据企业的需求和市场环境进行科学分析和判断。供应商的货源稳定性、供货质量、可靠性等因素是首要考虑的因素，同时也需要考虑供应商的信誉、服务、成本等多方面因素。此外，与供应商建立长期稳定的合作关系，有助于保障供应链的稳定性。长期的供应商关系能够确保持续稳定的供应，减少供应中断的风险，提高供应链韧性。

第二，生产计划管理。生产计划管理是供应链管理的核心环节之一，其规划对于保证供应链高效运行具有至关重要的影响。生产计划的精准性直接关系到为客户提供产品和服务的时间和成本。因此，需要制定科学合理的生产计划，考虑到市场需求、资源可用性、生产能力等因素，以优化生产过程。除了生产计划的精准性外，生产计划也需要能够灵活应对市场变化，实时调整，以平衡生产与消费的需求，满足不同时期、不同客户的需求，提高供应链的灵活性和响应能力。

第三，物流管理。物流管理是供应链的关键环节，其规划直接影响到供应链的运行效率和货物投入市场的速度。仓储和运输是物流管理的重要环节，其规划涉及货物的贮存、分配和配送，直接影响到供应链的流动性和效率。因此，需要优化物流过程，如通过采用先进的物流自动化技术，提高物流效率，减少运输和仓储的成本，提高供应链效率，并能够降低库存风险，提高供应链的反应及应变能力。

第四，库存管理。库存管理是保证供应链顺畅运作的一项基础工作，其规划需兼顾公司的运作资金和持续供货能力。库存管理的规划需要保证能够满足不同市场条件、不同客户需求的变化，以不断提供产品和服务。同时，库存过多也会增加公司的成本，包括仓库租赁费，物流费用，货物保险费等，因此，需要优化库存管理，以降低这些成本，提高供应链的效率和韧性。

第五，客户服务。客户服务是供应链下游环节的重要组成部分，对提高客户满意度和维持市场竞争力具有至关重要的作用。销售和售后服务是客户服务的主要环节，优质的售前售后服务可以提升客户满意度，增强客户的购买决策，从而提高销售额和市场份额。此外，客户关系管理也极为重要。客户关系管理不仅包括了客户服务还扩大到了整个客户生命周期管理，通过数据分析了解客户需求、行为，以便提供个性化的服务，稳固客户关系，提高客户忠诚度。

满足以上各环节的规划，可以保证供应链从供应商管理、生产计划管理、物流管理、库存管理到客户服务等各环节的高效运作。在人力、物力和信息流动过程中，最大化地降低成本和提高效率，提升供应链的整体韧性。

（二）制定针对不确定性和潜在风险的应急预案

针对供应链中的不确定性和潜在风险，企业需要制定应急预案来降低潜在风险对供应链的影响。这些风险可能是供应商的不稳定、交通运输的中断、市场需求的波动、关键原料的价格波动、政策环境的变动等。有了应急预案，企业在面临这些风险和不确定性时就能迅速作出反应，有效地减少这些不预期事件对企业运营的负面影响，提高企业的风险应对能力和市场反应速度。

1. 供应商的不稳定性及其应急预案

供应商的不稳定性可能源自多方面，如供应商生产出现问题、供应商内部管理发生变革、供应商所在地政治环境不稳定等。对于整个供应链来说，供应商的任何不稳定性都可能导致供应中断，从而影响到企业运营，因此，建立健全的备用供应商体系显得尤为重要。

第一，备选供应商名录的制定。首先，完善备选供应商名录。备选供应商名录涵盖了供应商的关键信息，包括产品质量水平、供货价格、交付时间等，这些信息有力地支持了企业在关键时刻迅速做出正确决策。其次，对供应商的综合评估。在供应商名录的维护过程中，需要对供应商进行综合评估，考察其生产能力、质量控制、供货稳定性等，以满足企业从备选供应商名录中快速找到对应需求的供应商。最后，定期更新供应商名录：供应商名录的更新是一个持续的过程，需要持续关注和收集相关的市场信息、供应商动态等，以保证名录的信息准确性和实时性。

第二，制定备选供应商启动策略。首先，明确启动条件。确定启动备用供应商的明确标准和条件是极其重要的，这样才能在面临供应中断时，快速启动备选供应商，减小供应链中断的潜在影响。其次，制定启动流程。设定明确的应急启动流程，包括启动备选供应商的具体步骤、提供给供应商的具体指示、并确保在供应链其他环节的配合。

有了针对供应商的不稳定制定的应急预案，企业就能提前预估到可能发生的风险，提早做好预备，从而有效地缓解因供应链中断带来的负面影响，确保企业的生产运营能正常进行。而在当前全球化商业环境里，供应链的稳定性对企业的重要性可见一斑，因此，供应商的选择和管理，包括备选供应商的启动策略的规划，则直接影响到企业的整体运作效果和效率。

2. 交通运输的中断及其应急预案

交通运输在供应链中扮演了至关重要的角色。然而，因为运输环节涉及的因素多，其稳定性往往是无法保障的。天气变化、运输设备的故障、道路堵塞、运输规则的改变等都可能导致运输中断。这种中断对供应链的影响是十分严重的，可能会导致库存积压、订单延误、营收下降，甚至可能因此影响到企业的声誉和客户满意度。面对交通运输的中断可以从以下几个方面进行应急预案的制定：

第一，制定多元化运输方案。在供应链管理中，冗余是增强韧性的有效手段。运输环节也不例外。当一条运输路线出现问题时，企业可以切换到其他备选线路，从而保证物流的畅通。这就需要企业在运输方案设计时，尽量实现多元化，包括利用海运、陆运、空运的组合，考虑不同的运输商和运输路径等。

第二，储备应急运输资源。除了多元化的运输方案，企业还需要储备应急运输资源。这些资源可能包括额外的运输设备、临时的运输人员，或者是可以快速启动的外包运输服务等。这样，在运输中断发生时，企业可以迅速启动应急资源，弥补运输能力的缺失，减少对供应链的影响。第三，建立应急响应机制。应对交通运输中断的关键在于响应速度。企业需要建立一套完善的应急响应机制，包括获取中断信息后的快速评估，决策者的快速决策，以及应急预案的快速启动等。该机制应为企业提供快速、准确、有效的应急响应手段。

第四，进行预期风险评估与规划。面对交通运输中断，除了应急响应，更重要的是预期风险评估与规划。企业应对其运输线路和服务商进行全面评估，找出可能出现中断的环节和原因，之后基于这些风险点，预先制定出相应的应对策略和预案。这一过程应该包括对策略的模拟演练，以确保在实际中断发生时，企业能快速、有效地执行应对预案。

3. 市场需求波动及其应急预案

市场需求波动影响着许多行业，这一特征在我国的经济结构调整过程中尤为明显。需求的波动会导致产量的剧变，进而引发库存和产能的问题。若企业无法准确预测并适应需求变化，可能会导致严重的经营问题，如低效的资源利用、高昂的运营成本、不能满足客户需求等。面对市场需求波动可以从以下几个方面进行应急预案的制定：

第一，预测需求。需求预测是减少市场需求波动对企业的影响的首要任务。企业可以通过历史销售数据、市场调研、宏观环境分析等方法来预测未来一段时间的需求变化。通过对需求的预测，企业可以提前进行产能规划和库存管理，从而避免需求波动带来的负面影响。

第二，建立灵活的供应链系统。随着市场需求的波动，企业需要建立一种灵活的供应链系统。这种供应链系统应具备能够快速响应需求变化的灵活生产和配送模式。而这种灵活性则需要共享信息、关键过程的集成以及良好的供应伙伴合作关系等。

第三，设立安全库存。面对不确定的市场需求波动，设立安全库存简直是企业在市场风险面前的一层保护壁垒。安全库存可以有效减少供应链中断的风险，保障企业在需求突然增加时能够快速响应。

第四，制定快速响应机制。市场需求的波动意味着商机的出现，企业必须快速响应并抓住这些商机。这就需要企业在产品研发、生产、销售等各个环节之间架起高效的信息流通桥梁，以便在需求变化时能快速调整策略。

第五，加强对供应链伙伴的管理。在供应链中，供应商、生产商和零售商都需要面对市场需求的变化。对于这种变化，企业应加强对供应链伙伴的管理，调整采购、生产和销售计划，以适应市场需求的变化。同时，企业还需与供应链伙伴建立紧密合作关系，以提升整个供应链的响应速度。

4. 关键原料价格波动及其应急预案

在供应链管理中，原料的价格波动对企业的生产和经营活动产生重要影响。原料价格的变动会直接影响生产成本，进而影响到产品的价格、企业利润乃至整个企业的财务稳定。尤其对那些依赖于特定原料的企业而言，关键原料价格的波动可能导致其经营风险显著提高。因此，可以通过以下的几个方面来提高供应链韧性，以降低关键原料价格波动对企业的影响：

第一，建立多元供应源。对于关键原料价格的波动，企业需要提前建立应急预案，而其中最有效的方法之一便是建立多元的供应源。通过散布风险，降低对单一供应商或者原料来源的依赖，从而在某个供应点发生问题时，可以快速切换到其他的供应点，降低因价格波动带来的影响。

第二，运用金融衍生工具进行对冲。金融市场提供了许多工具，如期货、期权等，企业可以利用这些工具对冲原料价格的风险。这需要企业具备一定的金融知识和经验，以确保在运用这些复杂工具时，能够真正达到减少风险的目的。

第三，与供应商建立长期稳定的合作关系。企业可以通过与供应商建立长期稳定的合作关系，达成关于价格波动的风险共享机制，比如可以设置某种价格调整机制，将原料价格的波动风险在供应链各方之间分担。

第四，建立物料代用机制。当关键原料的价格波动较大时，如果条件允许，可以考虑用其他材料代替。需要注意的是，代用材料需要在质量和性能上达到企业的标准，以确保生产的连贯性和产品质量的稳定。

第五，建立有效的供应链信息分享机制。建立有效的供应链信息分享机制，可以让企业及时掌握到原料价格变化的信息。此外，有关原料价格的信息还可以帮助企业更好地进行生产和销售预测，提早做好准备，降低价格波动的不确定性带来的风险。

5. 政策环境变动及其应急预案

政策环境变动是指政府制定的法律、规定、决策和指导方针等政策发生变化，包括政策内容、执行力度、评价标准等方面的改变。从微观角度看，政策环境变动会影响到企业的经营决策，例如，市场准入、税收政策、环保制度等方面；从宏观角度看，则影响整体经济结构，进而影响整体市场的需求供给平衡、经济增长等因素。因此，企业可以采取以下的几个方面的措施来降低政策环境变动带来的不利影响：

第一，预见性研究和分析。作为应对政策变动的第一步，预见性研究和政策分析至关重要。企业应该密切关注政策生态，定期进行政策趋势分析，从而对可能出现的政策环境变化有所准备。同时，还应参与到政策研讨和制定过程中，尽可能获取第一手的政策信息，提早了解可能的政策变化，并寻求影响政策制定的机会。

第二，构建灵活的组织架构。应对政策环境变动，一个关键的策略就是构建能够快速响应变化的灵活组织架构。由于政策环境的变化可能会对企业的各项业务都产生影响，企业应有足够的灵活性，以便在新的政策环境下进行快速调整。

第三，建立风险评估机制。面对政策环境变动，企业需有系统的风险评估机制，及时识别并评估政策变化会对公司经营带来的影响，并制定相应的应对措施。风险评估机制应包括对政策变更的可能性、变更的影响范围和程度的评估，以及对应的应急预案。

第四，完善应急预案。当政策环境发生变动时，企业需依赖其应急预案迅速做出反应，以防止政策变动对企业产生严重影响。应急预案应包括对新的政策要求的合规策略，修改商业模式，重新设计产品，寻找新的市场等可能的应对措施。

第五，加强外部沟通和协调。在政策环境变动的过程中，企业与政府机构、行业协会、供应商、客户等的沟通与协调显得尤为重要。企业应与这些相关方保持畅通的沟通，共同评估政策环境变动的影响，以及探讨可能的应对策略。

（三）人员培训和知识管理

多元化的需求和不稳定的环境构成了诸多的不确定性因素，这些因素在某种程度上削弱了企业的供应链管理性能。在这种情况下，提高供应链的韧性就显得非常重要。这一过程中，系统的人员培训和知识管理起着至关重要的作用。在实现供应链韧性顶层设计的过程中，所有的员工都要参与其中，员工是提升供应链韧性的最大力量。因此，企业应提供必要的培训和知识支持，让全体员工明白供应链韧性的重要性，树立应对风险的正确态度，掌握应急技能，并通过实践不断增强对供应链韧性的认识，从而形成以应对风险和挑战为核心的韧性文化。同时，企业应借助各种手段，如奖励机制、激励政策等，鼓励员工积极参与韧性建设，发挥他们的积极性和创造性。

1. 人员培训

供应链在面对各种风险和压力时，有能够快速恢复运作、维护其服务水平的能力。这需要企业对供应链的运行机理、风险因素以及应对策略有深入的了解和应用。而企业的员工，是这一过程中最直接、最具操作性的执行者。因此，系统的、针对性的员工培训就显得尤为重要。以下几种方式在为提升供应链韧性中扮演着重要的角色：

第一，定制化的培训课程是提升供应链韧性的一大助力。通过结合企业的具体运营情况和行业的实际特点，定制出具有实战性质的培训课程，可以帮助员工更好地理解供应链韧性的重要性。这些课程涵盖了评估供应链韧性的方法、提升供应链韧性的策略等内容，可以补充员工在日常工作中难以接触到的专业知识。这种培训方式旨在培养员工的风险意识，提高他们应对风险和不确定性的能力，从而增强供应链的整体韧性。

第二，模拟经典案例的方式有助于员工深入理解和掌握供应链韧性管理的实际操作流程和细节。在模拟环境中，员工通过亲自操作和决策，可以更真实地体验到供应链风险的影响，从而提升他们在实际工作中的应用水平。同时，通过对成功或失败的案例进行学习，员工可以吸取经验教训，增强他们在面对不同风险时的应对能力。

第三，经验分享方式是提升供应链韧性的有效手段。一方面，经验教训的传承和学习对于提升供应链韧性有着积极地推动作用。经验分享不仅能让有经验的员工将他们的知识和技巧传递给其他员工，同时也能激励员工更积极的参与到这一过程中来。另一方面，当员工在应对风险时遇到困难，他们可以从他人经验中找到解决问题的方法和思路。

第四，定期举办内部竞赛是激发员工创新精神，提高供应链韧性的一种有效途径。通过这种方式，企业可以激励员工积极参与到关于供应链韧性的研究和讨论中，借此引导员工对供应链韧性有更深入的理解，并鼓励他们提出自己的见解和建议，以推动公司在供应链韧性方面的改进。

第五，风险应急管理方面的培训。风险应急管理是供应链韧性管理的重要组成部分。在企业面临突发风险时，能否迅速、准确地进行处理，直接决定了其对风险影响的抵御和掌控能力，这就需要员工对风险应急管理有深入的理解和熟练的操作。此类培训应着重于心智模型训练，让员工对可能出现的风险有所心理准备，提升他们在高压环境下的决策质量和决策速度，进而加强供应链的抵御外部冲击的能力。

第六，培训传播韧性文化。除了直接的技能培养，人员培训还可以加强供应链韧性文化的传播。韧性文化是提升供应链韧性的基础，因此，企业需要将韧性文化的理念和价值观念融入员工培训中，并强调决策理念和处理问题的方法，使得员工能从情感上、认知上接受和认同韧性文化，从而在工作中自觉将其运用。

2. 知识管理

通过知识管理，企业能够优化和整合内部资源，充分利用现有的知识，对供应链进行全面、深入的理解和优化，因此，在企业中实施知识管理，对于提升供应链韧性具有显著的效果。企业可以通过以下几个方面来提升知识管理的效果：

第一，采集和利用知识是知识管理的主要任务。在这个过程中，企业需要关注内部和外部两方面的知识资源。内部知识资源主要源于员工的经验和技能，以及企业的文化和核心价值；外部知识资源包括行业发展趋势、新兴技术、政策变动等。对这些知识的收集需要通过一系列的方法和技术进行，如数据挖掘、文本分析、社会网络分析等。同时，企业需要提供适当的机制和工具，使采集的知识能够被有效地转化为用于决策和工作操作的信息。

第二，知识的创新和传递是提升企业知识能力的重要手段。企业需要提供良好的环境和奖励机制，鼓励员工发挥创新思维，促进新知识的产生。同时，企业也需要通过培训、团队协作、信息技术等方法，加强知识的传递和分享，以便于知识在组织内部的广泛传播和应用。

第三，建立知识库和知识地图等工具。为了提高知识的查找和使用效率，企业需要对知识进行整理和分类，信息技术的发展，为知识管理提供了新的可能性。如今，企业能够有机会利用大数据、云计算、人工智能等技术，构建数字化、智能化的知识库。知识库是存储知识的地方，而知识地图则是描述知识结构和价值的工具。通过清楚的知识分类和标签，员工能更方便地查找和获取知识资源，还能通过智能算法提供精准的知识搜索和推荐服务。这样一来，知识库就能够以更高效的方式，支持企业决策和运营。

有效的知识管理策略需要涵盖知识的收集、整理、分享、创新和应用等环节，并要进行持续的优化和更新，从而保证知识资产的最有效利用，为企业创新和成长提供支持。同时，这些策略也需要根据企业的具体环境和需求进行调整和定位，以实现最佳的管理效果。

二、策略层面的动态韧性管理策略

在策略层面，动态韧性管理则是将韧性理念融入日常的供应链管理实践，形成灵活应对变局的动态策略，其通常包括两类主要的策略：缓冲策略和增强策略。二者均以增强企业供应链韧性为目标，但应用的策略形式和关注的重点不同。

(一) 缓冲策略

缓冲策略旨在建立防护层以减轻外部环境对企业个体的冲击，能有效地增强企业供应链韧性。这在变化的经济环境下越来越显得重要。实际运用中，缓冲策略主要可划分为备份资源、灵活性、冗余和多样化几个方面。

第一，备份资源。对于备份资源的策略，企业首要任务是确定哪些资源负责关键业务的运转，如供应源、生产设备、关键技术人员等，然后为这些关键资源找到替代资源或创建备份资源。企业在行使备份资源策略时，需持续关注各备份资源的稳定性和采购成本等因素，并持续优化。对备份资源的运用不仅可以提升供应链稳定性，还有助于实现快速反应和公司运营的有效恢复。如若供应商突然因自身状况无法继续供货，拥有备份供应源的企业可以满足原有生产计划，因此少受风险冲击。

第二，灵活性。灵活性是企业能够对市场、环境变化迅速响应并进行业务调整的能力，主要体现在生产灵活性和供应链灵活性等方面。生产灵活性包括对其中输入、输出的调整能力。企业应积极利用现代化的技术，如自动化、信息化等，来增加生产过程的灵活性，以适应市场需求的变化。而供应链灵活性则涉及供应商选择、物流运输以及信息流等全链条的灵活调度。当企业遭遇外部环境冲击时，高度灵活性使其能快速作出反应，以降低风险对业务的影响。例如，因新冠疫情导致全球多地封锁，灵活多样的供应伙伴选择，可以帮助企业快速在其他区域找到可靠的供应伙伴，以保障生产的进行。虽然高度的灵活性可能会导致增加一些运营成本，但只要企业能准确评估和管理这些风险，灵活性便能成为企业克服市场不确定性、提升竞争力的关键要素。

第三，冗余。冗余策略在供应链风险管理中占有重要地位，作为一种常用的风险防范手段，它通常在关键环节预先铺设多余的资源，以应对潜在的各种风险。在这种策略中，所谓的冗余资源常常包括人力资源、设备、原材料、数据等，这些资源在关键时刻可以为企业提供必要的帮助。在人力资源方面，企业可能会预培训一部分员工，赋予他们在特定环节应对风险的能力，一旦出现该环节的人员短缺或者其他的意外情况，这些预培训的员工便可以临时调配过去，保证生产线的正常运作。在设备方面，预先准备备用设备是一种十分直观的冗余策略，例如，在自动化生产线中，一旦某个关键设备出现故障，备用设备可以迅速上线，确保整个生产过程的连续性和稳定性。在抽象资源方面，这类资源主要是数据、信息、知识等，对于企业来说，拥有冗余的数据或者信息可以在风险发生的时候迅速找到解决方案或者替代方案。

冗余策略的主要作用是提供缓冲，使企业在面对风险时有更多的时间和空间进行应对，从而尽可能减小风险对企业的影响。但是需要指出的是，冗余策略并非没有任何缺点。例如，过多的冗余可能意味着企业的资源利用率降低，进而导致生产成本提高。因此，如何在安全性和效率之间找到一个权衡点，将是企业在执行冗余策略时需要慎重考虑的问题。

第四，多样化。多样化策略被广泛应用至企业的各个环节，如新产品的研发、市场的选择、业务模式的设计等。在供应链管理领域，多样化策略主要表现在产品种类多样化、供应伙伴多样化、采用不同技术以及尝试不同管理模式等诸多方面。这种策略能帮助企业应对复杂和不确定的外部环境，增强其在市场中的竞争力。首先，产品种类多样化是企业开发和销售不同类型的产品，以满足多元化的市场需求。产品多样化能够提高公司的市场份额，吸引更多的客户，增大销售量，提高竞争力，同时有利于减小对单一产品市场需求变动的风险。如果只依赖某一单一产品，一旦市场需求变动或者在行业竞争中受到冲击，可能会对公司产生重大影响，而产品种类多样化可以有效降低这种风险。其次，供应伙伴多样化是企业在选择供应商时，考虑到来自多个供应商的不同产品或服务，多个供应商可以降低单一供应商出现故障或者供应不足的风险，保证供应链的稳定运行，同时有利于提高供应链灵活性。对于市场需求变化，不同的供应商可能会由于其自身能力和资源条件的不同，对变化具有不同的响应能力。因此，供应伙伴多样化可以提高供应链的响应灵活性。再次，技术的多样化是企业在生产过程中采用多种技术，例如，采用先进制造技术、信息技术、环保技术等。这些不同的技术和装备可以提升生产效率、降低成本、提高产品质量。同时，采用先进的信息技术，可以提高企业的管理效率，实现信息的快速沟通与共享，提升企业的竞争优势。最后，管理模式多样化，即是指企业在企业内部的管理、外部的合作等方面采取多种不同的灵活管理模式。内部管理多样化，企业可以采用自下而上的民主决策方式，充分调动员工积极性，促进企业内部知识与信息的共享；外部合作多样化，企业可以并行运行多个业务模型，或是针对不同客户或市场采用不同的商业模型，增强企业的市场应变能力。

这四个主要的缓冲策略相辅相成，它们共同帮助企业降低由于外部环境突变带来的冲击，加强了企业的底线防御能力，进一步提升了企业供应链韧性的抗风险能力。不同的企业根据自身情况和发展阶段，采取不同的缓冲策略，旨在利用有限的资源，达到最优化的结果。

(二) 增强策略

增强策略是企业应对复杂不确定环境，尤其是应对供应链风险的一种重要策略。通过提升企业内部能力，它有助于保障供应链持续性和稳定性，增强企业的竞争优势。而合作策略、学习策略和创新策略是增强策略的三个关键元素。

第一，合作策略。在复杂的市场环境中，企业很难独自应对所有不确定性因素。因此，建立合作策略，通过与合作伙伴共享资源、共享风险，可以有效提高企业对环境变化的适应性，并增强供应链的持久性。具体而言，合作策略可以分为以下几个层次：

首先，合作伙伴的选择。选择合适的合作伙伴是构建成功合作关系的前提。合作伙伴的选择，不仅涉及对方的技术、经验、市场影响力等硬性指标，还包括对方的信誉、企业文化、价值观等软性指标。对于合作伙伴的硬性指标，企业需要进行全面、深入的调研和评估。具备先进技术的合作伙伴能够帮助企业获取技术优势，形成技术壁垒。合作伙伴丰富的经验能够帮助企业提升经营管理水平，降低市场风险。强大的市场影响力能帮助企业快速进入市场，提升产品销量。对于合作伙伴的软性指标，企业需要对其进行客观、公正的评价。一个诚实守信的合作伙伴能够保障合作关系的稳定性，降低合作风险。相匹配的企业文化可以促使合作关系更加和谐。因此，从合作伙伴的选择来看，不仅需要基于事实与数据，同时也应考虑其价值观和企业文化，以便形成长期、稳定的合作关系。

其次，合作模式的选择。合作模式的选择的核心问题是确定合作的内容、形式和方式，在"合作与竞争"的双重关系下，需要企业做出判断和决策。企业间合作的内容是多元化的，可以包括产品研发、市场开发、资金融通、信息共享、技术交流等内容。具体的合作内容应由合作目标和合作双方的实际条件来决定。企业间合作的形式也是多样化的，例如，他们可能是供应商和零售商的关系，也可能是同行业间的竞争者关系，或者可能是互为上下游的形式。企业应当根据自身资源状况和合作伙伴的特点，选择最适合的合作形式。企业间合作的方式包括正式合作和非正式合作两种。正式合作通常有严格的合同约定，而非正式合作则依赖于合作伙伴之间的信任关系。企业应该在风险和收益之间进行平衡，选择合适的合作方式。因此，合作模式的选择既要考虑到企业当前的实际情况，又要考虑到未来的市场趋势和企业发展目标。可持续的合作模式应能帮助企业实现长期利益的最大化。

最后，合作程度的选择。合作程度的选择涉及合作的深浅程度，需要企业在追求自身利益和维护合作关系之间做出权衡。浅度合作相对于轻松，均能为合作双方带来一定的利益，更容易获得双方的接受。浅度合作的例子包括简单的供求关系、技术交流等。深度合作则需要投入更多的资源和精力，但能获得的收益也更大。深度合作的例子包括联合研发、资本联姻等。合作的深浅程度不仅影响合作的风险和收益，还影响合作的稳定性和可持续性。选择合适的合作程度，能帮助企业在合作中获得更大的竞争优势。

第二，学习策略。学习策略是保持并增强企业内部能力的重要方式，其主要强调企业通过持续学习、知识更新来改善自身的能力，以适应不断变化的环境。学习策略主要包括组织学习、团队学习、个人学习以及学习机制四个方面。组织学习可以理解为在企业内部进行的一项整体学习行为，主要表现在学习新的管理理念、引进新的运营经验以及掌握新的业务知识等方面。组织学习模式意味着企业全体成员均参与其中，更具有集体协作的特性。而这种全员参与式的学习有利于知识的内化和利用，从而有效推进企业的工作效率改进和产品创新。在实施组织学习的过程中，思考如何科学地激励员工积极参与学习和进一步优化学习环境，将会使组织学习的效果最大化。团队学习是一种类似于小组学习的特有方式，表现为在小组内共同掌握知识、共同研讨问题等。团队学习的特点主要表现在并通过集体智慧以解决问题，借此提高企业运营的效率。特别是在涉及项目管理、任务执行等复杂领域，团队学习的优势更加凸显，因为团队成员每个人所拥有的专业知识和经验各有不同，这种不同引发的思维碰撞往往会产生更加充满创新思维的解决方案，进而提升企业的核心竞争力。个人学习是指员工通过自我学习来提升自身职业能力，以应对工作岗位的各项需求，完成具体工作任务。个人学习对维系和提升企业各项运营效能具有基础性的支撑作用，因此在企业学习策略的构建中，对个人学习的关注和激励显得尤为重要。企业应倡导员工的个人学习环境，向员工提供适当的自我发展平台，并根据员工的学习成果进行适当的奖励，进一步激发员工主动学习的动力。学习机制是指保证学习能有效进行的制度和环境。适宜的学习机制不仅能够创造一个良好的学习氛围，激发个体以及团队的学习潜能，而且还能够铸就民主的领导风格，进而实现组织运作的高效性。为形成强有力的学习机制，一方面需要科学地设计和完善各项学习制度，比如及时对员工进行技术及能力培训，设置明确的激励和惩罚机制，进一步构建学习型组织；另一方面，要借助现代技术，如建立在线学习系统，提供丰富的学习资源，营造优化的学习工作环境。

第三，创新策略。企业的成长与发展不仅依赖于其在资源、资本等基本条件的积累，更在于企业能否进行持续的创新。创新策略强调企业通过技术创新、管理创新来提升企业的核心竞争力，从而在市场间获得竞争优势。其主要包括技术创新、管理创新以及业务模式创新。技术创新是企业创新策略的首要因素。无论是新的产品制造、新的生产方法，还是新的服务，都离不开技术的支持与推动。在企业实施技术创新的过程中，需要强调的关键点包括：一方面，企业需在维持核心技术的同时，紧跟新兴技术的发展动向，尽力掌握和利用先进的科技手段，在产品质量、生产效率、节能环保等方面进行创新；另一方面，企业需能够高效利用技术资源，并结合市场需求，持续创新，进行自我完善和优化。为实现这个目标，企业需要大力投入到研发活动中，加大科研投入，积极进行科研合作，形成强大的研发实力。其次，管理创新，这是指通过对管理方法、管理理念、管理机制等进行创新，以提高企业的管理效率，最终提升企业竞争力的策略。其核心内容包括制度创新、流程创新、组织结构创新、管理模式创新等。如何从传统的管理模式中跳出来，找到更适合企业发展的新型管理模式，是管理创新至关重要的一部分。为此，企业需打破传统的思维定式，积极引导员工参与到管理决策中来，在"创新、效果、合作、学习"这四个维度上制定适应自身发展的管理策略。最后，业务模式创新则更侧重于企业如何通过新型的商业模式来获得收益。这种创新可以包括产品创新、服务创新、市场创新等，可以说是技术创新和管理创新的有机整合，并应用于商业领域。业务模式创新需要企业灵活应对市场变化，寻找和发现新的业务增长点，通过设计和提供新型的产品或服务，赢得市场份额。

增强策略着重于提升企业内部能力，以增强不确定环境下的供应链持续性。这主要通过合作策略、学习策略和创新策略来实现。这些策略不仅要分别实施，还要在企业中进行有效整合，以期达到最佳效果。这就要求企业要具备全面分析和解决问题的能力，要有系统思维和策略规划的能力，以便能在不断变化的市场环境中保持企业的竞争优势。

三、运营层面的闭环韧性管理模式

闭环韧性管理模式在运营层面提供了一种有效的供应链管理方法。此模式的基本逻辑在于通过建立一套从风险评估到实施控制，再到状态监测和反馈调整的系统性管理流程，保证供应链的稳定运行，主要包含四个环节：风险评估、实施控制、监测状态、反馈调整。在运营过程中，企业需要做到对风险的持续评估和有效控制，并有一套完整的监测系统来确保运营状态的稳定。一旦发现问题，需要立即进行反馈调整，完成一个闭环的管理流程。

（一）风险评估

风险评估作为供应链韧性管理的首要步骤，它的目的在于检测和衡量供应链面临的全部潜在风险。此环节需要组建一种灵敏的风险识别机制，从而理解风险种类、概率及影响，并据此确定应对策略的优先次序。第一，识别风险种类。在风险评估过程中，首先要做的是识别出供应链中可能产生风险的地方。供应风险主要包括供应商质量问题和供货问题。供应商的质量问题可能导致生产出的产品无法满足消费者的需求，甚至影响品牌形象；供货问题则可能会导致生产停滞，降低服务水平。需求风险主要源自市场需求的波动，如消费者需求的突然变化或产品需求的季节性变化等，这将导致生产计划的混乱，影响企业收益。环境风险是指任何可能对供应链运作产生消极影响的非内部因素，包括自然灾害、政策法规的变动等，会给供应链带来严重压力。第二，理解风险的可能性和影响。明确了存在的风险种类后，就需要了解和衡量风险发生的可能性以及可能带来的影响。这一阶段的目标是对每一个风险因素赋予一个风险等级，如高、中、低等。风险的可能性是指风险事件发生的概率，可以通过过去的历史数据、专家意见、模拟等方法来确定。风险的影响则是指风险事件对企业目标完成程度产生的负面影响程度，可以通过财务影响、业务影响、声誉影响等因素来评估。第三，确定应对策略优先级。风险评估的最后需要综合考虑风险的可能性和影响，根据风险的重要性来确定相应的应对策略的优先级。所谓重要性一般指的是可能性和影响的乘积。一般认为，可能性高、影响大的风险为高优先级风险，反之为低优先级风险。

风险评估作为韧性管理的第一环，扮演着极其关键的角色。只有详尽完整地理解潜在的风险，企业才能够做出充分的预防和应对，提升供应链韧性，避免或降低由于意外风险导致的损失。

（二）实施控制

实施控制是风险管理的重要环节，其目的在于建立一套能有效减小或消除风险影响的控制系统。根据风险的类型和水平，企业应当制定合适的控制策略并进行实施。企业在明确了风险的性质和风险的水平后，企业需要制定有效的控制策略来管理风险。例如，对于依赖某一供应商的供应风险，企业可能采取为关键的原材料或产品找寻备份供应商，以降低供应中断的可能性；对于市场风险，企业可能提高产品的差异化程度，或者开发新的市场，以减少市场动荡对企业的影响。同时，实施控制需要明确控制措施的实施目标，设置明确的时间表，派出专责人员，以确保所有的控制措施能够被有效地执行。此外，控制的效果需要通过持续的监测与评估，以了解已实施的控制措施是否达到预期效果，如果效果不好，需要适时地进行调整。控制效果的评估可以包括财务分析，如成本效益分析，也可以包括非财务分析，如员工满意度、客户满意度等。

实施控制需要企业在风险识别、风险评估、控制策略制定、控制策略实施和控制效果评估等环节中进行全面系统的工作。在采取控制措施时，企业还需要考虑控制措施的成本与效果之间的平衡，以最低的成本取得最大的风险降低效果。

（三）监测状态

监测状态是供应链韧性管理中的关键一环，其目标就是为了预防可能存在的风险，同时也要保证整个供应链系统的正常运行。企业需要设置系统性的监测机制，并借助信息化技术获取及时准确的运营状态信息。第一，建立系统性监测机制。系统性的监测机制是指公司需要跨越供应链的各个环节去设置监测点，即时地掌握运营状况。这些环节包括但不限于生产、库存、物流以及质量等部分。对生产环节进行实时监控，不仅可以获取生产进度，还能及时发现生产中发生的问题，并根据生产状况进行产能的调整。库存的监控对于预测供需以及避免断货或是库存积压都至关重要。通过对库存状态的实时掌握，可以及时调整生产计划，以满足市场需求。物流监控则关乎产品从生产完成到最终到达客户手中的全过程，其重要性不言而喻。物流监控可以保证物料及时供应，产品及时交付，保障供应链的畅通。质量环节的监控可以保证产品的性能与标准一致，避免因质量问题引发的客诉或退货，保障企业形象。第二，借助信息化技术，可以将各个环节的信息进行集成，形成一个完整的信息系统。例如，企业可以使用企业资源计划（ERP）系统，将各个环节的信息整合在一起，从而更好地进行监控。物联网技术也可以发挥巨大的作用。通过为设备、货物等安装传感器，将实时数据发送到中心系统，可以实时监控到每个环节的运行情况。例如，在物流环节，通过物联网技术，可以实时监控货物运输过程中的时间、地点等信息，及时处置可能出现的问题。第三，执行控制策略的实时监控。除了对各个环节的状态进行实时监控，企业还需要对已经制定并执行的控制策略进行实时监控。监控的目的是验证控制策略是否有效，对未达到预期效果的控制策略需要及时进行调整。

（四）反馈调整

反馈调整是供应链韧性管理中的关键环节，企业需要依据反馈信息判定出问题的原因，并实施适时的准确调整，以确保供应链韧性。第一，及时反馈。任何实时监测系统的核心目标之一就是在出现问题或实际与预期存在偏差时，提供及时有效的反馈。这有助于公司立即捕捉到问题的发生，以便在第一时间内对问题进行调整，避免出现雪崩式的连锁反应。然而，及时获取的反馈信息必须精确、明晰并立即传递给供应链管理团队，以便他们尽快采取相应的补救措施。第二，判定问题原因。获得反馈信息后，企业需对这些反馈信息进行分析和评价，明确定义其内在含义，标定问题的关键所在，并查明造成问题的根本原因。原因分析一般涉及复杂的多方面因素识别、权衡与比较，需要公司经营者具备良好的判断力和思辨能力，以便从中提取有价值的信息，并据此采取行动。第三，实施准确调整。识别问题原因后，企业需进行适时且准确的调整。调整可能涵盖各方面，包括修改生产计划、更改供应商策略、提升产能等。如若生产过程出现问题，生产计划需被及时调整，确保整个生产流程的顺利进行。若供应商出现问题，比如无法按照约定时间提供足够的原材料，公司可能需要调整供应商策略，包括更换新的供应商或者调整库存策略。在面对增长的市场需求时，则需要及时提高产能以满足市场需求。实施调整的目的都是希望能以最小的成本和损失来修复供应链中的问题，避免问题的扩大化，进而保障供应链的稳定和韧性。第四，利用技术和管理工具。为了完成上述过程，并确保反馈调整的及时性和准确性，往往需要利用各种信息技术和管理工具。例如，可以通过算法和预测模型进行数据分析，预测风险和问题的发生；或者采用项目管理或质量管理工具，来管理和协调各个环节和部门的工作，以达到及时性和准确性原则。

通过及时且准确的反馈调整，企业能够保证供应链的韧性。这样的管理机制不仅能及时发现、修复问题和风险，还能使企业更好地满足市场的需求，提升市场的竞争力。

四、技术层面的全景式控制体系

技术是实现供应链韧性的重要手段，全景式控制体系是保障供应链韧性管理的有力工具。借助先进的技术，如大数据、人工智能、云计算等，企业可以构建全面、深度、实时的供应链视图，使得企业能够全面把握供应链各环节的状态，并实时监控，并能够快速响应可能出现的问题，确保供应链的韧性。

（一）全景式控制体系的实质与功能

全景视控制体系的实质就是在全球分布的供应链节点上实时、准确地收集、处理、分析信息，实施有效的控制，以实现供应链的高效运行。其实，全景式控制体系也可以理解为是供应链管理的信息化实现。企业的生产运营活动涉及众多的供应商、生产基地、物流节点等，这些活动的复杂性和跨区域性都使得信息化是实现有效管理的必要途径。全景式控制体系就是基于现代信息技术，如大数据、云计算、IoT 等，采集、传输、处理和应用供应链各节点的实时数据，以实现对全球供应链的实时监控和智能决策。对于全景式控制体系的功能，可以从以下几个方面进行说明：首先，供应链的实时监控。通过全景视角的数据采集，企业可以实时捕捉到生产、物流、销售等环节的数据变化，从而全面掌握供应链的运行状态，及时发现和预警潜在的问题和风险。其次，是数据分析和决策支持。基于全方位、全流程、全节点的数据，企业可以采用各种数据分析方法和模型，对供应链的性能进行深度检查，发现效率瓶颈、成本漏洞等问题，从而为供应链的优化决策提供科学依据。再次，实现供应链的自动化和智能化控制。通过预设的规则和算法，全景式控制体系可以实现对供应链问题的自动发现、自动决策和自动反馈，实现供应链管理的"智能化"，从而极大地提升供应链管理的效率和效果。最后，是支持供应链内外的协同。全景式控制体系的数据共享和透明，可以提高供应链各参与者的协同效率，增强供应链的整体竞争力。同时，全景式控制体系也可以通过数据接口，与外部的合作伙伴、客户、政协机构等进行数据连接，实现供应链与市场、供应链与环境的共生和互动。

（二）全景式控制体系的构建

全景式控制体系是一种以全流程、全环节、全节点为核心，采用先进的大数据、人工智能和云计算等技术，对供应链进行深度监控和管理的系统。本书将从需求分析、设计、实施、测试和运营五个步骤，探索如何有效地构建全景式控制体系。

1. 需求分析阶段

需求分析是构建全景式控制体系的开始，主要是为了让企业理解和定义全景式控制体系要实现的目标。这一阶段的主要任务是：第一，识别存在问题。供应链的问题及需要改进的地方很多，可能是企业内部的运作方式，也可能是与供应链伙伴的关系管理。一方面，企业应当识别内部运作中的问题，这可能包括生产效率较低、库存管理不当、质量控制存在缺陷等问题。针对这些问题，企业需要进行深入的运作流程分析，以找出瓶颈所在并提出改进方案。另一方面，企业也要注意识别有关供应链伙伴关系管理的问题。这可能涉及供应链伙伴交付不到位，信息共享通路不畅，合作关系不和谐等情况。这些问题通常需要企业与其供应链伙伴共同面对和解决。在做好识别存在问题的过程中，企业需要对自身供应链运作有深入全面的了解，明确问题的主要原因，并总结得到改进方向和措施。第二，需求分析还要明确全景式控制体系要实现的目标，这将为企业构建全景式控制体系提供目标指向，并影响到接下来工作的规划和安排。一方面，企业应该明确全景式控制体系的宏观目标。从供应链战略的层面上，这个目标将有助于企业实现供应链增效、降本、质控的战略目标，并最终支撑企业目标的实现。另一方面，企业需要在对全景控制体系的宏观目标基础上，设定一系列相应的微观目标。微观目标涵盖的范围较广，具体包括但不限于提升生产效率、优化库存管理、强化质量控制、深化与供应链伙伴的合作等。

2. 设计阶段

设计阶段在全景式控制体系构建中起着核心的作用。进行系统设计的目的是根据需求分析的结果设定出一个全面且实用的全景式控制体系架构。这一过程中，需要尽可能详细地设定关键环节与系统功能，以期在实施阶段时能够顺利地进行。设计阶段的主要需要关注两个主要组成部分：关键环节设定和系统功能明确。供应链的关键环节是设计全景式控制体系中的首要步骤。供应链的关键环节通常指的是对企业业务影响最大的环节，比如，原材料的采购、生产、存储、销售和服务等环节。这些环节往往决定了产品的质量、成本和供应速度，因此，对其进行深度监控至关重要。在实践中，确定关键环节需要以公司的核心竞争力和市场位置为基础，对各个环节的重要性、风险和效益进行评估。同时，还需要参考其他企业的成功经验和行业标准。

在明确定义了关键环节后，一个成功的全景式控制体系还需要对整个系统功能有清晰的认识。全景式控制体系的功能主要包括数据的采集、处理、分析和预警等。针对不同的供应链环节和业务需求，这些功能可能会有所不同。例如，对于原材料采购环节，系统可能需要更多的信息获取功能和预警功能，而对于生产环节，系统可能需要更多的数据处理和分析功能。根据企业的特性和需求，定制合适的系统功能是实现有效控制的必要条件。

首先，数据采集功能是全景式控制体系的基础。数据采集主要包括从各个供应链环节获取数据，包括供应商信息、生产进度、库存水平、销售数据等，这些数据都是控制体系决策的基础。同时，为了保证数据的准确性和时效性，还需要建立有效的数据清洗和完善机制。其次，数据处理功能是全景式控制体系将原始数据转化为有用信息的重要环节。数据处理包括数据清洗、归一化、维度降低和特征选择等步骤，这些步骤都能帮助企业更好地理解数据和发现模式。再次，数据分析功能是全景式控制体系为企业提供决策支持的关键环节。数据分析主要包括统计分析、预测模型建立、优化算法设计等步骤。这些分析结果能够帮助企业理解历史趋势、预测未来情况，从而支持企业作出更好的策略决策。最后，预警功能是全景式控制体系帮助企业防范风险和解决问题的重要工具。预警主要是在发现潜在风险和问题时，及时向相关人员报告，以便他们能够尽快采取行动。

在设定关键环节时，需要根据企业的业务需求和市场情况，选定供应链中具有决定性影响的环节。而在明确系统功能时，需要根据企业的具体需求，确保数据采集、处理、分析与预警等功能能够满足业务需求，为企业的决策提供有效的支持。这两个步骤必须结合企业的实际情况进行，才能设计出既实用又高效的全景式控制体系。

3. 实施阶段

实施阶段是全景式控制体系从理论走向实践的阶段。这个过程要求我们必须在每一步骤中实现具体的目标，以形成客观且可行的实施策略。而这个扩展分析的内容即是对实施阶段中涉及的几个关键元素——大数据平台、人工智能模型、云计算资源以及区块链和供应链控制塔技术的探讨。

大数据平台是全景式控制体系的基础。大数据平台的功能包括收集、整理、存储大批量的数据，并将之处理以获得信息和洞见。在这个意义上，大数据平台满足了全景式控制体系对于海量数据处理和存储能力的需求。为了建立起大数据平台，需要考虑两个关键因素：平台必须具有足够能力处理数据的速度和量级，以满足实时分析和决策的需要；平台必须保证数据的安全性和隐私性，以符合相关法规，同时保护公司和客户的权益。

以大数据平台为基础，企业需要利用大量供应链数据训练人工智能（AI）模型。AI 模型通过在大数据中学习，运用统计和算法在各种复杂情况下进行预测和决策。这是实现全景式控制体系智能决策功能的关键。训练 AI 模型的过程中需要选择正确的训练数据集，以确保模型能准确反映真实世界。除此之外，合适的模型架构和参数也是成功的关键。

在这种基于数据驱动的控制体系中，云计算资源无疑起着至关重要的作用。云计算资源能提供高效、稳定、弹性的横向扩展能力，可以保证全景式控制体系的实时运行。云计算对于全景式控制体系而言，不仅保证了大数据和 AI 模型运算的效率，也为企业提供了一种便利的方式来处理突发大规模计算需求，并且能够以最小的硬件投入达到最大的计算效能。

此外，区块链和供应链控制塔技术在全景式控制体系中的角色同样不可忽视。区块链技术的使用可以确保数据的透明性和不可篡改性，从而有效防止数据造假。供应链控制塔技术可以实现供应链信息的集中化，从而提升供应链的效率和透明度。但是，引入这两种技术需要考虑的关键问题包括其成本、技术成熟度以及法规环境。

在具象化理论目标的实施阶段，各关键组成元素的功能切实地展现出其必要性和重要性。大数据平台为企业提供海量的数据处理和存储能力，人工智能模型将深度学习和算法结构框架运用到实际操作中，通过算法对数据进行学习，生成模型，是实现全景式控制体系智能决策功能的关键，云计算资源提供了高效、稳定、弹性的横向扩展能力，可以确保全景式控制体系的实时运行，而区块链和供应链控制塔技术则为整个控制体系提供了透明性和集中化的管理。结合这些要素，全景式控制体系从理论走向实践，从而实现企业日益复杂的供应链管理需求。

4. 测试阶段

测试阶段是为了确保系统可以正常、稳定运行，并满足预定的功能需求。测试阶段多角度、多方面地对系统进行深入审核和评估。其中，功能测试和性能测试是其中两个关键的环节。

功能测试是测试阶段的核心，对系统的各个功能进行详细的测试，包括数据采集、处理、系统响应、预警推送等模块，是确保系统稳定运行的关键一步。功能测试的目标是确认每个功能是否按照设计要求正常工作，和用户需求是否一致。它需要通过各种测试用例，覆盖到系统所有可能的操作场景，并需要持续地进行，直至所有的功能都能够正常运行并满足需求。

性能测试是关键的一环，需要对系统进行压力测试，模拟不同的工作负载，检查其在各种负载下的表现及稳定性。性能测试的目标是确认系统在最糟糕的情况下仍能正确工作，并满足性能要求。一方面，进行负载测试。模拟正常和峰值工作负荷的运行环境，以确定系统在这些负荷下的性能。此部分测试的关键是查看系统对资源的使用情况，如内存、硬盘、CPU 和网络等，并确定系统的性能瓶颈。另一方面，进行压力测试。对系统施加超出其正常工作负载的极限压力，以评估系统在极限工作负荷下的稳定性和恢复能力。压力测试可以把系统推向其极限，使其工作在最差的环境下。

以上两轮测试的过程都需要进行问题汇总、反馈修改，形成反馈闭环，以持续提升系统质量。同时，测试人员需要对问题进行记录和分析，促使开发人员对问题进行严肃对待，并找出问题的根源。这将有效促进全景式控制体系的改进和完善。

测试阶段是全景式控制体系实施后的关键步骤，在保证系统质量和稳定性方面起了至关重要的作用。从功能测试到性能测试，对系统进行全面的检查和反馈是成果落地的保障。每个测试环节都需要精心设计和实施，目标是使全景式控制体系达到预订的性能和质量标准，以满足企业的实际需求和期望。

5. 运营阶段

运营阶段目标在于实际应用所构建的系统以实现对供应链全方位、实时的监控，并在遇到问题或潜在风险时，迅速进行必要的处理。这一阶段的核心部件包括实时监控以及问题处理与预警，二者相辅相成，构成有效供应链管理的重要环节。

实时监控是运营阶段的基本要求和主要任务。供应链包含了包括原材料采购、生产制造、仓储物流和终端销售等多个环节，且这些环节间存在着密切的相互影响，因此，对供应链各环节的实时监控就显得尤为重要。实时监控首先基于对各业务环节数据的准确手段和无缝集成，这包括生产率、库存水平、物流状态、需求预测等多方面的数据。其次，收集的数据需要进行标准化处理和深度分析，以提供准确、及时的运营信息。数据处理涉及数据清洗、融合、转化等步骤，数据分析则包括对数据的描述性分析、探索性分析和预测性分析等。同时，通过数据洞察，实现数据信息向可视化图表的转换，以便于决策者直观理解和快速决策。实时监控的重要性不仅在于反映当前运营状态，更在于可以通过数据分析，预测和发现潜在问题和风险，这便是问题处理与预警的部分。问题处理与预警旨在帮助企业更好地应对运营中出现的各种问题和风险，以及及时地采取相应措施，降低潜在风险带来的损失。一方面，系统应该具备通过算法分析数据，自动识别和预警问题，特别是对质量问题、成本超标、效率低下和风险等提前发出预警，为企业提供间接的决策参考。另一方面，在接到预警通知后，企业需要对问题或风险进行评估，然后采取相应的措施进行处理，这可能涉及资源调整、工作流程改变和战略决策等，目的是尽可能降低问题和风险带来的影响。

在运营阶段，实时监控以及问题处理与预警是全景式控制体系最核心的功能，实际上，这两者又相互影响、相互作用。全方位、实时的数据监控为问题处理与预警提供了基础，而问题处理与预警的结果反映了监控系统的效能，为进一步优化监控提供了方向。这不断地监控—预警—处理—反馈环路，正是全景式控制体系高效运营的基本逻辑。

第二节　提升综合性数字供应链韧性能力

一、数字技术提升数字供应链韧性管理

（一）云计算和大数据

中国与东盟（ASEAN）的贸易往来可追溯到古代丝绸之路的海上路线，然而，近年来，随着全球化和区域一体化的推进，双方的贸易不断加深并已形成紧密的贸易联盟。进入21世纪，中国与东盟国家经济的紧密联系越来越明显，一方面，中国作为东盟的主要贸易伙伴，对东盟国家的需求正在拉动其出口增长；另一方面，东盟各国丰富的自然资源和人口红利也为中国提供了必要的市场环境。两者形成了紧密的贸易往来，衍生出复杂且间接的供应链关系。在这种联系中，信息化技术成为了支持中国—东盟供应链运行的关键因素。在这其中，尤其是近年来兴起的云计算和大数据技术，在提升中国—东盟供应链韧性方面的作用日益显著。

1. 云计算增强中小企业的全球供应链管理能力

云计算如今已经成为了中国与东盟（ASEAN）中小企业贸易发展的必备利器，尤其对于多数中小企业而言，云计算无疑提供了更低成本、更高效率的供应链管理解决方案。云计算使得中小企业存储以及分析大量的业务数据变得更简单、更经济。在对接中国—东盟紧密的而复杂的供应链时，企业需要存储大量交易数据，以便于进行后续的策略设定以及决策制定。云计算有效地降低了存储成本，提高了数据处理能力，从而加速了供应链管理的效率。其次，云计算可以帮助中小企业实现供应链的全球远程管理，打破地域限制，提升供应链的适应性和韧性。由于中国—东盟的供应链跨越了多个国家和地区，需要的是全球化的管理。云计算提供了实时远程接入、协同工作的可能性，极大地提升了供应链韧性。

2. 大数据精准预测与优化供应链管理

大数据作为现代信息技术的关键，已经在各个领域展示出其无比的潜力。其中，大数据在供应链管理领域的应用是改善中国—东盟供应链韧性的一个关键手段。大数据可以从各个环节收集实时数据，然后运用具有高度自动化和智能化的技术进行分析。这一过程不仅可以实现当下供求的精准对接，同时还可以根据大数据预测未来的市场趋势，进行提前的策略调整。例如，对于物流状态的实时追踪，可以显著提升供应链的透明度，更好地满足消费者的需要，从而增强供应链的韧性。

3. 云计算与大数据强化对风险的应对能力

供应链管理中的风险因素常常牵扯到各个环节，云计算和大数据技术对于强化企业应对风险的能力具有非常重要的作用。一方面，大数据可以对海量的供应链数据进行分析，预警可能出现的风险。例如，通过对过去类似情况的数据进行深度学习和模式识别，可以精准预测物资可能出现的短缺问题，从而可以预先进行备货或调整生产策略。而对运输延误的预警，也可以使得企业有足够的时间来调整物流策略，将损失降到最低。另一方面，云计算的弹性伸缩和即时备份功能大大减少了因数据丢失而对供应链造成的风险。借助于云计算，企业可以根据业务需求来调整自己所需的计算资源，而不必担心瞬间的业务高峰或突发事件对供应链管理的影响。此外，云服务提供商通常都会提供数据备份服务，这无疑为企业的数据安全提供了有力的保障。

4. 大数据优化供应链内各环节

大数据技术可以广泛应用于供应链管理的各个环节，包括生产流程、库存控制、物流运输和销售策略等，通过大数据分析的洞察，企业可以优化资源配置，提升供应链管理的效率和效果。大数据可以通过对历史生产数据的分析，发现生产过程中的瓶颈和浪费，企业可以根据这些洞察来调整生产节奏，优化生产流程，从而提高生产效率。其次，通过大数据对销售数据的预测，企业可以提前了解到未来某一时间段内可能出现的销售高峰和低谷，进而进行精准的库存控制，降低库存成本。此外，大数据可以通过对过往运输数据的分析，预测最佳的运输路线和时间；通过对市场数据的分析，可以制定最有影响力的销售策略。这些都使得供应链管理更加准确、高效，强化了供应链的韧性。

5. 云计算的远程协作

对于全球化供应链来说，地理距离和时间差是无法忽视的问题。因此，沟通和协作一直是供应链管理的一大瓶颈。然而，云计算技术的出现，使得跨地域的协作和沟通成为可能。特别是在疫情等突发事件下，云计算为供应链管理带来了革命性的改变。通过云计算，员工可以远程登录企业的系统，处理日常的业务工作，在家办公成为可能。此外，即使在疫情等突发事件下，企业也可以通过云计算来保持供应链的正常运行。这一切都表明，云计算和大数据的使用，使得中国—东盟供应链更具韧性，能更好地应对未来可能出现的各种挑战，从而进一步推动中国—东盟的贸易发展。

（二）物联网和5G技术

互联网、物联网以及5G技术的发展，无疑将为中国和东盟国家的供应链管理带来新的转机。这些前沿技术的运用，不仅可以优化供应链各环节，还有助于提高供应链的韧性。结合物联网技术和5G技术主要通过以下的几个方面提升供应链韧性：

第一，物联网技术和5G技术提高供应链风险预警及应对能力。对于供应链管理而言，其面临的风险因素广泛，涵盖了市场需求、产能波动、物资供应、物流等各个环节。物联网技术和5G技术为供应链带来了新的风险预警及应对手段。借力物联网技术和5G技术的自动化信息捕获和实时传输功能，企业可以设定预警体系，对可能出现的风险进行实时的监控和预警。如在面临突发事件时，可通过对历史数据的分析，预测可能出现的问题以及其可能带来的影响，有助于企业尽早做出反应；在需求预测时，可以通过大数据分析技术，对消费者行为进行细致的分析，从而提供更准确的需求预测。同时，物联网技术和5G技术也可以对供应商的延期交货进行监控，以确保供应链的供应保障。

第二，物联网技术和5G技术提升供应链运作效率。物联网通过自动化信息流可以显著提高供应链各环节的运作效率。首先，物联网技术和5G技术可以实现订单管理的自动化处理，例如，通过电商平台的接口快速接收到客户订单，利用系统自动生成生产任务，大大减少了人工的参与。其次，采用RFID等标识技术，实现运输中商品的追踪，可以自动更新物流信息，并将信息实时传送至电子仓储系统，大大提高了物流信息处理效率。最后，通过物联网技术和5G技术，可以实现供应商、生产商、销售商等供应链各环节之间的紧密联动，减少供应链中的非添加值活动，进一步提高供应链运作效率。

第三，物联网技术和5G技术提升供应链适应性能力。物联网技术和5G技术的出现和发展，使得供应链能够更快地应对市场变动，从而提升供应链的适应性。对于任何企业来说，快速准确地把握市场变化，以应对不断变化的市场需求，是其生存和发展的先决条件。通过物联网技术和5G技术，可以实现实时的销售数据收集和分析，为企业提供了及时、准确的市场动态。从而使得企业可以在第一时间内对制造和配送策略进行相应的调整，以满足市场需求的变化。此外，物联网技术和 5G 技术还可以实现对库存、生产、物流等各环节的实时监控，及时发现和解决问题，降低风险，提高供应链的适应性。

第四，物联网技术和 5G 技术提高供应链韧性的价值。韧性是指供应链在面临各种突发事件或者市场变化时，能够快速恢复其正常运行能力。物联网技术和 5G 技术具有信息的实时性、自动化、精准性等特点，使得企业能够实现对整个供应链的实时监控，及时发现和响应问题，从而提高供应链的韧性。同时，物联网技术和 5G 技术的使用，通过智能化的决策，使企业能够实现对供应链各环节的精细化控制，及时、准确地调整各环节，使供应链具有更强的适应性和韧性。

综上，物联网和 5G 技术的结合，将为供应链管理带来前所未有的可能。通过物联网实现设备智能化，而 5G 网络将这些设备紧密连接在一起。借助物联网和 5G 技术，企业可以实现全程无人的仓库管理，大大减少人工成本，同时提高效率。对于物流环节，物联网和 5G 的结合，可以实现货物的实时追踪，预测可能的物流延误，提早进行策略调整。此外，在供应链的生产环节，物联网和 5G 技术也发挥了重要作用。例如，企业可以实时获取生产线上的设备状态，通过预测性维护，避免设备故障带来的停工损失。因此，物联网和 5G 技术的结合，能够在全供应链环节实现实时数据采集与分析，提高预测和决策的准确性，强化供应链的透明度和自动化程度，及时响应各类突发事件，使得中国—东盟供应链更具韧性，使企业在变化多端的市场环境中具有更强的竞争优势。

（三）人工智能和机器人

从贸易摩擦到疫情冲击，供应链的韧性和稳定性受到了严峻的考验。特别是中国—东盟需要一个更加稳定、灵活和透明的供应链系统来应对各种不确定性。尤其是在当下，人工智能和机器人的广泛应用，为提升供应链韧性提供了新的可能性和机遇。

人工智能技术可以加强供应链预测和分析。人工智能技术旨在模拟人类智能进行预测和分析，通过深度学习、自然语言处理等技术，人工智能能深入理解和分析大量数据，基于这些数据预测市场变化和需求。例如，对于商品销售预测，可以通过对历史销售数据的深度分析，预测未来的销售趋势。一旦发现销售趋势与预期有出入，就可以及时对供应链进行调整，提高供应链的反应速度和灵活性。这对处理突发性世界变化尤为重要，例如，疫情期间，各种消费品需求产生大的波动，如果不借助人工智能技术进行预测和分析，可能会产生严重的供需失衡。

人工智能和机器人可以优化库存管理。库存管理对供应链的运行效率有着显著影响，过多的库存会占用大量仓储空间，导致资金浪费；而库存不足则可能导致商品断货，影响消费者体验。因此，精确的库存预测和实时调整对供应链的韧性至关重要。人工智能技术可以实时监控库存量，预测产品需求量，自动调整库存，这样既能避免库存积压又能减小断货的风险。针对生产环节，人工智能和机器人的引入将极大提高生产效率。机器人在生产流程中的使用可以大大减少人力成本，提高生产效率。特别是在有高度重复性的工作上，例如，装配线上的组装工作，机器人可以精确快速的完成，大大提高了生产效率，缩短了生产周期。与此同时，智能机器人还能按照预设的工作标准保持稳定的工作质量。这不仅可以保证生产进度，降低产品瑕疵率，也为供应链带来了更强的稳定性，提升了供应链的韧性。最后，人工智能优化提升物流效率。中国—东盟之间物流环节中的商品运输时间对供应链的效率有着显著影响。借助人工智能驱动的路径规划，可以优化运输路线，减少不必要的运输时间和成本，提高运输效率。而且，通过实时路线规划，还可以实时调整运输方案，应对诸如交通拥堵等突发情况。

利用人工智能和机器人技术，不仅能够实现供应链信息的自动化管理，更能通过深度学习等技术，推动供应链向更高效、智能化的方向发展。未来，亦有可能在人工智能和机器人的帮助下，实现完全自动化的供应链管理，这不仅可以大大提高供应链的运作效率，而且可以进一步提升供应链的信息精度和适应性，适应未来市场竞争的需要。

（四）区块链和供应链控制塔

在全球化走向深化的背景下，中国和东盟的经济关系越来越密切。供应链作为全球贸易网络的重要纽带，其韧性直接影响着全球贸易的稳定性和辐射效应。因此，提升供应链韧性已成为摆在中国和东盟众多企业面前的重大课题。现今，新兴技术如区块链和供应链控制塔为提升供应链韧性提供了新的路径与可能。

区块链作为一种新型的分布式数据库技术，近年来在各个行业领域都展示出了其独特的应用价值。在提高中国—东盟供应链韧性方面，区块链可以通过提高供应链透明度，实现生产、分销、消费等各个环节的协同性。区块链技术的特性使得所有交易记录都公开透明，不可篡改。这对于提高供应链的透明度，增强消费者的信任度，实现全程追溯等方面无疑具有重大价值。而且，通过区块链技术，可以实现数据和信息的实时共享，地理位置、交易细节、运输状态等信息可以实时地更新和同步到各个参与方，大大提高了供应链的效率和韧性。

区块链技术可以提升供应链的追踪能力。在区块链技术中，每一笔交易，无论是货物交易还是资金交易，都将被永久性和不可篡改性地记录在区块链上。这使得供应链中的每一个环节，从生产、采购、运输、销售到消费，都可以被精确地追踪到。追踪到的信息既包括供应链的整体情况，也包括每一个环节的详细数据。这种追踪能力为供应链的管理带来了前所未有的便利，使管理者可以快速揪出有问题的环节，及时进行调整，从而提高供应链的反应速度和韧性。

区块链技术可以提高供应链的安全性。区块链技术的加密性能极高，使得记载在区块链上的数据可以安全地保存，防止被未经授权的第三方窃取或篡改。在供应链中，各种敏感信息，如企业商业信息、用户个人信息等，如果被泄漏或被抄，都可能对企业产生严重的影响。区块链技术可以极大程度上防止这些问题，提高供应链的安全性，从而为提升供应链韧性提供了支持。

供应链控制塔是另一种创新的供应链管理工具，其目的是为企业提供全局的供应链视图，帮助企业优化供应链运营、提高供应链灵活性、强化应对风险的能力。具体来看，供应链控制塔主要通过以下几个方面提升供应链韧性：

一方面，供应链控制塔可以为企业提供全局的供应链视图，帮助企业从全局角度看待和优化供应链运营。根据实时的全局供应链视图，企业可以及时发现供应链运作中的问题，准确分析问题出现的原因，从而更好地进行调整和优化。同时，供应链控制塔集成并处理大量实时和历史供应链信息，包括但不限于产品流动、原料状况、生产进度、库存情况、销售数据、物流信息等，更全面、深入地揭示供应链的运行状态，为决策层提供实时、准确的数据支撑，以供其做出全局最优的决策。例如，通过对供应链各个环节的动态监测，供应链控制塔可以预测物流瓶颈，乃至制定应对策略，从而减轻或避免供应链中断的风险。另一方面，供应链控制塔通过实时监控和数据分析，能够提高供应链的灵活性。在供应链的运作过程中，有许多不确定性因素，如市场需求的快速变化，原材料的供应问题，生产过程中的设备故障等。这些都可能对供应链的运行产生影响，导致供应链的效率下降。供应链控制塔通过实时监测这些变量，可以及时发现并批准问题，有效减少供应链运作的不确定性，并根据需求及时调整生产和配送策略。这种灵活性有助于企业更好地响应市场变化，提高供应链的运行效率。

此外，供应链控制塔通过引入人工智能和机器学习技术，为防范和降低供应链风险提供了强大的工具。这些先进技术的应用使得供应链控制塔能够在处理大规模、复杂、实时的供应链数据的同时，高效地识别供应链中的风险点，预测供应链中的未来可能出现的问题，并根据这些预测结果进行预警和应急预案准备。例如，通过对过去供应链中断事件的学习，机器学习模型可以预测出未来可能出现供应链中断的时间和地点，并提前做好准备。这种预测和预警能力极大地增强了供应链的抵抗和恢复风险的能力，也提高了供应链的韧性。

总而言之，区块链技术提供了一种去中心化、透明化、安全、并具有高追踪性的供应链管理方式。供应链控制塔则提供了一种以数据驱动优化，提高供应链全局视图，增强供应链灵活性，以及对风险的前瞻性预防的管理工具。这两种技术的应用都为提升中国—东盟供应链的韧性，服务了全球贸易网络的稳定性和辐射效应，对于推动全球贸易的持续健康发展具有重要意义。

二、建立信息共享系统，实现供应链的透明化

全球化和跨国运营已经成为商业的常态。在这个背景下，供应链作为企业运营的重要组成部分，其完整性和韧性至关重要。对于一个由众多各自为政的独立实体构成的供应链网络体系，信息共享和透明化尤为关键。尤其是在中国—东盟这样的经济合作体中，建立起高效的信息共享系统并实现供应链的透明化，既能提高供应链韧性，也能提升整个经济体的运作效率。

（一）建立全球信息共享平台

供应链的韧性不光可以通过物质资源的共享来增强，也可以通过信息资源的共享来提升。在这其中，建立一个有效的信息共享系统具有重要的意义。为了增强供应链的反应速度和更好地适应市场变化，供应链中各个环节的信息需要实时、准时、准确地传递。这需要利用高级的信息技术，如云计算和大数据分析，创建一个全球化的信息共享平台。这个平台应该能够收集、处理、分析和发布各种供应链信息，包括生产、物流、销售等方面的信息。当供应链中的某一环节出现问题时，其他环节能迅速得到信息并做出相应的调整，避免了因信息延迟而带来的损失，从而提高了供应链的韧性。

（二）构建去中心化的数据库

区块链技术能够实现信息的去中心化，通过建立起一个去中心化的数据库，各供应链成员可以直接查阅和修改存储在区块链上的信息。这就确保了信息的实时性和有效性，使得供应链中的各个环节能够及时获取准确信息，反馈市场动态，提前预警风险，从而达到提升供应链韧性的目的。区块链技术的应用不仅可以提高信息传递的效率，还可以提高信息传递的准确性，为供应链韧性的提高提供了强大的支持。然而，区块链技术的应用也有一定的限制，如技术成熟度、法律法规约束、安全问题等，这些都是我们在推动区块链技术应用的过程中需要关注的问题。

（三）共建共享责任制度

对于供应链韧性的提升，建立共享责任制度作为管理信息共享的基础框架是极

其关键的。为保证信息的准确性和防止误用，共享责任制度应规定清楚信息提供者的责任、信息使用者的义务及处理信息失误的程序。同时，该制度必须在平等、公正的前提下进行，要明确各方的权利和义务，追求供应链各方的协同和共享。

从信息提供者角度来看，他们应负有提供准确、及时、完整的信息的责任。实现有效的信息共享，优质的信息源是基础和核心。任何包含错误或过时的信息都可能对供应链的稳定性产生不利影响。同时，信息提供者也需要尊重其他参与者的权利，在未经允许的情况下，不能随意将信息提供给无关方。

对于信息使用者角度而言，他们应该合理、规范地使用分享的信息。信息的滥用或者误用可能会给供应链的运营带来风险。因此，必要的监管措施以及清晰的使用权益是保证信息有效利用，维持供应链稳定的重要部分。建立共享责任制度是确保信息分享的准确性，减少信息在共享过程中的失真和滥用的关键。这包括确定信息提供者的责任、明确信息使用者的义务、制定处理信息失误的程序等。通过制定有效的共享责任制度，可以保证供应链信息共享的规范性，增强信息共享的信心，提高供应链的韧性。

然而，如何制定一套合理的共享责任制度，既要尊重信息提供者的利益，又要满足信息使用者的需求，同时还要考虑法律法规的要求，这是一个颇为复杂的问题，需要我们从多个角度进行考虑：一是明确各方责任和义务。制度设计者需要对相关责任和义务进行明确的定义。对于信息提供者，主要的责任是提供准确、及时和完整的信息。对于信息使用者，主要义务是合规、合理地使用信息，同时遵守某些保护信息提供者权益的规定，如保密义务等。二是以法律为基础。任何制度都必须遵守相关的法律法规。因此，在制定共享责任制度时，必须对相关法律法规进行详细的研究，以确保制度的合法性。对于涉及个人隐私、知识产权等敏感信息的共享，更需要谨慎对待。三是公平公正。为了尊重所有参与者的权益，共享责任制度需要公平公正。在制度中，各方权利和义务应保持平衡，避免一方过于负担，而使另一方受益。四是设置沟通机制。为了适应不断变化的环境和需求，共享责任制度需要有一定的灵活性。因此，建立有效的沟通协商机制是十分重要的，这可以帮助各方理解彼此的需求和困难，及时调整和改进制度。五是设定错误纠正和争议解决机制。如果在信息共享过程中出现错误或争议，应设有相应的处理机制，以防小错误积累成大问题。例如，可以设置一个中立的仲裁机制，由预先选定的仲裁人来协助解决争议。六是持续评估和优化。共享责任制度应不断检视其执行效果，结合实际情况调整和优化。诸如是否增强了信息共享的信心、是否提升了供应链的韧性等问题，都是评估制度效果的重要依据。

（四）健全配套的法律规章制度

在当今的数字世界，数据和信息变得愈发重要，它们不仅成为推动社会发展的核心资源，也成为促进企业之间合作的基础。因此，建立配套的法律规章制度，以保护信息安全、个人隐私和知识产权，防止信息泄露和被滥用，是十分重要的。同时，良好的法律规章制度还能指引企业之间开展更为愉快的合作。

保护信息安全是建立法律规章制度的一个重要目标。信息安全对于任何一个组织来说都是至关重要的，它不仅涉及组织的生存发展，也影响到组织信誉和社会责任。为了维护信息安全，必须建立严谨的法律规章制度，明确各种非法侵入、破坏信息系统的行为以及其相应的惩罚措施，同时还需要在制度中明确信息系统的维护和保护责任，加强对信息系统的监控和管理。

保护个人隐私是法规设定中的另一项关键内容。尤其在大数据时代，个人数据的收集和使用已经成为一种常态，个人隐私的保护问题尤为突出。为此，法律规章制度需要明确个人数据的收集、存储、使用和处理规则，避免侵犯个人隐私权，同时也应构建相应的纠错和申诉途径，以便个人在隐私权被侵犯时能够寻求司法救济。

知识产权的保护也是必不可少的内容。知识产权是推动科技发展、文化创新的重要引擎，对于促进经济社会发展具有重大意义。因此，法律规章制度需要充分尊重和保护知识产权，禁止任何形式的侵权行为。同时，制度应设立专门的知识产权保护机制和仲裁解决机制，确保在出现争议时，能够及时、公正地进行裁决。

此外，信息泄露和滥用不仅损害了信息的权利人，同时也可能对公众利益造成严重伤害。因此，构建法律规章制度，对信息泄露和滥用行为进行严厉约束和打击是十分必要的。在此基础上，规章制度还应设立机制，对涉及信息泄露和滥用的事故进行快速处理和应对，以最大程度地减少因此导致的损失。

良好的法律规章制度不仅能保护信息安全，也能指引企业之间的合作。在明确的法律规章背景下，企业在合作时能够明确各自的权利和义务，有效降低合作风险。同时，企业在合作过程中所产生的争议，也可以根据法律规章规定进行解决，这不仅节省了解决争议的成本和时间，也为企业带来更为愉快的合作体验。

（五）强化供应链成员的信息技术能力

信息技术在现代供应链管理中的作用更是日益显著。对于供应链中的每个成员来说，提升对信息技术的理解和使用能力，已经成为提高供应链效率和韧性的关键。

强化供应链成员对于信息技术的理解。信息技术不仅是供应链管理的重要工具，也是使供应链持续优化和创新的推动力。它包括多个领域，如大数据分析、云计算、人工智能等，这些都是在供应链管理中发挥重大作用的技术。因此，供应链成员需要不断深化对这些信息技术的理解，包括它们的工作原理、应用领域和可能的影响，以便更好地利用这些工具优化供应链管理。

提升供应链成员需要自身的数据生成和读取能力。数据是信息技术的基石，在供应链管理中尤其重要。数据的生成包括收集和整理供应链相关的各种信息，如订单信息、库存信息、物流信息等，而数据的读取则是通过对数据的分析和解读，提取出对供应链管理有用的信息。供应链成员需要掌握如何准确、高效地生成和读取数据，这对于供应链的规划、控制和决策至关重要。

要求供应链成员学习如何使用数据分析工具。数据分析工具将帮助供应链成员高效地处理和解读数据，从而为供应链管理提供更有价值的洞察。例如，通过数据分析工具，供应链成员可以对供应链数据进行深入挖掘，发现潜在的问题和机会，如供应链的瓶颈、未充分利用的资源等。同时，数据分析工具也可以帮助供应链成员进行更精确的预测和模拟，以优化供应链的运行。

三、优化供应链网络结构

（一）多元化供应源策略

多元化供应源策略主要包含了三个维度：供应商的多元化、制造设施的分散化以及运输路线的多样化。这种多元化是对供应链管理的一种优化策略，是防范和应对宏观经济环境不确定性以及意外风险的有效手段，由此可以显著提高供应链的稳定性和灵活性。因此，实施供应链多元化并不仅仅是对现有供应链进行简单的复制扩充和修改，而是在全球的宏观环境以及企业自身的战略目标基础上，进行深度分析和精细设计。

通过多供应商选择策略，企业甚至可以就同一产品与多个供应商建立战略合作关系，这样能避免因专属供应商出现问题而导致整体供应链运作受阻。因此，在供应商多元化实施过程中，企业需要结合自身的产品特性和需求预测情况，进行全球范围内的供应商市场分析以及评估；对于具备长期合作潜力的供应商，企业应及时与其建立合作关系，促成资源共享，对于具备一定竞争力但尚未达到长期合作标准的供应商，企业也应保持一定的业务联系，为未来的发展做好储备。

采用分散的制造设施策略，一方面可以降低因特定地区灾难或政治经济风险导致生产受阻的风险，另一方面也可以根据不同地区的产品需求和生产成本情况进行优化配置，提高整体经济效益。因此，在制造设施分散化实施过程中，企业主要根据不同地区劳动力、原材料、税收以及物流等方面的成本情况，对生产环节进行全球化的布局，挑选出最符合企业利益的制造设施所在地。同时，也需要根据地区特性，尽可能利用现有的资源优势，优化生产流程，以最大限度降低成本，提升利润。

多样化的运输路线则为企业提供了多种物流解决方案，使得公司在面对运输环节的不确定风险时，比如运输成本波动、路线故障等，可以快速调整，确保供应链的高效运作。因此，在运输路线多样化实施过程中，则需要考虑到每个路线的特点、风险与成本，寻求最佳的、多样的运输解决方案，提高供应链的整体流畅性。

（二）优化物流网络结构

韧性物流网络是指在面临各类外在冲击和内在不确定性时，物流网络能够维持正常运作，或者在短时间内恢复其运作能力的网络结构。韧性物流网络研究的核心在于提高物流网络对各类风险和不确定性的适应性和恢复力，如此才能保证产品和服务的稳定供应，降低运营成本，提升企业的竞争优势。

第一，加强供应链设计和优化。根据物流网络的特性，我们需要建立合理的网络结构，如有些物流网络适合集中式结构，有些则适合分布式结构。韧性物流网络需要找到最优的物流网络配置，去平衡物流成本和风险，以此来提高物流网络的韧性。第二，加强供应链风险管理。建立一个韧性物流网络离不开对各种可能风险的把握和管理。我们需要将风险管理纳入供应链管理的全过程，对可能出现的风险进行识别、预防、控制和应对，制定完善的风险管理机制，以保证物流网络的正常运作，降低供应链运营中的风险。第三，加强合作伙伴关系管理。建立韧性的物流网络，合作伙伴的选择与管理显得尤为重要。需要与有一定资源和能力的伙伴建立长期的合作关系，通过共享信息和资源，共同应对可能出现的风险。第四，提升供应链韧性的核心是人。供应链的韧性并非仅仅是供应链设计、运作模式和技术层面的问题，更深层次的，它是一个有赖于人的智慧和执行力量的过程。即便存在再优秀的供应链设计和先进的数字系统，如果没有合格的人力资源进行有效的运作和管理，同样无法实现供应链韧性的提升。因此，企业必须从人力资源的视角出发，看待供应链韧性的提升。要培养一支理解供应链管理、风险管理、数字技术的专业人才队伍，从教育入手是关键。一方面，企业需要设立通识的供应链管理教育课程，让更多学习者了解供应链管理的基本概念和技巧。另一方面，提供深入的风险管理和数字技术课程，让有需求的学习者进行深入学习。同时，也需要鼓励跨学科的学习训练，例如，结合工程、物流、计算机等专业进行实际的项目案例训练，以培养学习者的实践能力。此外，持续的职业发展和培训也是提升专业人才素质的重要手段。供应链企业可以定期进行员工培训，提升员工的职业技能，并且通过设立激励机制让员工积极参与培训，以提高其供应链管理、风险管理和数字技术等方面的能力，从而提升供应链的韧性。

总的来说，建立韧性的物流网络，提升中国和东盟数字供应链韧性能力，是在不断变化的市场环境和风险环境下，确保供应链稳定运行的重要手段。通过优化物流网络结构，加强风险管理，以及加强合作伙伴关系，我们可以大大提升供应链的韧性能力，进而提高供应链的竞争优势。

（三）建立敏捷供应链

敏捷供应链的核心目标是使供应链系统拥有快速响应市场变化，包括需求波动、供应风险等因素的能力。这种能力不仅要求提供产品和服务的质量，也要求提供的速度和灵活性。换言之，敏捷供应链的目标并不是设计出一个完美无缺的供应链模式，而是在面临不断变化的市场环境时，可以做出快速的调整和决策。

实现敏捷供应链，有三个关键的实施环节，这就是精细的需求预测、快速的生产调度以及灵活的物流策略。

需求预测作为供应链管理的起点，关系到供应链的有效运作。一方面，准确的需求预测有助于企业避免过度库存和缺货的情况，增强其市场竞争力。另一方面，需求预测给生产计划和物流策略的制定提供了依据，可以有效地指导生产和物流活动。因此，精细化的需求预测需要使用先进的预测技术和大数据分析技术，通过对历史数据的分析，结合市场趋势进行全面分析，进行精细的需求预测，可以准确判断出未来一段时间内对产品或服务的需求动向。同时，也需要在不同地区、时段下采用差异化的预测策略，以适应不同的需求模式。

快速的生产调度则是敏捷供应链管理的核心。只有当生产环节能够快速响应市场需求变动，才能使得供应链真正保持敏捷。换言之，生产调度决定了企业能否在短时间内完成产品的生产，适应市场需求的变化。因此，完善的生产计划和日程表，以及高效的生产管理，对于快速生产调度至关重要。这就需要企业建立健全的生产管理系统，吸纳新的技术手段，如智能制造，实现生产自动化和柔性化，进而提高生产调度的效率和灵活性。灵活的物流策略是确保敏捷供应链效果的关键。灵活的物流策略一方面直接关系到产品的交货周期和运输成本，影响到企业的竞争优势；另一方面，它作为供应链的衔接环节，其灵活性对于供应链的韧性和敏捷性至关重要。换句话说，实施灵活的物流策略就是企业需要根据需求的变化，及时调整物流策略，如物流路径的选择，配送方式，库存管理等，可以在供应和需求之间找到最佳的平衡，保证产品能快速、准确地到达消费者手中。同时，要求企业实时掌握市场需求信息和供应链内部信息，运用先进的信息技术，比如物联网、云计算等，实现物流管理的智能化，以使企业供应链在面对不确定的市场环境时仍能保持高效运作，满足消费者的需求。

（四）鼓励供应链创新

中国与东盟国家在经贸合作中，供应链的建设已成为连接两者的重要链接。近几年，面临全球经济稳定性下降、商贸环境不确定性增加等压力，中国—东盟供应链的韧性受到严峻考验，需要通过创新提升其抵御风险的能力。显然，供应链创新对于提升中国—东盟供应链韧性具有关键作用。技术创新和管理创新作为两个重要角度，能够从不同层面提供创新途径和方向，建立更加稳定、高效的供应链模式。

技术创新作为供应链创新的重要方式，能够明显提升供应链运行的效率、准确性，提高供应链对风险的应对能力，从而增强其韧性。智能化的物流技术，例如，物联网、区块链、人工智能等，可以实现物流活动的实时跟踪和优化，提高其时效性和精确性，减少信息的不对称和延误等风险。大数据技术，通过对大规模、多元、快速变化的数据进行处理和分析，可以帮助企业更准确地把握市场需求和供应链运作状况，提前发现和预防风险，对市场变动做出及时、准确的响应。

管理创新是提升中国—东盟供应链韧性的另一个重要方式。通过对供应链的管理理念、模式、流程等进行优化和创新，可以使供应链管理更符合市场需求和企业战略，提高供应链的适应性和灵活性。近年来，绿色供应链管理已经成为一个热门话题，它强调企业在供应链的运作中，应考虑到环保因素，使供应链的各个环节都能降低对环境的负面影响。如低碳化的生产方式、环保的物流设备、废弃物的回收再利用等，不仅可以满足社会责任，更有助于企业优化成本，提高效率。此外，对供应链的协同管理，涵盖供应商关系管理、客户关系管理、内部协同管理等，可以通过整合内外部资源，提高供应链的运作效率和灵活性，减少因信息不对称、资源分散等问题导致的风险。

随着技术的不断发展和市场环境的改变，供应链创新将持续成为提升供应链韧性的重要推动力。尤其是在面临全球经济复杂性和不确定性加剧的环境下，中国—东盟供应链的韧性将更加关键。技术创新和管理创新是相辅相成的，技术创新可以为管理创新提供新的工具和手段，管理创新又可以推动技术创新的应用和发展。适应新的技术和管理模式，如云计算、物流自动化、绿色供应链管理等，将有助于建立更稳健、高效的中国—东盟供应链结构，提升其韧性，促进各方的共同发展。

四、建立协同的运作机制

（一）构建跨境合作机制

中国和东盟国家，在深化经贸关系的同时，必须面对众多跨境合作中存在的挑战与困境。其中，跨境信息共享一直是中国与东盟国家在合作过程中的核心议题。

当前，虽然中国和东盟国家已经在一系列重要领域如贸易、投资、教育、科技等建立了丰富的跨境合作关系，但在实践过程中却多次因信息不对称、流通不畅等问题导致合作效率低下，甚至产生冲突和纠纷。因此，为了打破这一瓶颈，使得合作关系能得以更好地深化和拓展，建立有效的跨境合作机制显得尤为重要。

第一，中国—东盟政策协调机制。要建立紧密的中国—东盟跨境合作机制，首先需要进行的是政策协调。因为国家政策不仅影响到贸易和投资环境，而且还会涉及供应链管理的各个环节，如生产、采购、物流等。因此，政策协调对于跨境合作机制的建立具有关键性的作用。具体可以从以下几个方面进行操作：一方面是政策交流与对接。尽管各国在经济体制、社会制度、发展阶段等方面有所不同，但是只要我们认识到协调政策的重要性，那么通过交流与对接就有可能找到可以兼顾各方利益的解决方案。另一方面是优化投资环境。每个国家都应该努力优化自己的投资环境，吸引外商投资，提升供应链的整体竞争力。这包括但不限于营造公平的市场竞争环境，简化商事登记流程，提高行政效率，保护知识产权，等等。此外，需要中国—东盟推动贸易便利化。通过简化清关流程，提高通关效率，降低通关成本等方式来提高供应链的运作效率，提升整体贸易便利化水平。通过以上政策协调，可以降低投资环境差异带来的冲击，提高供应链的韧性。

第二，建立中国—东盟院际间沟通机制。政策协调需要各方的高效沟通才能落实。院际间的沟通机制就是这个过程中的重要保障。这里的"院际"包括中国—东盟政府部门、企事业单位、研究机构等各方，通过各方之间的沟通，可以及时解决各类问题，保证跨境合作的顺畅进行。具体来说，院际间的沟通机制需要可以从以下几个方面进行探讨：一是及时沟通。只有及时沟通，才能确保所有参与者都能掌握供应链中最新的信息，从而使得供应链能够顺利运作。二是定期交流。通过定期的交流，可以提前发现和解决潜在的问题，减少供应链中不可预测的风险。三是多方参与。除了供应链中直接的参与者，政府、研究机构等相关方也应参与进来，以此吸纳多方的意见和建议，真正实现全方位的沟通。通过上述的机制，不仅可以解决由政策差异引发的问题，而且还可以通过清楚的沟通以降低决策的不确定性，进一步提高供应链的韧性。

第三，建立中国—东盟法律争议解决机制。在跨境合作过程中，因文化差异、经济差异和法律差异等原因，可能合作中会出现诸多的法律问题。因此，要提升供应链韧性，建立一个有效的法律争议解决机制尤为重要。因此，可以从以下几个方面来设计和建立法律争议解决机制：一是需要公正公平。这是法律争议解决机制的基础，只有保证公正公平，才能得到所有供应链参与者的信任与尊重。二是操作简易。应制定明确的法律争议解决步骤和流程，保证流程的顺畅，减少解决争议的时间成本和经济成本。三是专业性强。应由具备法律专业知识和经验的人员来进行法律争议的解决，保证解决结果的权威性和公信力。四是预防为主。在尽可能的情况下，应重视从源头上预防法律争议的产生，如通过完善合同条款，明确双方的责任和义务。五是高效快捷。有效的法律争议解决机制要求解决法律问题的速度要快，避免争议拖延带来更大的影响。通过构建一个公正、有效并有助于解决法律争议的机制，有利于降低中国—东盟供应链的运作风险，提升中国—东盟供应链的韧性。

总的来看，跨境合作机制的建立和完善需要各方的共同努力和长期的坚持，需要政策、沟通和法律等多方面的综合施策。政策协调提供了开展跨境合作的基础，也为院际间沟通和法律争议解决提供了良好的环境。院际间沟通能够促使政策协调更加高效，可以保障信息共享的顺畅，也能在法律争议产生时提供必要的方案和建议。法律争议解决机制在解决具体问题上具有无可替代的作用，同时也能推动政策协调和院际间沟通的更好运行。通过中国—东盟政策协调、院际间沟通和法律争议解决机制三个方面建设，有利于打造一个全方位、高效、务实的跨境合作机制，以提升整个中国—东盟供应链的韧性，实现经济的持续和稳定发展。

（二）建立共享风险机制

共享风险机制是一种企业间相互支持，共同应对未来不确定性的一种协作模式。这种机制鼓励供应链中的所有参与者，包括供应商、制造商、经销商等，共同应对风险，共享可能的损失。其目的是确保供应链的稳定、高效运行，避免因单个环节的风险问题而影响到整体的供应链运作。构建共享风险机制的重要性体现在几个方面：一是共享风险机制强调风险的共同性，使得供应链各参与者明白应对风险是共同的责任，而不是个别的责任。二是共享风险机制通过共享损失，可以减小单个参与者承受的风险压力，使其能够更有动力和信心去主动应对风险。三是共享风险机制可以减少风险转嫁行为，避免参与者间的矛盾和纠纷，有利于提升供应链的合作关系和运行效率。

建立共享风险机制需要采取一系列策略：第一，风险所有权的确定。在供应链运作中，风险可能存在于各个环节，包括供应商、制造商、运输者、分销商等。每个链条环节的决策、操作和外部环境等都可能导致风险的产生，并可能对整个供应链的稳定性和效率产生影响。因此，首先需要明确每一种风险应当由谁负责，即风险的所有权。风险的所有权应当通过供应链合同或协议等明确的法律文件来规定。在合同中应该明确描述各方面潜在的风险以及其产生时由谁承担责任，这可以降低因风险产生导致各方争执的可能性。存在明确的风险所有权也有助于企业更明确地识别自身应当关注的风险类型，避免对无法管理或无法承受的风险产生过度的担忧和准备。第二，风险评估模型的共建。风险评估模型是进行有效风险管理的重要工具，它可以帮助企业准确识别和评估各种风险，预测和预警未来可能出现的风险。因此，各供应链参与方应共同研发和维护一套风险评估模型。在创建风险评估模型过程中，一方面需要明确该模型需包含所有可能的风险源，并能准确反映各风险源的风险程度；另外一方面模型需要具有适当的灵活性和可拓展性，能适应不断变化的市场环境；此外，该模型应能提供实时的风险评估结果，以便企业能够及时采取风险应对措施。第三，风险共享机制的建立。在供应链环节中，任何一方出现问题，都可能影响到整个供应链的运行效能。因此，建立风险共享机制是至关重要的一步。具体来说，这包括风险损失分配机制、风险补偿机制等。当某个环节出现风险导致损失时，其损失应由全体参与者按一定比例分担。此外，当某个供应链环节遭受损失时，其他环节应该根据实际情况和协议规定，提供一定的补偿，从而增强供应链的整体稳定性和抵御风险的能力。第四，积极应对风险的氛围的营造。营造积极应对风险的氛围，可以刺激每一个供应链参与者积极防范和应对风险，让整个供应链保持活力和效率。对于每一个供应链参与者来说，都需要认识到，风险是企业运营不可分割的一部分，面对风险，唯有积极应对才能最大化减轻其影响。

第三节　数字化赋能中国—东盟供应链韧性管理未来展望

一、数据开放与共享：提升供应链智能和反应能力的挑战

在现代供应链管理中，数据尤为关键。它不仅是各环节决策的基础，也是提升供应链网络智能和反应能力的核心。然而，数据共享却常常是一把双刃剑。一方面，数据的开放和共享可以提高整个供应链网络的运行效率和响应速度；另一方面，数据安全和隐私保护的问题也越来越突出。如何在保障数据安全和隐私的同时，实现数据的开放和共享，是未来供应链管理需要关注的方向。

数据共享有助于优化资源配置，提高供应链网络的效率。对于包含多个参与者的供应链网络而言，信息不对称通常会导致资源的浪费和效率的降低。然而，当数据得以在供应链网络中自由地流动和共享时，各参与者都能够获得充足的信息来更准确地做出决策，从而优化资源配置，提高整体效率。一方面，数据共享有助于解决供应链网络中参与者间的信息不对称问题。在供应链中，每一参与者都只能看到自身所处环节的信息，很难知晓整个供应链的情况。这种局限性会影响参与者对于

整体情况的判断，可能导致过度生产、缺货、库存积压等问题的发生，进而影响供应链的效率。然而，一旦数据能力无阻地在供应链网络中共享，各参与者能够获得全局的视角，从而理解和预测整体运营情况，减少因信息不对称导致的问题。另一方面，数据共享能够帮助企业实现供应链的精细化管理。在供应链网络中共享数据，意味着每一个参与者都能够了解到各个环节的运营状态，将大数据实现真正意义上的破局。通过对共享数据的深度挖掘和分析，参与者们能够找到运营中的瓶颈和问题，从而进行精细化的管理，提高运营效率。

同样，数据共享可以提高供应链的灵活性。灵活性是供应链能够迅速调整和适应变化的能力。通过数据共享，参与者可以迅速感知和响应市场变化，如供应短缺、需求变化或运输延误等。这就使得他们有可能在短时间内调整生产计划、库存政策或物流策略，以应对这些变化。

此外，数据共享也可以增强供应链的响应速度。响应速度是供应链在面临变动时，能够迅速作出反应的能力。通过实时的数据共享，供应链参与者可以即时地获取到市场或供应链中的变动信息，从而对物流、库存、生产等各个环节进行调整，以便供应链快速响应市场的变化，避免或者减小因延迟反应带来的损失。

然而，数据共享的挑战也不容忽视，尤其是数据安全和隐私保护的问题。开放和共享的数据往往包含了企业的敏感信息，如产品设计、生产成本、客户信息等。这些信息的泄露可能对企业的商业利益造成严重损害。因此，如何在数据共享中保障数据的安全，防止数据的非法使用和泄露，是实现数据共享的前提。同时，对于某些包含个人信息的数据，如何在共享中保护个人隐私，也是一个重要问题。随着数据保护法规的越来越严格，企业必须要对个人数据的收集、存储和使用进行更严格的管理，确保在数据共享过程中，个人隐私得以充分保护。

因此，实现数据共享并不简单，它需要整个供应链网络的共同努力。一方面，各参与者需要制定和实施严格的数据安全策略，包括数据加密、访问控制、审计跟踪等，以防止数据的非法使用和泄露。另一方面，也需要制定和实施数据隐私保护策略，如数据最小化、数据匿名化等，以保护个人隐私。

数据共享是提高供应链网络效率和响应速度的重要手段。然而，在实践中，必须面对数据安全和隐私保护的问题。如何在这二者之间找到平衡，是供应链管理的一个重要主题。在未来，我们可以期待更多的创新和实践，来更好地解决数据共享中的问题，推动供应链管理的进步。

二、地方化风险评估与应对：提升供应链韧性的关键策略

供应链作为一个全球性的网络，涉及的范围广泛，跨越了多个国家和地区。尤

其是在中国—东盟之间，由于地理、经济、政策和文化等多方面的差异，供应链面临诸多风险，如政策风险、经济风险、自然灾害等。因此，如何识别和评估这些地方化风险，并制定出适应地方特性的应对策略，是提高供应链韧性的关键。

地方化风险的识别和评估是供应链管理的前提。这需要采用多元化的数据收集方法，如宏观经济数据、政策法规、地理环境、文化特性等，以全面了解各地区的风险特征。通过系统性的风险识别和评估，我们可以了解到各地区的供应链风险状况，为风险应对策略的制定提供依据。此外，制定适应地方特性的应对策略是提高供应链韧性的关键。这包括了应对策略的设计、实施和调整等全过程。例如，在策略设计阶段，需要考虑到各地风险特征的差异，设计出灵活多样的应对策略，在策略实施阶段，需要实时监控风险状况，及时采取行动，以确保供应链的稳定运行。在策略调整阶段，需要根据风险的变化，适时调整应对策略，以提高应对效果。

然而，实施地方化的风险应对也存在着一些挑战。首先，风险识别和评估的难度较大。风险识别是识别出可能对区域内经济活动产生不利影响的所有潜在风险源。这需要大量的时间和资源，包括收集和分析与各类风险相关的信息，进行深入的市场调研，以了解风险源的性质、发生可能性以及可能的影响程度等。捕捉与评估风险是一个复杂而又需谨慎的过程，因为世界经济环境对于每一个具体地区的影响是个体化、独特化的，需要综合各地的文化、政策法规、物流环境、消费者行为、市场竞争情况等多方面因素进行细致入微的评估。其次，由于地方化风险的复杂性，应对策略的制定需要具有深厚的专业知识和丰富的经验。制定有效的风险应对策略需要考虑到各类风险因素，如市场风险、信用风险、操作风险、法律风险等，并根据其特性和潜在影响细化具体的应对措施。这需要对相关领域的知识有深入理解，并充分利用历史数据和案例，用科学的方法来进行风险评估和应对策略的制定。最后，由于地方化风险的不确定性，应对策略的效果可能存在波动。因为地方环境和条件的变化，可能会影响风险的性质、程度和范围，这可能导致风险应对策略的实施效果存在较大的波动。例如，在某期间采取的风险应对策略可能在一段时间内非常有效，但随着市场环境的变化，原先的应对策略可能会失效，甚至反作用。因此，对于地方化风险应对策略来说，需要具有随时调整策略的灵活性和应变性。另外，由于地方化风险的复杂性，即使针对同一风险，不同地区可能需要采取不同的应对策略。因此，企业在制定和实施风险应对策略时，需要同时考虑到风险的全局性和地方性，以及它们之间可能存在的交互效应。

地方化风险评估和应对是提高供应链韧性的关键。无论是识别和评估风险，还是制定和实施应对策略，都需要采取系统性和全面性的方法，以实现对地方化风险的有效应对。同时，也需要借助新的技术和工具，以提高应对的效率和效果。

三、人才培养：数字化供应链的关键任务

在当前这个数字化技术日益发展的时代，供应链管理也呈现出一种深度的转变。这种转变不仅表现在业务流程的数字化，更体现在对于具备相关数字化技术技能的人才的需求。因此，如何通过教育和培训，培养一批理解并能够运用数字化技术进行供应链管理的人才，成为了未来供应链管理的一项重要工作。

数字化技术在供应链管理中的应用愈发广泛，提高了供应链的效率，效果显著增强。如在数据分析技术应用中，供应链每一环节产生的大数据被有效挖掘与分析，从而使得供应链的预测更加准确、分析更深入、决策更科学。通过驱动数据和算法的大数据分析乃至智能预测，企业可实现对供应链的全面透明，实现" 可视化" 的供应链管理，极大提高决策与执行效率。这些先进技术的引入不仅为供应链的各环节提供了高效的解决方案，同时也使得供应链管理的模式、理念、方法都发生了深刻的变化。因此，供应链管理人才的素养要求也发生了改变，不再仅仅停留在对供应链管理理论的理解和掌握，更需要具备扎实的数字化技术的知识和技能。

供应链管理人才不再是只需要掌握供应链管理的理论、方法，更需要对新兴的数字化技术有深入的理解和应用能力，如数据分析、云计算、大数据等技术的技能掌握。同时，由于数字化技术的引入，供应链从过去的线性管理向网络化的管理模式转变，这要求人才需要具备更强的系统思维能力，以及面对复杂问题的决策能力。此外，在数字化的背景下，供应链管理更加强调数据驱动的理念，因此，供应链管理人才需要具备对数据的敏感性和分析能力，以便能更好地应用数据来驱动供应链管理的决策。

然而，目前来看，我国的供应链管理人才培养面临着一些挑战。一方面，供应链管理的专业教育缺乏对数字化技术的关注和引导。当前，虽然数字化技术在供应链管理中的影响力日益凸显，但在我国的传统供应链管理教育中，这仍是一个被忽视的领域。专业课程往往偏向于传统的供应链管理知识，而对数据分析、云计算、人工智能等新兴数字化技术的引入、应用和培训投入相对不足，导致许多毕业生在进入实际工作场景时，缺乏必要的技术理解和应用能力。另一方面，企业在人才培养上的投入不足，也成为潜在人才发展的一大阻碍。企业普遍未能将足够的资源投入到对新入职员工的培训以及对在职员工技能提升的持续教育当中。这导致许多有潜力的人才无法得到充分的技术提升和发展机会，也影响了供应链管理的整体效率和质量。

人才培养是供应链管理中的一个重要领域，尤其是在数字化技术日益发展的今天，培养一批理解并能够运用数字化技术进行供应链管理的人才至关重要。因此，未来我们可以从国家、行业、企业以及学校专业设置层面等多个角度出发，系统地推进供应链管理人才的培养，以适应未来供应链管理的发展需求。

四、政府政策与供应链韧性管理：打造数字化赋能的政策环境

政府政策对于供应链韧性管理也具有重要影响。在当前这个供应链跨区域性和数字化技术日益发展的背景下，政府政策的影响对供应链管理的重要性已被进一步突出。这主要体现在两个方面：首先，政府政策能够影响企业的经营环境，因此也将直接或间接地影响供应链的运营方式和效率；其次，政府政策对相关法律法规的改动，可以塑造一种有利于数字化赋能的供应链管理的政策环境。因此，如何建立和完善相关的法律法规，为数字化技术赋能的供应链管理提供有利的政策环境，成为了未来供应链管理面临的一大挑战。

一方面，公权力握在政府手中，政府的政策决定能够直接或间接地影响企业和整个市场的运营环境。供应链管理作为连接供需两端的桥梁，其运作状态不仅影响着企业的经营效益，也关乎全社会的经济运行效率。因此，政府有责任通过政策手段，为供应链的运营创造一个可预期、稳定且公平的环境。比如有效的产权保护，能够创造公平的竞争环境，减少供应链运营过程中的不确定性。另一方面，政府政策对相关法律法规的改动，对于促进数字化技术在供应链管理中的应用具有重要的推动作用。政府应当通过修改法规，减少行政审批环节，鼓励企业采用数字化技术进行供应链管理，从而提高供应链的运作效率。同时，政府也有责任保护企业和消费者的数据权益，对数据安全制定详细的法律法规，这对于企业来说，可以有效的降低供应链管理中的风险。

然而，建立有利于数字化赋能的供应链管理的政策环境并非易事。在建立有利于数字化赋能的供应链管理的政策环境中，政府首先需要面对的是如何在多种利益诉求之间找到平衡点的挑战。涉及的利益主体包括各类企业、消费者、研究机构等。各利益主体对政策的期望和需求存在着天然的差异。例如，企业可能会寻求更为宽松的数字技术应用环境，以追求经济效益的最大化；而消费者可能更关注数字技术的使用对其隐私和安全带来的影响，因此需要政府在政策制定中考虑并保障其合法权益；研究机构则可能期望政府提供更多的研究资助和政策支持，以推动数字化供应链管理技术的研发和创新。政府需要在理解并权衡这些利益诉求的基础上，制定出既能满足主体需求、又能促进整体社会经济发展的政策。同时政府需要对数字化

技术和供应链管理有深入的理解。从数据分析、云计算、人工智能等数字化技术，到供应链管理的运作机制与挑战，政府需要全面了解这些知识，才能从宏观的层面出发，制定出符合实际需求与发展趋势的政策。

此外，构筑有利于数字化赋能的供应链管理的政策环境，是一个不断学习、试错和调整的过程。一个政策在设计初期，可能难以完全预见其在实施过程中会产生的各种影响和效果。在实施过程中，需要对政策效果进行持续的评估和反馈，如果制定的政策并未达到预期效果，甚至可能产生一些不利影响，那么有必要及时进行调整，甚至是进行大的改革。因此，政府需要通过不断的学习和试错，找到最符合国情的政策组合，以提供最有利的环境。最后，政府在此过程中应当发挥引导和推动作用，与企业和研究机构等社会各方共同合作，一起共建数字化赋能的供应链管理的政策环境。在政策制定过程中，不仅要在各方利益诉求的基础上进行平衡和调和，还要根据社会经济发展的大局出发，引导整个社会优化资源配置，积极布局和发展数字化供应链管理相关的产业和领域，营造出一个健康的、有利于推动数字化供应链管理发展的政策环境。

建立和完善相关的法律法规，为数字化技术赋能的供应链管理提供有利的政策环境，无疑是提升供应链韧性的重要手段，也是未来供应链管理面临的一大挑战。政府在此过程中应当发挥引导和推动作用，与企业和研究机构等社会各方共同合作，一起共建数字化赋能的供应链管理的政策环境。

五、网络化管理：供应链合作模式重构

在当前数字化发展的背景下，供应链的合作模式正在发生深刻的变革。不仅仅是供应链本身的运维方式和管理模式，供应链各方之间的合作关系也在以前所未有的方式进行重新构建。数字化技术的应用已经改变了供应链传统的层次结构，并引领供应链向网络化和去中心化的方向发展。这些发展正在让供应链管理实践面临新的挑战，但同时也为供应链管理带来了巨大的机遇。

供应链的网络化管理已经成为一种显著的趋势。供应链的网络化管理是借助信息技术，将供应链各环节进行无缝连接，实现全球化、系统化的管理。这种方式的显著特点在于，它摆脱了以企业为单位的孤岛式管理，将多个组织、多个环节进行紧密的整合，形成了具有高度互动性和协同性的新型管理模式。这种模式能够打破时间和空间的限制，使得企业能够更快速、更灵活地获取和使用全球资源，以实现供应链的最优化，以及能够实现供应链全链条的透明化，提高企业的决策及应对市场变化的能力。所以，目前仅仅通过企业内部的管理和调整，已经无法满足全球化

供应链快速响应和高效运作的要求。越来越多的企业开始利用数字化工具和共享平台，通过跨企业、跨地区的方式，实现供应链的网络化管理。这种网络化的管理方式能够为企业提供更为广阔的资源和信息视角，同时也增强了企业对全球供应链环境的响应能力。

然而，随着供应链的网络化深化，管理的复杂性也随之增加，同样面临着不少的挑战。首先，数字技术目前在供应链管理的应用还处于起步阶段，还需要经历从试点到全面应用的过程。在技术接入问题上，许多企业尚未能充分整合现有的资源和技术进行高效的供应链管理，并常常面临设施设备老化、运营资金短缺等问题；在内部管理上，难以将新的数字化工具和技术与既有的运营体系紧密结合，可能出现人力素质差距、管理机制不完善等问题；在市场适应上，由于市场环境多变，数字化供应链管理的全面应用需要经历从试点到全面推广的过程，其间可能面临市场需求变动、企业内外部环境变化等挑战。其次，数字技术需要面临数据安全性、法规的匹配等问题。随着大数据、云计算等数字技术应用的广泛，数据安全性问题逐渐突显。一方面，企业需要保护自身的商业秘密，防止信息泄露给竞争对手，造成经济损失。另一方面，企业还需要保护消费者和合作伙伴的隐私权，避免引发法律纠纷和信誉危机，因此，建立健全的数据安全防护体系，是数字化供应链管理面临的重要任务。此外，数字技术与法规存在不匹配问题。支持供应链管理实现网络化的数字技术，其发展速度往往超越了现行法规的调整更新。这不仅可能造成企业在使用新技术时面临法律风险，而且也可能阻碍新技术在某些领域的应用。只有克服这些严峻的挑战，数字技术才能在供应链管理领域得到真正的应用。

供应链的网络化带来的机遇和挑战共存。数字化技术为供应链管理提供了新的方向，使企业不仅可以提高自身的运作效率，也可以通过优化供应链各方的协同合作，提高整体生产力。同时，数字化供应链管理方式也要求企业需要掌握更高级别的管理能力，并积极应对由此带来的法律法规和数据安全问题。

总而言之，在数字化赋能下，供应链的合作模式以及管理方式都必将发生显著的变化。而如何灵活利用数字化技术对供应链进行优化管理，将是每一个供应链从业者需要深入探索和实践的重要课题。这一过程既需要充分利用数字化技术赋予的机会，也需要着眼于解决由此带来的种种挑战，引导供应链进入一个更为高效、透明、协同的新时代。

六、数字技术驱动：供应链管理革新

信息技术的运用已经渗透到企业各个层面，尤其在供应链管理中展现出了巨大的潜力。具体而言，云计算、大数据、人工智能及区块链技术等前沿科技，以其独特的功能和优势，正在改变着供应链的运作模式，赋予供应链新的可能性。

云计算和大数据技术的运用为企业实时监控供应链提供了可能。当今的供应链管理面临的挑战，如供应链的复杂性、全球化和信息的不对等，都需要依赖大量的数据进行支撑和处理。云计算作为一种计算力的集群化资源，为处理海量数据提供了硬件支持。其高扩展性、低成本和弹性的特性，使得企业无须承受硬件设备的维护和更新压力，简化了操作流程，提高了数据处理效率。而大数据则作为一种信息技术，利用高级算法将数据转化为有价值的信息。这种转化流程帮助公司发现并预测供应链中的潜在问题，对未来的市场需求，产品生命周期，物流路径等进行高精度的预测分析，且在大数据的支持下，这一切都能实现实时操作，加快决策速度。

人工智能的发展进一步提高了供应链的自适应能力和反应速度。采用人工智能技术，企业能够将自身从繁琐的数据处理任务中解放出来，将更多精力用于复杂的决策问题上。人工智能模型可以通过模仿人类的学习过程，通过输入大量的训练样本，进行学习和语义理解，最终生成可靠的决策模型。在供应链管理中，这种决策支持不仅提高了决策的精度，也极大提升了决策的速度和效率，从而为供应链的分钟级甚至秒级响应提供了可能性。

区块链技术的应用，为供应链的透明度和跟踪性带来了新的解决方案。区块链技术通过分布式账本的方式，保证了数据的一致性和不可篡改性，为供应链数据的保存、传输和审计提供了坚实的基础。同时，区块链技术通过智能合约，可以自动实现多方之间的契约履行，从而简化了供应链的交易流程，提高了交易的效率。在供应链管理中，采用区块链技术可以实现对供应链全过程的透明管理，有效解决了信息不对称问题，提高了供应链的运行效率。

然而，尽管这些技术为供应链管理带来了广阔的机会，但它们也带来了新的挑战。例如，数据安全性是云计算和大数据技术需要面临的重要问题，这包括数据的安全存储、传输和处理，一旦数据安全出现问题，可能会导致企业的商业机密泄漏，用户个人信息被滥用，甚至可能引发法律诉讼。人工智能技术则需要解决模型的解释性，以及如何防止算法偏见的问题。由于算法是基于数据进行训练的，如果没有对训练数据进行审查，可能会导致算法偏见，从而影响决策的公正性。而区块链技术在数据隐私、技术成熟度、法规制约等方面则需要进行更深入的研究。站在供应链管理的角度来看，如何选择和利用这些技术，同时应对它们所带来的挑战，无疑将对供应链的未来发展产生重要影响。

参考文献

［1］苏尼尔·乔普拉. 供应链管理［M］. 北京：中国人民大学出版社，2021.

［2］王鸿刚. 大国博弈2050［M］. 北京：中信出版集团，2021.

［3］李延晖. 供应链管理基础［M］. 北京：电子工业出版社，2020.

［4］张立群. 供应链管理基础与实务［M］. 吉林：吉林人民出版社，2021.

［5］冉文学，宋志兰. 物流管理信息系统（第二版）［M］. 北京：科学出版社，2016.

［6］德勤咨询. 2020年度全球数字化供应链行业报告［R］. 2021.

［7］中国通信研究院. 2022年度全球数字经济白皮书［R］. 2023.

［8］白锴. 复杂适应系统理论视角下汽车供应链韧性研究：基于芯片危机背景的多案例研究［J］. 湖北文理学院学报，2023（8）：83-88.

［9］本刊编辑部. 建设高韧性、高效率的绿色供应链［J］. 国际工程与劳务，2022（11）：11.

［10］毕世鸿. 双重冲击下的中国与东盟国家供应链重组［J］. 印度洋经济体研究，2021（4）：113-129.

［11］蔡恒进，郭震. 供应链金融服务新型框架探讨：区块链+大数据［J］. 理论探讨，2019（2）：94-101.

［12］蔡进. 供应链韧性与安全调研报告［J］. 中国物流与采购，2023（16）：20-22.

［13］曹允春，李彤，林浩楠. 基于区块链技术的药品追溯体系构建研究［J］. 科技管理研究，2020（16）：215-224.

［14］曾世宏，高晨. 区块链技术创新条件下的产业高质量发展：机制、路径与对策［J］. 湖南社会科学，2022（5）：67-72.

［15］陈剑，刘运辉. 数智化使能运营管理变革：从供应链到供应链生态系统［J］. 管理世界，2021（11）：227-240.

［16］陈金晓. 人工智能驱动供应链变革：平台重构、生态重塑与优势重建

［J］．当代经济管理，2023（5）：50-63．

　　［17］陈晓东，刘洋，周柯．数字经济提升我国产业链韧性的路径研究［J］．经济体制改革，2022（1）：95-102．

　　［18］陈晓红，李杨扬，宋丽洁，等．数字经济理论体系与研究展望［J］．管理世界，2022（2）：208-224．

　　［19］陈艳，牟宗超，汪竹英．基于 CiteSpace 的国际供应链韧性研究演进脉络与前沿热点［J］．武汉商学院学报，2023（4）：76-84．

　　［20］陈宇杰，蒋一飞，谢子路，等．疫情冲击下中小企业供应链韧性研究［J］．中国集体经济，2023（27）：95-98．

　　［21］陈昭，陈钊泳，谭伟杰．数字经济促进经济高质量发展的机制分析及其效应［J］．广东财经大学学报，2022（3）：4-20．

　　［22］陈芝，莫惠然，张人龙．基于云计算的集群式供应链协同管理结构模型研究［J］．科技管理研究，2015（19）：229-232．

　　［23］成青青．产业链供应链内涵、机理与测度研究：基于地区产业链供应链韧性及对南通的启示［J］．上海经济，2022（6）：25-40．

　　［24］崔日明，李丹．后疫情时代中国—东盟区域价值链的构建研究［J］．广西大学学报（哲学社会科学版），2020（5）：118-124．

　　［25］戴培超，张容嘉．供应链韧性研究前沿、热点和演化分析［J］．商业经济研究，2023（17）：5-8．

　　［26］戴翔，杨双至．数字赋能、数字投入来源与制造业绿色化转型［J］．中国工业经济，2022（9）：83-101．

　　［27］丁志帆．数字经济驱动经济高质量发展的机制研究：一个理论分析框架［J］．现代经济探讨，2020（1）：85-92．

　　［28］杜兰．疫情下中国—东盟关系的新进展与未来挑战［J］．国际问题研究，2021（6）：54-69．

　　［29］恩格斯马克思．马克思恩格斯选集（第 1 卷）［M］．北京：人民出版社，1972．

　　［30］樊雪梅，卢梦媛．新冠疫情下汽车企业供应链韧性影响因素及评价［J］．工业技术经济，2020（10）：21-28．

　　［31］冯常源．虚拟供应链风险识别及评估研究［D］．秦皇岛：燕山大学，2018．

　　［32］符正平，叶泽樱．大国博弈下全球供应链的中断风险与"备胎"管理：基于华为公司的案例［J］．江苏社会科学，2021（4）：111-119．

［33］龚强，班铭媛，张一林. 区块链、企业数字化与供应链金融创新［J］. 管理世界，2021（2）：22-34.

［34］苟建华，孙卓. 数字经济赋能产业链供应链现代化水平提升对策［J］. 全国流通经济，2021（30）：134-136.

［35］苟建华，孙卓. 新发展格局下数字经济赋能产业链供应链安全稳定发展路径研究［J］. 全国流通经济，2022（1）：44-46.

［36］顾学明，林梦. 全方位构建后疫情时期我国供应链安全保障体系［J］. 国际经济合作，2020（3）：4-15.

［37］郭朝先，方澳. 全球人工智能创新链竞争态势与中国对策［J］. 北京工业大学学报（社会科学版），2022（4）：88-99.

［38］郭朝先，许婷婷. 我国医药产业链供应链韧性和安全水平研究［J］. 经济与管理，2023（3）：82-93.

［39］郭东杰，周立宏，陈林. 数字经济对产业升级与就业调整的影响［J］. 中国人口科学，2022（3）：99-110.

［40］郭丰，杨上广，金环. 数字经济对企业全要素生产率的影响及其作用机制［J］. 现代财经（天津财经大学学报），2022（9）：20-36.

［41］郭晗，全勤慧. 数字经济与实体经济融合发展：测度评价与实现路径［J］. 经济纵横，2022（11）：72-82.

［42］郭叶波. 全面提升长三角产业链供应链韧性和安全水平：基于服务全国的视角［J］. 价格理论与实践，2023：1-6.

［43］国家统计局和国家外汇管理局联合发布商务部. 2021年度中国对外直接投资统计公报［EB/OL］.（2022-11-08）. http://wi. mofcom. gov. cn/article/jmxw/202211/20221103366230.shtml.

［44］韩晶，陈曦，冯晓虎. 数字经济赋能绿色发展的现实挑战与路径选择［J］. 改革，2022（9）：11-23.

［45］何帆，刘红霞. 数字经济视角下实体企业数字化变革的业绩提升效应评估［J］. 改革，2019（4）：137-148.

［46］何黎明. 充分把握经济全球化发展大势　提升我国产业链供应链现代化水平［J］. 中国物流与采购，2023（14）：13-14.

［47］黄永春，宫尚俊，邹晨，等. 数字经济、要素配置效率与城乡融合发展［J］. 中国人口·资源与环境，2022（10）：77-87.

［48］黄赜琳，秦淑悦，张雨朦. 数字经济如何驱动制造业升级［J］. 经济管理，

2022 (4)：80-97.

[49] 江英，隋广军，杨永聪. 自贸试验区建设助推产业链供应链韧性提升的机理及路径：以粤港澳大湾区为例 [J]. 国际贸易，2023 (6)：55-63.

[50] 焦勇. 数字经济赋能制造业转型：从价值重塑到价值创造 [J]. 经济学家，2020 (6)：87-94.

[51] 黎新伍，黎宁，谢云飞. 数字经济、制造业集聚与碳生产率 [J]. 中南财经政法大学学报，2022 (6)：131-145.

[52] 李春发，李冬冬，周驰. 数字经济驱动制造业转型升级的作用机理：基于产业链视角的分析 [J]. 商业研究，2020 (2)：73-82.

[53] 李婧婧. 利用区块链提高产品生态设计的透明度和可追溯性 [J]. 科技管理研究，2022 (19)：181-191.

[54] 李平，丁威旭. 提高中国企业全球供应链韧性 [J]. 企业管理，2022 (7)：1.

[55] 李清华，何爱平. 数字经济对区域经济协调发展的影响效应及作用机制研究 [J]. 经济问题探索，2022 (8)：1-13.

[56] 李史恒，屈小娥. 数字经济赋能制造业高质量发展：理论机制与实证检验 [J]. 经济问题探索，2022 (10)：105-117.

[57] 李万青. 产业集群视域下的产业与物流联动发展问题及其策略：以广西为例 [J]. 广西社会科学，2009 (7)：43-47.

[58] 李维安，马茵. 如何构造供应链韧性的有效机制？ [J]. 当代经济管理，2022 (12)：27-38.

[59] 李雯轩，李文军. 新发展格局背景下保障我国产业链供应链安全的政策建议 [J]. 价格理论与实践，2022 (2)：96-99.

[60] 李霞，童天宜. 国家级开发区增强产业链韧性的战略重点 [J]. 审计观察，2022 (8)：88-93.

[61] 李晓华. 新发展格局下提升产业链供应链韧性与安全的难点与着力点 [J]. 新疆师范大学学报（哲学社会科学版），2023：1-9.

[62] 李昕蕾，刘小娜. 欧盟清洁能源供应链重塑的地缘化转向 [J]. 国际论坛，2023 (5)：70-95.

[63] 李旭东，王耀球，王芳. 区块链技术在跨境物流领域的应用模式与实施路径研究 [J]. 当代经济管理，2020 (7)：32-39.

[64] 李仪. 云计算下个人信息的安全风险及应对：以治理信息供应链为路径

［J］. 现代情报，2016（12）：10-13.

［65］李勇建，陈婷. 区块链赋能供应链：挑战、实施路径与展望［J］. 南开管理评论，2021（5）：192—201.

［66］李泽华. 人工智能时代文化产品供应链创新研究［J］. 山东大学学报（哲学社会科学版），2019（4）：65-72.

［67］李长江. 关于数字经济内涵的初步探讨［J］. 电子政务，2017（9）：84-92.

［68］梁红波. 云物流和大数据对物流模式的变革［J］. 中国流通经济，2014（5）：41-45.

［69］梁琳，金光敏. 数字经济赋能我国产业链韧性提升的路径研究［J］. 齐鲁学刊，2023（5）：129-138.

［70］廖涵，胡晓蕾，刘素倩. 不利外部冲击下我国供应链韧性分析［J］. 企业经济，2021（10）：50-59.

［71］林勇，马士华. 集成化供应链管理［J］. 工业工程与管理，1998（5）：26-30.

［72］刘翠花. 数字经济对产业结构升级和创业增长的影响［J］. 中国人口科学，2022（2）：112-125.

［73］刘军，杨渊鋆，张三峰. 中国数字经济测度与驱动因素研究［J］. 上海经济研究，2020（6）：81-96.

［74］刘丽文. 供应链管理思想及其理论和方法的发展过程［J］. 管理科学学报，2003（2）：81-88.

［75］刘睿君，吴锋. 5G 背景下出版智能化的供应链赋能路径研究［J］. 出版广角，2020（11）：10-14.

［76］刘淑春. 中国数字经济高质量发展的靶向路径与政策供给［J］. 经济学家，2019（6）：52-61.

［77］刘婷，唐可鑫. 区块链赋能新零售：研究热点与理论框架［J］. 消费经济，2021（6）：81-90.

［78］刘婷婷. 供应链韧性管理体系架构研究［J］. 供应链管理，2022（6）：23-34.

［79］刘湘丽. 增强供应链韧性：日本政策的出台与走向［J］. 现代日本经济，2021（6）：1-14.

［80］刘英杰. 数字物流、供应链弹性与流通产业链韧性［J］. 商业经济研究，

2023（2）：30-33.

[81] 刘云.全球供应链安全问题的理论及现实研究［J］.亚太安全与海洋研究，2022（4）：29-49.

[82] 刘助忠，龚荷英."互联网+"时代农产品供应链演化新趋势：基于"云"的农产品供应链运作新模式［J］.中国流通经济，2015（9）：91-97.

[83] 柳彩莲.数字化转型对流通企业供应链韧性的影响研究［J］.商业经济研究，2023（4）：29-32.

[84] 鲁馨蔓，李艳霞，王君，等.云服务供应链技术创新与动态定价的微分博弈分析［J］.运筹与管理，2020（6）：49-57.

[85] 吕越，邓利静.着力提升产业链供应链韧性与安全水平：以中国汽车产业链为例的测度及分析［J］.国际贸易问题，2023（2）：1-19.

[86] 马俊凯，李光泗，韩冬.数字经济赋能粮食供应链韧性：作用路径和政策取向［J］.新疆社会科学，2023（1）：46-54.

[87] 马潇宇，黄明珠，杨朦晰.供应链韧性影响因素研究：基于 SEM 与 fsQCA 方法［J］.系统工程理论与实践，2023：1-27.

[88] 迈克尔·波特.国家竞争优势［M］.北京：华夏出版社，2002.

[89] 莫罗.政治学博弈论［M］.上海：上海人民出版，2014.

[90] 倪克金，刘修岩.数字化转型与企业成长：理论逻辑与中国实践［J］.经济管理，2021（12）：79-97.

[91] 欧阳日辉，李林珂.区块链技术促进贸易创新发展的作用机制与路径［J］.国际贸易，2022（2）：47-57.

[92] 盘和林.技术创新是提高供应链韧性根本所在［J］.上海企业，2022（4）：68.

[93] 逄健，朱欣民.国外数字经济发展趋势与数字经济国家发展战略［J］.科技进步与对策，2013（8）：124-128.

[94] 裴长洪，倪江飞，李越.数字经济的政治经济学分析［J］.财贸经济，2018（9）：5-22.

[95] 戚聿东，杜博，温馨.国有企业数字化战略变革：使命嵌入与模式选择：基于3家中央企业数字化典型实践的案例研究［J］.管理世界，2021（11）：137-158.

[96] 慕方中，张磊磊.基于改进灰色预测模型的供应链韧性评价与预警研究［J］.工业技术经济，2022（12）：100-107.

[97] 钱晓东，王昱澎.区块链环境下供应链网络演化研究［J］.统计与信息论

坛，2022（5）：76-89.

[98] 秦立公，张勇.协同创新：农产品供应链韧性的影响机制及适应性研究[J].价格理论与实践，2021（12）：58-61.

[99] 全球企业中心.数字供应链：正面观察[EB/OL].https://www.sohu.com/a/119460200_483389.

[100] 阙天舒，闫姗姗，王璐瑶.对美国人工智能领域政策工具的考察：安全偏向、结构特征及应用评估[J].当代亚太，2022（1）：101-131.

[101] 人民网."2522"整体框架！数字中国建设这样布局[EB/OL].（2023-02-28）.http://www.szzg.gov.cn/2022/xwzx/fhzx/202303/t20230301_6123166.htm?eqid=aa64dc830001c99b00000004642a50b8.

[102] 任志宽.华为全球供应链分析与风险评估[J].广东科技，2019（11）：58-61.

[103] 申远，陈牡丹.双循环战略下提升企业供应链自主可控的韧性力研究[J].当代经济，2022（5）：42-50.

[104] 沈坤荣，乔刚.数字经济促进经济增长的机制研究[J].华东经济管理，2022（10）：1-8.

[105] 沈娜利，沈如逸，肖剑，等.大数据环境下供应链客户知识共享激励机制研究[J].统计与决策，2018（10）：36-41.

[106] 沈娜利，杨灵莉，肖剑，等.大数据环境下供应链企业间客户知识共享股权激励机制研究[J].重庆大学学报（社会科学版），2021（4）：259-268.

[107] 沈小平.我国供应链脆弱性缓释与自主可控策略研究[J].当代经济管理，2021（10）：17-23.

[108] 盛朝迅.新发展格局下推动产业链供应链安全稳定发展的思路与策略[J].改革，2021（2）：1-13.

[109] 盛守一.基于区块链技术的供应链信息资源共享模型构建研究[J].情报科学，2021（7）：162-168.

[110] 盛昭瀚，王海燕，胡志华.供应链韧性：适应复杂性：基于复杂系统管理视角[J].中国管理科学，2022（11）：1-7.

[111] 师博，胡西娟.高质量发展视域下数字经济推进共同富裕的机制与路径[J].改革，2022（8）：76-86.

[112] 史沛然."韧性供应链"战略与中国在全球价值链中的角色再定位[J].太平洋学报，2022（9）：62-75.

[113] 宋德勇，朱文博，丁海.企业数字化能否促进绿色技术创新?：基于重污染行业上市公司的考察 [J].财经研究，2022（4）：34-48.

[114] 宋华.建立数字化的供应链韧性管理体系：一个整合性的管理框架 [J].供应链管理，2022（10）：9-20.

[115] 宋华，韩思齐，刘文诣.数字技术如何构建供应链金融网络信任关系? [J].管理世界，2022（3）：182-200.

[116] 宋华，杨雨东，陶铮.区块链在企业融资中的应用：文献综述与知识框架 [J].南开管理评论，2022（2）：34-48.

[117] 宋琳琳.RCEP 框架下中日韩与东盟经贸合作研究 [J].学习与探索，2023（8）：125-131.

[118] 孙楚绿，于丽艳.大数据对物流供应链创新发展的影响与应用对策 [J].科技管理研究，2021（2）：187-192.

[119] 孙林辉，葛晨晨，吴安波，等.区块链技术影响下的供应链系统动态响应性研究 [J].运筹与管理，2022（10）：53-60.

[120] 孙睿，何大义，苏汇淋.基于演化博弈的区块链技术在供应链金融中的应用研究 [J].中国管理科学，2022：1-18.

[121] 孙新波，钱雨，张明超，等.大数据驱动企业供应链敏捷性的实现机理研究 [J].管理世界，2019（9）：133-151.

[122] 孙莹，刘慧萍，颜瑞，等.基于韧性和社会福利的应急医疗物资供应链均衡优化 [J].中国管理科学，2023（8）：132-141.

[123] 唐红涛，李胜楠，谢婷.数字经济提升城市商业经济韧性机理及路径研究 [J].科技智囊，2021（8）：14-19.

[124] 唐红祥，王念，邓文勇.基于境外经贸合作区的中国—东盟跨境产业合作对制造业竞争力的影响机理与共生效应研究 [J].科学决策，2023（8）：35-52.

[125] 唐红祥，谢廷宇.RCEP 框架下中国—东盟跨境产业合作的路径 [J].人民论坛，2022（6）：90-92.

[126] 陶锋，王欣然，徐扬，等.数字化转型、产业链供应链韧性与企业生产率 [J].中国工业经济，2023（5）：118-136.

[127] 田秀娟，李睿.数字技术赋能实体经济转型发展：基于熊彼特内生增长理论的分析框架 [J].管理世界，2022（5）：56-74.

[128] 佟家栋，张千.数字经济内涵及其对未来经济发展的超常贡献 [J].南开学报（哲学社会科学版），2022（3）：19-33.

［129］汪传雷，胡春辉，章瑜，等.供应链控制塔赋能企业数字化转型［J］.情报理论与实践，2019（9）：28-34.

［130］王福.新零售流通供应链商业模式创新体系构建［J］.当代经济管理，2020（7）：17-26.

［131］王会艳，陈优，谢家平.数字赋能中国制造业供应链韧性机理研究［J］.软科学，2023：1-10.

［132］王继祥，马军.新冠疫情对中国制造业供应链的冲击与挑战［J］.供应链管理，2020（7）：5-17.

［133］王静.数字化供应链转型升级模式及全链路优化机制研究［J］.经济学家，2022（9）：59-68.

［134］王军，朱杰，罗茜.中国数字经济发展水平及演变测度［J］.数量经济技术经济研究，2021（7）：26-42.

［135］王露宁，朱海洋.大型供应链企业数字化转型规划与实施路径［J］.中国流通经济，2022（4）：79-88.

［136］王勤.全球价值链下的中国与东盟经贸关系［J］.国际贸易，2019（2）：40-45.

［137］王永霞，孙新波，张明超，等.数字化转型情境下组织韧性形成机理：基于数据赋能视角的单案例研究［J］.技术经济，2022（5）：97-108.

［138］王中美.欧美供应链韧性战略的悖论与中国应对［J］.太平洋学报，2022（1）：36-50.

［139］魏琳，耿云江.新冠疫情背景下企业韧性评价指标体系的构建［J］.当代经济，2021（8）：108-113.

［140］巫强，姚雨秀.企业数字化转型与供应链配置：集中化还是多元化［J］.中国工业经济，2023（8）：99-117.

［141］吴菊华，曹强，李品怡，等.云计算进展研究：基于技术和商业双重视角［J］.科技管理研究，2013（15）：23-28.

［142］吴沈括，罗瑾裕.人工智能安全的法律治理：围绕系统安全的检视［J］.新疆师范大学学报（哲学社会科学版），2018（4）：109-117.

［143］吴晓波，冯潇雅.VUCA情境下运营冗余对组织韧性的影响：持续创新能力的调节作用［J］.系统管理学报，2022（6）：1150-1161.

［144］吴真如，徐乾宇.新发展格局下加强供应链韧性治理研究［J］.技术经济，2023（8）：112-123.

[145] 郗胡平. 提升产业链供应链韧性的国际经验借鉴及政策启示 [J]. 国际商务财会, 2023 (13): 3-5.

[146] 夏庆. 提升物流经济韧性的路径分析 [J]. 中国物流与采购, 2020 (11): 30.

[147] 谢泗薪, 贺明娟. 航空物流发展韧性的提升路径与策略设计: 基于后疫情时代双循环格局 [J]. 价格月刊, 2021 (8): 77-89.

[148] 新华社. 中共中央关于制定国民经济和社会发展第十四个五年规划和二〇三五年远景目标的建议 [EB/OL]. (2021-03-13). https://www.gov.cn/zhengce/2020-11/03/content_5556991.htm.

[149] 徐清源, 单志广, 马潮江. 国内外数字经济测度指标体系研究综述 [J]. 调研世界, 2018 (11): 52-58.

[150] 许宪春, 张美慧. 中国数字经济规模测算研究: 基于国际比较的视角 [J]. 中国工业经济, 2020 (5): 23-41.

[151] 许玉韫, 张龙耀. 农业供应链金融的数字化转型: 理论与中国案例 [J]. 农业经济问题, 2020 (4): 72-81.

[152] 闫妍, 张锦. 基于区块链技术的供应链主体风险规避研究 [J]. 工业工程与管理, 2018 (6): 33-42.

[153] 严振亚. 区块链与物联网视角下的供应链金融模式创新研究 [J]. 新疆社会科学, 2021 (2): 47-56.

[154] 杨斌, 王琳. 5G技术背景下通信客户服务模式研究 [J]. 山东社会科学, 2020 (2): 112-118.

[155] 杨红雄, 陈俊树. 区块链技术、网络嵌入性与供应链金融绩效: 模糊集定性比较分析 [J]. 大连理工大学学报 (社会科学版), 2022 (2): 13-23.

[156] 杨继军, 艾玮炜, 范兆娟. 数字经济赋能全球产业链供应链分工的场景、治理与应对 [J]. 经济学家, 2022 (9): 49-58.

[157] 杨继军, 金梦圆, 张晓磊. 全球供应链安全的战略考量与中国应对 [J]. 国际贸易, 2022 (1): 51-57.

[158] 于辉, 宫雨, 李勇. 供应链合作管理的新途径: 智慧契约设计 [J]. 中国管理科学, 2021: 1-11.

[159] 于辉, 李鑫. 供应商股权融资下供应链控制问题的模型分析 [J]. 系统工程理论与实践, 2018 (9): 2242-2255.

[160] 余东华, 李云汉. 数字经济时代的产业组织创新: 以数字技术驱动的产

业链群生态体系为例［J］. 改革，2021（7）：24-43.

［161］余金艳，张英男，刘卫东，等. 疫情冲击下全球跨境电商物流韧性的时空异质性研究［J］. 地理研究，2021（12）：3333-3348.

［162］余玉刚，郑圣明，霍宝锋，等. 平台供应链的管理理论与方法前沿课题［J］. 管理科学，2021（6）：60-66.

［163］袁淳，肖土盛，耿春晓，等. 数字化转型与企业分工：专业化还是纵向一体化［J］. 中国工业经济，2021（9）：137-155.

［164］张广胜. 面向突发事件的物流服务供应链风险机理及防控策略研［M］. 北京：经济管理出版社，2019.

［165］张洪昌，丁睿. 我国制造业产业链供应链韧性的理论内涵与提升路径：基于中国式现代化的背景［J］. 企业经济，2023（7）：102-108.

［166］张鸿，董聚元，王璐. 中国数字经济高质量发展：内涵、现状及对策［J］. 人文杂志，2022（10）：75-86.

［167］张建军，孙大尉，赵启兰. 基于供应链视域构建“双循环”新发展格局的理论框架及实践路径［J］. 商业经济与管理，2021（8）：5-15.

［168］张任之. 数字技术与供应链效率：理论机制与经验证据［J］. 经济与管理研究，2022（5）：60-76.

［169］张锐，洪涛. 清洁能源供应链与拜登政府的重塑战略：基于地缘政治视角［J］. 和平与发展，2022（1）：16-37.

［170］张晓涛，徐微茵，黄湘，等. 中国—东盟自贸区货物贸易协议实施效果及高水平自贸区建设路径［J］. 国际贸易，2021（6）：81-88.

［171］张学俊，尹训飞，马甜. 着力提升供应链弹性与产业链韧性［J］. 中国经济评论，2021（2）：46-49.

［172］张雪玲，焦月霞. 中国数字经济发展指数及其应用初探［J］. 浙江社会科学，2017（4）：32-40.

［173］赵磊，石佳. 依法治链：区块链的技术应用与法律监管［J］. 法律适用，2020（3）：33-49.

［174］赵西三. 数字经济驱动中国制造转型升级研究［J］. 中州学刊，2017（12）：36-41.

［175］郑思源，陈华，胡晓龙. 区块链技术在金融业的应用、未来发展态势与发展建议［J］. 新疆社会科学，2020（2）：45-51.

［176］中国社会科学院工业经济研究所课题组，张其仔. 提升产业链供应链现

代化水平路径研究［J］. 中国工业经济，2021（2）：80-97.

［177］中华人民共和国国家统计局. 中国统计年鉴（2010—2022）［EB/OL］. www.stats.gov.cn.

［178］中华人民共和国商务部. 中国外资统计公报（2022 年）［EB/OL］. http://images.mofcom.gov.cn/wzs/202211/20221102151438905.pdf.

［179］周婧好，谭春桥. 提升我国高端制造业供应链韧性的几点思考［J］. 理论探索，2023（5）：102-110.

［180］周茂森，张庆宇. 双向部分透明供应链的大数据投资决策与激励［J］. 中国管理科学，2020（11）：130-144.

［181］周业付. 大数据农产品供应链联盟创新体系构建及利益分配研究［J］. 统计与决策，2019（23）：47-50.

［182］周雨薇，吕巍. 人工智能重塑零售行业的底层逻辑：综述及展望［J］. 系统管理学报，2021（1）：180-190.

［183］朱江，赖嘉伟. 基于云计算的跨组织信息系统信任研究述评［J］. 科技管理研究，2014（11）：192-196.

［184］朱巧玲，万春芳，侯晓东. 数字化供应链赋能中国式现代化：供需动态平衡视角［J］. 改革与战略，2023：1-12.

［185］朱晓乐，黄汉权. 全球供应链的演变及其对中国产业发展的影响［J］. 改革，2021（4）：60-67.

［186］Aigbedo H. Impact of COVID-19 on the hospitality industry：A supply chain resilience perspective［J］. International Journal of Hospitality Management，2021，98：103012.

［187］Ayyildiz E. Interval valued intuitionistic fuzzy analytic hierarchy process-based green supply chain resilience evaluation methodology in post COVID-19 era［J］. Environmental Science and Pollution Research，2023，30（15）：42476-42494.

［188］Bag S，Dhamija P，Luthra S，et al. How big data analytics can help manufacturing companies strengthen supply chain resilience in the context of the COVID-19 pandemic［J］. The International Journal of Logistics Management，2021，34（4）：1141-1164.

［189］Balakrishnan A S，Ramanathan U. The role of digital technologies in supply chain resilience for emerging markets' automotive sector［J］. Supply Chain Management An International Journal，2021，26（6SI）：654-671.

[190] Bastani P, Dehghan Z, Kashfi S M, et al. Strategies to improve pharmaceutical supply chain resilience under politico-economic sanctions: the case of Iran [J]. Journal of Pharmaceutical Policy and Practice, 2021, 14 (1).

[191] Davis K F, Downs S, Gephart J A. Towards food supply chain resilience to environmental shocks [J]. Nat Food, 2021, 2 (1): 54-65.

[192] Koks E E, Rozenberg J, Zorn C, et al. A global multi-hazard risk analysis of road and railway infrastructure assets [J]. Nature Communications, 2019, 10 (1): 2677.

[193] Al Naimi M, Faisal M N, Sobh R, et al. Antecedents and consequences of supply chain resilience and reconfiguration: an empirical study in an emerging economy [J]. Journal of Enterprise Information Management, 2021, 34 (6): 1722-1745.

[194] Al Naimi M, Faisal M N, Sobh R, et al. A systematic mapping review exploring 10 years of research on supply chain resilience and reconfiguration [J]. International Journal Of Logistics, 2022, 25 (8): 1191-1218.

[195] Ali M H, Suleiman N, Khalid N, et al. Supply chain resilience reactive strategies for food SMEs in coping to COVID-19 crisis [J]. Trends in Food Science & Technology, 2021, 109: 94-102.

[196] Asamoah D, Agyei-Owusu B, Ashun E. Social network relationship, supply chain resilience and customer-oriented performance of small and medium enterprises in a developing economy [J]. Benchmarking: An International Journal, 2020, 27 (5): 1793-1813.

[197] Aslam H, Khan A Q, Rashid K, et al. Achieving supply chain resilience: the role of supply chain ambidexterity and supply chain agility [J]. Journal of Manufacturing Technology Management, 2020, 31 (6): 1185-1204.

[198] Azadegan A, Dooley K. A Typology of Supply Network Resilience Strategies: Complex Collaborations in a Complex World [J]. Journal of Supply Chain Management, 2021, 57 (1): 17-26.

[199] Behzadi G, O Sullivan M J, Olsen T L. On metrics for supply chain resilience [J]. European Journal of Operational Research, 2020, 287 (1): 145-158.

[200] Belhadi A, Kamble S, Jabbour C J C, et al. Manufacturing and service supply chain resilience to the COVID-19 outbreak: Lessons learned from the automobile and airline industries [J]. Technological Forecasting & Social Change, 2021, 163 (120447): 120447.

［201］ Belhadi A, Mani V, Kamble S S, et al. Artificial intelligence-driven innovation for enhancing supply chain resilience and performance under the effect of supply chain dynamism: an empirical investigation ［J］. Annals of Operations Research, 2021.

［202］ Bevilacqua M, Ciarapica F E, Marcucci G, et al. Fuzzy cognitive maps approach for analysing the domino effect of factors affecting supply chain resilience: a fashion industry case study ［J］. International Journal of Production Research, 2020, 58 (20): 6370-6398.

［203］ Chang W, Lin Y. The effect of lead-time on supply chain resilience performance ［J］. Asia Pacific Management Review, 2019, 24 (4): 298-309.

［204］ Chunsheng L, Wong C W Y, Yang C, et al. Value of supply chain resilience: roles of culture, flexibility, and integration ［J］. International Journal of Physical Distribution & Logistics Management, 2019, 50 (1): 80-100.

［205］ Dubey R, Gunasekaran A, Childe S J, et al. Empirical investigation of data analytics capability and organizational flexibility as complements to supply chain resilience ［J］. International Journal of Production Research, 2021, 59 (1): 110-128.

［206］ Duong L N K, Chong J. Supply chain collaboration in the presence of disruptions: a literature review ［J］. International Journal of Production Research, 2020, 58 (11): 3488-3507.

［207］ Ekanayake E M A C, Shen G Q P, Kumaraswamy M M. Identifying supply chain capabilities of construction firms in industrialized construction ［J］. Production Planning & Control, 2021, 32 (4): 303-321.

［208］ Ekanayake E M A C, Shen G Q P, Kumaraswamy M M, et al. Identifying supply chain vulnerabilities in industrialized construction: an overview ［J］. International Journal of Construction Management, 2022, 22 (8): 1464-1477.

［209］ Ekanayake E M A C, Shen G Q, Kumaraswamy M, et al. Critical supply chain vulnerabilities affecting supply chain resilience of industrialized construction in Hong Kong ［J］. Engineering, Construction and Architectural Management, 2020, 28 (10): 3041-3059.

［210］ Ekanayake E M A C, Shen G, Kumaraswamy M M. Critical capabilities of improving supply chain resilience in industrialized construction in Hong Kong ［J］. Engineering, Construction and Architectural Management, 2020, 28 (10): 3236-3260.

［211］ Flynn B, Cantor D, Pagell M, et al. From the editors: Introduction to managing supply chains beyond covid-19 — preparing for the next global mega-disruption [J]. Journal of Supply Chain Management, 2021, 57 (1): 3-6.

[212] Friday D, Savage D A, Melnyk S A, et al. A collaborative approach to maintaining optimal inventory and mitigating stockout risks during a pandemic: capabilities for enabling health-care supply chain resilience [J]. Journal of Humanitarian Logistics and Supply Chain Management, 2021, 11 (2): 248-271.

[213] Fu W, Chien C. UNISON data-driven intermittent demand forecast framework to empower supply chain resilience and an empirical study in electronics distribution [J]. Computers & Industrial Engineering, 2019, 135: 940-949.

[214] Goldbeck N, Angeloudis P, Ochieng W. Optimal supply chain resilience with consideration of failure propagation and repair logistics [J]. Transportation Research Part E: Logistics and Transportation Review, 2020, 133 (101830): 101830.

[215] Han Y, Chong W K, Li D. A systematic literature review of the capabilities and performance metrics of supply chain resilience [J]. International Journal of Production Research, 2020, 58 (15): 4541-4566.

[216] Hendry L C, Stevenson M, Macbryde J, et al. Local food supply chain resilience to constitutional change: the Brexit effect [J]. International Journal of Operations & Production Management, 2019, 39 (3): 429-453.

[217] Hundal G S, Thiyagarajan S, Alduraibi M, et al. Lean Six Sigma as an organizational resilience mechanism in health care during the era of COVID-19 [J]. International Journal of Lean Six Sigma, 2021, 12 (4): 762-783.

[218] Ibn-Mohammed T, Mustapha K B, Godsell J, et al. A critical analysis of the impacts of COVID-19 on the global economy and ecosystems and opportunities for circular economy strategies [J]. Resources, Conservation and Recycling, 2021, 164 (105169): 105169.

[219] Ivanov D. "A blessing in disguise" or "as if it wasn't hard enough already": reciprocal and aggravate vulnerabilities in the supply chain [J]. International Journal of Production Research, 2020, 58 (11): 3252-3262.